D1662275

Jürgen Dittberner

„Sind die Parteien noch zu retten?"

Die deutschen Parteien:
Entwicklungen, Defizite und Reformmodelle

Logos Verlag Berlin

Bibliografische Information Der Deutschen Bibliothek

Die Deutsche Bibliothek verzeichnet diese Publikation in der Deutschen
Nationalbibliografie; detaillierte bibliografische Daten sind im Internet
über http://dnb.ddb.de abrufbar.

© Copyright Logos Verlag Berlin 2004
Alle Rechte vorbehalten.

ISBN 3-8325-0482-6

Logos Verlag Berlin
Comeniushof, Gubener Str. 47,
10243 Berlin
Tel.:   +49 (0)30 / 42 85 10 90
Fax: +49 (0)30 / 42 85 10 92
http://www.logos-verlag.de

Inhalt

Vorwort

Parteienhass, Parteienfrust oder Parteienverdrossenheit haben in Deutschland Tradition. Das 19. und das 20. Jahrhundert lieferten reichlich Zeugnisse dafür. Parteien sind Konflikt, Kampf, Streit und Machtstreben. Sie vermitteln Bilder von Unordnung und Komplexität. Über die Generationen hinweg ist in Deutschland dagegen die klare Ansage populär. Der Parteienfrust gedeiht an Stammtischen ebenso wie in Seminaren und elaborierten Abhandlungen. Mal ist er latent, mal wird er - beispielsweise in Wahlverweigerungen - manifest, dann wieder ist er bedrohlich.

Die Sozialistengesetze und der Kulturkampf Bismarcks brachten die Sozialdemokraten und die Partei des politischen Katholizismus, das Zentrum, in Bedrängnis. Das Ermächtigungsgesetz Hitlers führte zur Zerschlagung auch jener Parteien, die sich an die „neue Zeit" opportunistisch anpassten. Aufrechte Führer der gegen den Nationalsozialismus kämpfenden Parteien kamen in die KZs, und viele ließen dort ihr Leben. In der nach 1945 entstandenen Bundesrepublik entfaltete sich bald ein für die Parteien mildes Klima, weil sie als Garanten des allgemeinen Wohlstands erschienen. Doch, als infolge der Globalisierung und der Wiedervereinigung die Grenzen der Problemlösungskompetenz der Parteien in Gestalt hartnäckiger struktureller Arbeitslosigkeit sichtbar wurden, blies den Parteien der Wind wieder ins Gesicht. Die Rede vom Reformstau des Staatswesens kam auf, und die Parteien wurden als die daran Schuldigen hingestellt. Die Parteien selber trugen mit ihren Verkrustungen dazu bei, dieses Urteil zu bestätigen.

So ist es recht und billig, wenn der in der deutschen Gesellschaft immer nachhaltiger werdende Ruf nach Reformen auch an das Parteiensystem gerichtet wird: Die Parteien haben zu wenig Mitglieder und das in abnehmender Zahl. Ihre leitenden Funktionäre haben oft die Bodenhaftung verloren und bewegen sich merkwürdig egozentrisch im „Raumschiff Politik". Die Parteien erscheinen als geschlossene Gesellschaften, nicht zugänglich für außen stehende Kreise.

Aber eine moderne Massendemokratie lässt sich ohne politische Parteien nicht organisieren. Das geschieht durch Delegation und Repräsentation, wofür es wiederum der Parteien bedarf. Direkte Demokratie und Bürgerbeteiligungen können die Parteienherrschaft verbessern – „reformieren" – und mithin ergänzen, jedoch nicht ersetzen. Weil die Parteien in einer Demokratie unerlässlich sind, sind Reformen an ihnen notwendig. Diejenigen, die allenthalben nach „Reformen" rufen, müssen die Forderungen danach nun bei sich selber gelten lassen.

Wenn das Gesundheits-, das Steuer- und alle anderen gesellschaftlichen Organisationssysteme auf dem Prüfstand stehen, dann gehört das Parteiensystem dazu. Hierfür will ich werben - für eine Rettung des Parteiensystems durch seine Reform.

Wer bei den Parteien Reformen fordert, muss sich über deren Entwicklungen und Defizite klar werden, wenn er aussichtsreiche Therapien vorschlagen will. Nach diesem Verfahren gehe ich hier vor.

4

Dem vorliegenden Text liegt eine Vorlesung zugrunde, die ich im Wintersemester 2002/2003 an der Universität Potsdam gehalten habe. Dazu bediente ich mich an einigen Stellen bereits publizierter Passagen insbesondere in meinen Büchern „Berlin Brandenburg und die Vereinigung" sowie „Neuer Staat mit alten Parteien?"[1] Doch sind diese Passagen verändert: aktualisiert, ergänzt, fortentwickelt und der hier vorherrschenden Fragestellung untergeordnet.

„Sind die Parteien noch zu retten?" Die Antwort lautet: „Ja, wenn sie Reformen auch an sich selber durchführen mit dem Ziel, sich dem zu nähern, was sie vertreten sollen: dem Volk."

Jürgen Dittberner   Berlin und Potsdam zur Jahreswende 2003/2004

---

[1] Jürgen Dittberner, Berlin Brandenburg und die Vereinigung. Und drinnen tobt das pralle Leben. Eine Innenansicht, Berlin 1994 sowie ders., Neuer Staat mit alten Parteien?, Die deutschen Parteien nach der Wiedervereinigung Opladen/Wiesbaden 1997

1. Anmerkungen über die deutschen Parteien

Parteien sind nicht das Ganze. Dennoch erwecken sie oft diesen Eindruck. Die politischen Parteien gehören im demokratischen Verfassungsstaat unverzichtbar zum politischen System. Aber sie sind nicht das politische System, sondern Teile davon. Die Parteien sind schon gar nicht das Volk. In allgemeinen, freien und geheimen Wahlen erhalten sie von diesem die Legitimation - die Rechtfertigung - zur Teilhabe an der politischen Willensbildung auf Zeit: von Wahlperiode zu Wahlperiode. Je mehr Wählerstimmen die einzelnen Parteien auf sich ziehen, desto größer ist ihr politischer Einfluss. Wenn Parteien die Mehrheit erhalten oder sich dazu zusammenschließen, können sie regieren, wodurch sie auf Zeit über erhebliche Macht verfügen – und große Verantwortung tragen. Die Parteien sind umso mächtiger, je stärker ihre Verwurzelung in der Bevölkerung ist. Ein Indikator für diese Verwurzelung sind die Wahlergebnisse, ein anderer der Organisationsgrad der Parteien. In Deutschland ist seit den achtziger Jahren eine Abnahme der Wahlbeteiligung zu beobachten. Bei Landtagswahlen beteiligt sich oft ein Drittel der Berechtigten nicht. Das wird den Parteien, dem Parteiensystem, als Schwäche ausgelegt. Noch kritischer für die Parteien wird verzeichnet, dass höchstens vier Prozent der Bürger überhaupt Mitglied einer politischen Partei sind. Diese geringe Mitgliederstärke wird als Folge und Ausdruck einer allgemeinen „Parteienverdrossenheit" gesehen.

Haben sie nur genügend Wählerstimmen für sich gewonnen, wollen die Parteien in der Politik alles bestimmen. Aber mit ihrem geringen Organisationsgrad im Volke sind sie doch nur Ausschnitte aus der Gesellschaft. Auf diesem Missverhältnis zwischen allgemeinem Machtanspruch und schmaler sozialer Basis beruht die aktuelle Parteienverdrossenheit. Dieses Unbehagen findet sowohl in Stammtischparolen als auch in wissenschaftlichen Publikationen Ausdruck. Es wird dadurch gesteigert, dass es keine Alternative zur Parteienherrschaft gibt, wenn man nicht auf Demokratie und Rechtsstaatlichkeit als Grundlagen des politischen Systems verzichten will. Es ist ein Paradoxon, dass sich die überwältigende Mehrheit der Staatsbürger nicht in den politischen Parteien engagiert - die meisten von ihnen sie aber dennoch immer wieder wählen - aller Parteienverdrossenheit zum Trotz.

In Deutschland hat die Parteienverdrossenheit Tradition. Im Wilhelminischen Kaiserreich wurden die in die Politik drängenden politischen Parteien von den alten Mächten - wohl nicht ganz zu Unrecht - als revolutionäre Eindringlinge in das althergebrachte dynastische System gesehen. Dass Parteien den politischen Willen in modernen Gesellschaften besser als Dynastien organisieren können, wollten nur wenige Herrscher erkennen.

So konnte es ein geflügeltes Wort werden, als Kaiser Wilhelm II. angesichts des I. Weltkrieges sagte, er kenne keine Parteien mehr, nur noch Deutsche. Auch die Mehrheit der Sozialdemokraten wollte nicht mehr als „vaterlandslose Gesellen" dastehen, wie sie von der „Obrigkeit" bis dahin bezeichnet worden waren. Am 4. August 1914 stimmte die SPD-Fraktion im Reichstag für Kriegskredite und andere Kriegsmaßnahmen. So zogen auch Sozialdemokraten - „Hurra!" - in den Krieg und vielfach ins persönliche Verderben.

Die Bewilligung der Kriegskredite durch die Mehrheit der Sozialdemokraten war eine Weichenstellung für das deutsche Parteiensystem, weil es für die Minderheit die Wegmarke war zur Herausbildung der „Kommunistischen Partei Deutschlands" (KPD). Die internationalistische Linke wurde 1916 aus der SPD ausgeschlossen und formierte sich 1917 als „Unabhängige Sozialdemokratische Partei" (USPD), woraus wiederum die am 20. Dezember 1918 gegründete KPD hervorging. Zu deren Führern zählten Rosa Luxemburg, Franz Mehring, Clara Zetkin und Karl Liebknecht. Derweil focht der Sozialdemokrat Philipp Scheidemann gegen bürgerliche Politiker wegen der Kriegsziele: Während der Sozialdemokrat einen „Verständigungsfrieden" wollte, traten die anderen für einen Annexionsfrieden ein.

Nachdem die Karre 1918 in den Dreck gefahren war, erschienen die „Weimarer Parteien" SPD, Zentrum und Liberale vielen Deutschen als Schutz vor Revolution und Chaos. Aber bei der Mehrheit waren die Parteien in der ersten deutschen Republik bald verhasst. Sie galten als Sündenböcke, die das vermeintliche Diktat von Versailles akzeptiert hatten. Der Reichstag wurde als „Quasselbude" diffamiert. Das dort zu beobachtende „Parteiengezänk" galt vielen als dem deutschen Volke wesensfremd. Politische Kompromisse, Koalitionen und Arrangements wurden von rechts und links verachtet: Der kommunistische Barde Ernst Busch sang das Spottlied vom „kleinen Kompromiss" und machte sich über Friedrich Ebert, den sozialdemokratischen Reichspräsidenten, lustig. Der Staatsrechtslehrer Carl Schmitt forderte auf der anderen Seite ein klares Freund-Feind-Denken in der Politik - so wie es dem deutschen Wesen gemäß sei. Genüsslich ziselierte er in seinen Publikationen die Schwächen des Parlaments heraus.[2]

Adolf Hitler setzte mit der Zerschlagung der Parteien um, was vor ihm gedacht und gesagt worden war. Er demütigte den Reichstag, indem er ihn am 23. März 1933 zwang, dem „Ermächtigungsgesetz" zuzustimmen, wonach die Regierung für vier Jahre ohne das Parlament regieren konnte. Die Kommunisten waren schon verboten. Sozialdemokraten wehrten sich als einzige ruhmvoll und tapfer.

Die berühmten Worte von Otto Wels in der Reichstagssitzung vom 23. März 1933, „Freiheit und Leben kann man uns nehmen, die Ehre nicht",[3] klingen über 70 Jahre später pathetisch. Aber diese Rede und das „Nein" der Sozialdemokraten zu Adolf Hitler gehören zu den wenigen Ereignissen in der deutschen Geschichte, bei denen Demokraten den Mut aufbrachten, sich

---

[2] Carl Schmitt, Die geistesgeschichtliche Lage des heutigen Parlamentarismus, München 1923 sowie ders., Verfassungslehre, Berlin 1928
[3] s. Susanne Miller / Heinrich Potthoff, Kleine Geschichte der SPD. Darstellung und Dokumentation 1848 – 1990, Bonn 1991, S. 368

gegen Terror und für die Freiheit einzusetzen. Zwar hatte es 1933 auch unter den Sozialdemokraten Anpasser gegeben, aber Wels und andere haben das Bild der SPD in dieser Zeit geprägt. Ihre Courage brachten weder Liberale noch Konservative auf. Viele der aufrechten Demokraten von der SPD zahlten dafür mit ihrem Leben, mit der Gesundheit oder ihrer bürgerlichen Existenz. Nicht wenige gingen in die innere oder tatsächliche Emigration. Andere wurden in die KZs gesperrt.

Nach der Abstimmung über das Ermächtigungsgesetz wurden alle Parteien, auch die vormaligen Steigbügelhalter der NSDAP, drangsaliert und unter Druck gesetzt, so dass sie aufgaben oder sich den Nazis unterwarfen. Parteien gab es nicht mehr. An deren Stelle war die totalitäre Herrschaftsorganisation der NSDAP getreten.

Die Siegermächte aus dem Westen zögerten 1945 mit dem politischen Wiederaufbau Deutschlands. Die Sowjetunion glaubte, über einen solchen Aufbau in ihrer Besatzungszone das ganze Deutschland bekommen zu können. Einer der ersten Schritte der Sowjets war es daher, Parteien zuzulassen. Die Westmächte folgten nach und nach. Sie lizenzierten in ihren Zonen schrittweise politische Parteien. Bei den Parteigründungen setzten die Alliierten auf Parteipolitiker aus der Weimarer Republik, und sie verfuhren nach ihrem Bilde: Es wurden konservative, sozialdemokratische, liberale und kommunistische Parteien zugelassen.

Der von den westdeutschen Ländern legitimierte Parlamentarische Rat, der das Grundgesetz - also die Verfassung - für die im ausbrechenden Ost-West-Gegensatz gegründete westliche Bundesrepublik Deutschland erarbeitete, zog aus der bis dahin erlebten Geschichte der Misskreditierung der politischen Parteien in Deutschland den Schluss, dem Wirken politischer Parteien Verfassungsrang zu geben. So wurde der Artikel 21 des Grundgesetzes zum Eckpfeiler der westdeutschen Parteiendemokratie:

„Artikel 21
(1) Die Parteien wirken bei der politischen Willensbildung des Volkes mit. Ihre Gründung ist frei. Ihre innere Ordnung muss demokratischen Grundsätzen entsprechen. Sie müssen über die Herkunft und Verwendung ihrer Mittel sowie über ihr Vermögen öffentlich Rechenschaft geben.
(2) Parteien, die nach ihren Zielen oder nach dem Verhalten ihrer Anhänger darauf ausgehen, die freiheitliche demokratische Grundordnung zu beeinträchtigen oder zu beseitigen oder den Bestand der Bundesrepublik Deutschland zu gefährden, sind verfassungswidrig. Über die Frage der Verfassungswidrigkeit entscheidet das Bundesverfassungsgericht.
(3) Das Nähere regeln Bundesgesetze."

Im deutschen Oststaat, der späteren DDR, hielt man die bürgerlichen Parteien immerhin für so wichtig, dass man zwar die kommunistische Vorherrschaft mit der Zwangsvereinigung der KPD und SPD zur SED sicherte, die bürgerlichen Parteien CDU, LDP und NDPD zu Attrappen machte und sie als solche im Gefolge der herrschenden Staatspartei bestehen ließ. Da sie sich nicht pluralistisch begriff, sondern sich zumindest als Avantgarde in Staat und Gesellschaft der DDR sah, war die SED eigentlich keine Partei, sondern ein mit dem gesamten politischen System verwobenes Herrschaftsinstrument. Im Artikel 1 der Verfassung der DDR von 1974 kam das sehr gut zum Ausdruck:

„Art.1

Die DDR ist ein sozialistischer Staat der Arbeiter und Bauern. Sie ist die politische Organisation der Werktätigen in Stadt und Land unter der Führung der Arbeiterklasse und ihrer marxistisch-leninistischen Partei."

In der westdeutschen Bundesrepublik wurde das Parteiensystem ein Erfolg. Es ermöglichte das Wirtschaftswunder, festigte den Rechtsstaat, bewältigte drei Machtwechsel und erweiterte sein Spektrum um die Partei der „Grünen".

In dem Maße jedoch wie die Parteien erfolgreich waren, steigerten und überzogen sie ihren Machtanspruch. Sie setzten sich mehr und mehr mit dem politischen System gleich. Symptomatisch hierfür waren das Bestreben des ersten Bundeskanzlers, Konrad Adenauer, ein regierungsgelenktes Staatsfernsehen einzuführen oder der sich in der „Spiegel"-Affäre manifestierende Versuch, die Meinungsbildung der Medien derjenigen der herrschenden Partei unterzuordnen.

Die Fernsehpläne stoppte - wie manche andere Hypertrophie der Parteien - das Bundesverfassungsgericht. Die Festsetzung des Herausgebers Rudolf Augstein und des leitenden Redakteurs Conrad Ahlers in Spanien war erster Auslöser einer Jugendrevolte, in deren Folge sich die Demokratie als allgemeines Muster gesellschaftlichen Handelns weit über den Staatsapparat hinaus in der Gesellschaft durchsetzte.

Die Parteien trugen zu einer Minderung ihres Ansehens bei, weil sie sich bei der Finanzierung ihrer Arbeit immer wieder bis an die Grenze des Rechts und gelegentlich darüber hinaus bewegten. Ihre Abgeordneten strebten oft genug an der Öffentlichkeit vorbei lukrative Diätenregelungen an. Spätestens seit der deutschen Wiedervereinigung wuchsen obendrein die Zweifel an der Problemlösungskompetenz der politischen Parteien. Sie schienen machtlos zu sein gegenüber mehr als vier Millionen Arbeitslosen und nicht in der Lage, fällige Reformen zu beschließen.

Die Parteien versuchten, das durch eine umfassende Mediatisierung der Politik zu kompensieren: Kandidaten, Duelle, Bilder traten an die Stelle von Worten, Argumenten und Entscheidungen. 2003 schließlich sahen sie sich so sehr in die Enge gedrängt, dass sie den als diskreten Ort politischer Sachentscheidungen gedachten Vermittlungsausschuss zur Bühne machten, um dort unter Aufmarsch der „Spitzen"-politiker das Stück „Parteien reformieren das Land" zu geben. Zwar wurden die Parteien nach 1945 in der Bundesrepublik erstmals in der deutschen Geschichte von einer Verfassung anerkannt und erfolgreiche Träger der politischen Willensbildung: Infolge ihrer schwachen Verankerung im Volk, ihrer überbordenden Machtlust, ihrer immer wieder praktizierten Finanztricks, vor allem wegen ihrer sinkenden Problemlösungskompetenz aber gerieten sie in die Kritik. Es zeigt den Januskopfcharakter der politischen Parteien, dass sie Verdrossenheit erzeugen und dennoch gewählt werden. Sie sind nun einmal die einzigen Institutionen, mit denen sich in einer Massengesellschaft zu allen Fragen der Politik ein Volkswille frei artikulieren und durchsetzen kann.

Moderne politische Parteien gibt es Deutschland seit der Mitte des 19. Jahrhunderts. Ihr Entstehen ist verknüpft mit der Industrialisierung, der Herausbildung des Nationalstaates, der Säkularisierung und dem Ende der dynastischen Macht in Deutschland. Die Vorläufer der politischen Parteien traten in der Frankfurter Nationalversammlung von 1848 auf. Es waren locker zusammengeschlossene Clubs, die über keine Organisationen verfügten.

Der König von Preußen, Friedrich Wilhelm IV., offenbarte die Machtlosigkeit des Paulskirchen-parlamentes und seiner Parteien, als er die ihm von dort angebotene Krone eines Deutschen Kaisers ablehnte und nachher an den Freiherrn von Bunsen schrieb: „Gegen Demokraten helfen nur Soldaten." Die Krone sei ein „Reif aus Dreck und Letten gebacken", und ihr hänge „der Ludergeruch der Revolution" an.[4]

Mit der Macht des Militärs kam eine kleindeutsche Kaiserkrone doch noch an die Hohenzollern. Aber nach einer Lebenszeit von 47 Jahren brach das Kaiserreich der Hohenzollern zusammen. Kein einziger Fürst mehr regierte nach 1918 in Deutschland oder Österreich. An ihre Stelle traten die Parteien.

Diese hatten sich durchsetzen müssen. Die erste schlagkräftige und wirklich moderne Partei war die SPD. Robert Michels, der bis heute bedeutende Parteiensoziologe, publizierte 1910 seinen Klassiker „Zur Soziologie des Parteiwesens in der modernen Demokratie". Darin analysierte er eine festgefügte, hierarchische Großorganisation als Merkmal einer modernen politischen Partei. Eine solche Organisation hatte die SPD schon im Kaiserreich gebildet. Reichskanzler Otto von Bismarck und die Reaktion hatten das nicht mit Verfolgungen und dem „Sozialistengesetz" genannten „Gesetz gegen die gemeingefährlichen Bestrebungen der Sozialdemokratie", das von 1878 bis 1890 galt, verhindern können. Und trotz des von Bismarck geführten Kulturkampfes konnte sich die Partei des politischen Katholizismus, das „Zentrum", zu einer der tragenden Parteien in der ersten Phase der Weimarer Republik entwickeln.

---

[4] Heinrich Pleticha (Hg.), Deutsche Geschichte in 12 Bänden, Bd. 9, Von der Restauration zur Reichsgründung 1915 – 1871, Gütersloh 1983, S. 253

Robert Michels diagnostizierte schon für die Frühphase der SPD einen Widerspruch, der allen Parteien bis heute vorgehalten wird: den zwischen demokratischem Anspruch und dem oligarchischen Charakter ihrer eigenen Organisationen. Es ist der Widerspruch zwischen dem Postulat der Willensbildung von unten nach oben und der Tatsache der Machtausübung von oben nach unten. Nicht die Mitglieder, sondern eine festgefügte, sich selbst rekrutierende Führungsschicht - die Oligarchie - beherrschten die moderne Partei, stellte Michels fest und sprach vom „ehernen Gesetz der Oligarchie": Wer Organisation sage, sage Oligarchie.[5] Dass in den politischen Parteien wie in allen anderen Großorganisationen die Oligarchien - heute sagen wir die Führungselite, das Management oder auch die Cliquen - den Ton angeben und die einfachen Mitglieder sich dagegen schwer durchsetzen können, wird von allen wissenschaftlichen Beobachtern seit Robert Michels als Tatsache anerkannt. Viele Anstrengungen und Überlegungen richten sich darauf, wie man das Demokratieprinzip – die Willensbildung von unten nach oben - innerhalb der Parteien dennoch durchsetzen kann.

Ein Beispiel aus der Praxis liefert die Partei „Bündnis 90/Die Grünen": In ihrer Entstehungsphase hatten die Grünen versucht, Oligarchien gar nicht erst aufkommen zu lassen. Das Rotationsprinzip, die Öffentlichkeit aller Zusammenkünfte, Gehälter nicht über Facharbeiterniveau bei den Hauptamtlern waren Maßnahmen, mit denen man eine verfestigte Parteiführung verhindern wollte. Dennoch wurden auch die Grünen eine Partei mit etablierter Führungsschicht. Die Doppelspitzen bei Partei- und Fraktionsführungen lassen sich als Rudimente aus der bewegten Zeit dieser politischen Kraft begreifen.

Als Mittel gegen die Oligarchisierung ist das Modell einer Konkurrenz der Eliten diskutiert worden. Der Grundgedanke ist, dass innerparteilich und zwischen den Parteien mehrere Führungsgruppen placiert werden, um zu verhindern, dass eine Gruppe die ganze Macht in einer Partei oder in einem Staat erobert. In der Bundesrepublik und in allen anderen Mehrparteiendemokratien besteht die Chance, durch die Vielfalt der Parteien diesem Modell zu entsprechen. Das Wechselspiel zwischen Regierung und Opposition, die Kompromisse in Koalitionen oder das sich in der starken Stellung des Bundesrates manifestierende Föderalismusprinzip begrenzen die Macht der ganz an der Spitze stehenden „Oligarchie", dem engeren Kreis um den Bundeskanzler. Diese einst sehr gelobte Konsensdemokratie allerdings wird mittlerweile als entscheidungshemmend kritisiert.

Die Konkurrenz der Eliten kann aber auch innerparteilich funktionieren. Die politischen Parteien in der Bundesrepublik haben keine Führungsgruppen mit Monopolstellung. Zwar ist in allen Parteien der Bundesparteivorstand, die Führung der Bundestagsfraktion oder der Bundesregierung die jeweils mächtigste Gruppe. Daneben jedoch gibt es andere Kreise, die deren Macht

---

[5] Robert Michels, Zur Soziologie des Parteiwesens in der modernen Demokratie, Untersuchungen über die oligarchischen Tendenzen des Gruppenlebens, Neudruck der zweiten Auflage, Stuttgart 1925

wiederum begrenzen: die Führungen der Landesverbände - sogenannte „Provinzfürsten", die Spitzen von Suborganisationen der Parteien wie der Sozialausschüsse bei der CDU/CSU oder der Jungsozialisten bei der SPD und die Sprecher von Flügeln innerhalb der Parteien, die um die richtige politische Linie der Mutterparteien kämpfen. Bei der FDP beispielsweise gibt es einen linksliberalen „Freiburger Kreis", der die wirtschaftsliberale Parteiführung begrenzen will. Bei der PDS ist die dogmatische „Kommunistische Plattform" bekannt, die gegen die pragmatische Linie der Parteiführung arbeitet. Derartige innerparteilichen Konkurrenzgruppen stärken die innerparteiliche Demokratie. Daran ändert nichts, dass Parteimanager bemüht sind, innerparteiliche Konflikte nicht an die Öffentlichkeit dringen zu lassen: Flügelkämpfe gehören zu einer politischen Partei wie das Tor zum Fußballspiel. Die Propheten der Mediatisierung allerdings halten solche Flügel für kampagnenuntauglich. Leider haben Parteimanager und Medien diese Einschätzung über-nommen.

Die Vielzahl der Parteien und die den Bund oft ausbremsende Länderpolitik im Gesamtstaat begrenzen darüber hinaus allzu große Machtherrlichkeiten und tragen zur Offenheit der Demokratie in Deutschland bei. Die moderne und populäre Polemik gegen den Föderalismus und gegen das angebliche Parteienpalaver, wie sie nicht nur von der Wirtschaft zu hören ist, erscheint gefährlich, weil sie die Macht weniger im Staate stärken und die Teilhabe vieler abbauen will.

Trotz des von Michels frühzeitig herausgearbeiteten Strukturdilemmas und trotz der Sozialisten-verfolgung im wilhelminischen Kaiserreich hatte sich die SPD mit ihrer von der Orts- bis zur Reichsebene durchgehenden Organisation zu einer politischen Macht entfaltet. Als Organisation, die geschaffen wurde, politische Ziele zu erreichen, entwickelte sie sich im 19. und frühen 20. Jahrhundert zum Vorbild anderer politischen Parteien im parlamentarisch verfassten Teil Europas. Aus einer Bewegung war eine Organisation geworden: Diese Metamorphose durchlebte nach der SPD noch manche spätere Partei. In Deutschland war so aus der Alternativbewegung zuletzt die Partei der Grünen entstanden.

Der Widerspruch zwischen demokratischem Anspruch und oligarchischer Wirklichkeit existiert in totalitären „Parteien" im übrigen nicht. Eine solche „Partei" war die NSDAP nach 1933. In einem „Gesetz zur Sicherung der Einheit von Partei und Staat" vom 31. Dezember 1933 wurde bestimmt, dass die NSDAP „Trägerin des deutschen Staatsgedankens und mit dem Staat unlöslich verbunden" sei.[6] Der in dem Wort „Partei" steckende Hinweis, dass es sich um ein Teil eines Ganzen handele, hatte seinen Sinn verloren. Beteiligung der Mitglieder an den Entschei-dungen dieser „Partei" war nicht vorgesehen; der „Führerwille" war das alles beherrschende Prinzip. Wer Mitglied der NSDAP wurde, musste in einer Mitgliederversammlung vor der

---

[6] Hilde Kammer / Elisabet Bartsch, Nationalsozialismus. Begriffe aus der Zeit der Gewaltherrschaft 1933 - 1945, Reinbek bei Hamburg, S. 135

Hakenkreuzfahne folgenden Eid ablegen: „Ich gelobe meinem Führer Adolf Hitler Treue. Ich verspreche, ihm und den Führern, die er mir bestimmt, jederzeit Achtung und Gehorsam entgegenzubringen."[7]

1945 hatte die NSDAP rund 8,5 Millionen Mitglieder. Sie hatten einem Führer Treue und Gehorsam geschworen - diese wohl auch meistens gehalten -, in dessen Namen Millionen Menschen - Juden, Sinti und Roma, Homosexuelle, politische Gegner und andere - ermordet wurden, in dessen Eroberungskriegen abermals Millionen Menschen gefallen waren und der Deutschland und Europa am Ende in eine Katastrophe gestürzt hatte.

Wer das bedenkt, kann erkennen, dass offene Parteien für die Demokratie unentbehrliche Organisationen sind, die es zu verbessern und nicht abzuschaffen gilt. Es lohnt die Mühe, die Parteien der Bundesrepublik mit ihren Strukturen und Aktivitäten näher kennen zu lernen, sie zu begreifen, ihre Mängel herauszuarbeiten, um nach Wegen zu suchen, wie diese Mängel behoben werden können. Da es keine der Demokratie näher kommende Regierungsform als die parlamentarische gibt, kann eine kritische Auseinandersetzung mit den Parteien nur zu deren Verbesserung durch eine tiefere Verankerung bei den Bürgern beitragen.

---

[7] a.a.O., S. 1136

2. Die westdeutschen Parteien: Gründung, Ära Adenauer

Die politischen Parteien haben sich zum institutionellen Kern des Staatswesens Bundesrepublik Deutschland entwickelt. Ohne die Betrachtung ihrer politischen Parteien würde man diese Republik nicht verstehen. Parteien entsenden die Mitglieder der Parlamente und der Regierungen. Sie bestimmen die Besetzung von Spitzenpositionen in der öffentlichen Verwaltung; sie haben Einfluss auf die Berufung der Richter des Bundesverfassungsgerichtes, der Mitglieder des Zentralbankrates der Bundesbank, der deutschen Kommissare in der Europäischen Union. Über die Rundfunk- und Fernsehräte der öffentlich-rechtlichen Anstalten wirken sie auf die „Vierte Gewalt", die Medien, ein. Die Politik des Staates wird über die und durch die Parteien definiert. Gegen diese Omnipotenz der politischen Parteien werden - verstärkt seit den achtziger Jahren - Bedenken vorgetragen.

Mit ihrem Einfluss überzögen die politischen Parteien die ihnen vom Grundgesetz zugedachte Rolle, bei der politischen Willensbildung des Volkes mitzuwirken, nicht jedoch, diese zu bestimmen. Kritisiert wird, dass sich die Parteien den „Staat als Beute" nähmen,[8] dass sie die im Zuge der Globalisierung notwendigen Deregulierungen für Deutschland nicht schafften, dass sie über immer weniger Mitglieder verfügten und ihnen Wähler davonliefen. Das alte Bonner Parteiensystem sei nach 1989 einfach auf die Neuen Länder übergeklappt worden, wodurch sich die Entfremdung der Parteien vom Volke noch verstärkt habe.

Doch in der Berliner Republik sind die Parteien noch immer der Kern des politischen Systems. Nur hat dieser Kern an Festigkeit verloren. Diese könnte wiederhergestellt werden, wenn die Beutepolitik der Parteien gegenüber dem Staat beendet und sichergestellt werden könnte, dass die politischen Parteien zuvörderst eine dienende Einstellung annehmen. Weiterhin müssten die Parteien einiges für ihre Akzeptanz tun, damit sie für Mitglieder attraktiver werden. Das könnte geschehen, wenn die untersten Gliederungen in die Lage kämen, den Menschen Ratschläge zu geben bei der Lösung ihrer Alltagsprobleme mit Arbeitsplätzen oder Wohnungen. Große Politik ist auf der untersten Ebene nicht mehr gefragt: Was soll der Abgeordnete Meier schon noch Interessantes über den Irak berichten, wenn am Abend zuvor der US-Präsident sich hierzu im Fernsehen ausgelassen hat? Wenn andererseits die Zahl der Parlamentssitze an die Wahlbeteiligung gekoppelt und bei einer Wahlbeteiligung von 70% nur 70% der möglichen Parlamentsmandate verteilt würden, müssten alle Parteien sich anstrengen, die „Partei der Nichtwähler" so klein wie möglich zu halten. Schließlich müssen alle politischen Parteien bei ihrer Arbeit immer berücksichtigen, dass die Bürger im Osten Deutschlands eine andere politische Sozialisation erfahren haben als die im Westen. Steht beispielsweise auf der

---

[8] Hans Herbert von Arnim, Der Staat als Beute. Wie Politiker in eigener Sache Gesetze machen, München 1993

westlichen Seite der Wert „Leistung" hoch im Kurs, so ist auf der östlichen Seite „Sicherheit" wichtiger. Um beurteilen zu können, ob die Parteien sich überhaupt in dieser Weise reformieren könnten, seien die Determinanten und Funktionen ihrer Existenz beschrieben.

a) Determinanten

Das Bonner Parteiensystem war geprägt durch die bösen Erfahrungen der deutschen Vergangenheit. Um die Strukturschwächen der Weimarer Demokratie zu vermeiden, wurden die Parteien nach 1945 durch den Art. 21 GG in den Mittelpunkt gerückt. Der Wille des Volkes sollte sich im Parlament und in der von diesem abhängigen Regierung über die politischen Parteien artikulieren. Die Parteien sollten daher offen sein für Mitglieder und sich in allgemeinen, gleichen und geheimen Wahlen stets aufs Neue legitimieren.[9]

Um den Willen des Volkes möglichst angemessen im Parlament widerspiegeln zu können, entschied man sich für das Verhältniswahlsystem, bei dem Abgeordnete über Listen entsprechend den Anteilen bei den Wahlergebnissen in die Parlamente delegiert werden. Gleichwohl wollte man auch regionale Anbindungen der Abgeordneten bewahren. So ist es zu erklären, dass das Verhältniswahlsystem mit dem Mehrheitswahlsystem kombiniert wurde. Die Hälfte der Abgeordneten wird über Wahlkreise ermittelt, die andere Hälfte über Listen, die allerdings maßgebend sind für die Gesamtverteilung der Mandate im Parlament auf die Parteien. Bei den Bundestags-, auch bei den meisten Landtagswahlen haben die Wähler somit eine „Erststimme" für den Wahlkreis und eine „Zweitstimme" für die Landesliste, die allein ausschlaggebend ist für die Zusammensetzung des Parlamentes. In der Regel haben nur die großen Parteien CDU/CSU und SPD die Chance, Abgeordnete mit Hilfe der Erststimme zu gewinnen.

Das lange politische Überleben der FDP lässt sich damit erklären, dass sie es bisher noch bei jeder Bundestagswahl geschafft hat, genügend Zweitstimmen für den Einzug in den Bundestag zu erzielen. Meist verhalf ihr dabei eine direkte oder indirekte „Zweitstimmenkampagne", die sie als Juniorpartner einer der beiden Hauptparteien anpries. So war es 1961, als die mit der CDU im bürgerlichen Lager verbundene FDP den allgemeinen Unmut über die lange Herrschaft Konrad Adenauers aufnahm und mit dem Slogan „Mit der CDU aber ohne Adenauer" 12,8% der

---

[9] Im „Parteiengesetz" sind die Einzelheiten der inneren Ordnung der Parteien geregelt. Es ist vorgeschrieben, dass die Delegiertenversammlungen und die Vorstände von unten nach oben gewählt werden müssen. So sind alle politischen Parteien in Deutschland ähnlich aufgebaut mit Mitgliedergruppen an der Basis, Kreis-, Landes- und Bundesparteitagen mit den dazugehörigen Vorständen. Innerparteilich von Gewicht sind zusätzlich die Fraktionen - in den kommunalen Vertretungskörperschaften, den Kreistagen, Landtagen und dem Bundestag sowie - falls vorhanden - die Dezernenten oder Mitglieder der Regierungen. Dieses Parteiengesetz wurde übrigens erst 1967, also 18 Jahre nach dem Auftrag durch die Verfassung, geschaffen. Das Bundesverfassungsgericht hatte es vom Erlass dieses Gesetzes abhängig gemacht, dass die Parteien weiterhin staatliche Mittel für ihre Arbeit erhalten könnten.

Wählerstimmen - ihr bislang bestes Bundestagswahlergebnis - errang. Adenauer selber hingegen wusste natürlich vom Gewicht der Zweistimmen, und zögerlichen Wählern soll er bei Wahlversammlungen geraten haben: „Wenn Se nich` janz so zufrieden sind mit der CDU, meine Damen und Herren, dann geben Sie ihr eben nur die Zweitstimme!" Das mit dem Mehrheitswahlrecht kombinierte Verhältniswahlrecht ist eine wesentliche Determinante des deutschen Parteiensystems, weil es das Überleben der „Partei der zweiten Wahl",[10] der FDP ermöglicht hatte, aber auch das Aufkommen der „Grünen", die bei einem reinen Mehrheitswahlsystem ebenso wie die FDP wohl keine Chance gehabt hätten.

Ein Novum war der Erfolg der PDS bei der Bundestagswahl 1995, als sie mittels mehr als drei Direktmandaten im Osten Berlins in den Bundestag kam, obwohl sie bundesweit weniger als fünf Prozent der Wählerstimmen bekommen hatte. 1998 dann kam sie bundesweit über die 5-%-Grenze, und 2002 erreichte sie nur zwei Direktmandate, so dass außer diesen beiden keine weiteren PDS-Vertreter mehr dem Bundestag angehören.

Prägend für das deutsche Parteiensystem ist die Fünfprozentklausel. Sie wurde eingeführt nach den Erfahrungen in der Weimarer Republik, dass eine große Zahl von Splitterparteien die parlamentarische Willensbildung erschwert und klare parlamentarische Mehrheiten verhindert hatte. Die Fünfprozentklausel, die übrigens kein Verfassungsgebot ist und erst 1957 in der heutigen Form in Kraft trat, hat dazu beigetragen, dass viele kleinere Parteien wie der „Bund der Heimatvertriebenen und Entrechteten" (BHE), die „Bayernpartei" (BP), die „Deutsche Partei" (DP) oder die „Zentrumspartei" (ZP), die im ersten oder zweiten Deutschen Bundestag noch vertreten waren, aus dem Parteiensystem ausgeschieden sind.

Seit den neunziger Jahren ist eine Diskussion über Sinn und Ungerechtigkeit der Fünfprozentklausel entbrannt. Das abschreckende Beispiel Weimars verblasst. Vor allem bei den kommunalen Vertretungskörperschaften, wackelt die Sperre. In Berlin beispielsweise hat das Landesverfassungsgericht entschieden, dass bei den Wahlen zu den regionalen „Bezirksverordnetenversammlungen" (BVV`s) die Fünfprozentgrenze nicht gelten dürfe.

Bei der staatlichen Parteienfinanzierung wird die semistaatliche Stellung der politischen Parteien deutlich. Schon in den fünfziger Jahren sahen sich die politischen Parteien nicht in der Lage, ihre Arbeit aus eigenen Mitteln - Mitgliederbeiträge, Spenden oder Einkünfte aus Vermögen - zu finanzieren. Zudem hatte das Bundesverfassungsgericht 1958 in seinem „Spendenurteil" die bis dahin gängige Praxis abgeschafft, bei der über Fördervereine („Staatsbürgerliche Vereinigungen") eingesammelte Parteienspenden für staatsbürgerliche Zwecke steuerbegünstigt waren. Das Gericht wollte die in dieser Regelung befindlichen Vorteile für die bürgerlichen Parteien CDU/CSU und FDP abschaffen und verwies in einer Nebenbemerkung auf die Möglichkeit der

---

[10] Jürgen Dittberner, FDP – Partei der zweiten Wahl. Ein Beitrag zur Geschichte der liberalen Partei und ihrer Funktionen im Parteiensystem der Bundesrepublik, Opladen 1987

direkten staatlichen Parteienfinanzierung. Damit hatte es die Schleusen geöffnet: Der Staat wurde fortan immer stärker zur direkten und indirekten Mitfinanzierung der Parteien herangezogen.

Anfänglich wollte man den Kuchen am liebsten unter den Bundestagsparteien aufteilen und die im Parlament nicht repräsentierten „Kellerkinder" unberücksichtigt lassen. Doch das Verfassungsgericht verbot die Sperrklausel bei der Parteienfinanzierung. Die Folge war, dass auch kleinere Parteien öffentliche Mittel erhielten, wenn sie sich an Wahlen beteiligten. Dadurch wurde es beispielsweise den „Grünen" finanziell möglich, sich nacheinander an mehreren Wahlen zu beteiligen, und das ist einer der Gründe dafür, dass sie es schafften, in das etablierte Parteiensystem einzudringen.

Tabelle 1: Parteienhaushalte 1990 (Einnahmen in Millionen DM)[11]

	CDU	CSU	Grüne	FDP	PDS	SPD
Beiträge	87	16	10	11	30	129
Spenden	72	36	10	23	1,2	36
ChAgl.*	8,1	2	0	1	11	9
WKE+	142	33	20	45	28	128

* = Chancenausgleich / + = Wahlkampferstattung

Die Griffe der etablierten Parteien in die Staatskasse waren häufig dreist und direkt. In einer Art Krieg um die Parteienfinanzierung schritt hiergegen immer wieder das Bundesverfassungsgericht ein. Bis 1992 kam es zu 17 Entscheidungen des höchsten deutschen Gerichtes in dieser Sache. Der Entscheid von 1992 wollte der staatlichen Finanzierung der allgemeinen Tätigkeit der politischen Parteien Grenzen setzen und annullierte ein System der Finanzierung, das sich bis dahin durchgesetzt hatte mit den Eckpfeilern „Wahlkampferstattung" und „Chancenausgleich" - wobei der Chancenausgleich als Kompensation für Parteien mit geringem Spendenaufkommen gedacht war, jedoch in diesem Sinne nicht funktionierte. Nach diesem System hatten die Parteien 1990 neben ihren Beiträgen und Spenden, wie in Tabelle 1 gezeigt, staatliche Zuschüsse erhalten.

Nach 1992 bestanden drei Bedingungen für die staatliche Parteienfinanzierung:
1. Vorrang der Eigenfinanzierung vor staatlicher Finanzierung.

---

[11] Ulrich von Alemann, Parteien, Reinbek bei Hamburg 1995, S. 35

2. „Relative Obergrenze": Öffentliche Mittel dürfen die Summe der von der Partei selber erwirtschafteten Mittel nicht überschreiten.

3. „Absolute Obergrenze": Die öffentlichen Mittel sollen die Durchschnittswerte der Jahre 1989 bis 1992 nicht überschreiten.

1994 wurde das Parteiengesetz wegen des Entscheids von 1992 novelliert. Danach erhielten die Parteien bei Bundestags-, Europa- und Landtagswahlen 1 DM für jede Wählerstimme erstattet - bei den ersten 5 Millionen Wählern 1,30 DM. Außerdem wurden Beiträge und Spenden, die die Parteien einnahmen, zusätzlich aus öffentlichen Kassen bezuschusst.

Begründet wurde die direkte staatliche Parteienfinanzierung damit, dass die Parteien im Wahlkampf mit der Wählermobilisierung eine öffentliche Aufgabe leisteten und dass sie generell Träger der politischen Bildung seien. Auch sollten die Parteien durch die öffentlichen Zuschüsse immunisiert werden gegen Abhängigkeiten von privaten Spendern.

Tabelle 2: Direkte und indirekte Parteienfinanzierung 1992[12]

Direkte Staatsfinanzierung	230.000.000 DM
"Parteisteuer" (Mandatsträgerbeiträge)	60.000.000 DM
Steuerbegünstigungen (bei Beiträgen und Spenden)	180.000.000 DM
Zahlungen an Fraktionen(Bundestag und Landtage)	231.000.000 DM
Zahlungen an Parteistiftungen	670.000.000 DM
ZUSAMMEN	1.371.000.000 DM

Es scheint, als ob die staatliche Parteienfinanzierung in Deutschland zu üppig ist. Neben der direkten Unterstützung gibt es die indirekte Finanzierung der Parteiarbeit durch den Umweg über Abgeordneten- und Mandatsträgerabgaben, Leistungen an die Fraktionen sowie über die parteinahen Stiftungen. Alle Transfers aus öffentlichen Kassen zugunsten der politischen Parteien zusammen ergaben 1992 nach Hans Herbert von Arnim eine Summe von 1.371.000.000 DM. Tatsächlich ist die Summe noch höher, denn von Arnim hat beispielsweise übersehen, dass auch die Jugendorganisationen der politischen Parteien ebenfalls staatlich alimentiert werden. In

---

[12] Hans Herbert von Arnim, Der Staat als Beute. Wie Politiker in eigener Sache Gesetze machen, München 1993, S. 284

Berlin sind diese Organisationen im „Ring politischer Jugend" zusammengeschlossen und erhielten jahrelang aus dem Topf der Jugendförderung öffentliche Zuwendungen. Die staatliche Parteienfinanzierung in Deutschland ist unüberschaubar und - auch im Vergleich mit anderen Ländern[13] - stark ausgeprägt. Gegen zudringliche Spenden sind die Parteien dennoch nicht immunisiert, wie die Skandale in der CDU und in der SPD nach 1998 sowie bei der FDP nach 2002 gezeigt haben. Über die Höhe und die Form der Finanzierung wird es stets Streit geben. Wichtig ist, dass die Entscheidungen, die Abgeordnete als Parteienvertreter hierbei in eigener Sache treffen, transparent und überprüfbar sind. Es ist gut, dass das Bundesverfassungsgericht sich immer wieder mit dieser Thematik befasst und die Parteien korrigiert und dass sich die Öffentlichkeit einschließlich der Wissenschaft nach langem Desinteresse seit einiger Zeit bei diesem Thema engagiert. Unstrittig ist, dass die Parteien finanziell in der Lage sein müssen, ihren Verfassungsauftrag zu erfüllen, bei der politischen Willensbildung mitzuwirken. Aber in einer Zeit allgemeiner Deregulierung müssen sie hierbei zu äußerster Sparsamkeit bei ihren Ausgaben gezwungen werden. Sie dürfen durch die öffentlichen Zuschüsse nicht faul werden.

Zu den Determinanten des deutschen Parteiensystems gehört auch die Wirtschaftsordnung der alten Bundesrepublik, die soziale Marktwirtschaft. Bei seiner klassischen Ausformung als Zweieinhalb-Parteiensystem zu Beginn der sechziger Jahre war die soziale Marktwirtschaft geradezu das Pendant der Politik. Die zwei „Volksparteien" CDU/CSU und SPD beiderseits der Mitte mit dem „liberalen Korrektiv" der FDP waren erfolgreich und dominierend, weil sie als Garanten des „Wirtschaftswunders", des materiellen Wohlstands, galten. Die SPD war hierbei eingeschlossen seit 1959, als sie sich in Bad Godesberg auf Betreiben Herbert Wehners, Willy Brandts und Fritz Erlers nach dem Vorbild der erfolgreicheren Union zur alle Schichten und Gruppen der Bevölkerung ansprechenden Volkspartei („catch-all-party") reformiert hatte. Die Parteien waren wie die Firmenmarken, deren Namen mit dem Wirtschaftswunder verbunden waren: „Persil", „VW", „BMW", „Mercedes", „Kloeckner", „Hoechst" oder „Deutsche Bank". Andere Marken wie „Borgward" etwa hatten sich in der Wirtschaft ebenso wenig halten können wie die „Deutsche Partei" oder das „Zentrum" in der Politik. CDU/CSU, SPD und FDP waren eingeführte Marken der Politik. Die Sache kam ins Schwanken, als nach 1961 die nachgewachsene Generation sich mit der alleinigen Wohlstandsgarantie nicht mehr begnügen wollte, eine Demokratisierung der Gesellschaft forderte und in den Vietnamprotesten vom allgegenwärtigen Vorbild der USA abrückte. Mit der ersten wirtschaftlichen Baisse wurde die politische Rechte in Gestalt der „NPD" stärker und rüttelte - schließlich doch erfolglos - am

---

[13] S. Rolf Ebbighausen u.a., Die Kosten der Parteiendemokratie. Studien und Materialien zu einer Bilanz staatlicher Parteienfinanzierung in der Bundesrepublik Deutschland, Opladen 1996

Monopol des Zweieinhalb-Parteiensystems. Der von der jungen Generation ausgehende Wertewandel jedoch schuf mit den „Grünen" einen neuen Mitspieler am politischen Markt. Noch immer ist die Wirtschaft das Pendant der politischen Parteien. Aber bei über 4 Millionen Arbeitslosen seit den neunziger Jahren ist das Eis dünner geworden, auf dem sich die Parteien bewegen. Im Osten ist eine offensichtlich temporäre Regionalpartei entstanden, die Mitgliederbasis der Parteien hat abgenommen, die Parteibindungen der Bürger sind gelockert, die Zahl der Nichtwähler ist gestiegen. Noch halten sich die einzelnen Parteien aus Tradition, aufgrund ihrer gewachsenen institutionellen Verflechtung mit dem politischen System und das Parteiensystem insgesamt aufgrund des Mangels an Alternativen.

Parteien werden aber mehr und mehr als lästige Beigabe einzelner beliebter Politiker gesehen, und das Wählervotum richtet sich an Personen aus. Die Chancen eines Machtwechsels im Bund hängen in den Augen der Öffentlichkeit davon ab, wie sich jeweilige Spitzenkandidaten präsentieren und welche Inszenierung sie den Wählern bieten.

Darstellung 1: Determinanten des westdeutschen Parteiensystems

Verfassungsrang: Artikel 21
Wahlsystem: Verhältniswahl mit Elementen der Mehrheitswahl
Sperrklausel (5%)
Staatliche Parteienfinanzierung (Mitfinanzierung)
(Soziale) Marktwirtschaft

Die Personalisierung der Politik ist die Folge des geschwundenen Glaubens an die Problemlösungskompetenz der Parteien. Sie entspricht einer personalisierten Betrachtungsweise aller Bereiche des Lebens, wie sie von den Massenmedien herbeigeführt wurde. Interessant sind die Stars, die „Promis" im Sport, in der Kultur und Unterhaltungsszene und auch in der Wirtschaft. Gerhard Schröder steht so in einer Reihe mit Franz Beckenbauer, Thomas Gottschalk oder Johannes B. Kerner. Zwar ist die Marktwirtschaft offiziell noch immer das Hauptziel aller politischen Bemühungen der Politik, aber das Etikett „sozial" hat an Wert verloren, und die Parteien müssen auf der Hut sein, dass es nicht eines Tages ein neuer Promi der Politik schafft, mit rechtsradikalen Parolen das gesamte Parteiensystem aufzurollen. Es scheint, dass die etablierten Parteien versuchen, dem vorzubeugen, indem sie selber am rechten Rand fischen. Die Unterschriftenaktion der hessischen CDU gegen die doppelte Staatsbürgerschaft, die „Möllemann-Friedmann-Affäre" und der „deutsche Weg" der SPD im Bundestagswahlkampf 2002 haben das deutlich gemacht. Doch ist das nicht ein Spiel mit dem Feuer?

b) Funktionen

Über die vom Grundgesetz postulierte Funktion der „Mitwirkung an der politischen Willensbildung" des Volkes hinaus erfüllen die politischen Parteien tatsächlich weitere politische Funktionen, die sich entweder aus ihrem Verfassungsauftrag oder ihrem Organisationscharakter ableiten.

Für viele ihrer Mitglieder sind die Parteien soziale Bezugsgruppen. Sie bieten Lebensinhalt, Geselligkeit, Statusfestigkeit und eröffnen einigen von ihnen Karrierechancen. In ihrer Eigenschaft als soziale Bezugsgruppe unterscheiden sich die Parteien nicht von anderen Organisationen, in denen Menschen zusammenwirken, - handele es sich um Betriebe, Behörden, Vereine oder Verbände. Für die Mehrzahl ihrer Mitglieder sind die sozialen Rollen in den Parteien allerdings weniger prägend als Berufsrollen - für die dünne Schicht der Funktionäre und Berufspolitiker hingegen nehmen ihre politischen Parteirollen häufig ihr gesamtes soziales Leben in Anspruch.

Es wird oft davon gesprochen, dass die Parteien für die Bevölkerung die Funktion der politischen Bildung ausüben würden. Hierbei handelt es sich um sehr vage Zusammenhänge, denn da die Parteien Hauptakteure im politischen Prozess sind, wird das Interesse an politischen Vorgängen im Gemeinwesen mit politischer Bildung gleichgesetzt. Der Hinweis auf die politische Bildung ist auch deswegen problematisch, weil die Parteien hieraus sogleich den Anspruch der staatlichen Alimentierung ableiten.

Die ihr Wesen wohl am zentralsten treffende Funktion ist die der Partizipation der Bürger am politischen Prozess. Durch Parteien wird der politische Willensbildungsprozess geöffnet für alle und bleibt nicht geschlossen - auf bestimmte Personen und Institutionen beschränkt - wie in einer Monarchie oder einer Diktatur. Dass nur sehr wenige Bürger die Chance der Partizipation aktiv nutzen, ändert an der Bedeutung dieser Funktion nichts.

Mit ihren Forderungen und Programmen wirken die politischen Parteien daran mit, dass in der Gesellschaft allgemeine, auch konträre politische Zielvorstellungen entwickelt werden. Insofern können Parteien politische Ziel- und Sinngeber sein. An den stets um die Gruppe der unentschiedenen Wechselwähler bemühten politischen Parteien der Bundesrepublik wird kritisiert, dass sie alle mehr oder weniger den Wünschen dieser Bevölkerungsschicht hinterherlaufen, deren - ihnen aus Umfragen bekannten - Wünsche artikulieren und somit als politische Ziel- und Sinngeber versagen.

Zweifellos sind die politischen Parteien die zentralen Agenturen bei der Rekrutierung des politischen Personals in der Bundesrepublik. Es ist kaum möglich, eine politische Aufgabe wahrzunehmen, ohne Mitglied einer politischen Partei zu sein. In den Versammlungen der politischen Parteien, von ihren Vorständen und Parteitagen sowie in den Fraktionen werden die politischen Repräsentanten ausgesucht. Praktisch haben die politischen Parteien ein Monopol bei der Rekrutierung des politischen Personals in der Bundesrepublik. Anders als beim öffentlichen Dienst wird dabei nicht nach formalen Kriterien wie Ausbildungsabschluss ausgewählt, sondern in erster Linie nach politischer Akzeptanz und Durchsetzungsfähigkeit. Noch niemand hat den Nachweis erbracht, dass die politisch über die „Ochsentour" Aufgestiegenen besser oder schlechter wären als die formal qualifizierten Beamten über die „Hühnerleiter". Bei den Politikerkarrieren gibt es schnelle Aufstiege und jähe Abstürze, bei den Beamten ein allmähliches Schweben nach oben.

Die Politiker auf allen Ebenen und damit die Parteien erfüllen schließlich die Aufgabe der Entscheidungsvorbereitung und Entscheidungsfindung für alle wichtigen Fragen des Gemeinwesens. Zwar haben die politischen Parteien und ihre Repräsentanten hierbei nicht das Monopol - die Medien, die Lobbyisten, die Wissenschaft, die Verwaltung, ausländische Interventionen und viele andere wirken bei den Entscheidungen mit. Verantworten müssen die Entscheidungen jedoch am Ende die Parteienvertreter bei den Abstimmungen in den Parlamenten oder in den Regierungen.

Darstellung 2: Funktionen der politischen Parteien

Mitwirkung an der politischen Willensbildung des Volkes
Soziale Bezugsgruppe für die Parteimitglieder
Politische Bildung
Entwickeln politischer Zielvorstellungen
Rekrutierung politischen Personals
Entscheidungsvorbereitung und Entscheidungsfindung in der Politik

Die Entscheidungsfindung, die Rekrutierung des politischen Personals und die Partizipation der Bürger sind die zentralen Funktionen, welche die politischen Parteien erfüllen. Sie geraten in Rechtfertigungs- und Legitimationskrisen, wenn sie - wie im Falle der Großen Steuerreform Mitte 1997 - keine Entscheidungen treffen, wenn das von ihnen ausgewählte Personal zu wünschen übrig lässt oder wenn - wie in Deutschland schon lange - zu wenige Bürger sich über die Parteien am politischen Prozess beteiligen. Die Parteien müssen aufpassen, dass sie ihre politischen Funktionen erfüllen. Andernfalls verlieren sie ihre Existenzberechtigung.

c) Gründung

Im Potsdamer Abkommen vom 2. August 1945 einigten sich die Siegermächte darauf, „in ganz Deutschland alle demokratischen Parteien zu erlauben und zu fördern".[14] Tatsächlich jedoch verhielten sich die vier Mächte in dieser Angelegenheit sehr unterschiedlich. Die Sowjets hatten

---

[14] Günter Olzog / Hans-J. Liese, Die politischen Parteien in Deutschland. Geschichte. Programmatik. Organisation. Personen. Finanzierung. 24., überarbeitete Auflage, München / Landsberg a.L. 1966

bereits am 10. Juni 1945 in ihrem „Befehl Nr. 2" für ihre Besatzungszone „die Bildung und Tätigkeit aller antifaschistischen Parteien" erlaubt. Die amerikanische Militärregierung ließ politische Parteien im September des gleichen Jahres zu, allerdings zunächst nur für die Kreisebene. Die Briten erlaubten die Parteigründungen im September sogleich auf Zonenebene, während sich die Franzosen zögerlich verhielten und im Dezember zwar Parteien grundsätzlich zuließen, sich mit der praktischen Umsetzung aber Monate Zeit ließen.[15] Die Sowjets verfolgten das Ziel, mit Hilfe der politischen Parteien von Berlin aus Einfluss auf das gesamte Deutschland zu gewinnen. Die KPD, die SPD, die CDU und die LDP („Liberal-Demokratische Partei") gründeten in der Hauptstadt Parteizentralen („Zentralausschüsse"), die einen Führungsanspruch auch für die Westzonen erhoben. Dieser gesamtdeutsche Anspruch aus Berlin wurde im Westen abgelehnt und teilweise heftig abgewehrt. Bei der SPD war es Kurt Schumacher, der von Hannover aus eine Gegenposition zu Berlin und dem von den Sowjets abhängigen Zentralausschuss unter Otto Grotewohl, Max Fechner und Gustav Dahrendorf aufbaute. Schumacher setzte die Neugründung der westdeutschen SPD, deren erster Vorsitzender er wurde, durch.

Bei den bürgerlichen Parteien herrschten ohnehin dezentrale Tendenzen, die den Berliner Zentralen keine Chance ließen. Verstärkt kam auch hier bei der Ablehnung der Berliner Ansprüche die Furcht vor der Abhängigkeit von den Kommunisten hinzu. In der CDU hatte somit der Berliner Gründerkreis um Jakob Kaiser und Ernst Lemmer wenig Chancen. Im Westen bildete sich in der britischen Zone über die Landesverbände Rheinland und Westfalen hinaus die „Zonen-CDU" als das stärkste Kraftfeld der Union insgesamt, das Konrad Adenauer[16] von Köln aus beherrschte. Adenauer wurde schließlich - das allerdings erst 1950, als er schon Bundeskanzler war und die CDU in Goslar als Bundespartei gegründet wurde - Bundesvorsitzender dieser neuen Partei. Zu stellvertretenden Bundesvorsitzenden wählte der Bundesparteitag Friedrich Holzapfel und Jakob Kaiser.

Bei der LDP gab es zwar vielfältige Kontakte zu den sehr unterschiedlichen Parteigründungen im Westen, am Ende aber gingen auch die Liberalen in Ost und West unterschiedliche Wege. Mit der Gründung der FDP unter ihrem ersten Vorsitzenden Theodor Heuss im Dezember 1948 in Heppenheim an der Bergstraße war auch bei den Liberalen aus Furcht vor dem Einfluss der Sowjets eine reine Westpartei entstanden. Immerhin hatte es mit der "Demokratischen Partei Deutschlands" (DDP) eine gesamtdeutsche Parteiorganisation vor 1949 gegeben. Diese im März von Vertretern der FDP und LDP gegründete Partei hatte mit Theodor Heuss und Wilhelm Külz gleichberechtigte Vorsitzende. Weil er Külz Einbindung in die sowjetische Blockpolitik vorwarf, zerschnitt Heuss 1948 das Tuch: Die FDP entwickelte sich im Westen zur einflussreichen dritten

---

[15] ebenda

Partei, während die LDP nach dem baldigen Tode von Külz unterdrückt, gesäubert und zum Satelliten der SED degradiert wurde.

Die KPD schließlich hatte im Westen Deutschlands ohnehin keine besondere Resonanz, so dass der gesamtdeutsche Anspruch der Berliner Genossen um Walter Ulbricht und Wilhelm Pieck von Anfang an illusorisch war.

In den Anfangsjahren fand das Parteileben überall unter Aufsicht der Siegermächte statt. Deren Offiziere oder Beauftragte saßen dabei und scheuten vor Interventionen nicht zurück. Die so entstandenen Parteien wurden später vor allem von rechten Gruppierungen als „Lizenzparteien" bezeichnet, womit sie als von den Mächten gegen die deutschen Interessen installierte Institutionen diffamiert werden sollten.

Im Jahre 1948 wurde auf Anordnung der Militärgouverneure in den drei westlichen Zonen mit der „Währungsreform" die DM eingeführt. Ludwig Erhard, damals Direktor des Amtes für Wirtschaft, hatte sich mit dem Konzept der freien Marktwirtschaft im Frankfurter Wirtschaftsrat gegen die SPD, aber auch Teile der CDU, durchgesetzt.

Die DM wurde auch in den Westsektoren Berlins eingeführt. Darauf reagierten die Sowjets mit der Blockade West-Berlins, die wiederum von den westlichen Alliierten mit der „Luftbrücke" abgewehrt wurde. Vor diesem Hintergrund erhielten die Ministerpräsidenten der bereits existierenden westdeutschen Länder ebenfalls 1948 von den drei Militärgouverneuren die Aufforderung zur Gründung eines westdeutschen Staates. Auf einer Konferenz in Rittersturz bei Koblenz hatten die Ministerpräsidenten der westdeutschen Länder Bedenken, die Teilung Deutschlands durch Gründung eines westdeutschen Separatstaates zu zementieren. Der gewählte, aber von den Sowjets nicht bestätigte Bürgermeister Berlins, Ernst Reuter, zerstreute diese Bedenken, indem er einen staatlichen Neubeginn im Westen als Chance erläuterte, dass eines Tages auch der Osten Deutschlands hinzukäme. So wurde aus den Landtagen ein „Parlamentarischer Rat" gewählt, der sich am 1. September 1949 konstituierte. Der Rat hatte - entsprechend der Zusammensetzung der Landtage - eine schwache Mehrheit der bürgerlichen Parteien. Sein Präsident war Konrad Adenauer von der CDU, Vorsitzender des zentralen Hauptausschusses Carlo Schmid von der SPD. Kurt Schumacher, der Vorsitzende der SPD und eigentliche Gegenspieler Adenauers war infolge einer Verletzung aus dem 1. Weltkrieg und vor allem wegen der Nachwirkungen seiner langen KZ-Jahre gesundheitlich nicht in der Lage, direkt im Rat vor Ort zu sein. Der Parlamentarische Rat beschloss am 8. Mai 1949 das Grundgesetz. Der Text wurde - mit einigen Änderungen - zuerst von den Militärregierungen und dann von einer ausreichenden Anzahl der Landtage genehmigt und trat am 24. Mai in Kraft. Die Wahlen

---

[16] Hans-Peter Schwarz, Adenauer, Bd. 1 Der Aufstieg 1876 – 1952, Stuttgart 1968 und Bd. 2 Der Staatsmann: 1952 - 1967, Stuttgart 1991

zum ersten Deutschen Bundestag waren am 14. August 1949. Die Bundesrepublik Deutschland war gegründet.

Was sich schon im Parlamentarischen Rat gezeigt hatte, bestätigte sich im Bundestag: Union und SPD waren die Hauptparteien, die FDP die größte unter den kleinen Parteien. Insgesamt hatte das bürgerliche Lager ein leichtes Übergewicht (s. Tabelle 3). Die Grundstruktur des deutschen Parteiensystems für die kommenden zwanzig Jahre hatte sich herausgebildet.

Tabelle 3: Bundestagswahlergebnisse zum ersten Deutschen Bundestag[17]

(14.8.1949)

Partei	Stimmen in %	Mandate(+Berliner Abgeordnete)
CDU/CSU	31	139 (+2)
SPD	29,2	131 (+5)
FDP,DVP	11,9	52 (+1)
KPD	5,7	15
BP (Bayernpartei)	4,2	17
DP (Deutsche Partei)	4,0	17
ZP (Zentrumspartei)	3,1	10
WAV.(Wirtschaftliche Aufbauvereinigung)	2,9	12
DKP, DRP (=)	1,8	5
SSW (Südschleswigscher Wählerverband)	0,3	1
Wählergruppen, Einzelbewerber	4,8	3

= Deutsche Konservative Partei / Deutsche Rechtspartei

d) Ära Adenauer[18]

In den fünfziger Jahren setzte sich in der Bundesrepublik eine politisch-psychologische Grundeinstellung durch, in der Privates Vorrang vor Öffentlichem hatte und Sicherheit im

---

[17] Karlheinz Niclauß, Das Parteiensystem der Bundesrepublik Deutschland. Eine Einführung, Paderborn/München/Wien/Zürich 1995, S. 40
[18] Dieses Unterkapitel ist stark orientiert an: Jürgen Dittberner, Zur Entwicklung des Parteiensystems zwischen 1949 und 1961; in Dietrich Staritz, Das Parteiensystem der Bundesrepublik. 2. Auflage, Opladen 1980, S. 129ff.

Materiellen und Sozialen der herrschende Wert war. Im Rahmen der globalen und nationalen Ost-West-Konfrontation transformierte sich diese Haltung in einen kräftigen Antikommunismus, dem die politische und wirtschaftliche Westintegration der Bundesrepublik entsprach. Wie in einer Schonung konnten in dieser Konstellation die neuen politischen Institutionen und die liberale Wirtschaftsordnung anwachsen. Die Bundesrepublik wurde gesehen als eine Konflikte negierende „nivellierte Mittelstandsgesellschaft". Konrad Adenauers Politik entsprach diesen Grundstrukturen und setzte sie gegen zunächst durchaus vorhandene anderslaufende Tendenzen konsequent durch. Deswegen heißt die Zeit von 1949 bis 1961 zu Recht die „Ära Adenauer".

Auch die Entwicklung des Parteiensystems ist weitgehend aus Gefolgschaft oder Gegnerschaft zu Konrad Adenauer zu erklären. Die aus heterogenen Quellen gespeiste Neugründung der CDU mit ihrem bayerischen Pendant entwickelte sich allmählich von einem Machtinstrument des Bundeskanzlers zu einer lose integrierten Partei mit einem leichten politischen Eigengewicht. Ursprüngliche Bündnispartner der Union wie die DP oder der BHE wurden von der Adenauer-Partei aufgesogen oder überrollt. Die FDP stürzte sich wegen ihrer Konflikte mit Adenauer wegen des Wahlrechts und der Saarfrage in ihre erste große Krise. Die SPD schließlich suchte zunächst nach einer Alternative zur Adenauer-Politik und fand dann doch ihr Heil in deren Anerkennung und Kopie. Das Ergebnis dieser Entwicklung ist das noch heute durchschlagende duale Parteiensystem zweier großer Blöcke mit der FDP als mehrheitsbeschaffender Funktionspartei. Die dieses duale System bildenden klassischen Bundestagsparteien hatten 1949 72% der Wählerstimmen errungen, und 1961 war ihr gemeinsamer Anteil auf 95% gestiegen! Viele der in der Ära Adenauer politisch Sozialisierten aber sollten später neue nichtmaterielle Werte vertreten und die Basis werden für die Nach-Adenauer-Partei der „Grünen".

In der ersten Legislaturperiode führte Adenauer die CDU/CSU, die FDP und die DP zu einer bürgerlichen Koalition zusammen, deren Mehrheit äußerst knapp war: Mit 202 von 402 Stimmen wurde er zum Kanzler gewählt. Die Wahl von Theodor Heuss zum ersten Bundespräsidenten war ein Zugeständnis an den größten Bündnispartner der Union, die FDP. Die folgenden Auseinandersetzungen innerhalb der bürgerlichen Koalitionen unter Adenauer in den ersten beiden Legislaturperioden haben unmittelbar zur Aufreibung der kleineren Parteien und zur Spaltung sowie dem Überwechseln der FDP in die Opposition 1956 geführt. Trotz der knappen Mehrheit im Jahre 1949 und trotz zahlreicher Krisen war die Mehrheit für die Unionsparteien bis 1961 niemals ernsthaft infrage gestellt.

Die Zeit von 1949 bis 1953 kann als wichtigste Periode für die Formierung des Parteiensystems in Westdeutschland gesehen werden. Denn neben der SPD, der Union und der FDP hatten die in dieser Zeit im Bundestag vertretenen Parteien DP, ZP, KPD, DRP und WAV die Chance der parlamentarischen Profilierung. Andererseits hoben die westlichen Besatzungsmächte am 17. März 1950 den Lizenzzwang für Parteien auf, und es kam zur Bildung von über zwanzig neuen

Parteien. Aber von den kleineren 1949er Bundestagsparteien schaffte neben der FDP lediglich die DP 1953 noch einmal den Sprung in den Bundestag. Von den zahlreichen Neugründungen des Jahres 1950 hatten lediglich zwei größere Wählerresonanz: Der „Bund der Heimatvertriebenen und Entrechteten" (BHE) und die neonazistische „Sozialistische Reichspartei" (SRP). Manfred Rowold erklärt in seinem Buch über die kleinen und gescheiterten Parteien die vorübergehenden Erfolge dieser beiden Gruppierungen beruhten darauf, dass „deren Wirkungsmöglichkeiten bis dahin durch einen künstlichen Rückstau beschränkt waren: es sind dies die Vertriebenen ... und die neonazistische Rechte".[19] Der BHE als reine Interessenpartei verlor im folgenden seine Basis durch die erfolgreiche Integration der Heimatvertriebenen, und die SRP konnte sich gegen die antinationalsozialistische Staatsdoktrin nicht halten.

Die aus der Tradition der antipreußischen Welfenbewegung hervorgegangene „Deutsche Partei" (DP) hatte hauptsächlich in Niedersachsen ein großes Anhängerreservoir und erzielte hier 19% der Stimmen. Die DP konnte sich im Bundestag bis 1961 nur durch Wahlabkommen mit der FDP, vor allem aber mit der CDU, halten. Ab 1957 war die DP praktisch ein Satellit der CDU. Der CDU war es von Anfang gelungen, denjenigen Politikern die soziale Basis zu entziehen, die sich für eine Wiedergründung des alten Zentrums eingesetzt hatten. Zwar war das Zentrum mit Helene Wessel als Sprecherin im ersten Bundestag vertreten, geriet aber mit seiner stark föderalistischen, sozialistischen und im Bildungsbereich klerikalen Politik zwischen alle Stühle.

Die KPD scheiterte, obwohl sie eine der vier Lizenzparteien gewesen und während der Gründungsphase der Bundesrepublik in allen wichtigen parlamentarischen Gremien vertreten war. Die KPD trat wie die SED im Osten zunächst für einen eigenständigen deutschen Weg zum Sozialismus ein. Als es aber auf der internationale Ebene zum Bruch zwischen der Sowjetunion und Jugoslawien eben wegen der Frage eigener Wege zum Sozialismus kam, vollzog die KPD 1948 einen Kurswechsel, erkannte die unbedingte Führung der KPdSU an und stellte schließlich 1952 den revolutionären Klassenkampf in den Mittelpunkt ihrer Politik. Zuvor war es zu „Säuberungen" in den Reihen der KPD gekommen. Die KPD lehnte das Grundgesetz ab, beteiligte sich aber mit mäßigem Erfolg an den Bundestagwahlen. Als im April 1956 ein Verbotsantrag vor dem Bundesverfassungsgericht verhandelt wurde, widerrief die KPD ihr revolutionäres Programm und wollte es durch ein Bekenntnis zum Parlamentarismus ersetzen. Zu dieser Zeit war sie nur noch in Bremen und Niedersachsen mit insgesamt 6 Abgeordneten vertreten. Als das Bundesverfassungsgericht am 17. August 1956 die Verfassungswidrigkeit der KPD festgestellt hatte, war diese schon zu einer bedeutungslosen Splitterpartei geworden.

In der Geschichte des bundesrepublikanischen Parteiensystems hatte es nur zweimal den Fall gegeben, dass das Bundesverfassungsgericht die Verfassungswidrigkeit einer Partei festgestellt

---

[19] Manfred Rowold, Im Schatten der Macht. Zur Oppositionsrolle der nicht-etablierten Parteien in der Bundesrepublik, Düsseldorf 1974, S. 26f

hatte und diese anschließend verboten wurde. Vor der KPD hatte dieses Schicksal die SRP ereilt. In Niedersachsen (11%) und in Bremen hatte diese Partei Erfolge erzielt. Auf Antrag der Bundesregierung erklärte das Verfassungsgericht die SRP am 23. Oktober für verfassungswidrig. Waren beim KPD-Verbot die revolutionären Zielsetzungen für das Verbot maßgebend, so gab bei der SRP der undemokratische innere Aufbau der Organisation den Ausschlag.

Tabelle 4: Bundestagswahlergebnisse zum 2. Deutschen Bundestag[20]

(6.9.1953)

	Erststimmen in %	Zweitstimmen in %	Mandate (+Berlin)
CDU/CSU	43,7	45,2	243 (+6)
SPD	29,5	28,8	151 (+ 11)
FDP/DVP	10,8	9,5	48 (+5)
GB/BHE	5,9	5,9	27
DP	3,9	3,3	15
KPD	2,2	2,2	-
BP	1,5	1,7	-
GVP	1,0	1,2	-
Zentrum	0,2	0,8	-

Adenauers klare Politik der Integration der Bundesrepublik in das westliche Staaten- und Bündnissystem war in der ersten Legislaturperiode heftig umstritten. Ein Hauptargument gegen die Politik des Bundeskanzlers war, durch die Westintegration würde die Wiedervereinigung unmöglich. Zu einem zentralen Streitpunkt entwickelte sich der Status des Saarlandes, das unter französischer Verwaltung stand. Adenauer wollte einen Beitritt der Bundesrepublik zum Europarat, bei dem auch das Saarland als autonomes Gebiet assoziiert werden sollte. Hauptwidersacher des Kanzlers auch in dieser Sache war der SPD-Vorsitzende Kurt Schumacher,[21] der die Einladung des Saarlandes zum Europarat als rechtswidrig bezeichnete. Sie widerspräche dem Selbstbestimmungsrecht. Mit dem Europarat würde zudem der Weg zu einem nichtsozialistischen Europa eingeschlagen. Gegen diese rigorose Oppositionspolitik des

---

[20] Karlheinz Niclauß, a.a.O.
[21] Peter Merseburger, Der schwierige Deutsche. Kurt Schumacher. Eine Biographie, Stuttgart 1995

Parteivorsitzenden gab es innerhalb der SPD Widerstand: Sozialdemokratische Reformer wie Max Brauer, Paul Löbe und Willy Brandt warnten vor einer Isolierung der SPD und forderten die Partei auf, die sich in Europa bietenden Möglichkeiten zu nutzen. Kurt Schumacher starb am 20. September 1952 an den Folgen seiner schweren KZ-Haft und seiner Tabaksucht. Obwohl sein Nachfolger als Parteivorsitzender, Erich Ollenhauer, Schumachers Politik im Wesentlichen fortsetzte, gewannen die Reformer in der SPD an Boden und setzten sich schließlich 1959 innerparteilich durch.

Im Grunde war die Entscheidung für die Politik und Person Adenauers mit der Bundestagswahl 1953 gefallen. Die alte Koalition aus CDU/CSU, FDP und DP wurde um den BHE erweitert, um eine 2/3-Mehrheit für Verfassungsänderungen zugunsten der Wehrpolitik zu sichern.

Doch die Viererkoalition war von starken inneren Spannungen geprägt. Hauptstreitpunkte waren die Saar- und die Wahlrechtsfrage. Mit seinem Ziel einer „Europäisierung" der Saar stieß Adenauer auf heftigen Widerstand auch bei der FDP und beim BHE. Und als der CDU-Politiker Paul Lücke mit Parteifreunden einen Wahlrechtsentwurf vorlegte, bei dem 60% der Abgeordneten direkt und 40% über Listen ohne jeden Ausgleich gewählt werden sollten, war die Unruhe bei der FDP groß. Dieses „Grabenwahlsystem" hätte ihren Einfluss erheblich geschmälert.

Adenauer brachte das Wahlrecht mit der Saarfrage in Verbindung. Im November 1954 drohte er der FDP, bei einer Ablehnung des Saarstatus müssten die Liberalen aus der Koalition ausscheiden, und es werde das reine Mehrheitswahlsystem eingeführt. Daraufhin machte der FDP-Vorsitzende Thomas Dehler[22] die Zustimmung seiner Partei zu den Wehrgesetzen von einer befriedigenden Lösung der Wahlrechtsfrage abhängig. Dehler verwies auf die seit Dezember 1954 in Bayern bestehende Viererkoalition aus SPD, FDP, BP und BHE gegen die CSU. In sechs weiteren Bundesländern, so Dehler, ließe sich die CDU mit Hilfe der SPD in die Opposition drängen, und dann werde es im Bundesrat keine Mehrheit für des Kanzlers Wahlrechtspläne geben. Daraufhin zog Adenauer seinen Wahlrechtsentwurf zurück.

Als im November 1954 die Abstimmung über das Saarabkommen im Kabinett stattfand, stimmten die vier FDP-Minister nicht zu. Bei der Abstimmung im Bundestag im Februar 1955 votierten die FDP und der BHE gegen das Abkommen. Die Bundesminister stimmten jedoch mit dem Kanzler.

Die Folge war das Platzen der Koalition. Die BHE-Bundesminister Oberländer und Kraft verließen ihre Partei und hospitierten bei der CDU/CSU, zwei BHE-Abgeordnete wechselten zur FDP, und die Restfraktion des BHE ging in die Opposition. Auch zwischen der Union und der FDP kam es zum offenen Bruch: Entsprechend der Ankündigung Dehlers wurde der CDU-Ministerpräsident von Nordrhein-Westfalen, Karl Arnold, mit einem konstruktiven Misstrauens-

---

[22] Udo Wengst, Thomas Dehler 1897 – 1967. Eine politische Biographie, München 1997

votum der SPD und FDP durch den Sozialdemokraten Fritz Steinhoff ersetzt. Dieser Wechsel im größten Bundesland war ausschließlich aus bundespolitischen Gründen herbeigeführt worden: Die CDU wolle ihre Koalitionspartner mittels des Wahlsystems zerstören und in der Saarfrage deutsche Interessen aufgeben. Im Bundesrat hatte die Bundesregierungskoalition ihre 2/3-Mehrheit verloren. Bei der FDP gab es daraufhin eine unionstreue Abspaltung von 16 Abgeordneten, unter ihnen die vier Bundesminister. Diese Abspalter gründeten 1959 die „Freie Volkspartei" (FVP), die sich im Parteiensystem nicht behaupten konnte.

Tabelle 5: Bundestagswahlergebnisse zum 3. Deutschen Bundestag[23]

15.9.1959

	Erststimmen in %	Zweitstimmen in %	Mandate (+Berlin)
CDU/CSU	50,3	50,2	270 (+8)
SPD	32,0	31,8	169 (+12)
FDP	7,5	7,7	41 (+2)
BHE	4,4	4,6	-
DP	3,5	3,4	17

In dieser Zeit der Konflikte war Adenauer innerhalb der Union zunächst die alleinige und unumstrittene Autorität. Die CDU wurde als „Kanzlerwahlverein" bezeichnet. Trotz der Streitereien mit seinen Koalitionspartnern setzte der Kanzler die Grundlinien seiner Politik der Westintegration durch. Doch just zu der Zeit, als „der Alte" seine Ziele erreicht hatte - die Bundesrepublik war 1955 souveränes Mitglied der NATO geworden, und die soziale Marktwirtschaft schaffte das „Wirtschaftswunder" - regten sich in der Partei Kräfte, die die Machtfülle des Kanzlers beschränken wollten. Gegen den Willen des Kanzlers gab ihm ein Bundesparteitag vier statt zwei Stellvertreter im Amt des Parteivorsitzenden bei, unter anderen Karl Arnold. Die CDU begann, sich vom Patriarchen zu emanzipieren und bildete allmählich eine eigene Organisation. Der Wandel vom Kanzlerwahlverein zur modernen Parteiorganisation setzte ein.

Doch zunächst erzielte die Union mit Konrad Adenauer den größten Erfolg ihrer Geschichte: Mit der legendären Parole „Keine Experimente" ging sie 1957 in den Wahlkampf und gewann die absolute Mehrheit. Die CDU/CSU regierte mit ihrem Satelliten DP allein, die SPD und die FDP befanden sich in der Opposition.

---

[23] Karlheinz Niclauß, a.a.O.

Trotz des großen Wahlsieges wurde immer häufiger vom „Ende der Ära Adenauer" gesprochen. Als er die außen- und wirtschaftspolitischen Grundlagen der Bundesrepublik geschaffen hatte, war der Kanzler 81 Jahre alt. Er sollte noch sechs weitere Jahre regieren. Nach dem Ausscheiden des Patriarchen aus der Politik befand sich die Union in einer Krise, die sie eigentlich erst 1982 überwunden hatte, als sie mit Helmut Kohl wieder an die Macht gekommen war.

Das Wahlergebnis 1957 beschleunigte bei der anderen großen Partei, der SPD, den Reformprozess. Infolge des schlechten Wahlergebnisses schwand die Autorität des Parteivorsitzenden Ollenhauer. 1958 wurden mit Willy Brandt, Herbert Wehner und Fritz Erler Reformer in den Bundesvorstand gewählt. Der Vorstand beauftragte eine Kommission mit der Ausarbeitung eines Grundsatzprogramms, das 1959 in Bad Godesberg verabschiedet wurde. Die SPD erkannte die von den Regierungen Adenauers geschaffenen Grundstrukturen der Bundesrepublik an und entfernte sich vom Typ der marxistisch beeinflussten Klassenpartei hin zur unideologischen, für alle Gruppen in der Gesellschaft offenen Volkspartei. In Godesberg sagte Fritz Erler, der Fraktionsvorsitzende der SPD im Bundestag: „Wir kämpfen nicht gegen den Staat, sondern um den Staat, und zwar nicht um einen Staat der fernen Zukunft, nicht erst um den Staat im wiedervereinigten Deutschland, sondern auch und gerade um den Staat in dieser Bundesrepublik, die wir regieren wollen und werden." Für die Bundestagswahl 1961 wurde der junge Regierende Bürgermeister von Berlin, Willy Brandt,[24] als Kanzlerkandidat nominiert. Gegen den „Alten aus Röhndorf" sollte er - ganz im Stil amerikanischer Wahlkämpfer - Frische, Jugend und Zukunft personalisieren. Zur Vorbereitung dieses Wahlkampfes hatte sich der spätere Regierende Bürgermeister Berlins, Klaus Schütz, in die USA begeben, um dort die erfolgreiche Kampagne John F. Kennedys gegen Richard Nixon zu studieren.

In der CDU musste derweil Adenauer Ludwig Erhard,[25] den ungeliebten „Vater des Wirtschaftswunders", als Kronprinz neben sich dulden. Der Wahlslogan der CDU 1961 lautete „Adenauer/Erhard und die Mannschaft".

Auch in der FDP hatte sich in der Zeit von 1957 bis 1961 ein Wandel zu einer moderneren Parteiorganisation hin vollzogen. Der schroffe Franke Thomas Dehler wurde nach einer Übergangszeit unter Rheinhold Maier durch Erich Mende als Parteivorsitzendem ersetzt. Mende war ein stolzer Ritterkreuzträger und ein national ausgerichteter Rechtsstaatsliberaler. Er ging in den Wahlkampf mit dem Ziel einer erneuten Koalition mit der CDU, aber ohne Adenauer.

Überlagert wurde der 1961er Wahlkampf durch den Bau der Mauer in Berlin. Willy Brandt bekam als Regierender Bürgermeister riesige Medienaufmerksamkeit. Er war „vor Ort", während man Adenauer vorwarf, zu spät nach Berlin gekommen zu sein. Willy Brandt war allenthalben präsent. Beim Besuch des amerikanischen Präsidenten Kennedy wirkte er wie dessen natürlicher

---

[24] Peter Merseburger, Willy Brandt 1913 – 1993. Visionär und Realist, Stuttgart/München 2002
[25] Volker Hentschel, Ludwig Erhard. Ein Politikerleben, München / Landsberg a. L. 1996

Partner, während jedermann sah, dass zwischen dem Präsidenten und dem Bundeskanzler die „Chemie nicht stimmte". Die Wahlen von 1961 wurden von allen Beteiligten auch als eine Entscheidung über die Ablösung Adenauers aus der deutschen Politik begriffen. Während die FDP jenen Kräften in der Union Hilfe versprach, die Adenauer durch Erhard ersetzen wollten, stellte die SPD dem greisen Kanzler die personelle Alternative des jungen Willy Brandt gegenüber. Innerhalb der Union wusste man zwar, dass Adenauer abgelöst werden müsste, über das Wie und Wann aber bestanden keine klaren Vorstellungen, zumal der Kanzler selber sich mit Energie, List und Tücke gegen seine Ablösung wehrte.

Nach einigem Koalitionsgerangel, in dessen Verlauf Adenauer auch einmal die SPD als möglichen Koalitionspartner ins Gespräch brachte, einigten sich Union und FDP auf eine befristete Kanzlerschaft Adenauers. Der FDP wurde das als „Umfall" angekreidet. Seither haftet das Etikett „Umfallerpartei" an ihr. Erich Mende blieb der Regierung fern. Er wurde erst Vizekanzler als am 16. Oktober 1963 Ludwig Erhard tatsächlich zum zweiten Kanzler der Bundesrepublik gewählt wurde. Die „Ära Adenauer" war beendet. Das Parteiensystem befand sich in einer Umbruchphase.

Tabelle 6: Die Bundestagswahlergebnisse der Wahl zum 4. Deutschen Bundestag[26]
(17.9.1961)

	Erststimmen in %	Zweitstimmen in %	Mandate (+Berlin)
CDU/CSU	46,0	45,3	242 (+9)
SPD	36,5	36,2	190 (+13)
FDP	12,1	12,8	67
GDP ("Gesamtdeutsche Partei")	2,7	2,8	-
DFU ("Dt .Friedensunion")	1,8	1,9	-

---

[26] Karlheinz Niclaus, a.a.O., S 41

3. Umbruch, sozial-liberale Phase

Ein Jahr nach der Regierungsbildung 1961 offenbarte die „Spiegel"-Affäre, wie sehr die Union unter dem Ausklingen der Ära Adenauer in eine Krise geraten war. Auf Weisung der Bundesanwaltschaft wurden in der Nacht vom 26. auf den 27. Oktober die Redaktionsräume des Nachrichtenmagazins „Der Spiegel" durchsucht. Anlass war eine angeblich die Sicherheit der Bundesrepublik gefährdende Veröffentlichung über das NATO-Manöver „Fallex 62". Die Durchsuchung, die Festnahme von Journalisten und die harte Haltung Adenauers („Ein Abgrund von Landesverrat") sowie des Verteidigungsministers Franz Josef Strauß brachte eine intellek-tuelle und linksbürgerliche Öffentlichkeit gegen die Bundesregierung und die reaktionär erscheinende Union auf. Der Verteidigungsminister musste demissionieren, und am 19. November 1962 zog die FDP ihre Bundesminister aus dem Kabinett zurück. Wie es Adenauer schon 1961 getan hatte, so sondierten auch diesmal Unionspolitiker - Paul Lücke und Freiherr von und zu Guttenberg mit der SPD - repräsentiert durch Herbert Wehner - die Möglichkeiten eines Zusammengehens. Die SPD, vor deren möglicher Regierung Adenauer einst mit dem Seufzer „armes Deutschland" gewarnt hatte, kam infolge der Krise der Union nach ihrer Bad Godesberger Reform ins Spiel. Diesmal machten diese Gespräche die FDP wieder gefügig, und es wurde eine Kabinettsumbildung vereinbart, bei der die FDP erreichen konnte, dass Adenauer sich festlegte, nach den Parlamentsferien im Herbst 1963 zurückzutreten.

Im Jahre 1963 erfolgte dann nicht nur bei der CDU der Wechsel von Adenauer zu Erhard mit Erich Mende als Vizekanzler und Minister für gesamtdeutsche Fragen. Auch bei der SPD gab es nach dem Tod Erich Ollenhauers im Dezember einen Wechsel. Willy Brandt wurde SPD-Vorsitzender und gleichzeitig erneut Kanzlerkandidat. Die Kanzlerschaft des populären Ludwig Erhard litt von Anfang an unter internen Querelen der Union. Da gab es den außenpolitischen Streit zwischen den USA-orientierten „Atlantikern", zu denen der von Erhard gestützte Außenminister Gerhard Schröder gehörte, und den frankophilen „Gaullisten". Hinter allen Sachstreits standen stets Machtfragen. Insbesondere die CSU testete nach dem Abgang des „Alten" aus, ob und wie sie ihre Stellung unter dem „Dicken" ausbauen konnte.

Bei der Bundestagswahl 1965 wirkten sich zaghafte Gewichtsverlagerungen im Verhältnis der parteipolitischen Lager aus. Die CDU verfehlte knapp die absolute Mehrheit, die FDP verlor erheblich, und die SPD galt als der Gewinner, der sich endgültig aus dem „30-%-Turm" der fünfziger Jahre befreit hatte.

Die 2. Regierung Erhard hatte vor allem eine Wirtschafts- und Finanzkrise zu bewältigen, die sich 1966 und 1967 in einer allgemeinen Rezession, einem Anstieg der Arbeitslosigkeit und einem Defizit des Staatshaushaltes - im Wesentlichen als Folge von Wahlversprechen - gezeigt hatte. Beachtenswert ist, dass damals eine Arbeitslosenzahl von 673 000 Menschen (Februar

1967) als bedrohlich und eine Ursache für das Erstarken der rechtsradikalen NPD gesehen wurde. Im Bundeshaushalt 1967 (74 Mrd. DM) gab es eine Deckungslücke von über 4 Mrd. DM. Die FDP lehnte die von der Union vorgesehenen Steuererhöhungen ab und machte das Ganze zur Koalitionsfrage. Ein Kompromiss, dem die FDP-Minister zustimmten, wurde von der FDP-Bundestagsfraktion zu Fall gebracht, weil man in der Presse erneut als „Umfallerpartei" bezeichnet worden war. Wieder einmal zogen die Liberalen ihre Minister zurück, und nach dem 27. Oktober 1966 stand Ludwig Erhard als Kanzler eines Minderheitenkabinetts da. Zuvor, im Juli, hatte es infolge von Landtagswahlen in Nordrhein-Westfalen einen Machtwechsel gegeben. Die SPD löste die CDU als stärkste Partei in Düsseldorf ab und regierte fortan mit der FDP zusammen. In Bonn wurde das Zustandekommen der sozial-liberalen Koalition im größten Bundesland als Schlappe des Kanzlers gewertet. Zugleich verzeichnete die NPD bei Landtagswahlen Siege, die zu Lasten der CDU gingen und Zweifel an deren Integrationskraft aufkommen ließen. In Hessen beispielsweise wählten am 6. November 1966 7,9% der Wähler die rechtsradikale Partei.

Tabelle 7: Bundestagswahlergebnisse zum 5. Deutschen Bundestag[27]

(19.9.1965)

	Erstimmen in %	Zweitstimmen in %	Mandate (+Berlin)
CDU/CSU	48,8	47,7	245 (+ 6)
SPD	40,1	39,3	202 (+ 15)
FDP	7,9	9,5	49 (+ 1)
NPD	1,8	2,0	-

Die Zeichen standen auf Sturm. Unter CDU-Politikern breitete sich im Sommer 1966 der Wille aus, Erhard zu stürzen, um die Macht im Bund nicht zu verlieren. Aber bei einer Bundestags-debatte am 4. Oktober 1966 sprach der Unions-Fraktionsvorsitzende Rainer Barzel die mittlerweile legendären Worte „Erhard ist und bleibt Bundeskanzler. Wir wünschen die öffentliche Debatte darüber zu beenden." Nach für die CDU schlechten Wahlergebnissen in Hessen gab Erhard dem Drängen insbesondere der CSU unter Führung von Franz Josef Strauß nach. Die CDU/CSU-Fraktion nominierte den baden-württembergischen Ministerpräsidenten Kurt Georg Kiesinger als Kandidaten für die Leitung einer Großen Koalition, die nun ausgehandelt wurde. Am 1. Dezember 1966 wurde Kiesinger 3. Kanzler der Bundesrepublik, und die SPD zog unter Vizekanzler und Außenminister Willy Brandt zum ersten Mal in ein Bundeskabinett ein.

Tabelle 8: Bundestagswahlergebnisse zum 6. Deutschen Bundestag[28]
(28.9.1969)

	Erststimmen in %	Zweitstimmen in %	Mandate (+Berlin)
CDU/CSU	46,6	46,1	2242 (+ 8)
SPD	44,0	42,7	227 (+13)
FDP	4,8	5,8	30 (+1)
NPD	3,6	4,3	-

Obwohl durch sie die SPD ins Spiel gebracht wurde, gab es gerade bei den Sozialdemokraten, ihren Anhängern und darüber hinaus in der linken und liberalen Öffentlichkeit viele Bedenken gegen die Große Koalition. Befürchtet wurden eine unkontrollierbare Machtakkumulation, eine Verfestigung der Herrschaftsverhältnisse und eine die Rechte der Bürger einschränkende Politik. Die von der Koalition behauptete innere Versöhnung der ehemaligen Mitläufer und Gegner der Nationalsozialisten, symbolisiert durch die Zusammenarbeit des früheren NSDAP-Mitglieds Kiesinger mit dem einstigen Emigranten Brandt, galt vielen als anstößig und unglaubwürdig. Unvergessen waren die auch aus CDU-Kreisen geschürten Schlammschlachten gegen Brandt, den Emigranten. Erster Ausdruck dieses Unbehagens war, dass bei der Wahl des Kanzlers mindestens 89 Koalitionsabgeordnete, die meisten gewisslich SPD-Mitglieder, Kiesinger ihre Stimme verweigerten.

Mit ihrer verfassungsändernden Mehrheit setzte die Große Koalition das „Gesetz zur Förderung der Stabilität und des Wachstums der Wirtschaft" - kurz: „Stabilitätsgesetz" - und die Notstandsgesetze durch. Das Stabilitätsgesetz gab der Regierung haushalts- und wirtschaftspolitische Instrumente an die Hand, die bis dahin beim Bundestag oder bei den Ländern gelegen hatten. So kann die Regierung bei einer Gefährdung des gesamtwirtschaftlichen Gleichgewichtes die Kreditaufnahme der Länder und Gemeinden begrenzen oder Steuersätze bis zu 10% nach oben oder unten verändern. Die Notstandsgesetze sehen für den Fall eines inneren oder äußeren Notstands vor, dass Grundrechte und Rechte des Parlamentes eingeschränkt werden dürfen: Im Notstandsfall soll ein kleiner Ausschuss als Notparlament tätig werden. Es können Beschlagnahmungen erfolgen und die Versammlungsfreiheit aufgehoben werden. Der Einsatz der Bundeswehr bei einem „inneren Notstand" ist möglich.

Nicht realisieren konnte die Große Koalition ihr drittes Vorhaben der Wahlrechtsreform, das auf die Etablierung eines Zweiparteiensystem mit Hilfe des Mehrheitswahlrechtes hinauslief. Gegen

---

[27] Karlheinz Niclaus, a.a.O.
[28] Karlheinz Niclaus, a.a.O.

diese Wahlrechtspläne gab es Widerstand vom linken Flügel der SPD, der eine innerparteiliche Schwächung befürchtete. Als dann durch Gutachten und Analysen der Mehrheit der SPD-Funktionäre klar wurde, dass alle vom CDU-Innenminister Paul Lücke vorgelegten Modelle der SPD und CDU/CSU zwar die alleinige Repräsentanz im Parlament sicherte, die SPD aber zur ewigen Nr. 2 machen würde, ließ die SPD das Projekt fallen.

Mit ihrem sozialdemokratischen Wirtschaftsminister Karl Schiller betrieb die Große Koalition eine streng keynesianische Wirtschaftspolitik[29]. Der Hamburger Wirtschaftsprofessor verstand es nicht nur, mit neuen Institutionen und Begriffen wie „Konzertierte Aktion" (regelmäßige Zusammenkunft von Gewerkschaften, Unternehmensverbänden, Regierung und anderer Wirtschaftsbeteiligten) oder „Mifrifi" („Mittelfristige Finanzplanung") das Publikum zu unterhalten, sondern auch, die wirtschaftliche Lage tatsächlich zu verbessern.

Doch in der Öffentlichkeit gab es ein breites Unbehagen gegen die Große Koalition. Sie war nicht Ursache, aber gewiss ein Auslöser für die „Außerparlamentarische Opposition" (APO) der studentischen Jugend. Die Notstandgesetzgebung wurde als Bestätigung der Furcht vor einem autoritären Staat gesehen. Nicht nur die Gewerkschaften, auch die Mini-Opposition der Liberalen kämpften dagegen an. Die unversehens aus der Regierung gedrängte FDP bekam einiges vom Zeitgeist zu spüren. Politiker wie Karl-Hermann Flach, Werner Maihofer oder Walter Scheel setzten in der Partei einen sozial-liberalen Kurs durch. Um den Preis der Existenzgefährdung wurde die Mitglieder- und Wählerschaft weitgehend ausgetauscht.

Doch trotz gelegentlicher Berührungen blieb die FDP der APO fremd. Parteipolitisch ging die Hauptzielrichtung hier gegen die SPD, denn der aus der SPD eliminierte Studentenverband SDS („Sozialistischer Deutscher Studentenbund") und auch sein parteioffizieller Nachfolger SHB („Sozialdemokratischer Hochschulbund") waren Hauptträger der APO und bedienten sich im Widerstand zur reformierten Mutterpartei marxistischer Gesellschaftsanalysen zur Begründung ihrer Politik. Angekündigt durch die „Spiegel"-Affäre, beschleunigt durch die Bildung der Großen Koalition, entzündete sich die APO zunächst an zwei Themen: dem Krieg der Amerikaner in Vietnam und den Mängeln des Bildungswesens in Deutschland. Die USA – „Amerika"! - hatten in den fünfziger Jahren in allem als demokratisch, gerecht, human und einfach vorbildhaft gegolten. Nun hatte der Protest gegen den schmutzigen Krieg dieser Weltmacht gegen ein kleines Volk in der deutschen Gesellschaft die Wirkung eines Tabubruchs. Entsprechend wütend waren die Reaktionen der Mehrheit der Bevölkerung und des Staates darauf. Gerade die nun einsetzenden staatlichen Repressionen jedoch heizten die APO-Bewegung weiter an.

Der „Imperialismus" insgesamt war jetzt im Visier. So kam es zu studentischen Protesten, als der Schah von Persien im Juni 1967 Berlin besuchte. Hierbei war der Student Benno Ohnesorg von

---

[29] John Maynard Keynes, The General Theory of Employment, Interest and Money, London 1961

einem Polizisten erschossen worden. Das löste eine breite Protestwelle aus, in deren Folge sich einiges in der Bundesrepublik änderte. Folgen der Studentenbewegung waren eine umfassende Bildungsreform mit einer Ausweitung und Demokratisierung der Bildungsangebote von der Schule bis zur Universität, das Aufkommen von parteiunabhängigen Bürgerinitiativen in vielen Bereichen des Lebens und die demokratische Öffnung mancher Institutionen des Staates von den Leistungsverwaltungen („gläsernes Rathaus") bis hin zu den Parlamenten, die nun ihre Sitzungen häufiger öffentlich abhielten und Anhörungen – „Hearings" genannt - veranstalteten. Auf der anderen Seite keimte in der Studentenbewegung auch der Terrorismus, der mit den Mordaktionen der „Rote Armee Fraktion" (RAF) die dunkelsten Tage der Bundesrepublik brachte. Der Aufruf von Rudi Dutschke zum „langen Marsch durch die Institutionen" führte zwar der SPD und in geringem Maße auch der FDP studentenbewegte Mitglieder zu - die dort später manchmal als „APO-Opas" verspottet wurden -, doch keine der etablierten Parteien vermochte die durch die APO und ihre Folgen geprägte Generation an sich zu binden. Themen wie der Umwelt- oder Datenschutz wurden einer neuen Generation Kristallisationsmasse für die Gründung einer eigenen und erfolgreichen Partei, die der „Grünen".

Im Übrigen ist es falsch, wenn heute behauptet wird, ein zentrales Thema der APO sei die erstmalige Auseinandersetzung mit dem Nationalsozialismus gewesen oder der Aufstand der Kinder gegen ihre Vätergeneration. Das hatte bei der Bewegung keine zentrale Rolle gespielt. Im Sinne einer politisch korrekten Aufarbeitung des Nationalsozialismus hatte es sogar Schieflagen gegeben, beispielsweise bei den engen Kooperationen radikaler Teile der APO mit der gegen Israel kämpfenden palästinensischen PLO.

Entgegen ursprünglicher Befürchtungen und wohl auch gefördert durch die Protestbewegung hatten sich die Gemeinsamkeiten der Großen Koalition bald erschöpft. Es war nicht nur die Wahlrechtsreform, die nicht zustande kam. Auch in gesellschaftspolitischen Fragen kamen die Partner nicht zusammen. Vor allem fand der Außenminister Willy Brandt keine ausreichende Unterstützung bei der Union für seine Politik, die Machtverhältnisse im Osten als Folge des 2. Weltkrieges anzuerkennen und dorthin Kontakte aufzunehmen. Durch den Wandel der FDP zum Sozialliberalismus schien sich der SPD eine Perspektive jenseits der Union zu eröffnen, falls die Wahlergebnisse von 1969 das erlauben würden.

Die sozial-liberale Phase hatte ein Vorspiel, eine richtige Ouvertüre: Im März 1969 fand in Berlin die Wahl des Bundespräsidenten statt. Für die CDU/CSU kandidierte Gerhard Schröder, der vormalige Außenminister. SPD-Kandidat war Gustav Heinemann, einst Mitbegründer der CDU und erster Bundesinnenminister unter Konrad Adenauer. Heinemann war Vorstandsmitglied der Rheinischen Stahlwerke in Essen und zugleich Präses der Synode der Evangelischen Kirche in Deutschland (EKD). Unter den Nazis war er in der Bekennenden Kirche aktiv gewesen. Heinemann hatte 1950 sein Ministeramt niedergelegt als Protest gegen die Absicht des

Kanzlers, deutsche Truppen aufzustellen. Er gründete 1952 eine „Gesamtdeutsche Volkspartei" (GVP), die zu den vielen erfolglosen Parteien nach 1945 gehörte. Für die SPD zog er 1957 in den Bundestag ein und hielt dort im Januar 1958 eine bittere Rede der Abrechnung mit Konrad Adenauer und seiner „verfehlten Deutschlandpolitik". Diese Rede war so scharf, kühl und pointiert, dass die Unionsabgeordneten „wie vom Blitz getroffen"[30] waren. Das Tischtuch zur Union war zerschnitten.

Dieser Heinemann war als möglicher Bundespräsident eine Provokation für die CDU/CSU. Der Vorsitzende der FDP, Walter Scheel, wollte die Wahl des Sozialdemokraten zum Nachweis der Koalitionsfähigkeit der FDP mit der SPD machen und bereitete die Partei mit großem Einsatz auf die Wahl Heinemanns vor. In der Fraktion der Bundesversammlung gab es drei Probeabstimmungen, bis die FDP die zur Mehrheit notwendigen Stimmen der SPD präsentieren konnte. Das war schwierig genug, denn die Mehrheitsverhältnisse in der Bundesversammlung waren knapp, und die Union hatte deutlich gemacht, dass Schröder die Wahl auch annehmen werde, wenn die Stimmen der NPD für ihn den Ausschlag geben würden. Doch bei der Versammlung erreichten weder Heinemann noch Schröder im 1. und 2. Wahlgang die notwendige Mehrheit. Mit 512:506 Stimmen wurde Heinemann im dritten Wahlgang gewählt. Einsam verließ der geschlagene Schröder die Ostpreußenhalle. Die SPD lud am Abend die FDP zu einer Siegesfeier in den „Philips-Pavillon" am Funkturm ein. Hier herrschte Sektlaune, und die Verdächtigungen gegen die unsicheren Liberalen vom Nachmittag waren vergessen. Zwei Tage später polarisierte Heinnemann wieder einmal, indem er verkündete, es habe ein „Stück Machtwechsel" stattgefunden.[31]

Nach der Bundestagswahl im September 1969 vollzog sich der tatsächliche Machtwechsel, weil mit der SPD/FDP in Bonn die Vorherrschaft der Union gebrochen wurde. Obwohl die Union stärkste Fraktion geblieben war, obwohl die FDP nur knapp über der 5%-Sperrgrenze lag und der neue Kurs dort weiter umstritten blieb, gingen Willy Brandt und Walter Scheel das Bündnis ein. Am 21. Oktober 1969 wählte der Bundestag mit 251 gegen 235 Stimmen Willy Brandt zum ersten sozialdemokratischen Bundeskanzler. Die Union sprach von einer Verfälschung des „Wählerwillens" und strebte eine kurzfristige Rückkehr zur Macht an: Es stellte sich eine Polarisierung des Parteiensystems ein.

Der neue Bundeskanzler kündigte in seiner Regierungserklärung unter dem Schlagwort „Mehr Demokratie wagen" das umfangreichste Reformprogramm in der Geschichte der Bundesrepublik an. Das Hauptprogramm der Koalition war die Ostpolitik mit der Anerkennung der DDR und der gesamten politischen Situation in Osteuropa.

---

[30] Arnulf Baring, Machtwechsel. Die Ära Brandt-Scheel, Stuttgart 1982, S. 58
[31] a.a.O., S. 120ff

Die sozial-liberale Koalition empfand sich als politischer Ausdruck des „neuen Mittelstandes", der aus einer zunehmenden Zahl von hochqualifizierten, materiell abgesicherten Menschen bestehen würde. Dieser neue Mittelstand brauche für seine Entwicklung Demokratie als durchgängiges Regulationsprinzip überall in der Gesellschaft sowie Ausgleich und Versöhnung mit den Nachbarn Deutschlands auch im Osten. Tatsächlich traten damals viele akademisch gebildete und sozial-liberal orientierte neue Mitglieder in die SPD und auch in die FDP ein. Das aktuelle Problem war nur, dass mindestens bei der FDP der „alte Mittelstand" - also Selbständige, kleine und mittlere Unternehmer - noch immer stark verankert war und innerparteilich gegen die neue Linie der FDP arbeitete, zumal der Verlust von 3,7% bei der Bundestagswahl die Parteiführung nicht gerade gestärkt hatte. In Nordrhein-Westfalen organisierten sich die Gegner des Kurses der Parteiführung in einer „National-Liberalen Aktion" (NLA). Im Bundestag selber war der Bestand der Koalition gefährdet, was der Öffentlichkeit deutlich wurde, als die liberalen Abgeordneten Erich Mende, Heinz Starke und Siegfried Zoglmann im Oktober 1991 zur CDU/CSU übertraten. Das grundsätzliche Problem der Koalition war, dass sie mit der Theorie vom neuen Mittelstand einem kurzlebigen und wenig verifizierten Konstrukt der Sozialwissenschaft aufgesessen war, denn gegen Ende der sozial-liberalen Ära, bekamen die hochqualifizierten Abhängigen Angst vor zu vielen Reformen vor allem der Wirtschaft und suchten flugs ihr Heil bei den neokonservativen Versprechen Helmut Kohls.

So kam es, dass die Regierung Brandt/Scheel im Innern Reformen voran trieb - beispielsweise für die Hochschulen, vor allem Grundlagenverträge der neuen Ostpolitik vorbereitete, die Vier-Mächte-Verhandlungen über West-Berlin initiierte - es aber im Bundestag mit Verweigerern, Abweichlern und Überwechslern zu tun hatte. Die Basis für das gesamte Projekt schien dahinzuschmelzen.

Eigentlich war die Regierung Brandt/Scheel ein „Bündnis für die Neue Ostpolitik",[32] wie Arnulf Baring formuliert. Mit großem Einsatz und unter hohem Druck hat die Regierung die Kontakte nach Osteuropa geknüpft, Gesten der Versöhnung wie den Kniefall Willy Brandts vor dem Denkmal für die Opfer des Warschauer Ghettos gezeigt, Verträge verhandelt, die Abstimmung mit dem Westen nicht vergessen und alles in aufgeheizter innenpolitischer Stimmung in einem labilen Parlament vertreten. Dabei ereignete sich bis dahin Undenkbares: Am 19. März trafen sich Bundeskanzler Willy Brandt und der Vorsitzende des Ministerrates der DDR, Willy Stoph. Die Menge rief „Willy, Willy!", und es war klar, dass Stoph nicht gemeint war. Ebenso bewegend war es, als im Dezember des gleichen Jahres Brandt und der polnische Ministerpräsident Cyrankiewicz in der polnischen Hauptstadt die Warschauer Verträge unterzeichneten. Während die nun in der Opposition befindliche CDU/CSU die neue Ostpolitik einerseits heftig bekämpfte, den durch sie geschaffenen Tatsachen aber andererseits hinterher hechelte wie einst

---

[32] Arnulf Baring, a.a.O., S. 195 ff

die SPD der Westpolitik Adenauers, fand der Kanzler hohe internationale Achtung und Anerkennung. 1971 wurde Willy Brandt der Friedensnobelpreis zugesprochen. Aber das immunisierte ihn nicht gegen die Feindschaft im Innern. Alles schien vergebens, als ein weiterer Bundestagsabgeordneter der FDP das Regierungslager am 23. April 1971 verließ und die Koalition damit ihre Mehrheit im Parlament verlor. Die Union hoffte nun auf den schnellen Weg zurück an die Macht und brachte zum ersten Mal in der Geschichte der Bundesrepublik ein konstruktives Misstrauensvotum ein. Willy Brandt sollte als Kanzler gegen Rainer Barzel ausgewechselt werden. Doch überraschenderweise scheiterte der Antrag, und als Informierte schon vor der offiziellen Verkündung den Namen „Willy Brandt" ins Plenum riefen, brach ein Jubel der Begeisterung bei der Koalition aus, während die Opposition in lähmendem Entsetzen verharrte.

Bei den Übertritten und auch bei der Abstimmung selber hatten wohl nicht alle Abgeordneten nur nach ihrem Gewissen entschieden. Offensichtlich ist von beiden Seiten „geschmiert" worden. Noch in den neunziger Jahren hatte ein Gericht versucht, Aufklärung zu schaffen, als es um die Rolle des seinerzeitigen Fraktionsgeschäftsführers der SPD, Karl Wienand, bei der Abstimmung gegen Brandt ging. Es wurde vermutet, das Scheitern des konstruktiven Misstrauensvotums beruhe darauf, dass an Unionsabgeordnete über Wienand „Stasi-Gelder" geflossen seien.

Willy Brandt blieb nach dem Überraschungsergebnis zwar im Amt, und der Bundestag ratifizierte, bei Enthaltung der Union, die Ostverträge am 17. Mai 1972. Doch kurz zuvor war der Haushalt des Bundeskanzlers nicht durch das Parlament gegangen, und sehr bald lief alles auf vorzeitige Neuwahlen hinaus. Diese fanden nach einer gescheiterten Vertrauensfrage Brandts am 19. November 1972 statt.

Die Bundestagswahl hatte der Koalition eine glänzende Bestätigung gebracht. Zum ersten Mal wurde die SPD stärkste Fraktion im Deutschen Bundestag und konnte mit Annemarie Renger, der früheren Weggefährtin Kurt Schumachers, das Amt des Parlamentspräsidenten besetzen. Doch im Triumph lag der Keim zur Krise. In der SPD kamen Stimmen auf, die das durch die Ostpolitik gute Wahlergebnis fälschlicherweise mit „linken" gesellschaftspolitischen Vorstellungen aus der SPD erklärten und hofften, die FDP abschütteln zu können. Der Kanzler schlaffte nach der Phase der Anstrengungen ab, verfiel in Krankheit und Depressionen. Die FDP fühlte sich nach innerer Konsolidierung gestärkt und betonte gegen die SPD liberale und marktwirtschaftliche Akzente in der Innen-, Wirtschafts- und in der Gesellschaftspolitik. Die Liberalen fühlten sich hierzu veranlasst durch die CDU, bei der sich in einem innerparteilichen Machtkampf der Ministerpräsident von Rheinland-Pfalz, Helmut Kohl, gegen Rainer Barzel durchgesetzt hatte („Keiner wählt Rainer"). Die Union lockte einerseits die Liberalen, andererseits diffamierte sie die FDP als „Blockpartei", als Anhängsel der SPD. Die ostpolitische

Euphorie verflog, Widersprüche taten sich auf. Die Terrorwelle der sich „Rote Armee Fraktion" („RAF") nennenden Baader-Meinhof-Gruppe erforderte in den Augen vieler Koalitionäre nicht mehr Demokratie, sondern mehr Repression. Walter Scheel setzte sich aus der Regierung ab, indem er als Nachfolger Gustav Heinemanns das Amt des Bundespräsidenten anstrebte. Der Fraktionsvorsitzende der SPD, Herbert Wehner, war mit dem labilen Zustand und präsidentialen Führungsstil des Kanzlers unzufrieden und trug zu seinem Autoritätsverlust bei: „Der Kanzler badet gerne lau!", wurde er zitiert. Als schließlich Anfang 1974 der persönliche Referent Willy Brandts, Günter Guillaume, als Spion für die DDR enttarnt wurde - worüber der Innenminister Hans-Dietrich Genscher bereits ein Jahr zuvor vom Verfassungsschutz informiert worden war -, erklärte Willy Brandt am 6. Mai seinen Rücktritt. Der Bundestag wählte Helmut Schmidt zu seinem Nachfolger, und als Walter Scheel im Juli 1974 tatsächlich sein neues Amt antreten konnte, war die reformerische Regierung Brandt/Scheel durch die konsolidierende Schmidt/Genscher abgelöst worden.

Tabelle 9: Die Bundestagswahlergebnisse zum 7. Deutschen Bundestag[33]

19.11.1972

	Erststimmen in %	Zweitstimmen in %	Mandate (+ Berlin)
SPD	48,9	45,8	230 (+12)
CDU/CSU	45,4	44,9	225 (+9)
FDP	4,8	8,4	41 (+1)
NPD	0,5	0,6	-

Mit der Verabschiedung der Ostverträge war die wichtigste Bindung zwischen den Koalitionspartnern dahin. Statt weiter zu reformieren hatte die Regierung Schmidt/Genscher nun die Aufgabe, eine sich verschärfende Wirtschaftskrise zu meistern und den Terrorismus zu bekämpfen. Außenpolitisch sollte eine Kurskorrektur vorgenommen werden, weil der Westen im Falle des Scheiterns von Abrüstungsverhandlungen mit dem Osten im Wettrüsten die Schraube anziehen und mit vor allem auf deutschem Boden stationierten Mittelstreckenraketen „nachrüsten" wollte. Diesen „Doppelbeschluss" sollten die Parteien absegnen. Hierbei wie in der Wirtschaftspolitik wurde deutlich, dass der Kanzler Schmidt nicht die Mehrheit seiner Partei hinter sich hatte, dass zwischen ihm und der Mehrheit der Sozialdemokraten ein Riss klaffte. Die Wahlen zum 8. Deutschen Bundestag brachten der Koalition Verluste ein. Die Union war wieder stärkste politische Kraft.

---

[33] Karlheinz Niclauß, a.a.O.

Das Wahlergebnis, bei dem die FDP sich verbessert, die SPD aber stagniert hatte, wird vielfach als Auslöser für den folgenden Verfall der sozial-liberalen Koalition gesehen. Die Koalitionsverhandlungen wurden in gereizter Atmosphäre geführt. Es ging um den Versuch, den Staatshaushalt zu konsolidieren. Die Freien Demokraten drängten auf Einsparungen auch zu Lasten der Sozialpolitik, was bei der SPD auf Widerstand stieß. Zunehmend war die Rede davon, dass das Reservoir an Gemeinsamkeiten erschöpft sei. Das Wort von der „Endzeitstimmung" kam auf. In Umfragen sank die Popularität der SPD weiter ab. Die FDP fürchtete, mit in deren Sog zu geraten und unterzugehen.

Tabelle 10: Bundestagswahlergebnisse zum 8. Deutschen Bundestag[34]

3.10.1976

	Erststimmen in %	Zweitstimmen in %	Mandate (+Berlin)
CDU/CSU	48,9	48,6	243 (+11)
SPD	43,7	42,6	214 (+10)
FDP	6,4	7,9	39 (+1)
NPD	0,4	0,3	-

Dennoch entwickelte sich die Legislaturperiode bis 1980 relativ stabil. Als Politmanager und Wirtschaftsfachmann, später auch Staatsmann, genoss Helmut Schmidt hohes Ansehen in der Bevölkerung, von dem die FDP profitierte. Der innere Konsolidierungsprozess der Union war noch nicht abgeschlossen, so dass diese als Alternative nicht infrage kam.

Kohl musste zur Bundestagswahl 1980 Franz Josef Strauß als Kanzlerkandidaten vorlassen, bevor er selber nach der Macht greifen konnte. Der FDP kam die Kandidatur von Strauß sehr recht, konnte sie sich doch ihm gegenüber als vernünftige Alternative darstellen. Genscher bezeichnete in internen Parteikreisen Strauß immer wieder als „unseren besten Wahlhelfer". Der damalige Generalsekretär der FDP, Günter Verheugen, bezeichnete das im Nachhinein - nach seinem Wechsel zur SPD - als „reine Überlebensstrategie".[35] Die Wahlparole der FDP war: „Für eine Regierung Schmidt/Genscher - Gegen Alleinherrschaft einer Partei - Gegen Strauß - Diesmal geht`s ums Ganze. Diesmal FDP". Über diese Verwendung seines Namens war der Bundeskanzler nicht angetan, wie überhaupt das innere Klima nach der Wahl 1980 nicht mehr gut war.

In der größer gewordenen FDP-Bundestagsfraktion saßen nun zahlreiche rechtsliberale Gegner des sozial-liberalen Kurses. Sie waren auf ursprünglich als aussichtslos eingeschätzten

---

[34] a.a.O.
[35] Günter Verheugen, Der Ausverkauf. Macht und Verfall der FDP, Hamburg 1984, S. 107f

Listenplätzen ins Parlament gekommen und trafen sich im „Wurbs-Kreis", so genannt nach dem der FDP angehörenden Vizepräsidenten des Bundestages, Richard Wurbs. Dieser Kreis soll mehr

Tabelle 11: Bundestagswahlergebnisse zum 9. Deutschen Bundestag[36]
5.10.1980

	Erststimmen in %	Zweitstimmen in %	Mandate (+Berlin)
CDU/CSU	46,0	44,5	226 (+11)
SPD	44,5	42,9	218 (+ 10)
FDP	7,2	10,6	53 (+ 1)
Grüne	1,9	1,5	-

als die Hälfte der Mitglieder der Fraktion mobilisiert haben. Auch die „Linken" trafen sich regelmäßig. Es soll sogar eine Gruppe der gruppenlosen Abgeordneten gegeben haben.[37] Diese Fraktionierung der FDP-Fraktion war Ausdruck einer Unsicherheit der Partei, die in allen Gliederungen bestand. Das kam auch im Verhalten des Parteivorsitzenden und Vizekanzlers Hans-Dietrich Genscher zum Ausdruck, der zwar den direkten Bruch mit den Sozialdemokraten nicht forcierte, aber mit seiner Forderung nach einer „Wende" in der Politik das geistige Klima für einen solchen Bruch schuf. Genschers Taktik hatte das Ziel, für den von ihm gewünschten oder zumindest erwarteten Bruch mit den Sozialdemokraten diese als die Täter dastehen zu lassen und die FDP als die Unschuld vom Lande. Genscher setzte auch Schmidt unter Druck: Unter erheblichem persönlichen Engagement des Parteivorsitzenden stimmte der FDP-Parteitag im Mai 1981 in Köln dem Rüstungs-„Doppelbeschluss" nach heftigen Kontroversen zu. Zwar hatte der Berliner Parteitag der SPD zuvor im Dezember 1979, Schmidt folgend, den Doppel-beschluss grundsätzlich akzeptiert. Aber die gegen diesen Beschluss gerichtete und nicht nur von den Grünen getragene „Friedensbewegung" hatte doch weite Kreise der SPD erfasst, so dass die Haltung der Sozialdemokraten von Genscher und anderen leicht als labil hingestellt werden konnte. Schmidt durchschaute das und versuchte zu verhindern, dass Sozialdemokraten an der Friedensdemonstration am 10. Oktober 1981 in Bonn mitmachten, wo sich 300 000 Menschen vor der Universität versammelten. Wie zum Beweis für die Wankelmütigkeit der SPD sprach dort als einer der Prominenten das sozialdemokratische Präsidiumsmitglied Erhard Eppler.[38]

[36] Karlheinz Niclauß, a.a.O., S 42
[37] Güter Verheugen, a.a.O., S. 121f
[38] Eppler hatte zuvor als Spitzenkandidat der SPD die Landtagswahlen in Baden-Württemberg verloren. Spötter hatten behauptet, das sei daher gekommen, dass der etwas sauertöpfig wirkende Eppler ausgerechnet im kulinarisch opulenten "Ländle" die vielen dargebotenen Wurstsorten durch eine "Einheitswurst" hatte ersetzen wollen...

Die Regierung - voran der Kanzler - hatte die Entwicklung „draußen im Land" nicht mehr im Griff. Ein Gewerkschaftsskandal um die Wohnungsbaugesellschaft „Neue Heimat", bei dem es um Bonzenwirtschaft und Veruntreuung gegangen war, fiel auch der SPD auf die Füße. Der SPD-Geschäftsführer Peter Glotz nahm sich die Freiheit, in aller Öffentlichkeit über einen Bruch mit der FDP zu spekulieren, denn er dozierte, die SPD müsse damit rechnen, „über kurz oder lang in die Opposition zu gehen".[39] In München tagte im April 1982 abermals ein Parteitag der SPD und fasste angesichts steigender Arbeitslosigkeit, aber auch vor dem Hintergrund einer Kette verlorener Wahlen in den Ländern und Kommunen, finanz- und beschäftigungspolitische Beschlüsse, die der FDP-Wirtschaftsminister Otto Graf Lambsdorff zuvor verworfen hatte: höhere Kreditaufnahmen, Ergänzungsabgaben für höhere Einkommen, Arbeitsmarktabgabe, Abbau von Steuerprivilegien und Erhöhung des Spitzensteuersatzes. Die Beschlüsse von München wurden als Spaltpilz gesehen: Entweder würde die SPD auf einer Umsetzung bestehen, dann wäre das das Ende der Koalition, oder die SPD verzichtete darauf, dann würde das die Verfallstendenzen der SPD beschleunigen.

Auch die FDP geriet aus dem Gleis: Bei Landtagswahlen in Niedersachsen wurde sie von den „Grünen" als dritte Partei überholt, im Berliner Abgeordnetenhaus nach der „Alternativen Liste" (AL) die vierte Partei, bei den Bürgerschaftswahlen in Hamburg scheiterte sie, und in Hessen kündigte ein Landesparteitag die gute Zusammenarbeit mit der SPD unter Holger Börner auf.[40] Gleichzeitig trafen sich in Köln 700 „linke" FDP-Funktionäre unter dem Motto „Noch eine Chance für die Liberalen". Genschers Politik wurde dort als „Verrat" bezeichnet. Dieser erkannte, dass ihm ein „geordneter" Wechsel zur Union hin nicht gelingen werde. Die Parteiführung wurde unsicher und machte sich lächerlich. Als der Wechsel in Hessen zur CDU als Maßnahme zur Stärkung der sozial-liberalen Koalition im Bundesrat ausgegeben wurde, riefen Kommentatoren: „Schwachsinn!" Und Genscher wurde mit einem Maikäfer verglichen: „Seit letztem Sommer hat er gepumpt, gepumpt, gepumpt - nur geflogen ist er nicht. Genscher hat so lange gemaikäfert, bis ihm ... das Gesetz des Handelns entglitt."[41]

Das „Gesetz des Handelns" ergriffen nun andere Politiker: Otto Graf Lambsdorff und Helmut Schmidt. Der Minister erklärte in aller Öffentlichkeit, die bevorstehenden Hessen-Wahlen wären ein Test auf eine Wende der FDP zur Union. Der Kanzler tadelte ihn in einer Kabinettssitzung dafür und forderte ihn zur Vorlage seiner wirtschaftpolitischen Vorstellungen auf. Am 9.

---

[39] Der Tagesspiegel, 1.101981
[40] Solche Veränderungen lösen bei den Beteiligten tiefe Emotionen aus. So zerstritten sich die Berliner Parteimitglieder der FDP heillos, als die Mehrheit der Fraktion einen CDU-Senat unter Richard von Weizsäcker auf Wunsch der Bundesspitze und gegen den Willen des Landesparteitages tolerierte. Der Landesvorstand stellte die Fraktionsmehrheit vor ein Parteigericht. - Bei einer Fraktionsvorsitzendenkonferenz der FDP in Wiesbaden versicherten Holger Börner und sein freidemokratischer Ministerkollege, Gries, sich gegenseitig ihres persönlichen Respekts. Den Tränen nahe kündigten sie ihre Zusammenarbeit auf. Es war eine berührende Szene.
[41] Wilfried Herzt-Eichenrode, Maikäfer, pump!, in: Die Welt, 2.7.82

September 1982 legte der Wirtschaftsminister das als „Lambsdorff-Papier" bekannt gewordene „Konzept für eine Politik zur Überwindung der Wachstumsschwäche und zur Bekämpfung der Arbeitslosigkeit" vor. Das Papier entwickelte rein marktwirtschaftliche Konzepte, die mit der SPD nicht zu realisieren waren. Der Kanzler wollte diesen Fehdehandschuh ursprünglich nicht aufgreifen und dachte daran, die Krise durchzustehen, bis mit nahender Bundestagwahl 1984 der Spielraum für die FDP immer enger würde. Dennoch kündigte er am 17. September vor dem Bundestag die Koalition überraschend auf und teilte den Rücktritt - der wie ein Rauswurf wirkte - der FDP-Minister mit.

Zeitzeugen sind sich uneinig, was die Gründe für das Handeln des Kanzlers waren. Ralf Dahrendorf schreibt: „Die Historiker werden in den Prozess des Wechsels gewiss ihre eigenen Erklärungen hineintragen; aber wer die Ereignisse aus der Nähe verfolgt hat, weiß, dass sie, wie das so zu gehen pflegt, aus einer Serie von nicht ganz zufälligen Zufälligkeiten bestanden: dem Zeitpunkt des Lambsdorff-Papieres zur Wirtschaftspolitik, dem plötzlichen Adrenalinstoß in Helmut Schmidt und ähnlichem mehr."[42] Demgegenüber meint Günter Verheugen: Schmidt „wollte sich mit seiner Regierung nicht auf dem Rost braten lassen, bis er nach Meinung der FDP gar war."[43] Schmidt warb nach Art. 68 des Grundgesetzes für Neuwahlen, die stattfinden könnten, wenn eine Vertrauensfrage des Kanzlers negativ beschieden würde.

Von nun an setzte in der völlig mutlosen und zerstrittenen FDP eine Serie der Niederlagen bei Landtagswahlen ein. Die vom Kanzler des „Verrats" gescholtene FDP fiel nacheinander in Hessen, Bayern und anderen Bundesländern unter die Sperrklausel. Der Rettungsanker war, dass sich in der Union die Meinung Helmut Kohls durchsetzte, den Neuanfang nicht über Neuwahlen zu beginnen, sondern über ein konstruktives Misstrauensvotum. Die „Koalitionsverhandlungen", die die FDP daraufhin mit der Union führte, waren in Wahrheit Kapitulationsverhandlungen. Die Union verwehrte dem als sozial-liberal eingestuften und zurückgetretenen Innenminister Gerhart Baum nicht nur die Rückkehr in sein Amt; sie akzeptierte ihn auch nicht als Mitglied der FDP-Verhandlungsdelegation. Die FDP gehorchte und stimmte schließlich dem Verhandlungsergebnis mit knappen Mehrheiten zu: In der Fraktion gab es 32 Ja- und 20 Neinstimmen bei zwei Enthaltungen, im Bundesvorstand eine 18:17-Mehrheit. Mit den Stimmen einer FDP-Mehrheit und gegen die Stimmen der Sozialdemokraten und einer FDP-Minderheit wurde Helmut Kohl am 1. Oktober 1982 anstelle von Helmut Schmidt zum Bundeskanzler gewählt.

Die sozial-liberale Koalition war zu Ende. Die SPD ging in die Opposition. In der FDP gab es auf dem Berliner Parteitag im November 1982 ein dramatisches Nachspiel zur in Bonn vollzogenen „Wende". Die dezidiert sozial-liberale Seite des Parteienspektrums formierte sich und postulierte drei Ziele für den Bundesparteitag:

---

[42] Ralf Dahrendorf, Die Chancen der Krise. Über die Zukunft des Liberalismus, Stuttgart 1983, S. 44
[43] Günter Verheugen, a.a.O., S. 135

„ - klare Missbilligung des Koalitionswechsels und des ganzen Vorgehens,

- personelle Erneuerung (Genscher muss weg),

- programmatische, radikal-liberale Perspektiven".

Der eher konservative Uwe Ronnebuger aus Schleswig-Holstein sollte Hans-Dietrich Genscher als Parteivorsitzenden ablösen. Bei der Wahl zum Bundesvorsitzenden erhielt Genscher jedoch 222 Stimmen, Ronneburger 169. Die Linksliberalen konnten sich auf dem Parteitag nicht durchsetzen. Die Bundestagsabgeordnete Ingrid Matthäus-Maier kündigte daraufhin wie weitere Delegierte ihren Austritt aus der FDP und ihren Beitritt zur SPD an. Es gab dramatische Szenen. Man sprach vom „Parteitag der Tränen". Damals und in der folgenden Zeit verließen etwa 15000 Mitglieder die FDP, von denen 2 000 SPD-Mitglieder wurden. Mittelfristig wurde dieser Abgang durch Neueintritte von Maklern, Rechtsanwälten, Handwerksmeistern und mittleren Unternehmern kompensiert, die die FDP in ihrer Not an der Seite der CDU stabilisieren wollten.

Die FDP wurde im Unionslager zur „Partei der zweiten Wahl". Auf der anderen Seite etablierten sich die Grünen im Parteiensystem neu. Man sprach von zwei Lagern im deutschen Parteiensystem: Die CDU/CSU und die FDP auf der einen, die SPD und die Grünen auf der anderen Seite.

4. Die Ära Kohl

Der Wechsel ins andere Lager wurde der FDP als „Verrat" angekreidet. Waren doch ihre Abgeordneten nach dem Slogan für eine Regierung „Schmidt/Genscher" in den Bundestag gekommen. Auch Konservative nahmen den Liberalen den Wechsel nicht ab. So schrieb Golo Mann in der „Weltwoche": „Dreizehn Jahre lang habt ihr alles mitgemacht und gutgeheißen, und plötzlich war alles falsch, plötzlich seid ihr die Gegner derer, deren Freunde ihr gestern noch wart, und die Freunde derer, deren Gegner ihr gestern noch wart." Nur um seinen Ministerposten zu retten, sei Genscher zur Union gewechselt.[44] In Umfragen war die Wählergunst der Liberalen auf 2,3% gesunken. Dennoch setzte der neue Kanzler Kohl gegenüber der FDP durch, dass alsbald Neuwahlen stattfinden sollten, um den Machtwechsel durch die Wähler legitimieren zu lassen. Die FDP hätte damit gerne etwas gewartet, aber die Wahlen sollten schon im März sein. Sie brachten der CDU/CSU eine glänzende Bestätigung ihrer Führungsrolle, und die FDP - die zuvor reihenweise aus den Landtagen geflogen war - zog als ihr Anhängsel wieder in den Bundestag ein - im Huckepack, wie die Differenz zwischen 2,8% und 7,0% bei Erst- und Zweitstimmen zeigt.

Als neue Partei zogen die Grünen 1983 zum ersten Mal in den Deutschen Bundestag ein. Die Bundestagsfraktion wurde das neues Kraftzentrum innerhalb der Partei und prägte das Bild der Grünen nach innen und außen erheblich. Die ersten Fraktionssprecher waren Marieluise Beck-Oberdorf, Petra Kelly und Otto Schily. Über die Startphase im Deutschen Bundestag schreibt Hubert Kleinert: „Schon der Einzug der neuen Fraktion in den Bundestag ... vollzog sich unter spektakulären Begleitumständen. Morgens um neun versammelte sich eine bunte Schar von Menschen auf einem Platz mitten in Bonn. Unter ihnen befanden sich die frischgebackenen Abgeordneten der neuen Fraktion. Gemeinsam zog man mit Blumen, Topfpflanzen und einer überdimensionierten Weltkugel zum Regierungsviertel, wo die Abgeordneten dann symbolisch von der Basis in den Bundestag verabschiedet wurden. Durch eine solche Inszenierung kamen die Kamerateams aus aller Welt so richtig auf ihre Kosten."[45] Auch innerhalb des Plenums war der Neuigkeitswert der Grünen so groß, dass deren Abgeordnete bisher Außerparlamentarisches über die Friedens- und Sexualphilosophie wenig gekonnt vortragen mochten und dennoch Aufmerksamkeit erzielten. Die Grünen waren ein Medienereignis.

Die nunmehr auch von den Wählern legitimierte neue Bundesregierung hatte nach der Zeit sozial-liberaler Reformen eine Rückkehr zu den vermeintlichen Tugenden der Adenauer-Zeit versprochen. Die tragenden Werte dieser neokonservativen geistig-politischen Führerschaft

---

[44] Golo Mann, "Man hätte nicht tun dürfen, was man am 1. Oktober in Bonn tat", in: Weltwoche, 6.10. 1982

[45] Hubert Kleinert, Aufstieg und Fall der Grünen. Analyse einer alternativen Partei, Bonn 1992, S. 37

sollten Freiheit, Leistung und Selbstverantwortung sein. Doch trotz des guten Starts zeigte sich in der Mitte der Legislaturperiode, dass es nicht gelingen wollte, die Arbeitslosenquote zu senken. Im Mai 1985 lag diese Quote bei 8,% - das waren 2 192 627 Arbeitslose. Und wieder präsentierte die Politik das alte Bild: Während in der CDU/CSU die Neigung zur Verabschiedung staatlicher Beschäftigungsprogramme stieg, lehnte die FDP diesen Weg ab und forderte marktwirtschaftliche Lösungen. Die Hauptwidersacher der FDP in der Koalition waren die Sozialausschüsse und die CSU.

Tabelle 12: Bundestagswahlergebnisse zum 10. Deutschen Bundestag[46]

6.3.1983

	Erststimmen in %	Zweitstimmen in %	Mandate (+ Berlin)
CDU/CSU	52,1	48,8	244 (+ 11)
SPD	40,4	38,2	193 (+ 9)
FDP	2,8	7,0	34 (+ 1)
Grüne	4,1	5,6	27 (+ 1)

Ein anderes „geerbtes" Thema konnte dagegen von der Koalition rasch erledigt werden - die Stationierung neuer amerikanischer Mittelstreckenraketen („Nachrüstung") in der Bundesrepublik. Trotz heftigsten Widerstandes der breiten Friedensbewegung stimmten die Koalitionsabgeordneten im November 1983 der Nachrüstung zu.

So sehr sich die FDP in der neuen Koalition wirtschaftspolitisch fast dogmatisch marktwirtschaftlich gebärdete, so verstand sie sich in der Außen- und Ostpolitik als Garant der Kontinuität. Die Westbindung der Bundesrepublik, die Stärkung der europäischen Zusammenschlüsse und der vertragliche Interessenausgleich mit dem Osten waren die Säulen dieser Politik. In der Deutschland- und Ostpolitik begab sich die Union, die einst die Ostverträge bekämpft hatte, auf eine Linie der Kontinuität. Gelegentliche Ausbrüche des Bundeskanzlers, der beispielsweise der Landsmannschaft der Schlesier sein Erscheinen auf einem Treffen zugesagt hatte, oder seine Querelen mit dem französischen Staatspräsidenten halfen dem immer mehr in die Rolle des deutschen Chefdiplomaten hineinwachsenden Außenminister Genscher, sich als Kraft der Vernunft zu profilieren und seine Popularität zu steigern. Es ist erstaunlich, wie aus dem „Verräter" von 1982/83 bald einer der populärsten Politiker Deutschlands wurde.

Die Zuständigkeit für die Innenpolitik war von der FDP unter Gerhart Baum nunmehr auf die CSU unter Friedrich Zimmermann übergegangen. Es wurde ein Abbau des Rechtsstaates und eine Vernachlässigung der Umweltpolitik befürchtet. Doch Zimmermann setzte die Katalysatoren-

Pflicht für Autos durch und gab zunächst der FDP Gelegenheit, sich etwa beim Demonstrationsstrafrecht oder in der Ausländerpolitik gegen die etatistische Union als „Bremser" zu profilieren. Langfristig verlor sie jedoch diese Rolle, weil die Union bei Fragen wie dem Asylrecht die SPD auf ihre Seite zog und es nun auf die FDP nicht mehr ankam. Immer öfter musste die FDP spüren, wie sehr ihr Spielraum eingeschränkt war.

Insgesamt war die Wahlperiode zwischen 1983 und 1987 nicht besonders glanzvoll. Zwar war die DM stark wie nie, schienen die öffentlichen Haushalte weitgehend konsolidiert, und Exporte erreichten Rekordhöhen, - aber das Versprechen einer geistig-politischen Führung konnte die Bundesregierung nicht einhalten. Die SPD und die „Grünen" hatten die absolute Mehrheit der Wähler unter 45 Jahren hinter sich, während bei den über 60jährigen die Union der Favorit war.

Spannender und interessanter als im neokonservativen Lager ging es im grün-sozialdemokratischen Lager zu, wo die Richtungsstreite tobten und in der SPD die Meinungen zu rot-grün als politischer Alternative geteilt waren.

Der CDU/CSU brachen traditionelle Wähler weg, so auf dem Lande, wo die EG-Agrarpolitik enttäuschte. Hinzu kam eine weitgehende Unlust an der Politik in der Bevölkerung, so dass der Anteil der Nichtwähler stieg. Selbst in parteinahen Publikationen wird 1987 als „Krisenjahr der CDU"[47] bezeichnet.

Für die Union war das Wahlergebnis von 1987 schlecht: Es war das schwächste seit 1949. Im Herbst des gleichen Jahres brach die „Barschel-Affäre" über die Union herein. Der CDU-Ministerpräsident von Schleswig-Holstein, Uwe Barschel, hatte seinen sozialdemokratischen Gegenspieler, Björn Engholm, mit Hilfe der Staatskanzlei übel diffamieren lassen („Barschels schmutzige Tricks", so „Der Spiegel"), diesen Tatbestand bis zu einer „Ehrenwort"-Pressekonferenz geleugnet, war anschließend ins Ausland gereist und wurde am Ende tot in einer Badewanne eines Genfer Hotels aufgefunden.

Zuvor hatte der „Flick-Skandal" die moralische Glaubwürdigkeit der Koalition erschüttert. Flick hatte mit Geldzuwendungen an die Parteien ihm steuersparende Leistungen auch in den Ländern erkauft. In der Sprache des Flick-Konzerns war das eine „Pflege der Landschaft". 1983 hatte die SPD im Bundestag einen Flick-Untersuchungsausschuss beantragt. Helmut Kohl, der selbst Geldbeträge angenommen hatte, sagte vor dem Ausschuss falsch aus. Heiner Geißler entschuldigte das mit einem „Blackout". 1984 begann vor dem Bonner Landgericht ein Prozess gegen Bundeswirtschaftsminister Graf Lambsdorff und seinen Vorgänger Hans Friderichs, ebenfalls FDP-Mitglied. Mit Prozessbeginn trat der Minister zurück. Das Gericht sah den Tatbestand der Beamtenbestechung und des Zusammenhanges von Leistungen für die FDP und Steuerbefreiungen als erwiesen an. Es verurteilte die Politiker sowie den ehemaligen

---

[46] Karlheinz Niclauß, a.a.O.
[47] Konrad -Adenauer-Stiftung (Hg.), Kleine Geschichte der CDU, Stuttgart 1995, S. 156

Generalbeauftragten des Flick-Konzerns, von Brauchitsch, zu Geldstrafen: Lambsdorff und Friderichs zu je 180 00 DM, Brauchitsch zu 550 000 DM. Außerdem war der Verdacht aufgekommen, Rainer Barzel habe 1973 den CDU-Vorsitz für Helmut Kohl geräumt, nachdem er von Flick 1,6 Millionen DM erhalten habe. Nach diesen Vorwürfen trat Barzel vom Amt des Bundestagspräsidenten am 26.10.1984 zurück. Dietrich Thränhardt schreibt, es sei der „Eindruck des Bauernopfers" entstanden, „da Kohls alter Rivale Barzel zurücktreten musste, während Kohl im Amt blieb."[48]

Tabelle 13: Die Bundestagswahlergebnisse zum 11. Deutschen Bundestag[49]

25.1.1987

	Erstimmen in %	Zweitstimmen in %	Mandate (+ Berlin)
CDU/CSU	47,7	44,3	223 (+ 11)
SPD	39,2	37,0	186 (+ 7)
FDP	4,7	9,1	46 (+ 2)
Grüne	7,0	8,3	42 (+ 2)

Der CDU-Vorsitzende und Bundeskanzler versuchte es mit einer Reform der CDU als „Volkspartei der Mitte": Das Erbe von Konrad Adenauer und Ludwig Erhard sollte bemüht werden. Aber die innerparteiliche Unzufriedenheit verging nicht. Bei einem Bundesparteitag im Herbst 1988 erzielte Kohl ein schlechtes Ergebnis bei der Vorsitzendenwahl. Innerhalb der Partei traten Meinungsverschiedenheiten zu diversen Fragen auf. Es ging um so unterschiedliche Themen wie die Abtreibungsfrage, um Südafrika oder auch um die von der Regierung geplante Quellensteuer. Die Fraktion unter Alfred Dregger forderte gegenüber der Parteizentrale unter Generalsekretär Heiner Geißler mehr Einfluss. Der Ernst der Lage für die Koalition insgesamt wurde deutlich, als bei den Abgeordnetenhauswahlen in Berlin im Januar 1989 eine Abwahl der dortigen CDU/FDP-Koalition erfolgte, sich eine Mehrheit für rot-grün herausbildete, die FDP unter der 5-%-Grenze blieb und die rechtsradikalen „Republikaner" in das Parlament einzogen. In der Folge kam es in der Union zu Personaldiskussionen auch um Helmut Kohl. Doch dieser setzte sich erneut durch. Er trennte sich von Heiner Geißler als Generalsekretär, der dieses Amt zwölf Jahre wahrgenommen hatte. An dessen Stelle schlug er Volker Rühe vor. Auf einem Parteitag im September 1989 in Bremen wurden Kohl und Rühe bestätigt.

---

[48] Dietrich Thränhardt, Geschichte der Bundesrepublik Deutschland. Erweiterte Neuausgabe, Frankfurt am Main 1996, S 276
[49] Karlheinz Niclauß, a.a.O.

In dieser Zeit erreichte die Bundesrepublik zwar den höchsten Beschäftigungsstand ihrer Geschichte (29 Millionen Erwerbstätige), aber die Zahl der Arbeitslosen blieb bei 2 Millionen. Auf dem Ausbildungssektor sprach die Opposition von einer „Lehrstellenkatastrophe", obwohl immerhin 700 000 Lehrstellen vorhanden waren. Erste Ansätze zur Steuer- und Gesundheitsreform wurden unternommen, erwiesen sich aber doch bestenfalls als Zwischenlösungen. All diese Widersprüchlichkeiten hatten zur Folge, dass das Ansehen der Union und des Kanzlers in der Bevölkerung nicht hoch waren.

Da kamen der Zusammenbruch des Ostblocks und die deutsche Wiedervereinigung. Bundeskanzler Kohl begriff mit Hans-Dietrich Genscher nach anfänglichem Zögern die Chance zur Vereinigung und nutzte sie in Verhandlungen und der Ausarbeitung eines Vereinigungskonzeptes. Kohl, an dem Freund und Feind genörgelt hatten, der als „Birne aus Oggersheim" Verspottete, wurde der „Kanzler der Einheit" und schlug bei den ersten gesamtdeutschen Wahlen seinen Herausforderer Oskar Lafontaine, der auf die Risiken der Vereinigung hingewiesen hatte. Die Wiedervereinigung hatte Kohl die Kanzlerschaft gerettet, vor allem durch den großen Zulauf im Osten.

Tabelle 14: Bundestagswahlergebnisse zum 12. Deutschen Bundestag[50]

2.12.1990

	Erstimmen in %	Zweistimmen in %	Mandate
CDU/CSU	45,7	43,8	319
SPD	35,2	33,5	239
FDP	7,8	11,0	79
Grüne	4,4	3,8	-
PDS	2,3	2,4	17
REP	1,7	2,1	-
Bündnis 90	1,2	1,2	8

Die Bundesregierung unter Kohl hatte die politische Entscheidung getroffen, die Wiedervereinigung gegen alle politischen, sozialpsychologischen und ökonomischen Hemmnisse durchzusetzen. Dass Helmut Kohl und Hans-Dietrich Genscher sich dabei gegen Widerstände aus London und Paris, gegen Unlust bei der Mehrheit der Westdeutschen, gegen Befürchtungen bei einer Minderheit der Ostdeutschen und gegen allen ökonomischen Sachverstand - wie er zum

---

[50] Karlheinz Niclaus, a.a.O.

Beispiel vom Präsidenten der Deutschen Bundesbank artikuliert wurde - durchsetzte, ist auf der einen Seite zweifellos als staatsmännische Leistung zu werten, bescherte der nun im vereinten Deutschland regierenden Koalition aber große innere Probleme. Wahrscheinlich hatte der Kanzler in der Wiedervereinigungseuphorie tatsächlich geglaubt, sehr bald würden im deutschen Osten „blühende Landschaften" entstehen. Dass tatsächlich Transferleistungen in Milliardenhöhe von West nach Ost über zehn Jahre und mehr hinweg zu leisten wären, dass Stillegungen ganzer Industriestandorte kommen würden, Arbeitslosigkeit und weitere Abwanderungen aus dem Osten, damit mussten sich der „Kanzler der Einheit", seine Regierung und das gesamte Parteiensystem seither ohne durchgreifenden Erfolg herumschlagen.

Die während der revolutionären Ereignisse in der DDR im Jahre 1989 erfolgten eigenständigen Entwicklungen vom Blocksystem hin zum Pluralismus der letzten Volkskammer wurden schon sehr früh von den Westparteien gesteuert und mündeten nach der Wiedervereinigung ein in die Strukturen des alten westdeutschen Parteiensystems. Zu Recht bemerkt Ulrich von Alemann: „Angesichts dieser dramatischen Veränderungen ist es kaum zu fassen, wie wenig sich an den Grundstrukturen der deutschen Politik und des Parteiensystems an der Oberfläche geändert hat."[51] Die Großparteien CDU und SPD haben sich ebenso wie die FDP auf den Osten ausgeweitet, wobei die SPD mit einer ostdeutschen sozialdemokratischen Neugründung fusionierte, während die bürgerlichen Parteien ohne großes Federlesen die ihnen adäquaten ehemaligen Blockparteien schluckten. Die größten Schwierigkeiten hatten die Grünen und Bündnis 90 miteinander. Hinzugekommen war die SED-Nachfolgepartei PDS.

Dass die politischen Parteien nach der Vereinigung keine Konzeptionen für die Gestaltung des vereinten Deutschlands hatten, wurde sehr deutlich bei der Entscheidung über die Hauptstadt. Auffallend dabei ist, dass die politischen Parteien, die doch sonst überall mitreden und bestimmen wollen, keine eigenen Positionen entwickelt hatten. Sie überließen es ihren Abgeordneten, am 20. Juni 1991 ihrem „Gewissen" folgend zu entscheiden. Auch nach der Abstimmung hat keine politische Partei ein klares Programm dazu entwickelt, wie der Umzug erfolgen sollte und wie man sich auf die neue Lage einstellen wollte. Das meiste wurde der Regierung oder Ausschüssen und Kommissionen überlassen, die zwischen verschiedenen Interessen lavierten. Die Ausnahme war die PDS, die als ostdeutsche Regionalpartei mehrheitlich für einen schnellen Umzug war und erwartete, dass im vereinten Deutschland die Erfahrungen und Interessen der Ostdeutschen stärker berücksichtigt würden.

Das noch von Alemann diagnostizierte Kontinuität des Parteiensystems über die Vereinigung hinaus erfolgte allenfalls an der Oberfläche. Darunter taten sich bislang unbekannte Strukturen und Probleme auf, auf die das Parteiensystem der Berliner Republik reagieren musste

---

[51] Ulrich von Alemann, a.a.O., S.23

1. Es besteht über Jahre hinweg eine strukturelle Arbeitslosigkeit, von der mehrere Millionen Menschen betroffen sind. Weder die Regierung Kohl noch die Regierung Schröder konnten daran etwas ändern. Das zweite Kabinett Schröder versuchte, auf der Grundlage der Hartz-Kommission und mit einem „Superminister" nach dem Vermittlungsverfahren vom Dezember 2003 hierbei erfolgreicher zu sein. Insgesamt droht dennoch die Gefahr, dass die Bürger der Glauben an die Garantie allgemeinen Wohlstands durch das Parteiensystem endgültig verlieren. Damit entfiele eine der klassischen Legitimationsgrundlagen dieses Systems.

2. Es bestehen seit der Vereinigung zwei politische Kulturen in Deutschland. Wie sollte es anders sein, nachdem die politische Sozialisation in Ost und West bei wichtigen Werten geradezu gegensätzlich verlaufen war? Wurden im Westen Leistung und Durchsetzungsfähigkeit als grundlegende vermittelt, so waren es im Osten Gemeinschaft und soziale Sicherheit. War von Westen aus New York der Mittelpunkt der Welt, so war es vom Osten her Moskau. Der Osten sollte sich dann an den Westen anpassen. Das führte zu unterschiedlichen Verarbeitungsprozessen: Die Systemkritiker im Untergang des Staatskommunismus verabsolutierten ihre in der Wende gemachten Erfahrungen und sind seitdem für westliche Verhältnisse ungewohnt rigoros und unerbittlich in der Verteufelung der Machtträger des alten Systems. Die Verlierer und die sich missverstanden Fühlenden aus dem alten System wollten ihre eigene Identität „einbringen" und machten die PDS stark. Die meist bei den Grünen gelandeten Rigoristen aus dem Osten und die mittlerweile allerdings im Niedergang befindliche PDS waren neue Elemente im Parteiensystem. Über zehn Jahre nach der Wiedervereinigung sind ernste Bemühungen in den Parteien zu erkennen, sich stärker für die Befindlichkeiten im Osten zu öffnen: Die ostdeutsche Parteivorsitzende Angela Merkel versucht, ihre innerparteiliche Macht auszuweiten, die SPD präsentiert bewusst „Ost"-Themen wie die Bush-Administration und „Ost"-Personen wie Manfred Stolpe, und selbst bei den Grünen drängt der Bürgerrechtler Schulz in den Vordergrund.

3. Das alte Zweieinhalb-Parteiensystem gehört der Vergangenheit an. Nach den Grünen schaffte vorübergehend auch die PDS den Einzug in den Bundestag, indem sie die Sperrgrenze überwand. Die FDP hat ihre Monopolstellung als Mehrheitsbeschaffer verloren und irrlichtert seitdem bei der Suche nach ihrem Standort.

4. Das mühsam dem Bundesverfassungsgericht abgetrotzte System der staatlichen Parteienfinanzierung geriet mehr und mehr ins Wanken: Wissenschaft und Öffentlichkeit erkannten, dass von der Kommune bis zum Bund über direkte Zuschüsse an die Parteien, indirekte Finanzierungen an Stiftungen und Fraktionen sowie an Diätenzahlungen ein ganzer Strauß der Zuschüsse aus öffentlicher Hand gebunden worden war, der nun kritisch beäugt wird. Die nach 1998 bekannt gewordenen Spendenskandale der CDU und der SPD sowie die finanzielle Seite der Möllemann-Affäre bei der FDP belegen, dass staatliche Mitfanzierung der Parteien diese keineswegs gegen die Gier nach privaten Zuwendungen immunisiert.

5. Der alte Glaube, dass man die Macht mit Hilfe der Umfrageforschung und eines professionellen Wahlkampfes erhalten kann, ist dahin. Die Möglichkeiten, aber auch die Grenzen der Umfrageforschung sind herausgearbeitet. Vor allem ist bekannt, dass eine noch so ausgetüftelte Fragetechnik immer nur Simulation sein könne: Das tatsächliche Verhalten in der Sekunde, in der ein Wähler in der Kabine sein Kreuzchen auf dem Wahlzettel schreibt, kann nicht vollkommen antizipiert werden. Viel schwieriger noch ist es, die Wirkung von Werbemaßnahmen wie Plakate, Filme, Kampagnen in der so vielfältigen Gesellschaft genau zu berechnen.

6. Auf dem Höhepunkt der Ära Adenauer galt der Satz „Macht hält Macht". Danach kam der Machtwechsel. Zwar erreichte die „Machtmaschine" Kohl Mitte der neunziger Jahre Adenauersche Dimensionen, doch die Abwahl 1998 lehrte, dass jede Macht zerbröselt. Und viel hätte nicht gefehlt, dass 2002 eine Regierung schon nach vier Jahren die Macht wieder verloren hätte.

Doch trotz dieser schon Mitte der neunziger Jahre erkennbaren Defizite behauptete sich das alte System noch einmal bei der zweiten gesamtdeutschen Bundestagswahl - aus Mangel an Alternativen. Die Ära Kohl war zwar formal nicht zuende, aber die Probleme türmen sich über den „Kanzler der Einheit": Eine Steuerreform wurde nicht umgesetzt. Der Staatshaushalt war weniger in Ordnung als zu Schmidts Zeiten. Die Arbeitslosenzahl waren so hoch wie nie. Die eigenen Mitstreiter wie der Bundesfinanzminister Theo Waigel verloren die Lust am Geschäft. Das Wort vom „Reformstau" machte die Runde.

Tabelle 15: Die Bundestagswahlergebnisse zum 13. Deutschen Bundestag[52]

16.10.1994

	Erststimmen in %	Zweistimmen in %	Mandate
CDU/CSU	45,0	41,5	294
SPD	38,3	36,4	252
Bündnis 90/Grüne	6,5	7,3	49
FDP	3,3	6,9	47
PDS	4,1	4,4	30

1998 war Wechselstimmung. Helmut Kohl hatte sie nicht erkannt, weder innerparteilich noch allgemein. Wieder einmal klammerte sich einer so lange an die Macht, bis sie ihm entrissen wurde. Gerhard Schröder, der damalige Liebling der Bosse und der Bild-Zeitung, personifizierte

---

[52] Karlheinz Niclauß, a.a.O.

mit seinem linken Tandem Oskar Lafontaine den Wechsel und wies Kohl den Weg aus dem Kanzleramt.

Tabelle 16: Ergebnis der Bundestagswahl 1998[53]

	Erststimmen in %	Zweitstimmen in %	Mandate
CDU/CSU	39,5	35,1	245
SPD	43,8	40,9	298
FDP	3,0	6,2	43
Grüne	4,97	6,7	47
PDS	4,9	5,1	36

Noch in Bonn wurde die erste rot-grüne Bundesregierung installiert. Doch die Residenz am Rhein wurde abgewickelt. 1999 zog die Hauptstadt nach Berlin um.

---

[53] Nach: Statistisches Bundesamt

5. Mediatisierung der Parteien in der Berliner Republik

Das Ende der Ära Kohl – deren wichtigste Ereignisse die Erweiterung des alten Zweieinhalb-Parteiensystems und die deutsche Wiedervereinigung waren - ist nicht mit dem üblichen Verfall eines Machtsystems oder mit dem Kräfteschwund bei den wichtigsten Akteuren alleine zu erklären, sondern auch mit der konsequenten Mediatisierung der Politik. Ging es 1990 bei Bundestagswahl noch um einen Streit über die Frage, ob die äußere Einheit Deutschlands der inneren vorausgehen oder ob ausgehend von einer weiteren Zweistaatlichkeit die deutsche Einheit allenfalls als historischer Prozess vorstellbar wäre, so war 1998 entscheidend, welcher Kandidat welche die Grundstimmungen in der Bevölkerung traf. Das war am Ende Gerhard Schröder,[54] der den allgemein gewünschten Abgang des „ewigen" Kanzlers Kohl personalisierte. Professionalisiert durch die Wahlkampfzentrale „Kampa"[55] zog die SPD eine Kampagne auf, in der für den Kanzlerkandidaten Medienevents produziert wurden, die ihn als Helden des Wechsels darstellten. Weniger die Inhalte waren bestimmend, sondern mehr Stimmungen. So entstand das Schlagwort von der „neuen Mitte". So konnte der Medienstar sich dazu verleiten lassen, eine deutliche Reduzierung der Arbeitslosenzahlen zu versprechen, ohne die geringste Vorstellung davon zu haben, wie er dieses Ziel erreichen würde. Die Bilder waren wichtig, die Kampagne entscheidend und nicht, was dem im harten Regierungsgeschäft würde folgen können. Da konnte der von Helmut Kohl kurz vor der Wahl gedemütigte „Kronprinz" der Union, Wolfgang Schäuble, noch so sehr über die Theaterinszenierung der SPD spotten: Genau das war`s, was das Publikum sehen wollte.

Tabelle 17: Ergebnis der Bundestagswahl 2002[56]

	Erststimmen in %	Zweitstimmen in %	Mandate
CDU/CSU	41,1	38,5	248
SPD	41,9	38,5	251
FDP	5,8	7,4	47
Grüne	5,6	8,6	55
PDS	4,3	4,0	2[57]

[54] Jürgen Hogrefe, Gerhard Schröder. Ein Portrait, Berlin 2002
[55] Matthias Machnig / Hans-Peter Bartels (Hg.), Der rasende Tanker. Analysen und Konzepte der sozialdemokratischen Organisation, Göttingen 2001
[56] Nach: Statistisches Bundesamt
[57] Zwei Direktmandate für die PDS.

Nach dem „Kanzler der Einheit" selber wirkten neben Schröder die Repräsentanten der alten schwarz-gelben Koalition nicht mehr zeitgemäß im Medienrummel des vereinten Deutschlands. Klaus Kinkel – der Grundsolide, Norbert Blüm – „Die Rente ist sicher" oder Theodor Waigel – der Maastricht-Jongleur – wirkten wie Gestalten der Vergangenheit auf der in Abwicklung befindlichen Bonner Provinzbühne. Schröder demgegenüber passte als Darsteller für die neue Hauptstadt, von der – zu Unrecht – so viel erwartet oder auch befürchtet wurde. Das Duett mit seinem „linken" Antipoden Oskar Lafontaine machte zudem die Inszenierung der SPD spannend, denn jeder ahnte, aber keiner wusste, wie die Sache ausgehen würde. Das Bild, als Oskar dem Wahlsieger von Niedersachsen den Vorrang mit einem Glas Schnaps anbot, flimmerte über die Bildschirme. Die SPD hatte in amerikanischer Manier die Landtagswahlen in Hannover zu Vorwahlen für den Bundestagswahlkampf umfunktioniert und so für Unterhaltung gesorgt. Der Sieger von der Leine wurde Kandidat. Als er dann Kanzler war, mobbte er den überflüssig gewordenen Partner bald von der Bühne.

Dem Medienstar Schröder wuchs derweil mit Joschka Fischer ein neuer Partner zu, der die einst so friedensbewegte und ökologische Partei der Grünen nach seinem Bild geformt hatte: Befreit von fast allem Fundamentalismus, orientiert an Reformen in der Bundesrepublik und begierig zur Übernahme der Macht. Was sich an Widerstand noch aus alten Zeiten bis 1998 im Bundestag gehalten hatte, wurde durch Joschkas Netzwerk der Macht nunmehr eingefangen oder im Extremfall – wie bei Christian Ströbele – publizistisch in die Sektiererecke gestellt. Den Erfolg garantierte dabei die persönliche Inszenierung „Joschkas" in der Öffentlichkeit: Der Wandel vom dicken Völlerer mit der großen Lippe zum schlanken Asketen auf der Marathon-Strecke. Statt Rotwein Mineralwasser: Das kam an im Showgeschäft.

So war Rot-Grün 1998 ins Amt gekommen. Zum ersten Mal in der Bundesrepublik war mit Helmut Kohl ein Bundeskanzler mit seiner Regierung direkt durch Wahlen abgelöst worden. Die Neuen freilich mussten das Regieren erst lernen. Bodo Hombach nahm sich als Helfer des Kanzlers wichtiger als ihm zustand. Oskar Lafontaine dirigierte seinen Wagen zur letzten Dienstfahrt nach Hause in Saarbrücken. Die von der Koalition gewünschte doppelte Staatsbürgerschaft kam nicht durch. Der Kanzler profilierte sich vor allem durch das Tragen teurer Designerkleidung. Fischer dagegen lernte Stil und Form des Außenministers sehr schnell. Der Dreiteiler wurde die angemessene Garderobe des vom Sponti zum Diplomaten Gewandelten.[58] Der Übergang von der Kampagne zum Darsteller des Regierens war ihm besser und schneller gelungen als seinem Chef.

Allerdings wurde Fischer Anfang 2001 von seiner Vergangenheit eingeholt. Der „Stern" hatte Fotos aus Fischers Frankfurter Spontizeit veröffentlicht. Unter anderem war er darauf als Demonstrant zu sehen, wie er auf einen Polizisten einprügelte. Die darauf folgende Diskussion

---

[58] Matthias Geis / Bernd Ulrich, Der Unvollendete. Das Leben des Joschka Fischer, Berlin 2002

brachte Fischer an den Rand des Rücktritts. Er agierte nicht immer geschickt, jedoch die nicht eben glaubwürdige Opposition und die Solidarität der ehemaligen Sponti-Genossen halfen ihm über die Krise.

Auch hierbei war eine Medien-Inszenierung gelaufen, bei der einiges klar zu stellen blieb:

Exkurs 1:
Die 68 er

Als Benno Ohnesorg am 2. Juni in der Krummen Straße von dem Polizeibeamten Kurras erschossen wurde, erreichte die Sudentenrevolte ihren emotionalen Höhepunkt. An jenem Tag hatten Berliner Studenten gegen den herzlichen Empfang eines Potentaten, des Schahs von Persien, durch den Berliner Senat demonstriert. Eine demokratisch orientierte Regierung sollte keinen Herrscher empfangen, der Geheimdienste unterhielt, politische Gegner verfolgte, in Deutschland „Prügelperser" einsetzte und im übrigen den Pomp spätbarocker Fürsten entfaltete.

Dass der angeblich unpolitische Ohnesorg bei jener Demonstration sein junges Leben lassen musste, weil das „Establishment" - heute würde man sagen: die „politische Elite" - vor allem von der Springer-Presse gegen die Studenten aufgehetzt war, erfüllte die Mehrheit der Studierenden mit tiefer Trauer und großer Wut.

Nach Ohnesorgs Tod setzte sich ein Konvoi von Kleinwagen auf den Weg über die Transitautobahn nach Helmstedt. Die Autos waren mit Trauerfloren versehen und wurden von den „Grepos" - Grenzpolizisten - der DDR höflich behandelt, was ungewöhnlich war. Noch Wochen später sah man überall auf den Straßen West-Berlins „Enten" - „Deux Chevaux", alte „VW-Käfer" oder „R4s" - „Renault 4" mit schwarzen Bändern an den Rückspiegeln.

Das war für damalige Verhältnisse schon eine kleine politische Bewegung. Doch von „68ern" sprach zu der Zeit niemand.

Später wurde Rudi Dutschke, der Studentenführer, von einem verhetzten Jugendlichen auf dem Kurfürstendamm angeschossen. Dutschke war Moralist, Sozialist, Theoretiker und empfand sich als Revolutionär. Mit seiner rauen Stimme entwickelte er auf Massenversammlungen jene Diktion und Rethorik, durch die sich die Studenten angesprochen fühlten. Wegen seiner Popularität war er unter Insidern umstritten, von seinen Kommilitonen überwiegend geachtet, von der Springer-Presse als Chaot und Wüstling verteufelt. Die Nachricht von dem Anschlag verbreitete sich in der Stadt wie ein Lauffeuer. Spontane Versammlungen fanden statt, und immer wieder hieß es : „Springer hat mitgeschossen!"

Die Aufgebrachten drängte es nach Aktionen. Diesmal wollten sie sich nicht mehr mit schwarzen Stoffbändern an den Autos begnügen. Die Diskussion über Gewaltanwendung - gegen Sachen, gegen Menschen? - kam auf. Eine große Menge traf sich vor dem Springerhaus in der Kochstraße. Es knisterte, die Stimmung war gespannt. Dann gingen plötzlich Autos aus dem

Fuhrpark des Zeitungskonzerns in Flammen auf, und das Glasportal des Gebäudes zerbarst in tausend Stücke. Dieser Protest hatte für einige Drahtzieher - die es nun schon deutlich gab - Konsequenzen. Einer von ihnen war der „APO-Anwalt" Horst Mahler. Er wanderte ins Gefängnis und verlor seine Konzession. Später tummelte er sich in der rechtsradikalen Szene. Rudi Dutschke starb Jahre nach dem Attentat an dessen Folgen einen späten, frühen Tod. Er war der eigentliche 68er.

Doch diesen Begriff gebrauchte damals niemand, weder beim Ohnesorg-Tod, noch beim Dutschke Attentat. Die Bewegung war dafür stets zu vielschichtig. Sie war entstanden aus der Empörung junger Menschen über den Widerspruch zwischen Moral und Realität des sich demokratisch gebärdenden deutschen Westens nach 1945.

Angefangen hatte es 1961 mit der „Spiegel"-Affäre, als sich unter jungen Intellektuellen Empörung über die rechtswidrigen Eingriffe der Adenauer-Regierung gegen die Pressefreiheit breit machte. Der Held der Stunde war der Herausgeber des Nachrichtenmagazins, Rudolf Augstein - damals und danach sicher kein 68er.

Nach der „Spiegel"-Affäre wuchs der Realitätsschock der Nachkriegsjugend, als offenbar wurde, dass das bis dahin heiß geliebte Vorbild der fünfziger Jahre, die USA, einen ungerechten Krieg gegen ein kleines Volk in Südostasien führte. Dann sahen die Studierenden, dass ihre so hochgestochen daherkommende Alma Mater ziemlich patriarchalische Strukturen hatte und fragwürdige Inhalte vermittelte. Diese und weitere Enttäuschungen empfanden Studierende als Ausdruck der die herrschenden Klassen stützenden politischen Struktur. Viele, jedoch längst nicht alle von ihnen, gaben ihren Empfindungen Ausdruck, zuerst verbal - dann bis hin zum Terror aktiver. Die permanenten oder gelegentlichen Aktivisten wurden getragen und auf den Weg gebracht von einer Infrastruktur des Protestes. Hier waren die eigentlichen Drahtzieher und ihre Helfer versammelt.

Häufig wird der „SDS", in dem auch Dutschke aktiv war, als Kern der Studentenbewegung angesehen. Der „Sozialistische Deutsche Studentenbund" war eine einstige Jugendorganisation der SPD. Der Verband mochte nicht vom Studium marxistischer Texte lassen, als die SPD mit ihrem Godesberger Programm auf Reformkurs ging. Der SDS wurde daher von der Mutterpartei verstoßen. Auch der als Ersatz gegründete „Sozialdemokratische Hochschulbund" („SHB") verhielt sich nicht linientreu. Er betrieb Marxstudien und veranstaltete Aktionen an der Universität in etwas weniger radikaler Weise als der SDS. Einer ihrer Wortführer war Knut Nevermann, Sohn des Hamburgischen Bürgermeisters und später oberster Beamter Gerhard Schröders „Staatsministers für Kultur". Ein 68er?

In einer großbürgerlichen Wohnung in der Charlottenburger Wielandstraße hatte sich einst der „Republikanische Club" gegründet, in dem sich aufsässig Fühlende verschiedener Richtungen versammelten - das war der Kabarettist Wolfgang Neuss ebenso anzutreffen wie der fast überall unvermeidliche Horst Mahler. Aber auch „liberale Scheißer" - wie der Slogan hieß - waren geduldet.

Schließlich gab es Wohngemeinschaften – „Kommunen". „Kommune 1" und „Kommune 2" würzten die Bewegung mit kulturrevolutionären Aktionen wie kollektiven Nacktphotos, aber auch schon mit zweideutigen Flugblättern wie „Burn, warehouse, burn". Fritz Teufel und Rainer Langhans gaben die Clowns der Bewegung. Die Parole „Teufel ins Rathaus" hatte ebenso Witz wie die Entgegnung des vor dem Richtertisch Gelandeten nach der Aufforderung zum Erheben: „Wenn`s der Wahrheitsfindung dient..."

Immer wieder fanden an den Universitäten Vollversammlungen statt, immer wieder „sit ins", später „go ins". Es wurde diskutiert, geredet, theoretisiert, gespottet und verhöhnt. Als Klaus Schütz, der Regierende Bürgermeister von Berlin, das Audi Max der Freien Universität bei einer Vollversammlung besuchte, wurde zum Vergnügen der Versammelten hinter dem Rücken des Bürgermeisters ein Schild hochgehalten: „Und solche Idioten regieren uns."

Die Stimmung wurde verbissener: Schütz polemisierte nach seinem Besuch an der FU, man müsse den „Typen nur ins Gesicht schauen". In der Springerpresse wurden „die Studenten" weiterhin als langhaarige Zottelfiguren diffamiert. Berliner Werktätige verspürten schon `mal Lust, den „Chaoten" eins zu verpassen.

Doch von 68ern war immer noch nicht die Rede. Es gab auch genügend Studenten, die stolz betonten, mit den „Chaoten" nichts zu tun zu haben. Sie wollten, sagten sie, an der Uni lernen und dann Karriere machen. Diese 68er wurden damals gerne in erschreckten bürgerlichen Kreisen als die „wahren Studenten" präsentiert. Es waren häufig dieselben Menschen, von denen viele sich heute - arriviert - gerne als aufsässige 68er bezeichnen. In der Autorezeption waren damals viel mehr Menschen durch die Straßen gezogen mit Bildern von Che Guevara und einem „Ho, Ho, Ho Chi Min" auf den Lippen, als es jemals in der Wirklichkeit gewesen sind.

Die 68er sind ein Mythos. Die Studentenproteste haben eine Universitäts- und Bildungsreform ausgelöst, deren egalisierende Auswirkungen später beklagt wurden. Sie waren das Hauptmedium der politischen Sozialisation einer Generation, deren Erfolgreiche sich heute gerne „politische Elite" nennen. Sie haben Nachahmer in den zahllosen Bürgerinitiativen gefunden. Die Studentenproteste haben der in den fünfziger Jahren formalen Demokratie Inhalte geben. Das „Mehr Demokratie wagen" Willy Brandts wäre ohne die Proteste undenkbar gewesen. Die politischen Parteien erhielten infolge der so unrevolutionären Parole Rudi Dutschkes vom „Marsch durch die Institutionen" Blutauffrischung. Und die „Grünen" können in den 68er Vorgängen eine ihrer Quellen sehen.

Heute, wo alles längst vorbei ist, wollen viele dabei gewesen sein. Was gestern vielfach angefeindet und verpönt war, gilt im Nachhinein als chic. Sich als 68er zu präsentieren, ist für viele eine Attitüde, sich interessant zu machen. Rudi Dutschke war der 68er. Auch die

Nevermänner können mit Recht behaupten, sie seien welche gewesen. Horst Mahler auch. Die Studiendirektoren oder Bankvorstände Nils Meyer oder Peter Krause flunkern meist, wenn sie sich als 68er bezeichnen. Und andere drehen die Wahrheit um. Die innovatorische Wirkung der Bewegung war an der Gewaltfrage gestoppt. Schon die Diskussion, ob Gewalt gegen Menschen erlaubt sei oder „nur" Gewalt gegen Sachen, hat eine repressive Wirkung gehabt, denn sie fiel hinter den bis dahin ausgemachten Grundsatz des Gewaltmonopols des Staates zurück. „Häuserkämpfer" und „Pflastersteinrebellen" waren so gesehen keine 68er mehr, noch viel weniger die Leute von der „RAF" oder andere Terroristen. Die Gewaltbereiten haben die Studentenbewegung zerstört, ihr die inhaltliche und personelle Basis genommen. Aus der Bewegung wurden Sektierergruppen mit zunehmendem Realitätsverlust.

Nun ist Josef Fischer sicher keiner, der es nötig hätte, mit einer gar nicht vorhandenen 68er Vergangenheit zu renommieren. Dass er sich dennoch auf den Mythos 68 beruft, kann eigentlich nur Verdrängung sein. Fischer verdrängt, dass schlimme Prügelszenen und Weiteres auch in den Siebzigern nicht die Deckung irgendeiner demokratischen Bewegung gefunden haben. Die Fronten waren seinerzeit ebenso klar wie heute. Die Frankfurter Szene war außerhalb des demokratischen Spektrums, und das einzugestehen, ist offensichtlich schwierig für jemanden, der Demokratie und Menschenwürde für die Maßstäbe seines politischen Handeln über alle persönlichen Brüche hinweg bezeichnet.

Fischer war kein 68er. Er stand offensichtlich wie andere auch eine Zeitlang außerhalb des vom Grundgesetz gezogenen Rahmens. Diesen Rahmen hat er später gefunden und wurde einer der höchsten Repräsentanten des darauf ruhenden politischen Systems.

Den Mythos 68 sollten Leute wie Fischer nicht in Anspruch nehmen: einfach um der Wahrheit willen.

Gerhard Schröder selber sah sich bald veranlasst, die Rolle des politischen Führers Deutschlands wahrzunehmen und das alltägliche Showbusiness zu verlassen. Militäreinsätze im Ausland gehörten zu den schwierigsten Entscheidungen, denen er sich stellen musste. Der Abgang Lafontaines zwang ihm zudem das Amt des Parteivorsitzenden der SPD auf. Das war eine neue Situation für einen, der bisher Liebling der Medien war - gerade, weil er immer wieder gegen den Stachel seiner eigenen Partei gelöckt hatte.

Der Kosovo-Krieg holte die neue Koalition bereits am 12. Oktober 1998 in einer Besprechung mit den Spitzen der alten Regierung ein. Fünf Monate später begannen die von den Amerikanern gewünschten Interventionen und Bombardements in Jugoslawien. Die SPD und die Grünen wurden Kriegsparteien – sonst hätten sie die Macht sofort wieder verloren. Bei der innenpolitischen Rechtfertigung des Kosovo-Einsatzes steigerten sich der Außenminister Joschka Fischer von den Grünen und der Verteidigungsminister Rudolf Scharping von der SPD zu unangemessenen Auschwitzvergleichen. In der modernen Mediengesellschaft schien es ihnen darunter nicht machbar zu sein.

Zum rot-grünen Regierungsstil – insbesondere dem Gerhard Schröders - gehörte die Kommissionitis. Für die Reform der Bundeswehr, für die Zuwanderung und – als Noteinsatz vor den Bundestagswahlen 2002 – für den Arbeitsmarkt wurden Kommissionen eingesetzt, die der Regierung Vorschläge für die Politikgestaltung unterbreiten sollten. Vorsitzende dieser Gremien wurden gerne Politiker der Oppositionsparteien wie Richard von Weizsäcker oder Rita Süßmuth. Für die Entschädigungen von NS-Zwangsarbeitern, die aus den USA von Deutschland gefordert wurden, setzte Gerhard Schröder den Liberalen Otto Graf Lambsdorff als Beauftragten ein.

Nach anfänglichen Freundlichkeiten zwischen Alt- und Neukanzler ging die Schlacht zwischen den Abgewählten und dem neuen Regime bald verbissen an. Nachdem bekannt wurde, dass Helmut Kohl Spenden für seine Partei nicht korrekt deklariert hatte und später herauskam, wie sehr die Union ihre Haushaltsangelegenheiten am Gesetz vorbei erledigt hatte, brach einerseits ein innerparteilicher Diadochenkampf bei der Union aus, andererseits setzte Rot-Grün alles daran, das Herrschaftssystem Helmut Kohls im Nachhinein zu diskreditieren. Dazu sollte ein Parlamentarischer Untersuchungsausschuss dienen. In der CDU ging der Stern des Altkanzlers unter: Er gab seinen Ehrenvorsitz ab, entzweite sich mit seinem Nachfolger als Parteivorsitzender, Wolfgang Schäuble. Dieser schließlich wurde von seiner eigenen Generalsekretärin, Angela Merkel, aus dem Amte verdrängt, nachdem er im Bundestag Unwahrheiten über die Entgegennahme einer Spende gesagt hatte.

Just zu dieser Zeit fing Oskar Lafontaine an, seinen Abgang zu vermarkten und veröffentlichte seine „Abrechnung" unter dem anatomisch nicht besonders aufregenden Titel „Das Herz schlägt links".[59] Das ganze wiederum konnte einen altgedienten Politikwissenschaftler aus der Fassung bringen:

Exkurs 2:
Das Herz schlägt links, aber der Bimbes regiert?
Als Politikwissenschaftler gehöre ich zur Gilde der „Parteienforscher". Und unter denen bin ich seit langer Zeit einer, der die Grundidee des Parteienstaates verteidigt. Die Diskreditierung der Parteien in der Weimarer Zeit, so meine These, habe zu deren Untergang geführt, und der politische Erfolg der Bundesrepublik hänge mit dem Agieren der politischen Parteien zusammen. Im Einzelnen bemängele ich viel an den konkreten Parteien, aber das heutige Parteiensystem als Ganzes mit seinem parlamentarischen Rahmen habe ich für segensreich gehalten. Daher betrachte ich Kritiker des Systems, denen beim Stichwort „Parteien" Titel wie „Der Staat als

---

[59] Oskar Lafontaine, Das Herz schlägt links, München 1999

Beute" - so Hans Herbert von Arnim - oder „Cliquen, Klüngel und Karrieren" - Erwin K. und Ute Scheuch - einfielen, skeptisch. 1993 nahm ich meine Lehrtätigkeit an der Uni Potsdam auf, unter anderem in der festen Absicht, im Osten Deutschlands Lehrer, Politiker und eine neue Generation von Wissenschaftlern auszubilden, die zum Prinzip des pluralistischen Parteienstaates stehen, weil es eine bessere Lösung nicht gibt als die der Organisation des politischen Willens durch Parteien.

Ich hielt es für unpolitisches Geschwätz, wenn an Stammtischen gesagt wurde, die Politiker seien geschmiert, hinter der offiziellen Fassade der Politik fließe schwarzes Geld, und die Reichen würden sich die Politik kaufen. Ich verwies auf die vielen mir bekannten Idealisten in den politischen Parteien und wurde hohnlachend belehrt, die hätten doch gar nichts zu sagen. Dann tröstete ich mich damit, dass diese Stammtischbrüder es eben nicht besser wüssten und dass eine neue Generation von Sozialkundelehrern in Zukunft gebildetere Staatsbürger als diese hier heranziehen würde.

Und nun hat nicht irgendein Schatzmeister oder Parteifunktionär, nein, der dienstälteste Kanzler dieses Staates und 25 Jahre amtierende Vorsitzende der bisher wichtigsten politischen Partei im Fernsehen mitgeteilt, ja, er habe Millionenbeträge an seiner CDU vorbei entgegengenommen und sie nach Gutdünken und Gutsherrenart in die politische Landschaft eingespeist. Dies sei ein Verstoß gegen das Parteiengesetz, sagte der ehemalige Kanzler und Vorsitzende selber. Dabei ist es doch viel mehr: Ein Verstoß gegen die Verfassung, denn dort steht: „Sie <die Parteien> müssen über die Herkunft und Verwendung ihrer Mittel sowie über ihr Vermögen öffentlich Rechenschaft ablegen." Gegen dieses Verfassungsgebot hat die zeitweise Inkarnation des deutschen Parteienstaates, hat Helmut Kohl verstoßen! Er hielt sich für so frei, das zu tun und gab damit allen akademischen und „normalen" Stammtischbrüdern recht, die immer schon gesagt hatten, alles in der Politik würde geschmiert.

Mein Weltbild geriet ins Schwanken. Ist es also doch bei uns so, dass nicht der politische Diskurs den Weg der öffentlichen Angelegenheiten bestimmt, sondern der Mammon? Endet alle politische Weisheit noch immer in dem Spruch „Geld regiert die Welt."? Und war ich ein politikwissenschaftlicher Narr, als ich die Systemkritik der Arnims und Scheuchs für gefährlich hielt? War ich ein politischer Tor, als ich mich über die Stammtischparolen von der verfilzten Politik erhaben fühlte? Was sollte ich den Studenten in Potsdam sagen, die bisher skeptisch-vorsichtig das Prinzip der Parteiendemokratie zu erkennen trachteten und zukünftig zur Verwurzelung der parlamentarischen Demokratie auch im Osten Deutschlands beitragen sollten? Gleich nach dem Jahrtausendwende-Spektakel setze ich am 3. Januar 2000 um 10 Uhr mein Seminar über neuere Entwicklungen des deutschen Parteiensystems fort. Die Veranstaltung hat etwa 100 Teilnehmer, zu viele für diesen Typ Lehrveranstaltung. Noch bin ich unklar, wie ich die Sitzung eröffnen will. Ich stehe dann vor den Teilnehmern und höre mich sagen, ich hätte mir über die Jahreswende überlegt, ob das Seminar wie geplant fortgeführt werden könne. Ich plädiere für Fortführen. Die „spannendste" Partei sei zur Zeit zwar die CDU, aber heute sei die PDS an der Reihe, und ein Wesensmerkmal unseres politischen Systems sei die Parteienkonkurrenz. Auch gebe es keinen Schutz für konkrete Parteien - die könnten untergehen und neue könnten sich entwickeln. Darüber hinaus habe in unserem Rechtsstaat selbst ein ehemaliger Bundeskanzler sich der politischen und juristischen Kontrolle zu stellen, wenn es einen Verdacht gegen ihn gebe. Ein generelles Amnestiedekret, wie wir es seit neuestem aus Russland kennen, sei hierzulande unvorstellbar. Weiterhin würde die Affäre wohl Konsequenzen haben, zum Beispiel die Androhung von Geld- oder Haftstrafen bei Verstößen gegen das Parteiengesetz. Ob der CDU nun die Wähler davon laufen werden oder ob sie an den wahrscheinlich fälligen Rückzahlen in Knie gehen wird, wisse man nicht. Ebenso wenig sei klar, ob im Falle des Exodus der Union eine andere Partei wie etwa die CSU - oder gar die FDP? - das Erbe der CDU antreten werde. Alles das seien spannende Fragen für die Politikwissenschaft, so hörte ich mich sagen: Der Parteienforscher war mit mir durchgegangen.

Die Studenten hörten es mit stillem Ernst - keine Radikalität oder Häme kam auf. Diese Generation hatte zehnjährig den Niedergang der DDR erlebt, danach den Verfall von Hoffnungsträgern wie Ibrahim Böhme, später die Desertion von Oskar Lafontaine und das Kriegsengagement der rot-grünen Bundesregierung im Kosovo. Was in der Politik geschieht, verwundert sie nicht mehr - komme was da wolle. Die Studenten machten sich an die Arbeit und nahmen sich des Themas des Tages an, der PDS. Sie lernten, dass diese Partei immer noch überwiegend als Ostpartei gesehen wird und dass die Parteiführung sie als Linkspartei gesamtdeutsch etablieren möchte. Mir aber drängt sich der Gedanke auf, dass einiges geändert werden muss an unserem Parteiensystem.

Ich erinnere mich, wie ich seinerzeit als FDP-Mitglied beschimpft worden bin, weil wir einen in der Folge der Flickaffäre Verurteilten als Vorsitzenden hatten. Damals scheiterte der Versuch der Parteiführung, sich zu amnestieren unter anderem am Widerstand der vielfach so belächelten Parteibasis. Auch diesmal sollten von dort die Maßstäbe geordnet werden, zunächst bei der CDU und dann bei den anderen. Wozu brauchen die Parteien eigentlich das viele Geld, dessen Beschaffung ihnen immer wieder Schwierigkeiten einbringt? Sie unterhalten Geschäftstellen mit politischen Abteilungen, um von dort aus die Willensbildung in Gang zu bringen. Doch das ist eigentlich die Aufgabe der Parteiorganisation. Die Parteiführer wollen die Apparate, die Parteien insgesamt brauchen sie in viel geringerem Maße als sie gegenwärtig existieren. In Wahlkämpfen werden kostspielige Kampagnen gestartet. Umfrageinstitute und Werbeagenturen verlangen teures Geld, um die jeweilige Partei ins Licht zu rücken. Wie wäre es mit einer Abrüstung, bei der alle Parteien und ihre Mitglieder wieder zur guten alten Methode des „Schlitzens", also des

Wahlkampfes vor der Haustür, zurückkehren? Das würde einen Bruchteil der gegenwärtigen Kampagnen kosten und brächte zugleich die Mitglieder mit den Bürgern ins Gespräch.

Auch ließen sich die Parteien zur Bescheidenheit erziehen, indem ihnen in den Parlamenten der gleiche Prozentsatz Abgeordnete zugebilligt werden wie sie Stimmenanteile erzielt haben. Wenn 40 Prozent der Wähler von einer Wahl fernbleiben, würden nur 60 Prozent der möglichen Parlamentssitze vergeben. Die Parteien würden bei dieser Regelung gezwungen, auf die Nichtwähler zuzugehen und sich ihre Argumente anzuhören. Ich kann mir vorstellen, dass man Nichtwähler mit Argumenten zu Wählern bekehrt - mit Barem jedoch dürfte diese Aufgabe nicht zu bewältigen sein.

Überhaupt müssen die Parteien Macht abgeben, soll das Parteiensystem Zukunft haben. Wir übernehmen viel Unfug aus den USA, bei Vorbildhaftem dagegen sind wir zögerlich. So wird nach dem Muster der amerikanischen Präsidentenwahlen so getan, als hätten wir etwas Vergleichbares, und die Bundestagswahlen werden zu Kanzlerkandidatenwahlen verfälscht. Das Prinzip der Vorwahlen aber wird in unserem Lande gescheut. Dabei ist es an der Zeit, dass die nicht in Parteien organisierte 96-prozentige Mehrheit der Bürger die Chance erhält, am Prozess der Auswahl der Kandidaten für Parlamentssitze beteiligt zu werden. Wie sich das organisieren lässt, kann man in den USA studieren. Offenheit und Transparenz schon bei der Kandidatensuche scheinen mir ein gutes Mittel zu sein, die Neigung zum „Schmieren" einzudämmen.

Aber wir brauchen auch eine Debatte über die Bewertung der Arbeit der Politiker im Verhältnis zu anderen Lebensbereichen. Dass der Trainer eines zweitklassigen Fußballklubs bei seinem Ziel des Aufstiegs in die erste Liga erfolglos bleibt, kann der Öffentlichkeit egal sein. Wohl aber muss es und wird es die Öffentlichkeit interessieren, ob der Bundeskanzler gute oder schlechte Arbeit macht. In jedem Fall verdient der zweitklassige Trainer mehr als das Mehrfache des Kanzlergehaltes! Und der Ministerpräsident von Niedersachsen, der die Aufsicht über Volkswagen Aktiengesellschaft führt, muss ins Träumen geraten, wenn er das materielle und gesellschaftliche Niveau sieht, von dem aus der Vorstandsvorsitzende ihn grüßt. Wenn der Chef einer Landesbank für führende Mitglieder seiner Landesregierung den Mäzen spielen kann, stimmen die Relationen nicht mehr. Die Parteien selber sollten eine Debatte initiieren mit dem Ziel, dass der Zweitligatrainer weniger Gehalt und der Kanzler etwas mehr bekommt. Diese Debatte könnte der Anfang sein eines Prozesses, der den Abbau des Mittelstandes und das Heranwachsen einer abhebenden Geldaristokratie in unserer Gesellschaft stoppt. Auch könnte das die Neigung einiger weniger Gönner, der Partei ihrer Wahl heimlich etwas zuzustecken, eindämmen.

Während ich mir das so ausmale, höre ich einen offensichtlich der PDS wohlgesonnenen Kommilitonen entrüstet berichten, in dieser Partei gäbe es zu wenig junge Mitglieder und die wenigen, die kämen, würden „gemobbt". O je, denke ich, wir müssen uns nicht nur Sorgen machen über die alte Tante CDU, über die ehemals liberale Funktionspartei, über die vom

Pazifismus zur Kriegspartei mutierten Grünen, über die anarchistische SPD - deren Vorsitzender sich einfach davon machte - oder über die Amigos in Bayern - nein, auch das jüngste Kind in der Parteienfamilie macht Sorgen und ist schon von der Ausdörrung bedroht.

Vielleicht - so träume ich auf dem Weg vom Seminar ins Büro - hilft nur noch die ganze Wahrheit. Nachdem man in Oskars „Das Herz schlägt links" lesen konnte, dass die Politik sich genauso abspielt, wie klein Fritzchen sich das vorstellt, sollte diese Erkenntnis dialektisch verifiziert werden durch ein Werk von Helmut: „Der Bimbes regiert". Mit diesen Büchern von Oskar und Helmut hätten wir Parteienforscher und Hochschullehrer endlich das richtige didaktische Material, an einer Emanzipation von der Welt der klein Fritzchens zu arbeiten: Die Studenten müssten durch diese beiden Werke doch anzuregen sein, eine Zukunft zu gestalten, in der zwischen den linken Herzen und dem lieben Geld die Macht des politischen Diskurses ansteigt.

Irgendeine Vision braucht man halt als Politikwissenschaftler...

In den innenpolitischen Auseinandersetzungen legte die neue Regierung, nachdem sie ihre Lehrzeit hinter sich gebracht hatte, bisher unbekannte Brutalitäten an den Tag. Das wurde besonders deutlich bei der Steuerreform, als die Bundesregierung Länderregierungen mit CDU-Beteiligung regelrecht schmierte, um die Zustimmung im Bundesrat zu erlangen. Auch beim Zuwanderungsgesetz finassierte die Regierung ungehemmt bis hin zu der äußersten Strapazierung der Verfahrensweisen im Bundesrat.

Vor allem aber schien die Regierung aus der Abhängigkeit von den USA nicht herauszukommen. Nach dem 11. September 2001 band sich die Bundesregierung an die mit fragwürdiger Mehrheit an die Macht gekommene republikanische Administration in Washington. Schröder verkündete – noch ganz Medienkanzler – seine „uneingeschränkte Solidarität" mit den USA. Die jedoch war – wie sich bald zeigte – gar nicht gegeben. Bei den Grünen musste ein Parteitag in Rostock erst einen deutschen Einsatz in Afghanistan billigen, was er dann auch für viele Beobachter und Beteiligte überraschend tat. Und Bundeskanzler Schröder sah sich veranlasst, am 16. November die Vertrauensfrage im Deutschen Bundestag zu stellen, um seine rot-grüne Mehrheit für den Militäreinsatz zu sichern.

An der Diskussion mit den „Abweichlern" beteiligte sich der Fraktionsvorsitzende der SPD nach 2002 und damalige Generalsekretär Franz Müntefering in einer die Verfassung strapazierenden Weise, indem er Abweichlern unter den Abgeordneten drohte:

Exkurs 3:

Münteferings Intervention

Die Politologenzunft ist Franz Müntefering seitdem zu Dank verpflichtet: Mit seinem Hinweis auf einen möglichen Mandatsverlust für die sozialdemokratischen Abweichler in der

Mazedonien-Abstimmung hat er ein hässliches dickes Kreuz über das schöne Bild vom freien Abgeordneten gemalt. Der „General" hält das freie Mandat für eine verzichtbare Idylle und fordert von den SPD-Abgeordneten Parteidisziplin. Indem er damals rüde die Zuständigkeiten des seinerzeitigen Fraktionsvorsitzenden Struck okkupiert, plädiert Müntefering praktisch für Fraktionszwang und zwar nachdrücklich, weil seine Partei die Regierung stellt.

Da ist er, der Widerspruch zwischen freiem Mandat und Fraktionszwang. Jeder Student der Politikwissenschaft muss sich mit ihm auseinandersetzen. Ist die Feststellung des Grundgesetzes, dass Abgeordnete ihrem Gewissen unterworfen seien, blanke Theorie, weil die Volksvertreter ihre politische Existenz doch allein ihrer Partei zu verdanken hätten? Müntefering sieht es offensichtlich so. Paulchen Müller und Franz Müntefering seien schließlich nicht als politische Alleinunternehmer in den Bundestag gekommen, sondern als Beauftragte ihrer Partei. Da aber diese Partei die Regierung stelle, hätten die Abgeordneten die Pflicht, die Regierung zu stützen – und das heißt: ihr zu folgen.

Für den Generalsekretär der Regierungspartei hatten Abgeordnete nach den Probeabstimmungen in den Fraktionen der Mehrheit zu folgen. Das sichere dem Gesamtunternehmen die Macht, und darauf allein käme es an.

Aus seiner Sicht hat der Generalsekretär recht. Ohne ihre Partei verlören Abgeordnete das politische Gewicht, ohne ihre Partei würde niemand auf sie hören. Also haben sie sich den Mehrheiten in Partei und Fraktion zu fügen, und sie müssen mit Sanktionen der Partei rechnen, wenn sie dennoch aus der Reihe tanzen.

Die Sichtweise des Generalsekretärs ist nicht falsch – sie beschreibt im Gegenteil einen Aspekt unserer Parteiendemokratie ziemlich zutreffend. Sie sieht allerdings darüber hinweg, dass die mit Hilfe der Parteien zu Abgeordneten mutierten Staatsbürger durch ihre Wahl einen über die Partei hinaus weisenden Status erworben haben. Denn so sehr die Vorentscheidungen für die Zusammensetzung der Parlamente bei den Parteien liegt: nicht sie machen Kandidaten zu Abgeordneten. Das tun die Wähler. Und die haben meistens mit dem Innenleben der Parteien ihrer Wahl herzlich wenig zu tun. Als Mitglieder des Parlamentes werden alle Abgeordnete somit über ihre Parteien hinaus gehoben, wenngleich sie sich fast immer nach ihrer politischen Herkunft zu Fraktionen zusammenschließen. Und so lange die Abgeordneten ihr zeitlich begrenztes Mandat ausüben, verlangt es ihre Rolle, sich bei ihren Entscheidungen nicht nur an Parteiinteressen auszurichten, sondern auch am Wohle des Gemeinwesens und seiner Bürger.

Im Falle des Jugoslawien-Einsatzes gab es nicht nur SPD- und grüne Abgeordnete, die einen Widerspruch zwischen der jeweiligen Parteilinie und dem Gemeinwohl sahen. Solche gab es auch bei der Union und bei der FDP. Am Ende befürchteten sie alle, deutsche Soldaten in einen ungenügend formulierten Einsatz zu schicken. Dafür wollten sie die Gesundheit oder gar das Leben dieser Soldaten nicht riskieren. Und so stimmten sie mit „Nein", - einige aus blanker

Überzeugung, andere in Erwartung der mehrheitlichen Zustimmung und mit dem Kalkül, die politischen Führer zu mehr Sorgfalt zu provozieren. Müntefering hat daraus einen Unterschied zwischen einem „Nein" aus Gewissensgründen und einem solchen aus politischen Gründen konstruiert. Das erste sei – wenn auch schweren Herzens – akzeptierbar, das zweite nicht. Diese Unterscheidung ist kurios, denn wer will darüber richten, ob jemand aus „Gewissensgründen" oder „nur" aufgrund politischer Überlegungen handelt? Im Zweifel kann sich jeder Abgeordnete auf sein „Gewissen" berufen, denn nach der Verfassung bedeutet es nichts anderes, als dass er an Weisungen und Aufträge nicht gebunden ist. Die Regierung, die Fraktionsführungen müssen überzeugen und nicht anordnen, wenn sie das Heft des Handelns behalten wollen. Wäre das nicht so, brauchten wir nicht Hunderte von Abgeordneten, sondern nur die Führungen selber. Dass diese allein bestimmten und ihre Entscheidungen allenfalls „abnicken" ließen, wäre nicht parlamentarische, sondern Volkskammer-Demokratie. Die ist seit über zehn Jahren abgeschafft.

Auch Regierungschefs und Generalsekretäre sollten bedenken, dass sie irren können, ja - dass es sogar möglich ist, dass sie sowie alle ihre Berater und Mehrheiten falsch liegen und im Extremfall nur einziger Abgeordneter eine Situation richtig einschätzt. So gesehen sind „Abweichler" gar keine Störenfriede, sondern Mahner, es besser zu machen.

Die Annahme, dass die Macher der Politik die Rolle von „Abweichlern" so funktional betrachten, ist indes wohl weltfremd. „Ja"-Sager, Mitläufer und „Parteisoldaten" sind bequemer und schmeicheln dem Ego des Machers. Abweichler stören vordergründig immer.

Abweichler selber hingegen wären andererseits etwas weltfremd, wenn sie glaubten, ihr Handeln bliebe folgenlos. Die Fraktion und die Partei können keinen Abgeordneten zwingen, davor schützt das Grundgesetz. Aber jede Partei kann Konsequenzen ziehen. Sie kann den Unwilligen Pfründe verweigern oder nehmen, sie kann ihn sozial schneiden und sie kann ihn beim nächsten Mal nicht mehr nominieren. Das tun die Parteiführungen nicht direkt, sondern über die Landesverbände.

Derlei Sanktionen müssen Unbequeme einkalkulieren. Sie können es um so sicherer tun, je mehr sie verinnerlicht haben, dass politische Macht in einer Demokratie ohnehin nur auf Zeit verliehen ist. Dabei mögen sie sich an dem Gedanken erwärmen, dass es Zeitgrenzen der Macht auch für Parteiführer gibt. Diese fallen manchmal früher und tiefer als vermutet.

Der massive Einsatz von Parteifunktionären wie Müntefering gegen das freie Mandat ist damit zu erklären, dass diesen Politikern die mediale Darstellung der Politik wichtiger ist als deren sorgfältige innere Begründung. So kommt es, dass der gleiche Bundeskanzler, der noch vor einem Jahr die Vertrauensfrage für einen Militäreinsatz an der Seite der Amerikaner gestellt hatte, in der Bundestagskampagne 2002 einen „deutschen Weg" proklamierte und in der Irak-

Politik den Amerikanern die Solidarität mit der Bemerkung aufgekündigt hatte, vor dem großen Bruder wolle er nicht einfach die Hacken zusammenknallen. Wen wundert es, dass die Mehrheit der Beobachter im „deutschen Weg" eine Inszenierung sah, um die auf der Kippe stehenden Wahlen dennoch zu gewinnen. Die Inszenierung hatte ihr Ziel - den Wahlsieg - erreicht.

Und aus Spaß wurde Ernst. Als die Bush-Administration Anfang 2003 mit einer „Koalition der Willigen" den Irak eroberte, beteiligte sich das von Fischer und Schröder geführte Deutschland nicht daran. Gemeinsam mit Moskau und Paris wurde Berlin bitterster Gegner der Kriegspolitik Washingtons. Die Folgen sind schwer zu überschauen: Deutschland hat eine moralische Position durchgehalten, doch die nach 1945 gewachsenen guten Beziehungen zu den USA sind dahin. Europa ist in der Frage der transatlantischen Beziehungen gespalten, und im Nahen Osten ist Deutschland möglicherweise ein irrelevanter Player geworden. Recht gehabt und umgeben von Unwägbarkeiten: Das sind die Folgen der Mediatisierung der Staatspolitik.

Doch ist die Mediatisierung nicht Sache der Regierung allein. Die FDP glaubte vor der Wahl 2002, auf diesem Wege den Münchhausen-Effekt verifizieren zu können und sich mit der Parole „18 Prozent" aus dem seit der Wahlniederlage 1998 vorhandenen Schlamassel befreien zu können. Daraus entstanden solche Szenen:

Exkurs 4:
Der Medienwahn der FDP

Es tagt ein Landesparteitag der FDP. Schleppende Diskussionen, eingeschliffene Verfahren - Änderungsanträge zu Änderungsanträgen - Diskussionen um Spiegelstriche.

Plötzlich entsteht Hektik im Saal. Parteibedienstete im Business-Outfit eilen zum Eingang. Kameraleute werden wach. Journalisten strömen zu ihren Tischen. Der Landesgeschäftsführer gestikuliert beim Telefonieren per Handy heftig mit der freien Hand. Vorstandsmitglieder bringen sich auf der Bühne in Positur. Der Landesvorsitzende rückt Anzug, Hemd und Krawatte zurecht und begibt sich in eine Startposition. Vom Rednerpult her sagt ein Delegierter etwas von einer Ergänzung im dritten Absatz, vierte Zeile. Da unterbricht ihn der Parteitagspräsident. „Entschuldigung, wir erwarten den Bundesvorsitzenden!" Der Unterbrochene trollt sich zu seinem Platz. Die Delegierten drehen die Köpfe und blicken zum Eingang. Dorthin begibt sich wichtigen Schrittes der Landesvorsitzende.

„Er" kommt. Als er den Saal betritt, erschallt ohrenbetäubend Triumphmusik. Scheinwerfer sind gerichtet auf "Ihn". Westerwelle – manche sagen „Guido" - ist da! Gefolgt vom Landesvorsitzenden, von Sicherheitsbeamten, Fotografen und Parteibediensteten eilt er – kurz den einen oder anderen grüßend – durch die Reihen der Delegierten. Die applaudieren und erheben sich einer nach dem anderen. Diejenigen, die sitzen bleiben, kann man an zehn Fingern abzählen. Westerwelle hat das Rednerpult erobert – forsch, dynamisch, blond. So nimmt er die

Huldigung des Parteipublikums entgegen. Dazu hebt er die Arme – fast, als wollte er seine Gemeinde segnen.

Die Rede beginnt. Er spricht frei, im Stakkato und laut. Eigentlich brüllt er. Westerwelles Rede hat Witz und Biss. Der Kanzler erscheint als schlapper, trotz seiner dunklen Haare schon alternder Charmeur. Sein Herausforderer aus München wird gezeigt als haspelnder Zögerling, der nicht zum Punkt kommt. Hohn und Spott über die Grünen. „Lieber ein Haus im Grünen als einen Grünen im Haus!" Verachtung für die PDSler, diese Kryptonkommunisten. Dann kurz – ruhig vorgetragen – das Bild des zukünftigen Staatsmannes Westerwelle: Gerade unter Freunden müsse in Washington auch ´mal Fraktur geredet werden. Endlich fällt der Name „Möllemann". Möllemann müsse verteidigt werden gegen den Vorwurf des Antisemitismus. Gleich hinterher kommt der Satz, dass die FDP die Partei des ganzen Volkes sei.

Das Tempo der Rede steigert sich, es geht auf den Schluss zu. Möllemann bleibt Thema. „18 Prozent – Kanzlerkandidat". Der Vorsitzende entwaffnet nunmehr öffentlich seinen Freund Mölli, derweil er ihn lobt. Es gibt keinen Kanzlerkandidaten Möllemann, denn: „Darüber denke ich (Westerwelle!) ernsthaft nach." Noch je eine Pointe im Format Harald Schmidts gegen Schröder und Stoiber, noch einmal 18 Prozent und 18 Prozent... Ein Sauertopf sei, wer daran zweifele, jedenfalls kein Liberaler.

Schluss. Begeisterter Applaus. Wieder Standing Ovations. Es folgt der Segen. Der Auszug vollzieht sich im gleißenden Scheinwerferlicht und mit Triumphmusik. „Er" eilt hinaus, ein Pulk tatsächlich oder eingebildet wichtiger Menschen hinterher.

Zurück bleibt eine sprachlose Partei. Geht es jetzt weiter mit den Spiegelstrichen? Sollte die Versammlung geschlossen werden, weil die Medien ihre Bilder haben und alles andere ohnehin irrelevant ist? Es scheint, als sei die Partei des organisierten Liberalismus entmündigt vom flinken Medienstar Westerwelle und seinem unberechenbaren Zauberer Möllemann.

Eine Mehrheit der Mitglieder ist begeistert von dieser Entwicklung. Hinter ihnen liegen die Täler der Tränen. Jetzt geht es wieder bergauf: Nordrhein-Westfalen - Hamburg wird lieber verdrängt - Berlin, Sachsen-Anhalt. Die Kurve zeigt nach oben und nähert sich der magischen Zahl.

Schon hält der Medienvorsitzende ein weiteres Medikament für die Genesung durch Autosuggestion vor die Kamera. Die FDP spiele nun, so erläuterte der Doktor Westerwelle nach der Wahl in Sachsen-Anhalt, in der ersten Liga der politischen Parteien zusammen mit der SPD und der Union. Diese Parteien seien im Osten und Westen des Landes präsent, die Grünen allenfalls noch im Westen und die PDS natürlich nur im Osten. Deswegen sei er faktisch ein Kanzlerkandidat, gleich neben Schröder und Stoiber. Der lange Zeit so geschundenen Partei gefällt das: Ja, Kanzlerkandidat!

Ertragen muss das Jürgen W. Möllemann, der Spiritus Rector der Projekte „18" und „Kanzlerkandidat": Ob er das kann?

Das Projekt Kanzlerkandidat ist frisches Futter für die Medien. Dort wird berichtet, dass Westerwelle Kanzler werden wolle, Kommentatoren und bald auch Gerichte streiten darüber, ob er das dürfe, ob das lachhaft sei und überhaupt politisch korrekt. In Zeiten unlösbarer sozialer und ökonomischer Probleme macht man sich über Oberflächenfragen populär.

Moderne Parteien, sagen die gut bezahlten Politikberater, müssen sich professionalisieren, mediatisieren und personalisieren. Bei der Wahl 1998 hat die SPD mit Gerhard Schröder Erfolg gehabt, indem sie diese Rezeptur beachtete. Nun leuchtet die FDP mit einer goldenen „18" im Fernsehen. Beraten durch Werbeprofis fokussiert sich die Partei auf die Person ihres Vorsitzenden. 1998 ging die Macht im Staate an Schröder. Als er sie hatte und Kanzler war, wusste er zunächst nicht viel damit anzufangen. Die Chancen standen nicht schlecht, dass es der FDP mit Westerwelle 2002 ähnlich ergehen könnte. Was hülfe es einem Vizekanzler Westerwelle, hielte er noch immer die goldene 18 hoch?

Im Falle der FDP war die Modernisierung problematisch, weil sie am Grundverständnis liberaler Weltsicht rüttelte. An sich möchten Liberale Politik aus der Ratio heraus entwickeln, losgelöst von Ideologien, Religionen oder emotionalem Zauber. Genau für den emotionalen Zauber jedoch hatte sich die Westerwelle-FDP entschieden. So wurde sie unberechenbar. Erste Irritationen kamen auf, als Möllemann angesichts der Selbstmordattentate in Israel über ein Recht der gewaltsamen Heimatverteidigung sprach, was von vielen antiisraelisch oder gar antisemitisch verstanden wurden. Die Irritationen verstärkten sich, als das Präsidium der Partei und auch der Vorsitzende lange Zeit nichts gegen den verbalen Fallschirmhelden sagten.

War die 18 noch Mittel zum Zweck oder schon Selbstzweck?

Inszenierung

Vom 10. bis 13. Mai 2002 in Mannheim jedenfalls schien die 18 Maß aller Dinge zu sein. Es war Bundesparteitag, und niemand konnte sich der Zahl entziehen. Zwar wurde auch ein Wahlprogramm verabschiedet, aber wen interessierte das? Zu auffällig postierte das gelbe „Guidomobil" vor dem Parteitagsgebäude. Jeder Gast und Delegierte musste ein gelbes Bändchen um den Hals tragen mit der endlos sich wiederholenden magischen Zahl. Der Parteitag verlief nach dem Muster „Rede eines Promis, Delegiertendiskussion, nächste Promirede", bis endlich „Er" am Ende des Parteitages ans Podium treten und dem Parteivolk mitteilen würde, dass er die Kür zum Kanzlerkandidaten anzunehmen geruhe. Lambsdorff, Gerhardt, Brüderle, Pieper – sie alle hielten vor „Ihm" ihre Reden, und sie alle wurden von den Delegierten mit Standing Ovations gefeiert. Unterbrochen wurde die Inszenierung von Programmberatungen der Arbeitskreise.

Doch vor der Darstellung der finalen Aktes „Erwählter nimmt schließlich die Huldigungen anlässlich seiner Kür entgegen" mischte sich der unberechenbare Zauberer mit einer eigenen

Show ein. Er konnte die bevorstehende Kür des kongenialen Konkurrenten also doch nicht ertragen wie ein Gentleman. Jürgen W. Möllemann litt in diesen Tagen unter Fieber. Warum wohl? Er war auf dem Parteitag zunächst gar nicht zu sehen. Dann erschien er plötzlich. Wieder redete ein armer Delegierter, den niemand mehr hören wollte. Durch die Tür rechts neben dem Präsidium betrat der Rekonvaleszent den überfüllten Tagungssaal. Auch mit ihm schob sich ein Pulk von Fotografen, Kameraleuten und Body Guards. Möllemann zog es zum Präsidium – dorthin, wo „Er" saß. Der Kandidat und sein Zauberer begrüßten sich, und schon stand der Düsseldorfer am Rednerpult.

Obwohl er krank sei, wolle er doch an diesem Tage bei seinen Freunden sein. Er habe die 18 erfunden und den Kanzlerkandidaten. Das würde nun Westerwelle, und so bliebe ihm nur wie weiland unter Genscher die Rolle des „Dieners". Er sagte noch bereits Gehörtes zu Nahost, zum Gesundheitssystem, Bosheiten über Rudolph Scharping und rief zum Schluss die „Landesfürsten" wie Döring, Wagner und sich selber auf, für König Guido in die Schlacht zu ziehen. So formulierte er tatsächlich und durchkreuzte damit dreist den von Westerwelle erdachten Zeitplan zur Huldigung des Vorsitzenden ganz am Ende des Parteitags. Die Delegierten focht das nicht an: Jetzt spendeten sie Möllemann stürmischen Beifall und – Standing Ovations.

Endlich am Ziel der dreitägigen Inszenierung erklärte „Er", Guido, der Vorsitzende, den begeisterten und nun gar nicht mehr überraschten Delegierten, er sei entschlossen, Kanzlerkandidat zu werden. Die Delegierten dankten es ihm fast einstimmig. Es folgte das übliche Ritual des stehenden Parteitags. Selig war das Parteivolk: 18 Prozent und Kanzlerkandidat. Hinter ihm lagen die Täler der Tränen, vor ihm saftige Weiden.

Und doch gab es Zwischentöne. Im Vorstand kam Kritik an Möllemann auf, der keine antiisraelischen und antisemitischen Andeutungen machen solle. Auch wurde er ermahnt, den durch antiisraelische Äußerungen aufgefallenen Düsseldorfer Landtagsabgeordneten Jamal Karsli von den Grünen nicht aufzunehmen - weder in die Fraktion, noch in die Partei. Wolfgang Gerhardt betonte zudem das besondere Verhältnis Deutschlands zu Israel. Einen Antrag, der dies unterstrich, nahm der Parteitag an.[60] Vom Grafen Lambsdorff wurde kolportiert, er hielte den Mantel des Kanzlerkandidaten dem jungen Herrn für zu weit. Und nach seiner Rede sah man Möllemann durch die langen Reihen der Delegierten aus Nordrhein-Westfalen ziehen, wo er hier und da in heftige Diskussionen verwickelt wurde. All das wurde kaum beachtet. Den Hauptdarstellern, den Komparsen und dem Publikum hatte die Inszenierung auf der Hauptbühne

---

[60] In dem Antrag hieß es unter anderem: "Die deutschen Liberalen bekämpfen Antisemitismus und Antizionismus mit aller Entschiedenheit. Bei uns findet niemand eine politische Heimat für antiisraelische Politik."

gefallen. Sie starrten auf das große gelbe Guidomobil, das demnächst am Timmendorfer Strand und im Allgäu deutsche Freizeitfanatiker aufsuchen würde.

Outing

Am 15. Mai debattierte der FDÜ- Kreisverband Recklinghause drei Stunden lang, um dann mit Zweidrittelmehrheit Jamal Karsli, der die Politik Israels mit derjenigen der Nazis gleich gesetzt hatte, in die Partei aufzunehmen. Der Landesvorsitzende Jürgen W. Möllemann erklärte: „Der Kreisverband hat entschieden, jetzt gehen alle an die Arbeit." Das war eine Fehleinschätzung. Ein Sturm brach los. Möllemann hatte ein schwelendes Feuer entfacht mit seiner Bemerkung über Michel Friedmann, der selber Schuld trage am Antisemitismus. Und Weiteres geschah: In den folgenden außer- und innerparteilichen Debatten schrumpfte „Er" rapide vom strahlenden Kanzlerkandidaten zum unsicheren Parteivorsitzenden mit mangelhafter politischer Sensibilität.

Die Empörung aus der Partei rührte daher, dass viele in ihr meinten, diese sei gegen „Rechts"" gefeit, weil „Rechts" eine Ideologie ist, die Vorurteile und Ängste schürt, bestimmte Gruppen der Gesellschaft für wertvoll und andere für minderwertig hält, am Ende Gewalt über demokratische Spielregeln stellt - kurz: in allem antiliberal ist. Die FDP schien in der Nachkriegszeit ihre Lektionen gelernt zu haben: Theodor Heuss, der erste Vorsitzende der neuen Partei, hatte nach 1945 seine Zustimmung vom 24. März 1933 als Reichstagsabgeordneter zu Adolf Hitlers „Ermächtigungsgesetz" zutiefst bedauert. 1953 blieb es dem Britischen Hochkommissar Sir Ivone Kirkpatrick vorbehalten, das Eindringen ehemaliger Nationalso- zialisten in die FDP Nordrhein-Westfalens zu stoppen. Dieser Vorgang ist als „Naumann-Affäre" in die Parteigeschichte eingegangen, denn zu den Wortführern der in die FDP vorgestoßenen Altnazis hatte der letzte Staatssekretär Josef Goebbels`, Werner Naumann, gehört. Seit dieser Affäre aber schien sicher zu sein, dass die FDP niemals mehr in die Versuchung geraten könnte, im rechten Lager und damit im Trüben zu fischen.

So schien es plausibel, dass daraus nichts würde, als zur schlimmsten Krisenzeit der FDP die Göttinger Politikwissenschaftler Peter Lösche und Franz Walter eine Haiderisierung als Weg aus der Krise erwogen hatten.[61] Zwar entspräche das einer gewissen Tradition der Partei, doch die FDP sei mitten im Bürgertum angekommen, und ein deutscher Haider nicht in Sicht, argumentierten die Wissenschaftler. Im Berliner Landesverband ackerten dennoch etliche mit der Galionsfigur Alexander von Stahl an der Spitze für das Ziel der Haiderisierung der FDP. Einiges Terrain konnten sie gewinnen. Aber damit provozierten sie starken Widerstand aus der liberalen Mitgliedschaft, so dass sie schließlich scheiterten. Das „Projekt 18" jedoch schien einigen in

---

[61] Peter Lösche/Franz Walter, Die FDP. Richtungsstreit und Zukunftszweifel, Darmstadt 1996, S. 210

der Parteiführung den politischen Verstand geraubt zu haben. Als das Münchhausen-Wunder, sich am eigenen Schopf aus dem Sumpf des Wählerschwundes zu ziehen, tatsächlich zu wirken schien, nahm Jürgen W. Möllemann, der Wortgewaltige, absehbaren Ärger mit seiner Parteiführung in Kauf und kalkulierte, dass die Aufnahme Karslis und seine eigenen Äußerungen über Friedmann bei einem bestimmten hiesigen Publikum als antisemitischer und rechtsextremer Code verstanden würde. Ob Möllemann sich im Innersten doch als der bessere, der „deutsche Haider" sah?

Das Präsidium der FDP wollte am liebsten schweigen. Guido Westerwelle ignorierte die Tragweite des Vorganges. Der Weg war auch ihm zum Ziel geworden.

Wahrscheinlich hatten die Angehörigen älterer Generationen in der FDP den Fehler gemacht, Jüngeren wie Guido Westerwelle die absolute Mediatisierung der Politik zu überlassen in dem Gefühl, dass jede Generation ihren Stil finden müsse. Aber als der Stil zum Selbstzweck und das „Projekt 18" zum Wahn wurden, gerieten seine Propagandisten in die Rolle des Zauberlehrlings. Die sie riefen, die Geister, wurden sie nicht mehr los.

Dass die FDP – die Partei von Ignatz Bubis und vieler Juden in Deutschland - in einen Streit mit dem Zentralrat der Juden geriet, war unsäglich. Dabei tat sie, als hätte sie einen „Tabubruch" begangen, und die Feuilletons übernahmen diese Einschätzung ebenso wie die Talkshows. Es war aber kein Tabubruch. Man konnte in Deutschland die Politik Israels kritisieren. Bis dahin waren Liberale allerdings so klug gewesen, die historischen Ursachen des Nahostkonfliktes und die Rolle Deutschlands dabei zu bedenken. Man musste sich allerdings oft darüber ärgern, wenn deutsche Politiker – auch solche aus der FDP – sich geradezu darin überboten, dem Zentralrat bei der Ausgestaltung der politischen Kultur den Vortritt zu lassen, um sich dann abgesichert dahinter verstecken zu können. Sollte dieser Mechanismus nur verschleiert haben, wie wenig einige dieser Politiker über die Ursachen und Folgen des Holocausts nachgedacht hatten?

Im Falle Möllemanns schien das so zu sein. Er hatte keinen Tabubruch begangen, sondern ein Trugbild seiner Person zerstört – das Trugbild eines aufgeklärten liberalen Politikers. Es war sein politisches Outing.

Aber Möllemann allein war nicht das Problem. Der nach dessen Outing zögerlich und unsensibel aufgetretene Guido Westerwelle stand seitdem im Verdacht, ein Nachwuchspolitiker zu sein, der die nach 1945 gebildeten Fundamente der deutschen Nation leichtfertig gefährdet, weil ihm beim Streben nach „gleicher Augenhöhe" mit SPD und Union diese Fundamente hinderlich erscheinen. Der Mann litt offensichtlich unter historischer Ignoranz, die ihn auch dazu brachte, wiederholt die 68er zu verspotten und dabei zu übersehen, dass diese Bewegung neben viel Ärgerlichem vor allem eines gebracht hatte: Die Ausfüllung der in der Adenauer-Zeit nur formalen Demokratie mit Leben und Inhalt, letztlich die Ablösung der autoritären durch eine demokratische Sozialisation in Deutschland.

Für die FDP war eines der politischen Fundamente für lange Zeit die Regel: Keine Prozentzahl rechtfertigt es, mit verschlüsselten Botschaften Gegner des demokratischen Systems zu umgarnen. Würden diese Gegner bei den Liberalen hoffähig, ginge es wie in einer Rutschbahn bergab in die Welt der engstirnig Eingebildeten, der Hetzer gegen Minderheiten: in die Welt der Antidemokraten. Ob diese Erkenntnis in der FDP weiterhin gilt, blieb auch nach 2002 ungeklärt. Die Partei hat die Debatte darüber vertagt.

„Schlussstrich"?

Am 10. Juni 2002 beriet in Berlin der Bundesvorstand der FDP. Karsli war wieder raus aus der FDP und der Landtagsfraktion in Düsseldorf. Möllemann hatte sich entschuldigt, aber nicht bei Friedmann. Der Zentralrat traf sich zu einem Gespräch mit FDP-Politikern, aber ohne Möllemann. Die Botschaft an die zahlreichen Sympathisanten des angeblichen Tabubruchs, der in Wirklichkeit eine Entlarvung war, wurde verstanden: Der beugt sich nicht.

Im Bundesvorstand wurde noch einmal alles rekapituliert. Die Gegner und die mindestens gleich zahlreichen Unterstützer Möllemanns bekräftigten erschöpft vom Streit ihre Positionen. Westerwelle gab eine Vertauenserklärung für seinen Stellvertreter ab. „Weil der in Nordrhein-Westfalen so mächtig und Westerwelle dort Mitglied ist", sagen die Insider. Doch verhielt es sich nicht eher so, dass der getriebene Vorsitzende und sein treibender Vertreter beim Fischen auch im rechten Lager der Wählerschaft einander brauchten – allen persönlichen Eifersüchteleien zum Trotz?

Die Botschaft war in der Welt, die Partei erschöpft, der Wahlkampf rief. Da verkündete der Vorsitzende das Ende der „Möllemann-Antisemitismus"-Debatte. Er sagt aber nicht „Ende", sondern „Schlussstrich" und vollzog damit eine zweite kleine Entlarvung – gerade so, als hätte er die große Entlarvung seines Stellvertreters am Ende der Diskussion legitimieren wollen. Denn ganz sicher wusste Westerwelle, dass an den Stammtischen verschiedenen Niveaus ebenso wie in den Kreisen um DVU, NPD und „Reps" der „Schlussstrich" gefordert wird: das Ende der Auseinandersetzung mit den Verbrechen der Nationalsozialisten.

So wenig es im Großen einen Schlussstrich geben wird, so wenig gab es ihn in der Partei, die sich auf den Liberalismus beruft. Möllemann machte weiter. In einem Flugblatt lobte er seine rechtspopulistischen Ausfälle. Die Bundestagswahl schließlich brachte die Ernüchterung – und den Kater. Nun rief Westerwelle: „Möllemann war schuld. Er hat einfach weiter gemacht und uns in unseriöse finanzielle Transaktionen verwickelt." Der Sündenbock spielte mit und setzte sich immer mehr ins Unrecht.

So lief es auf die Trennung hinaus. Am 11. Februar 2003 schloss die FDP-Bundestagsfraktion den Abgeordneten Möllemann aus. Am 17. März trat dieser aus der FDP aus. Doch nicht nur das: Am 5. Juni 2003 stürzte Jürgen W. Möllemann mit seinem Fallschirm in den Tod. Ein

Politikerleben voller Begabung und Leidenschaft, getrieben von Ehrgeiz und Mediensucht, erlosch jäh. Übrig blieben Verletzungen.

Die Mediatisierung der Politik bei der FDP hatte eine Lage geschaffen, in der die überlebenden Beteiligten traumatisiert auf der Szene erwachten. Seit 2002 schwankte die FDP zwischen den Rollen angeblicher „Äquidistanz" zu allen anderen Parteien einerseits des Juniorpartners der Union schon in der Opposition andererseits. Sie ist umgeben von Unwägbarkeiten und weiß nicht, was aus ihr wird.

Doch nicht nur die FDP fühlte sich ebenso wie Rot-Grün den Gesetzen der Mediatisierung verpflichtet, auch die neu gewendete Union war darin schnell zur Stelle. Es begann mit Roland Koch in Hessen, der 1999 einen Wahlkampf gegen Hans Eichel führte und dabei mit einer Unterschriftenaktion gegen die doppelte Staatsbürgerschaft Stimmungen schürte. Der Erfolg gab ihm scheinbar recht: Nicht die Sache war gemeint - in der Staatsbürgerschaftsfrage gab die Regierung schließlich nach -, sondern die Macht. Koch stürzte Eichel in Wiesbaden und veränderte damit auch die Mehrheit im Bundesrat zugunsten der Union. Sodann versuchte der vorübergehende Fraktionschef der CDU/CSU-Fraktion, Friedrich Merz, so etwas wie die geistige Führung im Lande zu erobern, indem er eine „deutsche Leitkultur" zum Maßstab der ihm kulturell zu sehr ausgeuferten Gesellschaft machen wollte. Eine Debatte wie ein Strohfeuer entfachte sich, dabei schien alles doch so klar zu sein:

Exkurs 5:

Offenheit statt Multikulti und Leitkultur

„Leitkultur" ist ein weißer Schimmel, ein Pleonasmus: Kultur, bezogen auf das Zusammenleben der Menschen ist Maßstab, Orientierung, Leitung. Vielleicht wurde der in der Union seit einiger Zeit kursierende Begriff erdacht, weil „Kultur" schlicht verbunden mit dem Adjektiv „deutsche" erwarten lässt, dass Teile des Publikums nur reflexartig reagieren, wenn sie das hören.

Die Vorsichtsmaßnahme half nicht durchgängig: Friedrich Merz, der den Pleonasmus gebrauchte und eine Debatte auslöste, schallten vielfach Vorwürfe wie „Rassismus" entgegen. Das machte Teile der Debatte grell und abstoßend. Aber es blieb nicht bei verbalen Keulenschlägen. Argumentiert wurde auch. Die deutsche Kultur gebe es nicht mehr, war von einer Seite zu hören. Unsere Gesellschaft sei vielmehr multikulturell. Die deutsche Kultur, so kam es aus anderer Richtung, sei längst vom Geist der 68er vernichtet worden. Jede ihrer Hervorbringungen sei auf 1933 gepresst worden. Selbst Goethe und Schiller habe man von den Sockeln gestoßen, indem man auch sie als geistige Ahnherren Adolf Hitlers sezierte.

In dieser Debatte wimmelt es vor Missverständnissen: Kultur im sozialen Sinne ist nicht die Welt jener Leute, die in der DDR „Kulturschaffende" hießen. Es ist nicht die Welt der Dichter,

Sänger, Maler, Schauspieler, Intendanten und Kultursenatoren - jedenfalls nicht deren Welt allein. Kultur wie hier gemeint ist die Welt aller: der Angestellten, Arbeitslosen, Beamten, Unternehmer, der Politiker, Schüler und Rentner, der In- und Ausländer. Sie alle werden durch Ziele, Konventionen und Kommunikation in Freundschaft und Feindschaft mehr oder weniger beieinander gehalten. Dieser Kitt, der sie verbindet, ist die Kultur der Gesellschaft.

Da die deutsche Gesellschaft offensichtlich existiert, existiert auch eine deutsche Kultur. Ihre Ziele mögen profan sein und „Geld", „Gesundheit", „Spaß", vielleicht auch „Freiheit" heißen. Ihre Konventionen sind u.a. Rechtsverkehr, die Arbeit, die Feiertage - allen voran Weihnachten mit seinem unchristlichen Konsumdruck. Das wichtigste Medium der Kommunikation dieser Kultur ist die deutsche Sprache und noch nicht die englische.

Die deutsche Kultur gibt es, wie es das Wetter gibt. Wer von außen hierher kommt, spürt das stärker als eingewöhnte Ansässige, und er wird um so eher integriert sein, desto mehr er sich dieser Kultur bedient.

Ausgerechnet bei dieser Binsenweisheit fangen deutsche Probleme an:

-Die Orientierung an der vorherrschenden Kultur, sagen viele, sei eine Zumutung für Menschen aus anderen Kulturkreisen. Die deutsche Kultur könne nicht der Maßstab für ganz Europa sein. Dabei geht es nicht um Europa, sondern um einen Teil davon, genannt Deutschland.

-Hier werde eine „Zwangsgermanisierung" gefordert, wird weiterhin beklagt. Abgesehen davon, dass es lustig ist, wie auf einmal die alten Germanen aus dem Dunkel der Geschichte auftauchen, wird bei dieser Argumentation aus einer banalen Tatsache - eben dass die Berücksichtung der herrschenden Kultur die Orientierung erleichtere - der Vorwurf eines bösen Zwanges. Im Hinterkopf entsteht das Bild von Heerscharen unschuldiger und dunkelhaariger Fremdkulturler, die von blonden germanischen Peinigern wie von KZ-Wächtern zu ihresgleichen umgepolt werden sollen. Welch ein Alptraum ohne jeden Realitätsbezug!

-Schließlich kommt der stärkste Angriff gegen das Bewusstsein einer vorherrschenden Kultur in Deutschland: Diese deutsche Kultur habe den Nationalsozialismus hervorgebracht und werde deshalb von hier lebenden Fremden mit einem besonderen moralischen Recht ignoriert. Ja, war der Nationalsozialismus nicht auch aus einer tiefgehenden geschichtlichen und sozialen Umbruchsituation hervorgegangen und hat sich seit 1945 in Deutschland gar nichts geändert? Steht der Nazismus vor der Tür, eben weil er aus der deutschen Kultur folgt? Wenn dem so wäre, müssten alle Freiheitsliebenden sofort das Land verlassen. Der Erfolg und die Anziehungskraft der Bundesrepublik beruhen hingegen darauf, dass sie einen demokratischen Weg gegangen ist. Der führte zu einer Resistenz gegen Extremismus, die mit derjenigen in anderen demokratischen Kulturen wie Frankreich oder Großbritannien mittlerweile äquivalent ist.

Das hat unter anderem damit zu tun, dass hierzulande eine ernsthafte Auseinandersetzung mit der Zeit von 1933 bis 1945 stattfindet - eine Auseinandersetzung, die ihren sichtbarsten Ausdruck in der Errichtung des Holocaustmahnmals in Berlin haben wird. Es gibt kaum ein Land auf der Welt, das die dunkelsten Epochen seiner Geschichte öffentlich beklagt. Deutschland tut es. Man weiß, dass eines der schlimmsten Verbrechen der Menschheit im deutschen Namen geschehen ist. Aus diesem Wissen erwächst der Wille, Vergleichbares nie wieder zuzulassen. So ist es zu erklären, warum in der Öffentlichkeit seit einiger Zeit eine tiefgehende Debatte über die richtige Art, den objektiv eher marginalen Rechtsextremismus zu bekämpfen, geführt wird. Das alles, obwohl kein einziger Rechtsextremist im Deutschen Bundestag sitzt.

Das Gedenken ist ein Element der deutschen Kultur. Davon nun halten insbesondere die verbalen Gegner derselben sehr viel. Sie finden das sogar vorbildlich! - Wo man ansetzt: Die gesamte Debatte über „deutsche Leitkultur" oder „multikulturelle Gesellschaft" ist verbale Schaumschlägerei, allerdings mit ideologischem Hintergrund.

Tatsache ist, dass es nun einmal in dieser Region in der Mitte Europas ein Volk gibt, die Deutschen, die über die Jahrhunderte hinweg eine eigene Kultur entwickelt haben. Es gibt eine gemeinsame Sprache, eine sehr wechselvolle gemeinsame Geschichte einschließlich des Einbruchs der Kultur 1933 und einen mittlerweile auf ein Minimum säkularisierten Bestand gemeinsamer Werte. Diese „deutsche" Kultur wurde, das weiß jeder, stets durch Einflüsse von außen mitgeformt: Da war der Beitrag der Juden, der stete Zustrom aus Frankreich und den Niederlanden, da waren Impulse aus Polen und anderen Teilen Osteuropas. Dieser stets einen inneren Wandel bewirkende Zustrom von außen hat sich seit den sechziger Jahren rasant beschleunigt: Italienische, spanische, türkische und andere Lebensformen sind präsent und prägen die Wirklichkeit. Über allem weht hier wie in Toronto und Tokio der heftige Wind der Globalisierung und schleift die nationalen Kulturen insgesamt ab, so dass diese immer ähnlicher werden: „Leistung" und schneller „sozialer Wandel" werden Elemente einer entstehenden allgemeinen Weltkultur.

Was von den nationalen Kulturen übrig bleibt, dient immerhin noch der alltäglichen Orientierung in den Ländern. Es ist unsinnig, eine Vielfalt kultureller Kreise auf dem Territorium einer jeweiligen Nation zu etablieren. „Multikulti" als ernst genommenes Leitbild würde Selbstbezogenheit und Erstarrung der ethnischen Gruppen bewirken. Inselkulturen im See der jeweiligen Nation würden entstehen. Konflikte zwischen der Mehrheit und den Minderheiten müssten die Folgen sein. Das Erbe der Mehrheiten und das Eingebrachte der Minderheit sollten sich doch besser gegenseitig befruchten und so eine Konvergenz der Kulturen bewirken. Kein Bayer muss seine regionalen Eigenheiten aufgeben, kein Türke seine Herkunft verleugnen, aber sie und die anderen machen sich das Leben leichter, wenn sie die Grundelemente der vorherrschenden hiesigen Kultur akzeptieren: die deutsche Sprache, die wenigen verbliebenen Werte und die allgemeinen Regeln des Alltagslebens. Ansonsten tut einer Gesellschaft immer die Neugier für kulturelle Anregungen gut.

„Deutsche Leitkultur" und „multikulturelle Gesellschaft" müssen als Begriffe zurückgezogen werden. Sie stiften nur Verwirrung. Statt dessen täte es gut, wenn wir uns auf die Bezeichnung und das Ziel einer „offenen Kultur" einigen könnten. Eine offene Kultur bietet Minderheiten Chancen des Einflusses und eröffnet der Mehrheit die Perspektive des sozialen Wandels.

Die Verführung, medial präsent zu sein, war so groß, dass fast alle führenden Politiker der bürgerlichen Opposition noch einen draufsetzten und forderten, man habe stolz darauf zu sein, dass man Deutscher sei. Diese Debatte verebbte bald wieder. Aber sie war so merkwürdig, dass der aktuelle Spott festgehalten gehört:

Exkurs 6:
Stolz auf Ballermann

Melde gehorsamst: Auch ich bin stolz, ein Deutscher zu sein!

Ich bin stolz auf Kulturträger wie Dirk Bach und Jürgen von der Lippe. Ich bin stolz auf die „Bild"-Zeitung. Pastor Fliege und Lothar Matthäus erwecken in mir Hochgefühle. Es tut mir gut, einer von ihnen zu sein, wenn ich barbusige und dickbäuchige Landleute rotgebrannt bei der Verrichtung ihres Urlaubs im Süden sehe. Die Ballermänner mit deutschem Bier unter der Sonne des Mittelmeeres erfreuen mich ebenso wie deutschen Kuchen auf Teneriffa verzehrende Kaffeetanten.

Die deutschen Hooligans bei der letzten Fußballweltmeisterschaft in Frankreich haben mein Nationalgefühl nicht verletzt. Stolz bin ich auf den bis zum großen Unglück so sicheren ICE und darauf, dass mein Land BSE-frei war, bis sich das erste verseuchte Tier nicht mehr verheimlichen ließ. Die „Lufthansa" spricht mein Nationalgefühl an, wenn der Kranich sich in die Lüfte hebt und im Innern die Landsleute eng wie die Ölsardinen platziert sich aufmachen, deutsches Kulturgut in die Welt zu tragen. Diese Welt sollte viel mehr von Gildo Horn und „Tick,Tack, Toe" erfahren anstatt sich von London über Singapur und Sydney bis nach New York der angelsächsischen Sprache und Kultur hinzugeben.

Wie wohltuend ist es dagegen, dass sich unsere Großkonzerne jetzt überall in der Welt einkaufen, fremde Firmen mit dem Geld übernehmen, das ihnen deutschen Aktionäre erwartungsfroh hinterherwarfen. Wer will da kleinlich sein, wenn sich das eine oder andere Geschäft als Flopp erweist? Die paar Milliarden waren den Versuch wert.

Stolz bin ich auf unsere deutsche Politik. Die vielen öffentlichen Mittel, mit denen sie finanziert wird, reichen manchen national-stolzen und vermögenden Landsleuten eben nicht aus, so dass sie auf diskretem Wege und per Ehrenwort noch einiges draufpacken. Richtig glücklich macht es mich, wie sowohl die „Schwarz-Gelben" als auch die „Rot-Grünen" die Arbeitslosigkeit angehen: Nur wenn es viele Menschen ohne Job gibt, strengen sich die Arbeiter an.

Den Einsatz unserer Jungs auf dem Balkan werte ich als vollen Erfolg, wie man derzeit in diesem Mazedonien sehen kann. Unser heimisches Gesundheitssystem ist in seiner Vielschichtigkeit weltweit einmalig.

Unserem nationalen Wesen kommt es entgegen, dass Politik nur noch auf Fragen der Werbewirksamkeit der Politikerstars reduziert wird. Da ist es doch prima, wenn sich fast die Hälfte des Volkes es leisten kann, bei den vielen Wahlen auf Teilnahme zu verzichten und lieber Privatvergnügungen nachzugehen. Statt mit Gerhard Schröder haben sie es eben mit Slatko oder mit Mario Basler.

Mächtig stolz bin ich übrigens noch auf den Generalsekretär meiner eigenen Partei, weil der seine nationalen Stolz-Gefühle sogar auf englisch ausdrücken kann und dafür die Spalten der „FAZ" geöffnet bekommt.

Richtig national in die Brust werfen kann man sich, wenn man die staatlichen Bildungseinrichtungen für die Jugend unseres Landes besichtigt. Graue, verschandelte Schulen, lange nicht renovierte und für die Schülerzahlen viel zu kleine Klassenzimmer sind da ebenso zu besichtigen wie vergammelte Seminarräume an den Hochschulen. In welchem Kontrast steht das zu den großkotzigen Bank- und Konzernpalästen: Lehrjahre sind eben keine Herrenjahre!

Es ist auch schön, dass wir wieder die guten Seiten unserer Geschichte in den Vordergrund stellen. 33 bis 45 waren schließlich nur zwölf Jahre von über tausend deutscher Existenz. Da ist es verständlich, wenn jetzt Entschädigungen an frühere Zwangsarbeiter nur gezahlt werden können, wenn der deutschen Industrie in den USA eine Art Immunität vor den dortigen Gerichten gewährt wird. Weiterhin muss die Sache mit dem Holocaustdenkmal sehr genau überlegt und abgewogen werden. Die Gedenkstätten müssen genauso sparen wie jedes Stadttheater, denn schließlich ist es auch in anderen Nationen nicht üblich, öffentlich an die dunklen Seiten des eigenen Werdens zu erinnern.

Stolz können wir nicht nur sein auf unsere Regierung, deren leitende Herren der ganzen Welt demonstrieren, dass die elegante Herrenmode den deutschen Mann ziert - selbst wenn er im Revoluzzer- oder im Schlürfpullover konfektionsmäßig sozialisiert wurde. Die Opposition vor allem ist eine Erscheinung, die einem das nationale Bewusstsein aufbläht. Staatsmännisch-klug überlässt sie den Nationalstolz nicht nur einigen außerparlamentarischen Gruppen, sondern bringt ihn endlich in das offizielle politische System ein. So wird unsere Demokratie noch fester, sicherer werden.

Nur müssen eigene Herren aus München es dem Bundespräsidenten noch einbläuen, dass es keinen Zusammenhang gibt zwischen Stolz und Leistung. Denn würden wir das akzeptieren, müssten wir viel bescheidener auftreten, uns ständig mit Problemen der Arbeitslosigkeit, des Gesundheitswesens oder des Bildungssystems herumquälen. Weil uns hierzu keine Lösungen einfallen, sind wir lieber einfach stolz, Deutsche zu sein und verdächtigen jeden, der eine andere Haltung einnimmt.

Also dann doch lieber: Bitte abtreten zu dürfen aus der Stolz-Truppe: Kümmern wir uns lieber um unser Land.

Niemals in den alten Bundesrepublik gab es um die Begriffe „deutsch", „Vergangenheit" oder „Nation" so viele irrlichternde Diskussionen wie in der Legislaturperiode nach 1998. Einerseits beschloss der Deutsche Bundestag noch in Bonn kurz vor seinem Umzug, dass in der neuen Hauptstadt Berlin neben dem Brandenburger Tor ein Holocaustmahnmal errichtet werden solle. Anderseits marschierten dortselbst „Junge Nationaldemokraten" mediengerecht durchs Tor wie einst die Braunen.

Das vereinte Deutschland war in seinem nationalen Selbstverständnis verunsichert. Zwar existieren drei Rechtsparteien, aber ihre parlamentarische Repräsentanz war auf einige Länder beschränkt – und das in abnehmendem Umfange. Die kleinste von ihnen war überhaupt in keinem Parlament, aber sie galt gerade wegen ihrer Jugendorganisation „Junge Nationaldemokraten" als die extremistischste. Der bayerische Innenminister Günter Beckstein machte den Vorschlag, beim Verfassungsgericht in Karlsruhe einen Verbotsantrag einzureichen. Auch hier setzte ein medialer Wettbewerb ein, und am Ende sahen sich alle Verfassungsorgane genötigt, zugleich gegen die NPD vorzugehen. Das schien richtig zu sein:

Exkurs 7
Dem Rechtsradikalismus muss die Spitze gekappt werden

Beckstein hat recht: Ein Verbotsantrag gegen die rechtsradikale NPD wäre eine jetzt richtige Maßnahme. Schon der Antrag würde repressiv und einschüchternd wirken auf die Fremdenfeindlichen und Gewaltbereiten in unserem Lande. Statt dessen redet die Mehrheit der Politiker in der augenblicklichen Debatte davon, die Bürger sollten mehr Zivilcourage zeigen, wenn sie Zeugen rechter Gewaltanwendung werden. Dieser Rat kommt von Menschen, die nicht in der Gefahr stehen, plötzlich in der U-Bahn einer Gruppe erschreckender Schläger gegenüberzustehen: In ihren Dienstwagen und Büros sind sie vor Derartigem geschützt. Das Problem ist, dass viele Politiker - aber auch Wirtschaftsführer und „Intellektuelle" - wie Blinde von der Farbe reden, wenn sie den Rechtsradikalismus in unserem Lande anprangern, ihn moralisch verurteilen, als schädlich für den Wirtschaftsstandort Deutschland bezeichnen. Die meisten von ihnen haben noch nie wirklichen „Glatzen" gegenübergestanden. Wie sollten sie auch? Ganz allein und ohne Schutz werden sie sich nicht in die Plattenviertel Ostdeutschlands oder in die „befreiten Zonen" begeben.

Daraus ist den sogenannten „Eliten" gar kein Vorwurf zu machen: Es ist nur zu befürchten, dass ihre Konzepte gegen den Rechtsradikalismus, ihre Reden, Statements und Talk-Shows an der

Realität glatt vorbei gehen, also nichts ändern. Denn die rechten Szenen sind ideologisch autark, abgekapselt insbesondere gegen die Erwartungen der offiziellen politischen Kultur dieses Landes.

Der Keim für die Hinwendung dieser Kreise zum Freund-Feind-Denken ist in der Kindheit der sie tragenden Menschen gelegt worden: In Familien, die keine Wertgeber mehr sind, sondern günstigenfalls ökonomische Zweckbündnisse, in denen Kinder zumeist Belastungen bei der Bewältigung des Alltagsprogramms sind; in Kindertagesstätten und Schulen, die von keinem verbindlichen Weltbild unserer Gesellschaft mehr zu berichten wissen. Wer da versagt, findet Halt in der Szene und kann durch Hass gegen alles Fremde und Etablierte die eigene Schwäche kompensieren. Gegen präventive und sozialpädagogische Arbeit der offiziellen Gesellschaft entsteht unüberwindliche Resistenz. Moralische Appelle werden als Schwäche des „Systems" und Zeichen für die eigene Bedeutung belächelt. So sozialisierte Menschen gehen ruhig und mit Interesse durch KZ-Gedenkstätten, um hinterher zu erklären, das alles sei ihnen am „A... vorbei" gegangen.

Aus solchem Milieu speist sich die „nationale Gesinnungs- und Kampfgemeinschaft" der „Jungen Nationaldemokraten", der Jugendorganisation der den Parteienstatus genießenden NPD. Dieser Jugendverband erklärt: „Wichtig ist der gemeinsame politische Grundkonsens zur Überwindung des gemeinsamen Feindes - des politischen Systems der BRD", so nachzulesen in „Einheit und Kampf" vom Januar 1997. Die Mutterpartei, die NPD, proklamiert derweil den „Kampf um die Straße", dem der „Kampf um die Köpfe" und der „Kampf um die Parlamente" folgen müsse.

So marschieren die schrecklichen Gestalten durchs Brandenburger Tor, militant im Auftritt. Die liberale Öffentlichkeit ist schockiert und die rechte Szene voller Häme gegen eine Gesellschaft, die sich so auf der Nase tanzen lässt. Dabei genießt die NPD voll Niedertracht den Schutz des Grundgesetzes. Sie tritt als Partei auf, obwohl ihr die Straße wichtiger ist als Wahlen, obwohl sie die demokratische Grundordnung bekämpft und obwohl das Grundgesetz den Weg weist: Das Bundesverfassungsgericht stellt die Verfassungswidrigkeit auf Antrag fest.

Den Antrag hierfür müssen freilich die Politiker stellen. Die jedoch scheuen sich, weil sie in der Öffentlichkeit als argumentierende und nicht als repressive Demokraten auftreten möchten, weil ihnen die Sicherheitsbehörden einreden, die Betroffenen würden sich gleich wieder neu organisieren und weil sie hoffen, die Verirrten eines Tages doch noch in die Schar ihrer Wählern einreihen zu können. Dabei wäre ein Verbotsantrag - vorgelegt durch die Bundesregierung - gerade jetzt das richtige Zeichen: Die Rechten würden merken, es wird Ernst gemacht beim Kampf gegen ihr Unwesen, die Szene würde in ihrem Selbstwertgefühl getroffen, und allgemein wäre nach innen und außen das Zeichen gesetzt: Jetzt soll Schluss sein mit dem Spuk, die Bundesregierung selbst geht in die Offensive!

Zweimal hat eine Bundesregierung bisher Anträge auf Verbot politischer Parteien in Karlsruhe vorgelegt: Anfang der fünfziger Jahre ging die Regierung Adenauer sowohl gegen die „Kommunistische Partei Deutschlands"(KPD) als auch gegen die neonazistische „Sozialistische Reichspartei"(SRP) vor. In beiden Fällen stelle das höchste Gericht die Verfassungswidrigkeit dieser Parteien fest. Die KPD hatte damals schon vor dem Spruch des Gerichtes versucht, sich durch eine Kurskorrektur zu retten, und nach dem Verbot der SRP war bis in die sechziger Jahre - als die NPD aufkam - Ruhe auf der rechtsradikalen Seite.

Die politischen Parteien sind die Spitze der politischen Struktur unseres Landes. Dem Rechtsradikalismus muss diese Spitze gekappt werden, denn von der Basis bis zu den Ideologen von der „Neuen Rechten" gefährdet er die Grundmaxime unserer Verfassung: „Die Würde des Menschen ist unantastbar". In den Verhandlungen vor dem Bundesverfassungsgericht würde deutlich werden, wie man in der Partei gegen die Menschenwürde schreibt und redet. Wird das verboten und aufgelöst, müssten sich auch die beiden anderen Rechtsparteien - die DVU und die „Republikaner" - vorsehen. Vor allem würden den rechten Szenen im Lande viel von der Sicherheit genommen, der Staat täte nichts ernsthaftes gegen sie, weil allen anderen Beteuerungen zum Trotz eine heimliche Sympathie für sie herrsche.

Ein Verbotsantrag gegen die rechtsradikale NPD wäre eine jetzt richtige Maßnahme. Beckstein hat recht.

Die Politik – mit Ausnahme der FDP – fühlte sich verpflichtet, nach Karlsruhe zu gehen. Doch die Verwaltung wollte oder konnte keine zuverlässigen Fakten gegen die NPD vorlegen. Also verließ man sich auf die Ämter für Verfassungsschutz. Die trickstein, bezogen sich bei ihren Expertisen auf V-Männer und informierten das höchste Gericht noch nicht einmal darüber. Als die Sache herauskam, setzte das Verfassungsgericht den Termin ab. 2002, nach der Bundestagswahl, wurde die Angelegenheit endgültig von der Tagesordnung genommen. Sogar ein Gang nach Karlsruhe war von der Politik als Medienereignis aufgezogen worden.

Drei Verfassungsorgane hatten ihre Klage nicht schnell genug präsentieren können. Sie zitierten vom Staat gekaufte Mittäter - sogenannte „V-Männer" - als Zeugen. Das Bundesverfassungsgericht - nicht dem Medienzwang unterworfen – machte diesen Zirkus nicht mit. Ein peinlicher Vorgang. Der mediale Zwang, konkretes gegen Rechtsextremisten tun zu wollen, ließ Bundestag, Bundesrat und Bundesregierung die Sorgfalt missachten, und der gewünschte Effekt – das Verbot - wurde so gefährdet.

Eine weitere Folge der Mediatisierung der Politik ist, dass der Öffentlichkeit nicht unbedingt die Wahrheit gesagt wird. Im Falle des grassierenden Rinderwahns „BSE" wurde das im November 2000 deutlich:

Exkurs 8:

Nach der BSE-Lüge wird sich nicht viel ändern

1966 sprach der Fraktionsvorsitzende der CDU/CSU im Deutschen Bundestag, Rainer Barzel: "Ludwig Erhard ist und bleibt Bundeskanzler!" Und leitete damit den Sturz des „Vaters des Wirtschaftswunders" ein: Erhard musste weichen. Kiesinger wurde Kanzler.

Fünf Jahre zuvor hatte sich Walter Ulbricht in Ost-Berlin vernehmen lassen: „Niemand hat die Absicht, eine Mauer zu bauen." Sie wurde gebaut.

Erinnerlich ist Uwe Barschels „Ehrenwort" vom 18. September 1987: "...gebe ich Ihnen, gebe ich den Bürgerinnen und Bürgern des Landes Schleswig-Holsteins und der gesamten deutschen Öffentlichkeit mein Ehrenwort, ich wiederhole, ich gebe Ihnen mein Ehrenwort, dass die gegen mich erhobenen Vorwürfe haltlos sind." Am 2. Oktober desselben Jahres verlas die Landtagspräsidentin in Kiel Barschels Rücktrittserklärung. Der Abgeordnete Barschel wurde von Feind und „Freund" geschnitten. Später entpuppte sich die falsche Unschuld des Nachfolgers Björn Engholm.

Bis 1998 ließ Norbert Blüm wieder und wieder vernehmen: „Die Rente ist sicher!" - Geradezu Legion ist die Gruppe jener Politiker, die leugneten, der Stasi zugetragen zu haben. Dann mussten sie gestehen und gehen.

Wie Politiker machen es andere: Sein Unternehmen habe keine Fördergelder von Ost nach West verschoben, versicherte der Manager einer norddeutschen Reederei. Das Gegenteil wurde bewiesen. - Die Expo werde keine roten Zahlen schreiben, tönte eine couragierte Dame vor ängstlichen Haushaltspolitikern. Nun müssen sie nachzahlen. - Er sei drogenfrei, beteuerte der Trainer und lieferte das Beweisstück für`s Gegenteil im selben Atemzug ab.

„Deutschland ist BSE-frei" kam es aus vielen Mündern. Landwirtschaftsfunktionäre, willfährige Wissenschafter, Beamte und Politiker erhoben sich über Großbritannien: „Bei uns kann das nicht passieren." Nun war es doch passiert.

Ist Deutschland ein Lügenland?

Jedes Mal war Volkes Stimme zu hören: „Wir haben es ja geahnt."

Ja, woher will das „Volk" wissen, dass vieles oder fast alles, was offiziell erklärt wird, nicht wahr ist? Eine Erklärung könnte sein: Auch im Volke wird gelogen, dass sich die Balken biegen. Moderne Volksweisheiten belegen es: „Wenn Du mit dem PKW erwischt wirst: abstreiten." – „Bloß nicht dem Finanzamt alle Einnahmen angeben, das ist dumm." Sprüche, die solche Moral rechtfertigen, gibt es genug: „Das macht doch nichts, das merkt ja keiner." – „Der Ehrliche ist der Dumme" Oder: „Mir ist das Hemd näher als der Rock." Selbst der klassischste aller Klassiker lieferte zu: „Da lob ich mir die Höflichkeit, das zierliche Betrügen..."

Wenn im Alltag getäuscht, verschwiegen, verdrängt und geschönt wird, tagein tagaus, dann können sich die Menschen für lebensklug halten, wenn sie meinen, das wäre normal. So wüsste ein jeder, dass nicht stimmen muss, was der andere sagt. Wenn das so wäre, läge die Einsicht nahe, in der Öffentlichkeit und in der Politik verhalte es sich nicht anders als im Privatleben. Und folgerichtig wäre das Publikum nicht überrascht, wenn in der Politik oder auf einer anderen Bühne wieder `mal eine Unwahrheit auffliegt.

Zum Teil trifft diese Erklärung sicher zu. Doch gibt es wohl noch einen anderen Mechanismus: Wir können die Wahrheit schlecht ertragen. Wir wollen gar nicht wissen, wie hinter den Bühnen dieser Welt gemobbt wird. Wir wollen die schöne Aufführung. Wir wollen glauben, es gäbe Athleten, die allein durch Fleiß und Entbehrung zum Erfolg gelangen. Die Stars und Sternchen des Showbiz werden vergöttert, weil sie die Existenz einer begehrten Traumwelt vorgaukeln. Wer will wirklich nachrechnen, ob die Rente sicher ist? Die Dauerrepräsentanz der Schande unserer Geschichte nervt uns. Auch mögen wir uns nicht vorstellen, wie die Kreatur gequält wird, wenn wir unser Steak in der Pfanne haben. Es würde uns die Laune verderben.

Wir tanzen auf dem Vulkan und wollen glauben, wir wären sicher.

Die Politik soll Probleme nicht benennen, sondern sie uns vom Leib halten. Zwar ahnen wir, dass die Kompetenz der handelnden Politiker weit geringer ist, als diese vorgeben. In der „Politikverdrossenheit" drückt sich das aus. Doch die Politiker und die Politik werden nun einmal gebraucht, um jene Aspekte des Lebens schön zu reden, die von Talkern, Schauspielern und Sportlern nicht rosa eingefärbt werden können. Daher sind in der Politik solche erfolgreich, die es wie die anderen „Promis" verstehen, in den Medien zu glänzen. Wie sollten sie das aber sein, ohne dem Volke nach dem Munde zu reden?

Eine Partei ist kampagnefähig, heißt es im Handbuch der modernen Politmanager, wenn sie geschlossen dasteht. Eine intern streitende Partei ist unattraktiv. Man könnte es auch anders sagen: Die Schwierigkeiten und Probleme sollen unter den Teppich gekehrt werden. Ob das Land glücklicher würde mit entwickelter Sozialfürsorge oder mit dem ungebändigten, freien Spiel der Kräfte, darüber sollen die Politiker einer Partei nicht öffentlich streiten. Sie sollen vielmehr Parolen ausgeben, die solche Fragen zudecken: „Modernisierung", „Neue Mitte", „Bürgergesellschaft" oder „Leitkultur" heißen solche Parolen.

Parolen sind wie Irrlichter: Sie scheinen Orientierung zu geben und markieren doch nichts. Sie sind Vorstufen zu Halbwahrheiten, Vertuschungen, Finessen und wenn es auf den Punkt kommt zu Lügen. Das Volk jedoch weiß das und will es so haben. Es redet von den „korrupten" und „verlogenen" Politikern daher und wählt sie in schöner Regelmäßigkeit immer wieder in die Ämter. Denn im Grunde sind die Politiker wie das Volk oder wie es gerne wäre. Dass die Repräsentanten dort sind, wo die meisten nicht hinkommen, das muss die politische Klasse mit der verbalen Verachtung des gemeinen Volkes bezahlen.

Nun ist die BSE-Lüge aufgeflogen. Das Publikum hat es kommen sehen. Wird sich Grundsätzliches ändern? Wird die Achtung vor der Kreatur hergestellt? Wird es nun ein Ende haben mit deren industrieller Bestimmung von Leben und Tod? Kehren die Rinder zurück auf die Weiden, die Schweine in die Kuhlen, die Schafe in die Herden und die Hühner auf die Höfe? Daran glaubt niemand. Das Publikum will nichts wissen von den Mühen, die es bereiten würde, solche Ziele zu erreichen. So musste eine neue Parole erfunden werden, und die heißt „Tiermehlverbot".

Das Tiermehlverbot wird beruhigen. Denn wir wollen nicht nur sonntags Fleisch essen. Wir wollen auch nicht wissen wie es aussieht in der Massentierhaltung. Wenn es sein muss, wollen wir lieber Worte des Landwirtschaftsministers hören wie: „In Deutschland werden die Tiere artgerecht gehalten". Das reicht.

Bis wieder eine neue Parole her muss.

Immerhin: Infolge der BSE-Krise mussten drei Minister ihre Ämter verlassen: Eine bayerische Staatsministerin, der der SPD angehörende Bundeslandwirtschaftsminister und Andrea Fischer, die Bundesgesundheitsministerin von den Grünen. Die Verantwortung für die Landwirtschaft übernahm Renate Künast. Sie versprach eine verbraucherorientierte und ehrliche Politik, und, wie es scheint, hatte sie damit Erfolg und auch 2002 den Grünen manche Stimme zugeführt.

Bei der Kampagne 2002 aber galten – allen Sachzwängen zum Trotz – wieder die Gesetze der Mediatisierung. Die Union ahmte das SPD-Auswahlverfahren des Kanzlerkandidaten von 1998 nach und inszenierte einen Wettbewerb zwischen Angela Merkel und Edmund Stoiber. Zu Jahresbeginn übernahm Stoiber. Doch bekam er gleich einen Medienberater an die Seite, der den rechtsneigenden Kandidaten in der Mitte hielt: Es sollten keine Angriffsflächen für die Konkurrenz geboten werden. Nicht dass er ein präsentabler deutscher Ministerpräsident war, zählte in diesem Wahlkampf, sondern, dass er sich in einer Talkshow verhaspelte – sich im Nachhinein aber besserte. Wieso qualifiziert es einen Kandidaten für das höchste politische Amt, dass er im Fernsehen eloquent „rüberkommt"?

Die Mediatisierung der FDP und ihre Folgen sind bekannt.

Die Grünen, diese einst bunte und streitlustige Truppe formierte sich hinter ihrem den Staatsmann gebenden Joschka Fischer – bereit, Wendungen in der Außerpolitik wie von der unbedingten Gefolgsamkeit gegenüber den Amerikanern bis hin zur Verweigerung derselben mitzumachen. Wer weiß, wo diese Außenpolitik hinführt. Hat sie ein Ziel, eine Perspektive unabhängig vom Tagesgeschehen? Die Ausnahme ist Christian Ströbele. Gegen das Parteimanagement schaffte der es wieder in den Bundestag.

Die PDS hat sich der Mediatisierung verweigert und die Rechnung dafür erhalten. Gregor Gysi und Lothar Bisky – die populären Parteiführer der Ostpartei – wurden zunächst aus ihren Ämtern gedrängt. Sodann machten sie ihre Unlust am politischen Joch deutlich. Der unrühmliche Abgang Gysis aus dem Amte des Wirtschaftssenators in Berlin – ein „kleiner Lafontaine" – gab der Partei den Rest und legte die Zerstrittenheit der Partei zwischen Reformern und Orthodoxen bloß. Als alles fast verloren war, durfte Lothar Bisky wiederkommen.

Der Medienkanzler und „Genosse der Bosse" von 1998 hatte sich über den bemühten Staatsmann in der Mitte der Legislaturperiode an ihrem Ende wieder zum Medienkanzler der SPD zurückgewandelt. Als die Brioni-Mätzchen nicht mehr zogen, packte Schröder sein Geschäft als Kanzler an. Er erwies sich als Mann der Situationen: Nicht langfristige Visionen scheinen sein Handeln zu bestimmen, sondern die Fähigkeit zum aktuellen und mediengerechten Krisenmanagement. Die Holzmann-Intervention war das erste Lehrstück dieser Art, das Hochwasser-Management an der Elbe das letzte. Aber nach dem Abgang von Lafontaine, mit dem zahmen Stoiber im Visier, konnte der einstige „Kanzler der Mitte" nicht mehr den Provokateur seiner eigenen Partei - deren Vorsitzender er nun war - spielen. Die intellektualistische „Kampa" - 1998 hoch gefeiert - wurde ausgebootet, Wirtschaftsbosse gefeuert und deren Spitzengehälter verurteilt: Schröder verwandelte sich in den „Kanzler des kleinen Mannes". Da besonders im Osten Deutschlands Kriegsangst und Antiamerikanismus relevante Daten für den Wahlausgang waren, wurde die Antikriegskampagne gegen die Bush-Administration gestartet. Dies rettete dem Kanzler das Amt. Die Arbeitslosigkeit, das Dauerübel der Republik seit der Wiedervereinigung hat er immerhin thematisiert und 2003 - in dem er die Union im Bundesrat zum Kompromiss gezwungen hat - auf die Agenda der Parteipolitik gesetzt.

Die medienorientierte Politik, wie sie der Kanzler Gerhard Schröder betreibt, nimmt die Winde wie sie kommen, und er segelt in die Welt - irgendwohin. Das Segeln dabei ist das wichtigste, nicht das Ziel der Reise. Es wird sich zeigen, ob dem Publikum das am Ende ausreicht oder ob es eines Tages darauf pocht, an einem bestimmten Ort anzukommen. Aber wo gibt es einen Kapitän, dem das Ziel wichtiger ist als die Reise?

6. Mitglieder – die Basis der Parteien?

Mitglieder einer politischen Partei werden Menschen aus unterschiedlichen Gründen. Der seltenste Fall ist der idealtypische des homo politicus, jenes Menschen, den es innerlich nach politischer Aktivität drängt und der sich nach sorgfältiger Prüfung der Möglichkeiten rational schließlich für eine bestimmte Partei entscheidet. Häufiger sind es persönliche, soziale oder politische Lebensumstände, die Menschen in die politischen Parteien bringen.

Seltener hingegen werden Parteimitglieder, die sagen, sie hätten die Partei schon „mit der Muttermilch aufgesaugt". Das sind Menschen, die in Familien aktiver Parteigänger hineingeboren wurden. Bis in die fünfziger Jahre hinein waren das Familien mit starker sozialdemokratischer, kommunistischer oder katholisch-politischer Orientierung. Der Lebensinhalt für die Eltern war die politische Sache. Das prägt das Privatleben. Parteiaktivismen wie das Formulieren von Werbetexten, das Herstellen und Verteilen - „Stecken" - von Broschüren, Treffs mit anderen Parteimitgliedern auch in der Privatwohnung beeinflussten den Alltag und wurden Elemente des Sozialisationsprozesses. Hinzu kamen politische Diskussionen, die Vermittlung von Einstellungen und Verhaltensweisen in den parteipolitisch geprägten Elternhäusern. Besonders stark war diese primäre Parteisozialisation, wo nach 1933 nur heimliche und illegale Betätigungen möglich waren. Die Atmosphäre der Illegalität, die zwischen Kampfesmut und Furcht schwankenden Gefühle müssen Sprösslinge aus solchen Familien emotional früh an die Partei gebunden haben.

Unter weniger dramatischen Umständen gab es auch nach 1945 primäre Parteiensozialisation. Doch dieser Weg in die politischen Parteien wurde seltener. Mit dem generellen Rückgang der Parteienidentifikation in der Bundesrepublik sterben die „Muttermilch-Parteimitglieder" aus. Für sie war die politische Partei nicht allein ein politisches Instrument, sondern zugleich Sinngeber, emotionale und soziale Heimat, ähnlich wie für andere Menschen die Kirche.

Wohl die meisten der Parteimitglieder werden mittlerweile durch Freunde, Bekannte oder Arbeitskollegen mehr oder weniger gezielt geworben. Die sekundäre Parteiensozialisation ist der Regelfall. Private Freunde werden selten als „Anwerber" genannt. Manchmal unterschreiben persönliche Freunde Beitrittsformulare, um jemanden in der Partei bei knappen Mehrheiten und anstehenden Kampfabstimmungen zu helfen, einen Freundschaftsdienst eben zu leisten. Diese Fälle sind selten. Öfter kommen gerade jüngere Mitglieder über andere Verbände, Vereine oder Kreise in eine politische Partei. Die Wahrscheinlichkeit, dass dies geschieht, ist umso größer, je stärker solche Zusammenschlüsse politisch orientiert sind. Auch eine gewisse gesellschaftliche Nähe zu einer bestimmten Partei fördert die Neigung zu einem Parteibeitritt. Der Haus- und Grundbesitzerverband ist insofern ein gutes Rekrutierungsfeld für die bürgerlichen Parteien, während eine regionale Umweltinitiativen geeignet sind, Parteimitglieder für die „Grünen" hervorzubringen. In solchen Zusammenschlüssen und Organisationen betätigen sich Personen als Werber für Mitgliedschaften, die ihrerseits bereits innerhalb der Parteien wirken. Das geschieht meist nicht gezielt, sondern aus der sozialen Situation heraus. Wenn etwa eine Umweltinitiative vor Ort an unüberwindbare Grenzen stößt, kann es passieren, dass jemand gesprächsweise sagt:

Tabelle 18: Mitgliederzahlen der Parteien 1968 -2002 (Quelle: div. Literatur und eigene Recherchen)

	CDU	CSU	SPD	FDP	Grüne	PDS
1968	287 000	74 000	732 000	57 000	-	-
1969	304 000	77 000	779 000	59 000	-	-
1970	329 000	93 000	820 000	57 000	-	-
1971	356 000	110 000	847 000	53 000	-	-
1972	423 000	107 000	954 000	58 000	-	-
1973	457 000	112 000	973 000	63 000	-	-
1974	531 000	123 000	957 000	71 000	-	-
1975	590 000	133 000	998 000	74 000	-	-
1976	652 000	146 000	1 022 000	79 000	-	-
1977	664 000	160 000	1 006 000	80 000	-	-
1978	675 000	166 000	997 000	81 000	-	-
1979	683 000	169 000	982 000	83 000	-	-
1980	693 000	172 000	987 000	85 000	ca. 18 000	-
1981	705 000	175 000	956 000	87 000	ca. 21 000	-
1982	719 000	179 000	926 000	80 000	ca. 25 000	-
1983	735 000	185 000	926 000	72 000	ca. 25 000	-
1984	730 000	184 000	916 000	71 000	ca. 31 000	-
1985	719 000	183 000	919 000	67 000	ca. 37 000	-
1986	714 000	182 000	913 000	64 000	ca. 38 000	-
1987	706 000	184 000	910 063	65 000	42 410	-
1988	676 747	182 738	911 916	64 274	40 768	-
1989	662 598	185 853	911 430	65 485	41 171	1 780 000
1990	658 411	186 197	919 129	178 625	41 316	283 882
1991	756 519	184 513	919 871	137 853	38 431	170 000
1992	725 369	182 831	895 958	103 187	36 320	146 742
1996	651 217		792 773	81 200	47 974	
1997		180 092				
2000/1	604 135	177 036	734 667		46 968	83 474
2002	594 391	178 365	693 894	65 728	43 892	ca.71 000

„Um das zu ändern, musst Du bei den Grünen mitarbeiten. Da brauchen wir gerade engagierte und fachkundige Leute wie Dich."

Am Arbeitsplatz erfolgen Rekrutierungen informell. Kaum je spricht ein Vorgesetzter einen Untergebenen an und sagt: „Es wäre ganz gut, wenn Sie sich der Partei anschlössen." Aber in den Kantinen, beim Plausch auf dem Flur oder bei ähnlichen Gelegenheiten berichten Kollegen gelegentlich über ihre Parteimitgliedschaft und über das, was sie dabei erleben.

Insbesondere im öffentlichen Dienst, bei öffentlich-rechtlichen Medienanstalten und überall, wo man direkten Einfluss der Parteien auf die Arbeitswelt vermutet, ist das latente Interesse an Parteimitgliedschaften überdurchschnittlich groß. Die Beschäftigten sehen oder vermuten, wer unter ihren Kollegen Mitglied einer politischen Partei ist, und sie wissen oder ahnen, dass das von Vorteil auch für ihre berufliche Karriere ist. In einem derartigen Klima gibt es manchen, der sich irgendwann „freiwillig" um eine Parteimitgliedschaft bewirbt und manch einen, der sich leicht werben lässt.

Allerdings entscheiden die mittleren und höheren Ränge zumeist selber und sehr bewusst, ob und wann sowie wo sie eintreten. Aufgrund ihres Bildungsniveaus sowie aufgrund ihrer beruflichen Nähe zum Tätigkeitsfeld der politischen Parteien haben sie klare Vorstellungen, Urteile und Vorurteile über die Parteien. Unter dem Strich ist es so, dass sich gerade diejenigen Angehörigen des öffentlichen Dienstes, die sich für eine Partei entscheiden, überwiegend in die jeweils führende Partei gehen, was man daran erkennen kann, dass es in Bundesländern mit langjähriger Dominanz einer Partei gerade in den Ministerialbürokratien überwiegend Mitglieder dieser und selten einer anderen Partei gibt: In der bayerischen Verwaltung dürfte der Anteil der CSU-Mitglieder ähnlich hoch sein wie der Anteil von Sozialdemokraten in Nordrhein-Westfalen.

Dort, wo es noch althergebrachte Eheverhältnisse gibt und der Ehemann sich aktiv in einer Partei engagiert, werden die Ehefrauen gelegentlich „nachgezogen". Dafür gibt es mehrere Gründe: Die aufstiegorientierten Männer brauchen innerparteilich jede Stimme für ihr Fortkommen, die Parteiaktivität wird für die Ehefrauen erträglicher, wenn sie wenigstens im Ortsverband zusammen mit dem Partner die gleiche Versammlung besuchen können, und schließlich fördert es die innerparteiliche Reputation eines erfolgreichen Karrieristen, wenn auch seine Ehefrau „zu uns" gehört. In der Praxis ist die Mitgliederrolle solcher Ehefrauen zurückgenommen; sie erscheinen allerhöchstens bei den Jahreshauptversammlungen der Lokalgliederungen. Es ist nicht bekannt, inwieweit der Typus Ehefrau als Parteimitglied durch die Emanzipationsbewegung im Aussterben begriffen ist. Andererseits sind Fälle bekannt, in denen Karrierefrauen innerhalb der politischen Parteien Männer oder Lebensgefährten haben, die in ihrem Schatten ebenfalls innerhalb der Partei wirken.

Neben den sozialen Milieus wirken sich politische und soziale Ereignisse auf die Bereitschaft zur Mitgliedschaft aus. So brachte 1968 die Studentenbewegung mit Rudi Dutschkes Parole von dem „langen Marsch durch die Institutionen" zahlreiche Angehörige einer ganzen Studentengeneration in die politischen Parteien. 1982 rückten Maler und Makler in die FDP ein, um den

Kurs der Wende zugunsten der CDU zu festigen. 1990, bei der deutschen Vereinigung, kamen ganze Kollektive in die westdeutschen Parteien, als die CDU und die FDP die Blockparteien - mit Ausnahme der SED - übernahmen. Viele der ostdeutschen CDU- und FDP-Mitglieder kündigten in der Folgezeit ihre Mitgliedschaft, weil der Verlauf des deutschen Vereinigungsprozesses ihren Interessen zuwiderlief.

Vielfältig wie die Genese der Mitgliedschaft ist der Grad der Aktivität und sind die Einstellungen der einzelnen Mitglieder zu ihren politischen Parteien. Fragt man sie, warum sie Mitglied seien, bekommt man die buntesten Antworten. „Aus christlicher Verantwortung.", „Wegen der Geselligkeit unter Gleichgesinnten.", „Um unser Gemeinwesen mitzugestalten.", „Eigentlich sollte ich da endlich austreten.", „Weil ich den politischen Gegner bekämpfen will." Oder: „Es hat sich halt so ergeben; ich hätte auch bei den andern sein können."

Der Erwerb der Mitgliedschaft in einer Partei ist ein formeller Akt. Man muss dazu eine Beitrittserklärung ausfüllen, in der neben den üblichen Angaben zur Person auch bisherige und andere politische Aktivitäten abgefragt werden und Auskünfte über das Einkommen des Beitrittswilligen erbeten werden. Die Einschätzung des Einkommens ist für die Partei wichtig, weil sich danach der Mitgliedsbeitrag richtet. Über die Aufnahme in die Partei entscheiden im allgemeinen die Basisgliederungen, „Ortsvereine", „-verbände" oder auch „Abteilungen" genannt. Die höheren Gliederungen haben Mitsprache- oder Vetorecht. In der Regel und bei „Otto Normalverbraucher" nehmen die Parteien die Neuen liebend gerne auf. Zum einen liegt das daran, dass in Deutschland der Organisationsgrad bei den politischen Parteien sehr gering ist. Da sind neue Mitglieder immer willkommen, besonders junge oder zahlungskräftige Bewerber. Darüber hinaus gibt es zwischen den Gebietsverbänden innerhalb einer Partei stets eine Konkurrenz um Mitgliederzahlen. Ein Verband mit vielen Mitgliedern ist angesehener als ein mitgliederschwacher. Das hat seine Ursache daran, dass die Delegiertenzahlen für die nächst höheren Vertreterversammlungen - zumeist „Parteitage" genannt - nach der Mitgliederstärke, meist in Kombination mit Wahlergebnissen, berechnet werden.

Aus all diesen Gründen werden Bewerber um eine Mitgliederschaft in Deutschland schnell in die politischen Parteien aufgenommen. Wartezeiten in einem Kandidatenstatus wie in den untergegangenen Kaderparteien gibt es nicht. Dennoch kann es eng werden für Bewerber mit besonderer politischer Hypothek oder bei dem Verdacht, der Anwärter wolle bestehende Mehrheiten in einem Verband „kippen". So konnte sich die SPD nach der deutschen Vereinigung nicht entschließen, einen ehemaligen Mitarbeiter des ZK der SED bei sich aufzunehmen, obwohl dieser seinen innerlichen Wandel zur Sozialdemokratie hin beteuert hatte und obwohl die Basisorganisation für den Beitritt war. 1982/83 wehrten sich viele FDP-Basisorganisationen gegen die Aufnahme der Maler und Makler, teilweise offen mit inhaltlichen, teilweise vorgeschoben mit formalistischen Gründen. Die Erfahrung zeigt jedoch, dass die Parteigliederungen im Falle eines größeren Zulaufs aus bestimmten sozialen Gruppen letzten Endes machtlos sind, wenn ein gewisser Nachdruck dahinter steht. Man kann in einer Partei in verschiedenen Basisgruppen anklopfen und findet meist eine offene Tür. Auch ist der Gang über eine Entscheidung der höheren Gliederungen oft erfolgreich. Schwierig wird es meist, wenn jemand direkt von einer Partei in eine andere wechselt. Er muss sich in der Regel Fragen der unteren Parteiführung nach den Motiven gefallen lassen. Ähnlich ist es bei Bewerbern mit bekannter politischer Biographie: Wenn diese sich nicht mit den Grundsätzen der Partei in Einklang bringen lässt, wird es schwierig.

Der Beitritt zu einer politischen Partei kann nicht erzwungen werden. Die Parteien sind soweit Wertegemeinschaften, dass sie Gegnern die Mitgliedschaft verweigern können. So kann ein überzeugter Staatskommunist niemals die Aufnahmen in eine Partei wie die CSU oder die FDP erzwingen, und ein erwiesener Neonazi hat in keiner der etablierten Parteien die Chance auf Mitgliedschaft.

Grundsätzlich sind alle politischen Parteien den Bürgern offen; die Verweigerungen von Mitgliedschaften sind die Ausnahmefälle. Insofern hat jeder Bürger die Chance, über die Parteien an der politischen Willensbildung mitzuwirken. Wer aufgenommen ist, erhält nicht mehr das legendäre „Parteibuch", sondern er wird über EDV erfasst und im Computer als Mitglied geführt. Als Ausweis dient eine Plastikkarte mit einem Chip. wie sie allgemein gebräuchlich ist. Auch wird zum neuen Mitglied nicht mehr wie in der klassischen SPD der Kassierer nach Hause kommen, mit ihm über die politischen Weltläufe diskutieren und den Monatsbeitrag gegen die Ausgabe von Mitgliedsmarken kassieren, sondern der Neuling wird bei der Aufnahme gedrängt, von seinem Girokonto eine Einzugsermächtigung zu erteilen, denn dass das Parteimitglied regelmäßig und gut zahlt, ist für die Parteifunktionäre mindestens ebenso wichtig wie die Teilnahme an Versammlungen und Sitzungen.

Doch die allermeisten Neuen lassen sich nicht abschrecken, der ersten Einladung zu einer Parteiversammlung nach dem Erwerb der Mitgliedschaft zu folgen. Für viele ist es danach zugleich die letzte Versammlung, die sie besucht haben. Der Realitätsschock beim Eintauchen in eine Parteiorganisation ist immens.

Die Parteimitgliedschaft ist schichtengegliedert: Angehörige der oberen Mittelschichten sind in den Parteien überproportional vertreten. Männer werden häufiger Mitglied als Frauen, und bei Angehörigen des öffentlichen Dienstes findet sich Parteimitgliedschaft häufiger als bei anderen Berufsgruppen.

So begrenzt das Milieu in den politischen Parteien auch ist, so wenig repräsentativ für die gesamte Bevölkerung sich die Mitgliederschaft sich darstellt: Jedes neue Mitglied in einer politischen Partei erfährt eine Erweiterung des eigenen sozialen Horizontes. Die Beamtin lernt Facharbeiter kennen, der Assistent Wirtschaftsmanager, Junge begegnen Alten, Pragmatiker stoßen auf Theoretiker und Karrieristen auf Idealisten. Alle diese Menschen kommunizieren halböffentlich miteinander über Politik im weitesten Sinne. Die Kommunikation in den politischen Parteien ist formeller, normierter und thematisch beschränkter als in Familien oder in Freundeskreisen: Sie ist aber wiederum informeller, spontaner und vielseitiger als am Arbeitsplatz. Als erstes erlebt ein Neuling in einer politischen Partei die Rituale der lokalen Parteiorganisation.

Tabelle 19: Berufsgruppenzugehörigkeit der Bundestagsparteien 1994 (in%)[62]

	Arbeiter	Angestellte/ Beamte	Selbständige	Rentner
CDU/CSU	6	37	20	23
SPD	11	43	7	24
FDP	3	37	27	20
Grüne	3	53	14	7
PDS	1	18	6	64

Er erkennt sehr schnell die formale Struktur dort: Es gibt einen Vorstand mit einem Vorsitzenden an der Spitze, auch der Schatzmeister oder Kassenwart hat eine herausragende Position. Neben dem Vorstand gibt es die „einfachen" Mitglieder. Sehr schnell ist zu erkennen, dass Funktionäre höherer Gliederungen, also beispielsweise Landesvorstandsmitglieder, in den Basisorganisationen besonderes Gewicht haben, ebenso „Mandatsträger" wie Abgeordnete, Dezernenten, Staatssekretäre oder Minister.

Aber hinter der formellen Struktur einer Basisorganisation steht eine informelle, und die ist auf den ersten Blick nicht zu erkennen. Solche informellen Gruppierungen können sich an politischen Leitlinien orientieren, dann sind es „Flügel" der Parteien. Diese Flügel, meist dualistisch irgendwie in „rechts" oder „links", „Konservative" oder „Reformer" getrennt, ziehen sich durch sämtliche Gliederungen der Parteien und sind auf den oberen Politikebene meist deutlicher ausgebildet als an der Basis. Dort sind die informellen Kreise an Sympathie und Antipathie, Ausbildung, Alter oder sozialer Schicht orientiert. Häufig reichen sie in die private Sphäre der Mitglieder hinein und setzen sich in den Ortsgliederungen der Parteien fort.

An der Basis der Parteien gibt es die „grauen Eminenzen", normalerweise nicht aktive Mitglieder, die aber bei Streit und in Krisensituationen in Erscheinung treten und dann häufig die

---

[62] Oscar W. Gabriel/Oskar Niedermayer, Entwicklung und Sozialstruktur der Parteimitgliedschaften; in: Oscar W. Gabriel/Oskar Niedermayer/Richard Stöss (Hg.), Parteiendemokratie in Deutschland, Opladen 1997, S. 291

Richtung anstehender Entscheidungen bestimmen. Solche graue Eminenzen können ältere und ehemals hohe Parteifunktionäre sein, es kann sich um einflussreiche Persönlichkeiten in der Wirtschaft, Wissenschaft oder in der Kultur handeln, bei der SPD um hoch angesehene Widerstandskämpfer gegen den Nationalsozialisten und ehemalige KZ-Häftlinge. In der Union sind das Menschen mit besonderen Beziehungen beispielsweise zur Katholischen Kirche. Oberflächliche Besucher von Parteiversammlungen an der Basis werden von diesen informellen Strukturen nichts spüren. Aber sie sind häufig die Seele und der Motor der gesamten Unternehmung. Informelle Gruppen besprechen wichtige Entscheidungen außerhalb der offiziellen Versammlungen vor, versuchen diese zu programmieren und in ihre Richtung zu lenken. Besonders gilt das für Personalentscheidungen, also parteiinterne Wahlen und vor allem die Nominierung von Kandidaten für die parlamentarischen und exekutiven Ämter, auf die die Partei jeweils Zugriff hat. Ist ihre Mehrheit unsicher, werden die informellen Kreise unter den Mitgliedern Verbündete suchen und sich bemühen, die grauen Eminenzen auf ihre Seite zu ziehen. Existieren in einer Gliederung mehrere informelle Kreise, so kann es auch geschehen, dass diese sich gegenseitig absprechen anstatt den offenen Konflikt zu suchen. Posten werden nach einem vereinbarten Proporzsystem besetzt. Diejenigen Mitglieder, die solchen informellen Kreisen nicht angehören, sitzen dann in Versammlungen dabei, wählen mit und haben doch keine Ahnung, was sich in Wirklichkeit abspielt. Solche Strukturen sind häufig die Ursache dafür, dass Einzelgänger unter den Parteimitgliedern resignieren und der Partei den Rücken zukehren.

Die informellen Gruppieren, auch „Klüngel" oder „Kungelgruppen" genannt, sind nicht offen, wie die Parteien selber, sondern oligarchisch. Man kann ihnen nicht beitreten - man wird zur Teilnahme eingeladen. Das ist problematisch. Aber es wäre falsch zu behaupten, sämtliche Entscheidungen in den Parteien würden vorprogrammiert, und die Klüngel beherrschten die Szene. So können sich die nicht an den informellen Gruppen Beteiligten ihrerseits zusammenschließen. Zudem haben Versammlungen ihre eigene Dynamik und lassen sich nicht zu hundert Prozent programmieren. Vor allem drücken informelle Kreise und Eminenzen in den politischen Parteien einen Grundkonsens aus, den sie wie eine Puppe in der Puppe nur deutlicher vertreten als die Mehrheit der Parteimitglieder. Irgendwie werden alle Mitglieder der Parteien im Sinne dieses Grundkonsens sozialisiert. Aus politisch Interessierten mit Parteipräferenzen werden im Lauf der Zeit richtige „Sozis", „CDUler", „Blau-Gelbe", „rote Socken" oder „Grüne" mit entsprechendem „Stallgeruch".

Parteien sind politische Sozialisationsagenturen. Aber sie formen keine Einheitstypen aus ihren Mitgliedern. Die Typologie der Mitglieder in jeder Partei ist bunt. Die gesamte Mitgliederschaft einer Partei sei „formelle Parteimitglieder" genannt. Formelle Parteimitglieder sind alle, die von den Parteien in ihren Dateien geführt werden. Diese Gesamtheit unterscheidet sich in

„eigentliche Parteimitglieder" und in „Schattenmitglieder". Unter den eigentlichen Parteimitgliedern gibt es die „Parteigänger" und die „Parteiträger". Daraus lässt sich eine Typologie der Parteimitglieder ableiten:

a) Formelle Parteimitglieder

Die Karrieristen

Weit verbreitet ist die Auffassung, alle Parteimitglieder seien Karrieristen, nutzten nur die Mitgliedschaft in den politischen Parteien, um persönlich voranzukommen. An diese Auffassung knüpft sich manche Kritik an den Parteien. Doch sind die Karrieristen nur ein Teil der Mitgliederschaft.

Der Karrierist - und seit den siebziger Jahren die Karrieristin - tritt in die politische Partei ein, um dort oder im Beruf mit Hilfe der Partei aufzusteigen. Der Karrierist ist bei seinem Parteibeitritt jung, akademisch ausgebildet, im Idealfall Jurist. Er sucht sich seine politische Partei nach Opportunität aus, wo er meint, am schnellsten vorankommen zu können. Die meisten Karrieristen sind im öffentlichen Dienst beschäftigt, oder sie gelangen durch die Partei dorthin. Aspiranten mit dem Berufsziel Politiker treten schon vor ihrem akademischen Abschluss in die Parteien ein und betätigen sich sehr früh, schon mit 18 Jahren etwa, in deren Jugendorganisationen. Dort werden sie Vorsitzende oder Sprecher und üben sich in Parteiarbeit. Ihr Studium ziehen sie nebenher durch. Manche wählen dort Diplom- oder Doktorarbeiten zu Themen aus dem angestrebten Berufsfeld. „Die Gründungsgeschichte der CDU in Rheinland-Pfalz" etwa ist ein Thema, das als Start in die höchsten Ämter des Staates dienlich sein kann. Nach dem Studium, wenn es sich im Sinne Max Webers noch nicht „von der Politik" leben lässt, ergreifen künftige Berufspolitiker gerne einen Job als Assistent in der Partei oder in deren Einflussbereich. Wird ein Karrierist in eine Landtagsfraktion gewählt oder in den Bundestag, erhält er ein erstes Dezernentenamt, kann er schon von der Politik leben und die nächste Stufe auf dem Weg nach oben vorbereiten.

Derartige Parteikarrieristen treten in allen politischen Parteien auf, und an ihrer Dominanz wird vielfach Kritik geübt, weil sie ihr gesamtes Berufsleben ausschließlich in der Politik verbracht haben. Außer dem Kindergarten, der Schule und der Hochschule haben sie niemals andere Organisationen kennen gelernt als die Partei mit ihren Nebenorganisationen. Wenn sie in eine Gewerkschaft, in einen Verein oder Verband eintreten, dann tun sie das im Interesse ihrer Absichten in der Partei. Die Liste derjenigen, die es am Ende schaffen, eine Parteikarriere zu machen, ist lang. Wahrscheinlich ist die Liste der Gescheiterten noch länger. Denn zum Aufstieg in einer Partei gehört mehr als nur der Wille dazu: Man muss andere Menschen überzeugen können, politische Situationen richtig einschätzen, die Ellenbogen einsetzen können, und ohne ein solides Fachwissen geht es auch nicht. Erfolgreiche Parteikarrieristen in diesem Sinne sind Helmut Kohl, Gerhard Schröder oder Guido Westerwelle.

Da die Gefahr des Scheiterns umso größer ist, je höher einer klettert, passiert es manchem Parteiführer, dass er erst nach Verlust eines politischen Amtes einen Beruf außerhalb der Partei wahrnimmt. So ist manch ein Bundeswirtschaftsminister bekannt, der nach seiner Demission bei der Wirtschaft aufgefangen und dem dort die Arbeit wenigstens finanziell wesentlich besser vergolten wurde als in der Politik.

Zahlreicher, aber weniger öffentlich beobachtet sind die Karrieristen, die nicht in der, sondern mit Hilfe der Partei aufsteigen, und das vor allem im öffentlichen Dienst. Solche Parteigänger sehen sich unter den Parteiführern gezielt nach geeigneten Mentoren um: Politiker, die Einfluss haben auf die Besetzung von Stellen, auf Beförderungen und Berufungen. An solche Politiker „hängen" sich die Karrieristen, stehen ihnen bei parteiinternen Schlachten zur Verfügung. Sie buhlen um das Wohlwollen der oft ahnungslosen Mentoren, loben sie vor anderen Parteimitgliedern. Sie versuchen, privat Kontakt zum erkorenen Förderer zu knüpfen. Immer dort, wo der Mentor in der Partei bei Versammlungen auftritt, sind sie dabei, und nachher beim Bier schmeicheln sie ihm. Wenn diese Parteigänger Glück haben, nimmt ein aufsteigender Förderer sie mit nach oben.

Sehr weit nach oben ging es bei der Übernahme der Verwaltung der neuen Bundesländer durch Politiker und Beamte aus dem Westen. So mancher in den Osten exportierte Politiker holte sich seine Anhänger nach und machte sie zu hohen Beamten, unabhängig von der Qualifikation.

Die Moralisten

Die Moralisten halten die ehernen Grundsätze der Parteiideologie hoch. Sie sind die guten Sozialdemokraten, die „Herz-Jesu-Christen", die unbeugsamen liberalen „Partisanen"[63] oder die konsequenten „Öko-Fundis". Diese Menschen zeichnen sich durch einen konsequenten Lebensstil aus; sie halten treu und fest zu ihrem Ideal im Privaten wie im Beruf und eben auch in der Partei. Da man eine derartige Glaubwürdigkeit nicht einfach postulieren kann, sondern vorleben muss, sind die anerkannten Moralisten meist ältere Parteimitglieder, deren Werdegang man kennt. Sie haben ein inniges Verhältnis zu ihrer idealtypischen und ein distanziert-kritisches zur realen Partei. Oft sind sie voller Spott über den aktuellen Kurs und über die gerade handelnden Spitzenpolitiker. Begegnen sie diesen, nehmen sie kein Blatt vor den Mund.

Die Moralisten machen keine Karrieren in den Parteien und erwarten das wahrscheinlich gar nicht. Sie werden von der Jugend geliebt und von Parteiführern intern als „Spinner", nach außen aber als „Gewissen der Partei" bezeichnet. Sie lieben es, den Mitgliedern ihre Wahrheit zu sagen, und sie stört es nicht, wenn sie damit polarisieren. Besonders die Karrieristen in der Partei nehmen sie aufs Korn und lassen keine Gelegenheit aus, über diese zur klammheimlichen Freude

---

[63] Rolf Schroers, Der Partisan. Mensch im Widerstand, Münster 1989

der Mehrheit der Parteimitglieder zu spotten und zu höhnen. Die Karrieristen ficht das nicht an; sie ändern ihr Verhalten durch den Spott eines Moralisten um kein Jota. Die Moralisten sind unbeugsame Menschen. Viele von ihnen, vor allem Sozialdemokraten und Kommunisten waren in den Konzentrationslagern der Nationalsozialisten. Andere haben sich der Diktatur in der DDR widersetzt und mussten dafür in Bautzen, Hohen Schönhausen oder sonstigen Orten des sowjetischen Terrors leiden. Sie wissen, dass die Mehrheit der Parteimitglieder diese Unbeugsamkeit nicht hat, und die anderen Mitglieder spüren das. Insofern werden die Moralisten im Allgemeinen im Parteileben respektiert und geachtet, selbst wenn sie im Alltagsgeschäft penetrant wirken und sich in Kleinigkeiten verbeißen können. Vielen der Moralisten ist Streitlust nicht abzusprechen. Andererseits verfügen diese Menschen häufig über rhetorische Begabungen, und sie sind nicht ohne hintergründigen Humor. Nicht allzu selten sind sie stark regional eingefärbt, als typische „Kölsche Jongs", „Hamburger Deerns", „Münchner Kindl" oder „Berliner Schnauzen". Es sind Käuze, Originale, Typen.

Gerade die Moralisten in den Parteien widerlegen die These, diese seien Zusammenschlüsse von Opportunisten und glattgeschliffenen Funktionären. Die Moralisten sind einer Sache wegen und nicht für ihren Eigennutz Parteimitglieder. Viele sind politische Autodidakten; Manche sind in politikfernen Berufen erfolgreich und persönlich unabhängig. Es fällt auf, dass diese Menschen fast immer nichts mit dem öffentlichen Dienst zu tun haben, mit dem die Parteien doch ansonsten sehr verwoben sind. Die Moralisten wollen eine sozialistische, christliche, offen-liberale oder grüne Gesellschaft und befürchten, die Welt werde zugrunde gehen, wenn ihr Ziel nicht erreicht wird. Weil sie grundsätzlich und nicht taktisch agieren, steigen sei in der Hierarchie der Parteien nicht nach oben, und das allgemeine Publikum lernt sie nicht kennen. Dennoch beeinflussen sie die Wirklichkeit des Parteilebens, auch wenn sie in der populistischen Parteienkritik nicht erwähnt werden.

Für das Parteiensystem als solches spielen die Moralisten eine wichtige Rolle: Sie sind innerparteiliche Gegengewichte zur allgemeinen Orientierung sämtlicher Parteien zur politischen Mitte hin. Der durch das Wahlkampfdenken bewirkte Trend zur politischen Mitte missfällt den grundsätzlich orientierten Moralisten. Manchmal geschieht es, dass sich die Moralisten auf einer Versammlung, sogar einem Parteitag durchsetzen, wenn die Führung es mit der Anpassung an die Mitte zu arg getrieben hat und die Partei kurz vor der Unkenntlichkeit steht. Dann beruft sich eine Parteiversammlung plötzlich auf sozialdemokratische, christliche, liberale oder grüne Grundwerte und verwirft „vernünftige" Konzepte der Parteiführung. Die Presse ist dann irritiert, zieht über die unverantwortlichen „Fundis" in der jeweiligen Partei her. Journalisten kennen Parteien halt nur von Pressekonferenzen und Parteitagen. Sie nehmen die Außenbilder der Parteien wahr und machen sich meist nicht die Mühe, deren Innenleben kennen zu lernen. Sie wissen nicht, dass eine Partei nur solange lebt, wie sie eine Seele hat.

Die Vereinsmenschen

Nach der obligatorischen Weihnachtsfeier ist der Wahlkampf das schönste für die Vereinsmenschen unter den aktiven Parteimitgliedern. Die Vereinsmenschen lieben die Organisation, die Zusammenkünfte, die Aktionen. Die Formen sind ihnen Inhalte. Diese Mitglieder haben große organisatorische Fähigkeiten. Sie verstehen, Wahlkämpfe zu organisieren, unlustige Mitglieder unter Druck zu setzen, dass sie sich regelmäßig an einen mit den Parteifarben versehenen Tapetentisch unter einem Sonnenschirm auf die Straße stellen, um Broschüren und Traktätchen an die wenig interessierten Bürger zu verteilen. Die Vereinsmenschen sind in allen Etagen der Parteien anzutreffen. Sie werden in den Basisgliederungen ebenso gebraucht wie an der Spitze. Vereinsmenschen haben keine Probleme, sich in den Farben ihrer Partei zu kleiden, ihre Privatautos mit Parteiaufklebern zu bepflastern oder in „feindliche" Versammlungen zu gehen, um sich dort schon optisch als Mitglied ihrer Partei zu bekennen.

Programmatische oder gar ideologische Diskussionen sind für die Vereinsmenschen eine Qual. In Vorbereitungen von Wahlkämpfen leiden sie darunter, wenn die anderen über Hölzchen und Stöckchen bei der Formulierung von Programmen diskutieren. Die Vereinsmenschen wollen beschlossene Programme, die sie zum Designer und zum Drucker geben können. Für sie ist der Höhepunkt im Leben von Parteiprogrammen gekommen, wenn diese frisch broschürt vom Drucker auf den Tapetentischen der „Stände" liegen, möglichst flächendeckend über alle zugleich. Zu ihrem Vokabular gehören Worte wie „Mailing", „Stecken", „Schlitzen"; „Auftaktveranstaltung", „Wesselmänner" oder „Logo". Hellwach sind sie, wenn Werbeagenturen ihre Konzepte vorstellen, und sie können nicht genug darüber reden, ob und wie die „Sympathieträger" auf Plakaten wirken oder ob in den „TV-Spots" mit „Personality" oder mit „Massages" gearbeitet werden soll. Im Rausch der Organisation von Wahlkämpfen vergessen sie nicht nur die eigentlichen politischen Ziele einer Partei, sondern auch die für die Organisation begrenzt zur Verfügung stehenden Finanzen. Da müssen sie gebremst werden.

Wohl dem Parteiführer oder ambitionierten Karrieristen, der einen Vereinsmenschen auf seiner Seite weiß. Dieser organisiert ihm nicht nur Wahlkämpfe, auch innerparteiliche Mehrheiten. Denn das ist nicht nur eine Frage der Überzeugung, sondern auch der Organisation. Träge Parteimitglieder oder Unentschlossenen müssen angerufen werden, zu Terminen motiviert und zur Abgabe ihrer Stimme für die „richtige" Liste eingestimmt werden. Dabei sind diverse Rücksichten zu bedenken, zum Beispiel die Tatsache, dass das „Stimmvieh" gar nicht so sehr genügsam ist, dass miteinander verfeindete Mitglieder doch innerhalb eines Lagers auftreten und vieles andere.

Irgendwann merken die manche Vereinsmenschen, dass sie ihre organisatorischen Fähigkeiten statt für andere auch für sich einsetzen können. Es kommt vor, dass sie an ihrem bisherigen

Führer oder Mentor einen „Vatermord" begehen und selber hohe politische Ämter anstreben. Dort sind sie oft erfolgreich, weil organisatorische Fähigkeiten überall gebraucht werden und Lieferanten von Ideen und Ideologien stets reichlich vorhanden sind. Auch kommt es diesen Parteimitgliedern zugute, dass sie auf andere Menschen sympathisch wirken, gesellig sind. Sie lieben es, nach getaner Arbeit in gemütlicher Runde beim Bier zusammen zu sitzen und menschliche Wärme zu verströmen. Für die herausragenden Ämter sind diese Parteimitglieder nicht geeignet, weil sie über keine politische Phantasie, meist über kein ausreichendes Charisma und nicht über die notwendige Härte verfügen. Aber in den zweiten und dritten Reihen werden sie allenthalben gebraucht.

Unter den Vereinsmenschen gibt es freilich auch die schlichteren Gemüter. Das sind jene Mitglieder, die einfach wegen der Geselligkeit in einer Partei sind. Sie lieben die Versammlungen, die Zusammenkünfte, das Wählen von Vorständen und die Beachtung der Satzung. Diese Leute hätten auch mit dem gleichen Engagement in einem Sport- oder im berühmten Kaninchenzüchterverein sein können. Durch Zufälle sind sie bei einer Partei gelandet. Sie freuen sich bei jeder Zusammenkunft auf die privaten Schwätzchen: Manche Parteitage vergehen so unter munteren privaten Reden wie im Fluge, wenn nur zwei Vereinsmenschen der schlichteren Art nebeneinander sitzen. Was sich auf der Bühne abgespielt hat, erfahren sie sowieso aus der Zeitung.

Die Vereinsmenschen sind der Kitt der Parteiorganisationen. Ohne sie würde mancher Karrierist nicht vorankommen, hätten viele Moralisten kein Publikum, und ohne sie würde viel der von den Parteien unbeabsichtigt geleisteten politischen Bildungsarbeit nicht zustande kommen. Ein bestimmtes Sozialprofil der Vereinsmenschen existiert nicht: Es sind Männer und Frauen, Alte und Junge, mehr oder weniger Gebildete.

Die Parteien sind ihnen zu Dank verpflichtet.

Die ewigen Basisvertreter

Wie es Parteimitglieder gibt, die es immer weiter nach oben drängt, so gibt es auch solche, die es kultivieren, unten zu sein. Ihren geringen parteiinternen sozialen Status kompensieren sie, indem sie es den anderen gerne geben und ihnen sagen, wie es im Volke wirklich zugehe und wie der gemeine Mann tatsächlich denke. „Ihr da oben könnt nicht ´mal ´n Pfund Äppel kaufen. Aber ich weiß wie das Volk denkt, ich gehöre dazu." Natürlich genießen es die Basisvertreter, wenn Parteiführer kommen und gehen, während sie bleiben. Sie sind für jede Häme gegen die da oben gut. Jeden innerparteilichen „Putsch" gegen eine Führungsgruppe machen sie mit, und jeden Herausforderer unterstützen sie so lange, bis er sein Ziel erreicht hat. Dann ist auch der verdächtig.

Die Basisvertreter sind meist Menschen, die auch im Beruf und in der Familie nicht vom Erfolg verwöhnt sind. Im marxschen Sinne sind sie eine Art innerparteilichen Lumpenproletariats.

Meist sind es solche, die sich gerne einen ausgeben lassen und in Kneipen oder anderen öffentlichen Orten genauso über die Oberen ihrer Partei schimpfen wie in der Partei selbst. Was sie dort, beim „Volk", erfahren, tragen sie direkt in die Partei hinein und vertreten es dort unverblümt und genussvoll.

Insbesondere Parteiführern sind die ewigen Basisvertreter peinlich und lästig. In den Parteigliederungen selber werden sie dagegen geduldet und häufig belächelt. Man billigt ihnen eine Art Narrenfunktion zu, auch wenn sie den Betrieb aufhalten und nicht immer klar artikulieren können, was sie vortragen möchten.

Dass es die ewigen Basisvertreter gibt, ist für den demokratischen Zustand einer Partei ein gutes Zeichen. Hier schlägt den Machern des Parteibetriebes eine andere Kultur entgegen. In einem Betrieb oder in einer Behörde könnten solche Menschen niemals zu Worte kommen, in den Parteien muss man sie ertragen. Jedes Parteimitglied ist formal gleich, und niemand fliegt aus der Partei, weil er einen Parteiführer - wenn auch unflätig - kritisiert. Die Basisvertreter sind ein Korrektiv für jene Parteiführer, die ihr langes Leben lang immer nur Parteifunktionäre waren. Leider werden sie zu wenig beachtet.

Die Klugen unter den Parteiführern aber hören genau hin, was die Basisvertreter sagen.

Die Realisten

Natürlich gibt es in der Partei Mitglieder, die sich durch ihre Mitgliedschaft zur politischen Grundlinie der Partei bekennen, obwohl ihr beruflicher und privater Lebensmittelpunkt anderswo liegt. Diese Mitglieder zahlen regelmäßig ihre Beiträge, besuchen nicht jede Versammlung ihrer Ortsgruppierung, aber wenigstens doch die Jahreshauptversammlungen. In der Regel sind diese Mitglieder nicht bereit, Partei- oder sonstige politische Ämter zu übernehmen; höchstens für kleinere oder zeitlich begrenzte Aufgaben lassen sie sich aktivieren. So gibt es einen wohlsituierten Steuerberater, der in seinem Ortsverband seit über 20 Jahren immer wieder die Funktion eines Rechnungsprüfers wahrnimmt und durch alle politischen Veränderungen und Stürme hindurch schlicht die personalisierte Kontinuität der Organisation ist. Nur zu den Jahreshauptversammlungen erscheint er, nur zum Tagesordnungspunkt „Bericht des Rechnungsprüfers" ergreift er das Wort, das aber immer wieder kurz und präzise: „Die Einnahmen und Ausgaben wurden überprüft, sie sind ordnungsgemäß verbucht, und die vollständig vorhandenen Belege stimmen damit überein. Ich beantrage, den Vorstand zu entlasten." The same procedure as every year!

In der Gruppe der Realisten gibt es einige, die sich hin und wieder aktiv in das Parteigeschehen einschalten. Das geschieht meist, wenn die Wellen der innerparteilichen Auseinandersetzungen sehr hoch schlagen und es angebracht erscheint, Kampfhähne der verschiedenen Flügel zur Raison zu bringen. Solche dringenden Appelle der „vernünftigen" Mitglieder verfehlen ihre Wirkung nicht. Sie kommen nämlich von Persönlichkeiten, die in ihren außerparteilichen Berufs-

oder sonstigen Wirkungskreisen Gehör und Anerkennung finden. Sie sind dort gewissermaßen die Botschafter ihrer Parteien und vermitteln innerhalb der Parteien die Denk- und Verhaltensmuster von Lebensbereichen, die für die Parteien wichtig sind.

Gelegentlich gelingt es doch, solche Mitglieder zu hohen Ämtern zu berufen. Sie ziehen dann nicht über die „Ochsentour" nach oben, sondern wechseln aus ihrer Sicht ihren Job, in dem sie aus der Wissenschaft, Verwaltung oder aus der Wirtschaft in die Politik gehen. Häufig und unproblematisch ist der Gang zurück an die alte Wirkungsstätte. In Deutschland ist wegen der Absicherung der Stelle die Mobilität zwischen dem öffentlichen Dienst und der Politik am häufigsten. Wirtschaftler dagegen wechseln seltener in die Politik.

Unter den eigentlichen Parteimitgliedern sind solche, die der normale Parteigänger gar nicht zu Gesicht bekommt. Aber auch diese erfüllen Funktionen für die Partei.

Die Zahler

Die Aktivitäten der Parteimitglieder erstrecken sich auf zwei Gebiete: Die direkte Beteiligung am Parteileben einerseits und das Zahlen der Mitgliedsbeiträge andererseits. Hierbei gibt es jeweils Pflicht und Kür: Zum Besuch von Versammlungen kann die Übernahme von Posten kommen und über die Mitgliedsbeiträge hinaus können Spenden überwiesen werden. Wie es Mitglieder gibt, die eifrig Versammlungen besuchen und sich um Ämter bewerben ohne gerne zu zahlen, so gibt es welche, die, die zwar zahlen, aber nicht kommen.

Die Motive der reinen Zahler können verschieden sein: Manch einer unterschreibt in einer bestimmten Situation oder Laune, vielleicht als Gefallen für einen parteiaktiven Freund, einen Aufnahmeantrag und erteilt zugleich die Vollmacht zur Einzugsermächtigung. Damit ist die Beziehung zur Partei schon abgeschlossen, die Mitgliedschaft sicher nicht vergessen, aber verdrängt; sie wird im Kontext der anderen eigenen sozialen Rollen als marginal angesehen. Aber 10, 20 oder mehr Euro - je nach Einkommen - gehen jeden Monat bei der Partei ein.

Andere wieder sind Mitglied der Partei geworden schon um des politischen Bekenntnisses wegen, finden aber nicht die Zeit und sind nicht motiviert, zu Versammlungen zu gehen: Das können Menschen sein, die im Ausland leben oder solche, die durch ihren Beruf - z. B. als Arzt - derart in Anspruch genommen werden, dass sie in ihrer Freizeit anderen Beschäftigungen nachgehen als Parteiversammlungen zu besuchen. Der regelmäßige Beitrag ist der sichtbare Ausdruck der Zugehörigkeit. Weil sie damit ihre permanente Abwesenheit kompensieren können, sind solche Mitglieder nicht abgeneigt, ab und zu eine Spende an die Partei zu überweisen. Eine Spende kann steuerlich „geboten" sein. Die stets nach Geldquellen sinnenden Vorstände der Parteien kennen die wirtschaftliche Lage der Zahler gut und sprechen sie in diesem Sinne an. Schließlich gibt es bestimmte Berufsfelder, bei denen es sich einfach gehört, dass man mindestens als leitender Funktionär einer bestimmten Partei angehört: Vom Gewerkschafter erwartet man ein SPD-Parteibuch, vom Kolping-Repräsentanten eine CDU-

Mitgliedschaft, vom Green-Peace-Manager die Zugehörigkeit zu den „Grünen", und niemand wundert sich, wenn er erfährt, dass ein Funktionär der Zahnärztevereinigung bei der FDP eingeschrieben ist. Solche Parteimitglieder sind am eigentlichen Parteileben nicht interessiert; sie sind als Festlegung ihres gesellschaftspolitischen Standortes in der richtigen Partei „drin", zahlen ihre Beiträge und damit basta.

Die jeweiligen Vorstände lieben die reinen Zahler unter den Mitgliedern sehr. Diese tragen durch ihr Geld zur Parteiarbeit bei, machen die eigene Position nicht streitig und beteiligen sich nicht an den „Machenschaften" der innerparteilichen Gegner. Reine Zahler sind in jeder Partei sehr willkommen.

Die öffentlichen Mitglieder

Gerne schmücken sich politische Parteien mit der Mitgliedschaft von „Prominenten", die sich als Künstler, Wissenschaftler, Wirtschaftsführer oder Sportler zu ihnen bekennen. Solche Mitglieder müssen eigentlich nichts weiter tun als gelegentlich durchblicken zu lassen, sie seinen in der Partei X oder Y. Die von solchem Outing ausgehende Werbewirkung wird als groß eingeschätzt. Daher sind die Parteifunktionäre für solche Bekenntnisse dankbar. Besonders geehrt fühlen sich die Parteien, wenn ein Star sich bekennt, der aus einem Bereich kommt, für den man gerade dieser Partei wenig Kompetenz zutraut. Ein Beispiel hierfür war Edzard Reuter, der – jedenfalls vorübergehend - als hochangesehener Mercedes-Chef niemals seine Mitgliedschaft in der SPD verleugnet hatte.[64] Prompt wurde der Sohn des früheren Regierenden Bürgermeisters von Berlin, Ernst Reuter, für hohe Staatsämter ins Gespräch gebracht.

Die Sache mit den Prominenten hat den Haken, dass gerade im Schaugewerbe Tätige sich meist scheuen, ihre Mitgliedschaft bekannt zu geben, denn sie befürchten davon einen Ansehensverlust. Diese „Promis" halten eventuell vorhandene Parteibücher lieber nicht hoch, weil das Anhänger aus anderen Parteien irritieren könnte. Schriftsteller wiederum scheinen sich bei allem Engagement auch in der Politik zu scheuen, Mitglied in einer Partei zu werden, weil damit ihre Unabhängigkeit infrage gestellt werden könnte. Ein Wanderer zwischen den Welten ist Günter Grass, der zeitweilig zur Unterstützung Willy Brandts der SPD angehörte und die Partei wieder verließ, weil er nicht zu tief ins politische Alltagsgeschäft hineingezogen werden wollte.

Im normalen Parteileben an der Basis spielen die öffentlichen Mitglieder keine Rolle. Sie kommen nicht zu den Sitzungen und Versammlungen. Für die einfachen Parteimitglieder sind sie ebenso fern wie für jeden anderen Bürger

Schattenmitglieder

Schattenmitglieder tauchen weder auf den Anwesenheitslisten der Parteiversammlungen, noch in Beitragskonten der Schatzmeister auf. Es sind Mitglieder, die weder zahlen noch kommen. Irgendwann haben sie einmal ihren Parteibeitritt erklärt, und seitdem gibt es keinerlei

---

[64] Hans Ott Eglau, Edzard Reuter, Düsseldorf/Wien/New York/Moskau 1991

Beziehungen mehr zwischen ihnen und der Partei. Die Vorstände der unteren Parteigliederung könnten dann eine Trennung von der Partei beantragen, wenn die Betroffenen sich auch nach Mahnungen nicht rühren. Das wird nicht immer getan, denn nach der Mitgliederzahl berechnet sich die Delegiertenschlüssel für die Gliederungen auf den Parteitagen: Je größer die Zahl der Mitglieder ist, desto größer der Anteil der Delegierten für diese Gliederung. Die Sache hat freilich den Haken, dass die Gliederungen nicht nur Delegierten nach Mitgliederzahlen zugerechnet bekommen, sondern auch entsprechende Zahlungen pro gemeldetem Mitglied „nach oben" leisten müssen. Das heißt, die Zahler müssen für die Nichtzahler mit einstehen. So kommt es, dass hin und wieder „Bereinigungen der Mitgliederbestände" stattfinden und die „Karteileichen" aus den Dateien gelöscht werden.

Die Karteileichen entstehen auf verschiedene Weise. Häufig ist es der Fall, dass ein Mitglied seine Bindung an die Partei allmählich verliert, nicht mehr geht und nicht mehr zahlt, aber sich auch nicht aufrafft, ein Austrittsschreiben aufzusetzen.

Hin und wieder kommt es vor, dass ein Parteimitglied seinen Wohnort wechselt und die Partei hierüber nicht informiert. Die Post geht mit dem Vermerk „unbekannt verzogen" zurück. Die Partei unternimmt wegen der Pflege der hohen Mitgliederzahl nichts. Es kann auch vorkommen, dass Menschen Mitglied einer Partei werden, ohne selber etwas davon zu wissen: Ein Verwandter oder Freund, vielleicht ein Bekannter hat für ihn die Aufnahme beantragt, ohne ihn richtig darüber zu informieren. Wenn es darum geht, die eigenen Reihen etwa in innerparteilichen Kampfsituationen aufzufüllen, kann es passieren, dass manch einer zu derart illegalen Methoden greift. Schließlich kommt es auch vor, dass Mitglieder, die verstorben sind, nicht sogleich von der Liste gestrichen werden, so dass diese nicht nur Kartei-, sondern richtige Leichen sind.

So soll es vorgekommen sein, dass man die Namen einzelner Parteimitglieder auf dem Friedhof an den Grabsteinen nachlesen konnte...

b) Kleine Funktionäre

Wenn Mitglieder in untere Partei- oder sonstige Ämter aufsteigen, sind sie „kleine Funktionäre". Die kleinen Funktionäre sind die Mitglieder der Basisvorstände, die Delegierten auf den Parteitagen, die Bürgerdeputierten in den kommunalen Vertretungskörperschaften. Es sind Parteiaktivisten, die nicht von der Politik leben, aber doch zu einem großen Teil ihres Lebens für die Politik.

Der übliche Vorstand der Basisorganisation besteht aus einem Vorsitzenden, zwei stellvertretenen Vorsitzenden, einem Schatzmeister, etwa drei Beisitzern und gelegentlich auch einem Schriftführer. Diese Vorstände haben eine regionale Zuständigkeit - etwa „München-Mitte" oder „Stuttgart-Süd"- und sind vor Ort die Repräsentanten der Partei für Mitglieder und

Nichtmitglieder. Sie organisieren die Veranstaltungen ihrer Verbände und versuchen, sich auf den höheren Ebenen der Partei Gehör zu verschaffen, dort eigene Mitglieder zu placieren und Einfluss zu gewinnen. Mitgliederversammlungen der Ortsgliederungen der Parteien finden in der Regel einmal im Monat statt. Dazwischen treffen sich die Mitglieder des Vorstandes und besprechen Aktivitäten. Besondere Aufgaben kommen auf Basisvorstände in Wahlkämpfen zu: Sie müssen dafür sorgen, dass in „ihrem" Gebiet Plakate geklebt, Zettel, Broschüren und Zeitungen verteilt und „Stände" abgehalten werden. Da kann zwischen den einzelnen Vorständen und im Binnenverhältnis wiederum zwischen den Mitgliedern des Vorstandes ein regelrechter Wettbewerb entbrennen. Allerdings werden die Wahlkämpfe seit den siebziger Jahren mehr und mehr professionalisiert, und die Aufgabe des Verteilens von Broschüren aller Art wird ebenso Agenturen übertragen wie das Kleben von Plakaten. Hier liegt eine Ursache für den gestiegenen Geldbedarf der Parteien, und deren Forderungen nach immer größeren Zuwendungen durch die Öffentliche Hand ließe sich gut entgegnen, wenn man sie verpflichtete, die Werbung in den Wahlkämpfen wieder in die Hände der Mitglieder zu geben. Dagegen spricht die Befürchtung der Parteimanager, die Darstellung der Parteien könne zu hausbacken sein. Doch wenn das bei allen Wettbewerbern gleich wäre, könnte niemandem hieraus ein Nachteil entstehen, und im übrigen ist es die Frage, ob im Zeitalter der allgemeinen kommerziellen Überflutung einige hausbackene Bemühungen gerade besondere Aufmerksamkeit erzielen würden. Ehrlicher als die professionalisierte wäre die hausgemachte Werbung auf jeden Fall.

In der Parteiensoziologie dominiert - wie bereits erwähnt - die These, es gebe es in den Parteien einerseits die „Basis", andererseits die führende „Oligarchie" und beide stünden antagonistisch zueinander. Die Wahrheit ist, dass es einen allmählichen Übergang gibt von passiven zu höchst aktiven Mitgliedern und dass der Grad der Aktivität der Beteiligten umso höher wird, je höher die Handlungsebene ist. In der Spitze, der Bundesebene, sind die Handelnden vollberuflich als Politiker tätig. In den unteren Gliederungen gibt es den Übergang zwischen Untätigen und Freizeitpolitikern, die sich an Feierabenden und Wochenenden für die Partei betätigen. Diese Freizeitpolitiker prägen das Bild einer Partei ebenso wie die Spitzenpolitiker, deren Aufgabe unter anderem darin besteht, dieses Bild der Parteien in den Massenmedien darzustellen.

Im örtlichen Vorstand haben der Vorsitzende und der Schatzmeister die wichtigsten Positionen inne. Die oder der Vorsitzende bekleidet häufig weitere politische Ämter, ist also ein Funktionär. So werden Land- oder Kreistagsabgeordnete gerne an die Spitze der Lokalorganisationen gewählt, aber auch Bürgermeister, Dezernenten und Beigeordnete. Da die Betroffenen ganz oder zeitweise von diesen politischen Positionen leben, meinen die Mitglieder der Basisorganisationen, dafür könnten sie die notwendige Arbeit im Ortsverband tun. Auf der anderen Seite hebt ein Landtagsabgeordneter als Vorsitzender das Ansehen der Parteiorganisation. Ein solcher Vorsitzender kann durch seine vielfältigen Kontakte die Interessen der

Mitglieder weiter vertreten als ein in der Partei Unbekannter. Die Mandatsträger ihrerseits nehmen Vorsitzendenpositionen auf der unteren Ebene der Partei gerne an, weil sie meinen, ihr einträgliches Amt dadurch innerparteilich absichern zu können. Wenn sie es geschickt machen, können solche Vorsitzende sich an beiden Stellen eine sichere Position ausbauen: Den Ortsverband „pflegen" sie, indem sie alle wichtigen Entscheidungen der Fraktion, des Magistrats oder welchem Gremien sie angehören, dort vortagen und den Mitgliedern das Gefühl geben, an diesen Entscheidungen indirekt mitzuwirken. Im politischen Gremium können sie auftrumpfen und sagen, wie man „drinnen in der Partei denkt" - das macht immer Eindruck. Insgesamt sind solche Vorsitzende der unteren Parteigliederungen die Zwischenträger der politischen Willensbildung von unten nach oben.

Anders sieht es bei den Schatzmeistern aus. Sie haben keine weiteren Funktionen in der Partei und häufig einen Beruf, der sie von vornherein zu ihrem Amt prädestiniert. Nicht in allen Parteien gibt es die für solche Positionen idealen Bankdirektoren, aber Steuerberater oder Steuerbeamte tun es auch. Schatzmeister haben ihre eigene Sicht von der Parteiarbeit. Für sie ist es vor allem wichtig, dass möglichst viel Geld in die Kassen kommt und auch drin bleibt. Politischen und organisatorischen Aktivitäten ihres Vorstandes stehen sie skeptisch gegenüber, wenn sie Geld kosten. Am liebsten möchten sie solches unterlassen. So müssen die Schatzmeister häufig überrede und bekniet werden, denn wenn es ums Geld geht, haben sie ein Vetorecht. Extrem wird es, wenn ein Vorsitzender erklärt, er könne leider keine Briefe an die Mitglieder mehr herausschicken und auch im Wahlkampf nichts tun, weil der Schatzmeister, „dieser Schotte", auf dem Geld sitze, alles in Festgeld anlege und sich am Jahresende freue, wenn das Konto des Basisverbandes angestiegen ist. Solche Sichtweise der Arbeit eines Schatzmeisters ist allerdings zu einseitig, und der Vorstand wird sich bemühen, auf der nächsten Wahlversammlung einen anderen für dieses Amt durchzusetzen.

Als nach den Spendenaffären zur Jahrtausendwende das Finanzrecht für die Parteien verschärft wurde, richteten die Parteien zentrale Dienstleistungsagenturen ein, die das Risiko der Schatzmeister in den unteren Gliederungen mindern sollten. Seitdem setzte in der Finanzwirtschaft der Parteien eine Zentralisierung ein, in deren Folge die Schatzmeister alten Schlages wohl verschwinden werden.

Weniger exponiert sind die stellvertretenen Vorsitzenden, die Beisitzer und - falls vorhanden - der Schriftführer des Verbandes. Die letztere Position wurde in den siebziger Jahren häufig von Frauen eingenommen, die damit dem seinerzeitigen Frauenklischee entsprachen. Doch diese Zeiten sind vorbei. Als Schriftführer, die Protokolle zu fertigen und Mitgliederkarteien zu führen haben, lassen sich gelegentlich verklemmte junge Parteimitglieder finden, die in der Parteihierarchie aufsteigen wollen und fälschlicherweise meinen, die Schriftführerposition sei der Start hierfür. Als stellvertretene Vorsitzende werden häufig Quotenmitglieder gewählt:

Frauen, wenn der Vorsitzende ein Mann ist und umgekehrt, Mitglieder der Jugendorganisationen. Ähnlich verhält es sich bei den Beisitzern. Allerdings ist hier häufig zu beobachten, dass lange gedrängt und gebeten werden muss, bis ausreichend Parteimitglieder für diese Posten kandidieren.

Stehen allerdings innerparteiliche Kampfzeiten an, so sieht es mit der Bewerberlage günstiger aus. Wenn etwa zwei Flügel um die „Macht" kämpfen, präsentieren sie zur Wahl komplette Listen für die Vorstandsbesetzungen und die Delegiertenlisten. Solche Machtkämpfe finden immer wieder statt, wenn es um die Richtung einer Partei geht. Aber häufig geht es gar nicht um Inhalte, sondern um die Vormachtstellungen informeller Gruppen. Die Programmatik ist der Vorwand für den innerparteilichen Kampf. Auch können Frontlinien zwischen alt und jung verlaufen: Junge Parteimitglieder versuchen, die Alten aus ihren Positionen zu verdrängen, um sie selber einzunehmen. Die innerparteilichen Flügelkämpfe brechen leicht im Vorfeld von allgemeinen Wahlen aus. Zwei Jahre vor diesen Terminen sammeln sich die innerparteilichen Truppen, um möglichst viele der eigenen Leute auf den Kandidatenlisten zu placieren.

In jedem Fall sind die örtlichen Verbände die wichtigsten „Saugwurzeln" der Parteien. Wohl 90 Prozent der Mitglieder erleben ihre Partei hier zum ersten Mal, fühlen sich angesprochen oder bleiben weg. Die kleinen Funktionäre dort haben häufig zusammen mit den kleinen Funktionären der anderen Parteien einen örtlichen oder kreislichen Mikrokosmos aufgebaut, der in manchem der großen Politik gleicht, aber in einem doch wieder nicht: Das menschliche Klima ist milder, die Intrigen sind weniger ausgefeilt, die Solidarität zwischen den Parteien ist größer.

An vielen Orten Deutschlands lässt sich schon von der Kommunalpolitik leben. Da gibt es nicht nur die Dezernenten der Gemeinden oder Stadtteile, sondern auch kommunale Betriebe und Verbände, auf die die örtliche Politik gerne zurückgreift: Wasser- und Abwasserverbände, Verkehrs- und Entsorgungsunternehmen sind vielerorts zumindest teilweise in kommunaler Hand, und die örtlichen Politiker sprechen ein Wörtchen mit, wenn es um die Besetzung von Posten und Aufsichtsgremien in diesen Betrieben geht. Da lernen sich die Lokalfürsten der verschiedenen Richtungen kennen und privat häufig schätzen. Sie empfinden sich bald als eine gewisse Elite der Bürgerschaft ihrer Gemeinwesen, die bei allem Trennenden durch die Parteien doch zuerst gemeinsam haben, dass sie sich um die öffentlichen Belange kümmern und ihre Zeit dafür opfern. Und da man in der Politik meist nicht auf einer Ebene allein verharrt, kann es durchaus vorkommen, dass ein SPD-Mann auf der kommunalen Ebene als Fraktionsvorsitzender trefflich mit den „Grünen" gegen die CDU-Opposition agiert, im Kreistag aber als Dezernent die dortige Große Koalition vehement gegen die Angriffe der „Grünen" verteidigt. Im Gasthaus „Zu den drei Linden" dann sitzen sie alle wieder zusammen und bereiten gemeinsam das nächste Schützenfest vor.

Aus derlei Beobachtungen sollte nicht gefolgert werden, die Parteien spielten den Bürgern schon auf der kommunalen Ebene den politischen Streit nur vor und seien in Wirklichkeit nichts anderes als Versorgungsagenturen: Schon die kontinuierliche Arbeit in den örtlichen Verbänden ist mühsam und erfordert Idealismus. Immer wieder müssen Themen und Personen gefunden werden, die man zu Versammlungen einladen kann, um den Mitgliedern ein attraktives Veranstaltungsprogramm anzubieten. Organisatorische Kleinarbeit ist zu leisten. Wenn es ein Vorsitzender eines örtlichen Verbandes etwa vergisst, den Mitgliedern zum Geburtstag zu gratulieren, so wird ihm das bitter angekreidet, besonders wenn sein Vorgänger „darauf immer geachtet" hat. Es sind Weihnachtsfeiern und Sommerfeste zu organisieren, beim Schützenfest muss ein Werbestand der Partei da sein, und der Schaukasten neben dem Rathaus muss immer in Ordnung gehalten werden. Manchmal ist es deprimierend, wenn drei Vorstandsmitglieder zusammensitzen und die Arbeit ihres Verbandes besprechen, während die lieben Parteifreunde zu Hause sitzen und sich im Fernsehen ein Europapokalspiel ansehen. Und nach einer Parteiversammlung gibt es wieder Ärger mit dem Kneipenwirt, der darüber mault, dass der Umsatz viel zu gering war, er dafür nicht mehr seinen „Sportlersaal" reservieren könne, und im Übrigen auch heute wieder offene Rechnungen für „Speisen und Getränke" habe: „Hier, sieben große Pils, drei Bommerlunder, zwei Rotwein, ein Tee und ein Strammer Max: Einfach abgehauen und nicht bezahlt. Aber große Sprüche machen!" Also zahlt der Vorsitzende die offenen Rechnungen in der Hoffnung, das Geld bei der nächsten Sitzung von den Parteifreunden wieder zu bekommen.

In den kommunalen Gremien erfahren die Vorständler von ihren „Kollegen von der anderen Feldpostnummer", dass es bei ihnen auch nicht anders sei. Aber nun müssen sie alle zusammen sehen, wie sie die Kita hinkriegen, die so dringend notwendig ist. Das gemeinsame Kümmern um die Kommune verbindet und erweckt das Gefühl einer örtlichen politischen Klasse, wobei jeder gerne seinen „Laden" vertritt und die Politik und Spitzenpolitiker der jeweiligen Parteien hier repräsentiert und - wenn es sein muss - gerne verteidigt.

Freilich gibt es auch Lohn für die Mühe um die Gemeinde. Dabei geht es weniger um die Sitzungsgelder, Diäten usw. als vielmehr um das erhebende Gefühl, den eigenen Namen in der Zeitung zu sehen, um die kleinen Festlichkeiten der Gemeinde und die Art Gastgeberrolle dort, um den Blick hinter die Kulissen mancher Institution als „zuständiger Abgeordneter". Auch machen manche dieser kleinen Funktionäre einen Karrieresprung nach oben, entweder zum Dezernenten oder zum leitenden Mitarbeiter eines Betriebes. Aber um das zu schaffen, bedarf es schon einiger Fähigkeiten: kommunikativer und fachlicher Qualifikationen, je mehr umso wichtiger das Amt ist.

Es wäre eine Untersuchung wert, herauszubekommen, wie viel Anforderungen und Energie nötig sind, um mit oder in der Politik aufzusteigen und zu vergleichen, ob das in der Wirtschaft leichter ist. Die Hypothese ist, dass es über die Politik mindestens gleich schwer ist. Denn im Unterschied zur Wirtschaft unterliegt der Aufsteiger in der Politik einer öffentlichen Kontrolle, die viel unberechenbarer ist als die Kontrolle in einem Unternehmen. Fachliche Qualifikation wird von einem bestimmten Niveau an in jedem Fall erforderlich.

Die Aufgaben der Parteien sind auf der kommunalen Ebene groß, und so gibt es viele Mitglieder der Parteien, die bei der Bewältigung dieser Aufgaben Kommunalpolitiker werden und das bleiben. Die Nähe und sinnliche Wahrnehmbarkeit der zu lösenden Probleme und das insgesamt „anständige" Klima - trotz immer wieder vorkommender Einbrüche - behagen einem bestimmten Typus von Parteimitgliedern. Diese Menschen bleiben meist ihr Leben lang „Kommunalpolitiker", die unter den Politikern eine Kaste für sich darstellen. Sie sind pragmatisch, nicht theoretisch, auf schnelle Lösungen und Kompromisse hin orientiert, heimatverbunden und wirken ein wenig provinziell. Sie sind vor Ort nicht nur durch die Politik bekannt, sondern auch durch den Fußballverein, die Schützengilde oder den Wirtschaftshof. Ihre Reden sind landsmannschaftlich eingefärbt, und zweifellos können sie besser mit den „einfachen Leuten" umgehen als Politiker der Landesregierungen oder des Deutschen Bundestages. Sie sind durchaus schlitzohrig, wissen dafür aber besser als die Mehrheit der Bürger über die Schattenseiten der Gesellschaft Bescheid. Sie kennen die geistige und materielle Armut vieler Familien, haben mit Junkies gesprochen und vor Augen, wie es in einem geriatrischen Krankenhaus zugeht. Wenn sie in ihren Ortsverbänden sitzen und die Versammlungen leiten, kriegt sie auch ein junger Doktor von der Universität nicht so leicht aus dem Sattel,- es sei denn, die Zeiten und mit ihnen die Parteien befänden sich insgesamt in einem Umbruch.

Dennoch hat die Attraktivität der Kommunalpolitik abgenommen. Sie scheint ihre Funktion zu verlieren, Saugwurzel der Demokratie zu sein.

Exkurs 9

Kommunalpolitik – Saugwurzel der Demokratie oder Reservoir für Funktionäre?
„Frau Sabine Meyer, Verwaltungsangestellte beim Finanzamt Itzehoe, hat sich 1995 zum Eintritt bei der SPD entschlossen. Sie ist 29 Jahre alt, bezieht regelmäßig Einkommen. Da über sie weiter nichts bekannt ist, wird sie aufgenommen. Sie erhält eine Einladung zur Mitgliederversammlung der für sie zuständigen Abteilung I am Donnerstag um 19 Uhr im Ratskeller, „Bürgerstübchen". Es ist ein Hinterzimmer, in das sie fünf Minuten vor Versammlungsbeginn tritt. Dort sitzen zehn Personen, die meisten von ihnen Männer und grauköpfig. Ein Jugendlicher mit Baseballkappe ist auch dabei. Die Augen richten sich auf sie, von der Frontseite des Tisches erhebt sich ein älterer Pulloverträger und sagt: „Bist Du die Sabine? Freut mich, dass Du zu uns gekommen bist. Genossen, das ist die neue Genossin Sabine

Meyer. Willkommen bei uns! Der Vorstand hat gerade seine Sitzung beendet, in fünf Minuten beginnt die Versammlung. Setz Dich doch, Sabine!"

Sabine nimmt Platz an dem das gesamte Bügerstübchen ausfüllenden Tisch und bestellt bei der sofort herbeigeeilten Serviererin einen Tee. Sie sieht, dass die meisten der hier Versammelten ein Bierglas vor sich haben, manche noch ein Schnäpschen daneben. Während sie ihren neuen Genossen zunickt, kommen weitere Personen in den Raum, begrüßen sich gegenseitig, werfen ihr Blicke zu und nehmen Platz. Da ergreift der Pulloverträger das Wort: „Liebe Genossinnen und Genossen. Ich eröffne die Versammlung. Bevor wir in die Tagesordnung eintreten, begrüße ich unsere neue Genossin Sabine Meyer. - Steh mal auf, Sabine!" Beifallklopfen. „Unsere Tagesordnung liegt Euch vor: Hat jemand Einwände?" –„Ja", meldet sich der Mützenträger, vor dessen Platz eine Cola steht. „Ich hätt gern das Umweltthema vor dem Bericht des Vorstandes. Ist doch wichtiger, und Vorstand is sowie bloß Verwaltungskram." Der Vorsitzende wird förmlich: „Ist das n Geschäftsordnungsantrag?" –„Meinetwegen." – „Ihr habt gehört, ein Antrag zur Geschäftsordnung. Spricht jemand dagegen?" Sofort meldet sich ein korrekter Mitvierziger in Schlips und Jackett: „Wir müssen erst den Bericht des Vorstandes diskutieren. Auf dem Kreisparteitag ist ein Misstrauensantrag gegen den Genossen Rücker aus Wilster eingereicht worden, und da müssen wir Stellung beziehen. Müssen wir doch besprechen, solange noch alle da sind." Der Kappenträger bemerkt, den Rücker kenne er sowieso nicht, und eine dunkelhaarige Dame im roten Kostüm giftet, der Rücker sei ein Spinner und habe die Beschlüsse der Partei noch nie geachtet... So geht es weiter, zwanzig Minuten lang Rede und Gegenrede, bis der Vorsitzende über den Geschäftsordnungsantrag abstimmen lässt. Die Mehrheit schlägt sich auf die Seite des Vorstandes; Sabine Meyer enthält sich der Stimme, was der Vorsitzende mit offensichtlicher Missbilligung registriert. Danach setzt er seinen Bericht an. Der Kreistag habe der Errichtung eines Gewerbeparks zwischen Wilster und Itzehoe zugestimmt. Auch die SPD-Fraktion sei dafür gewesen, denn schließlich würden hier 85 Millionen DM investiert und Arbeitsplätze geschaffen, und das alles wäre im Falle einer Ablehnung in die Flensburger Gegend gegangen, wo man sich um das Projekt schon gerissen habe – „einschließlich unserer dortigen Genossen! Der Rücker aber, der Sturkopp, hat als einziger aus unserer Fraktion gegen das Projekt gestimmt, wahrscheinlich weil er um seinen Kramsladen auf dem Wilsterschen Markt fürchtet". Aber der Gipfel sei, dass er zu einer Protestversammlung der Grünen gegen das Projekt gegangen sei, dort auch das Wort ergriffen und gesagt habe, die Itzehoer Genossen seien so dumm, dass „sie die Schweine beißen". Und das haben sie natürlich im NDR-Fernsehen gebracht. Der Vorstand sei jedenfalls der Auffassung, dass man dem Misstrauensantrag gegen Rücker zustimmen müsse, und dass die hier im Bürgerstübchen Versammelten müssten das unterstützen.

Während sich unter den 30 Mitgliedern die Debatten dahinschleppen, sich eine Minderheit für und eine Mehrheit gegen Rücker abzeichnet, denkt Sabine Meyer bei sich, eigentlich habe der Rücker recht. Die Gewerbeparks würden doch die althergebrachten Geschäfte in den Städten kaputtmachen. Aber sie traut sich nicht, etwas zu sagen. Denn über jeden Verteidiger Rückers fallen drei Gegner her, und die Parteimitglieder diskutieren mit einer emotionalen Unerbittlichkeit, die sie nicht versteht. Sabine Meyer schweigt, und in der Schlussabstimmung enthält sie sich wieder. Der Umweltpunkt wird vertagt, die Versammlung geschlossen, „und nun gehen wir zum informellen Teil über." Die neue Genossin denkt daran, dass sie morgen um sechs Uhr aufstehen müsse und verabschiedet sich beim Vorsitzenden. Der nimmt sie beiseite und geleitet sie zur Tür des Lokals. „Ich glaube, einiges siehst Du noch nicht richtig hier. Der Rücker macht uns die Partei kaputt, da gibt es kein Pardon. Ruf mich doch mal an!" Sabine Meyer ruft ihren Vorsitzenden nicht an, und sie geht auch nicht mehr zu den Mitgliederversammlungen, weil sie findet, sie könne ihren Standpunkt doch nicht so rabiat durchsetzen wie die, die da vorne sitzen. Ihre Verbundenheit mit der SPD hat sie als Finanzbeamtin ja mit dem Dauerauftrag standesgemäß sichergestellt. Und außerdem pflegt sie noch andere Interessen als das Hinterstübchen ihrer Partei...“[65]

Frau Meyer ist eine Ausnahme. Sie gehört zu den höchstens vier Prozent der Bundesbürger, die überhaupt Mitglied einer Partei werden. Anderen Organisationen wie Gewerkschaften, Kirchen oder Vereinen geht es wie den Parteien: Die Mitgliederzahlen sind rückläufig, und von den eingeschriebenen Mitgliedern wollen sich nur wenige wirklich für öffentliche Belange engagieren. In den Parteien sind das höchstens ein Viertel der Mitglieder, anderswo wird es nicht anders sein. Woran liegt es, dass so wenig Menschen Freizeit zu opfern bereit sind, um sich um öffentliche Belange zu kümmern? Die Gründe sind vielfältig:

Schon Max Weber, hat zu Beginn des Jahrhunderts darauf hingewiesen, dass eine Ursache für die begrenzten öffentlichen Aktivitäten so vieler Bürger deren

mangelnde Abkömmlichkeit

sei. Dieser Mangel an Abkömmlichkeit kann am Beruf oder an der familiaren Situation liegen Es gibt Berufe, die kein Raum lassen für Politik vor der Haustür oder gar im Parlament. Die zeitliche Auslastung der Berufstätigen ist häufig zu groß. Insbesondere bei Managementberufen ist das häufig so. Es ist aber auch möglich, dass mit einem Beruf ein öffentliches Auftreten nicht vereinbar ist. Das kann bei Richtern, Ärzten oder Geistlichen der Fall sein. Kommunalbeamten ist es sogar untersagt, in ihrem beruflichen Bereich zusätzlich politisch aktiv zu werden.

---

[65] Jürgen Dittberner, Neuer Staat mit alten Parteien?, a.a.O.

Zugenommen hat seit den Zeiten Max Webers die Zahl derjenigen Menschen, deren Familiensituation keinen Raum lässt für Politik. Das ist bei vielen Alleinerziehenden der Fall: Die Familie, die Kinder, bindet den ganzen Menschen.

Andere Menschen würden gerne aktiv werden, trauen sich aber aufgrund ihrer sozialen Stellung oder Hemmungen nicht, in Institutionen aufzutreten, wo Kommunalpolitik betrieben wird. Diese Menschen haben

Schwellenangst.

Diese kann darin begründet sein, dass in den politischen Organisationen Sprache und Stil der Mittelschichten gepflegt wird, was viele Menschen nicht beherrschen. Es kann aber auch sein, dass ein objektiv gar nicht vorhandener Unterschied zu den eigenen Artikulationsmöglichkeiten befürchtet wird. Möglicherweise bauen manche Funktionäre zusätzlich Schwellen auf, indem sie eine Fach- und Insidersprache benutzen, die Mitpartizipanten abschrecken soll.

Viele von denen, die ihre Schwellenangst überwinden, erleiden bei der ersten Berührung mit den Menschen und Institutionen der Politik vor der Haustür einen

Realitätsschock.

Das ist der Fall bei der eben erwähnten Sabine Meyer. Ihre Vorab-Vorstellungen von Umfeld, Niveau und Verlauf der ersten besuchten Veranstaltung weichen erheblich vom tatsächlich Erlebten ab. Häufig wird der Realitätsschock dadurch personalisiert, dass der Neuling die handelnden Personen unsympathisch findet. Je nachdem: Mal erscheint einem Besucher das vor Ort handelnde Personal zu trickreich, schlau, arrogant oder zu fein, 'mal im Gegenteil zu simpel, dumm, anbiederisch oder ungepflegt: Beides kann abstoßen. Einige Menschen überwinden ihren Realitätsschock und werden dennoch aktiv. Dann schreitet ihre Anpassung an das ursprünglich fremde Milieu schnell voran. Andere - wohl die meisten - ziehen sich wieder in ihre vorherige Situation zurück.

Wir leben - auch zunehmend im ländlichen Raum - in einer urbanisierten Gesellschaft. Verkehrs- und Kommunikationsmittel vom Auto bis zum Internet relativieren die Festigkeit unseres Standortes. Der Gartenzaun des Nachbarn ist nicht mehr unser Orientierungspunkt, sondern es sind Berufskollegen oder Freizeitpartner. Die können überall in Deutschland oder Europa sein. Die

Urbanisierung

des Lebens eröffnet die Welt und lässt das Geschehen vor der Haustür klein und uninteressant werden. Warum soll man sich da engagieren, wo es doch spannendere Betätigungsfelder im Betrieb, im Verband oder im Verein gibt?

Dienstleister haben dafür zu sorgen, dass wir vor Ort mit der nötigen Infrastruktur versorgt werden: Mit Verkehrs- und Kommunikationswegen sowie Energie, um unsere Autos,

Heizungen, Waschmaschinen und Computer zu betreiben. Für die Dienstleistungen wird bezahlt. Die

Kommerzialisierung

unseres Alltagslebens macht das - obendrein ehrenamtliche - Engagement vor der Haustür in den Augen vieler entbehrlich.

In unserer Terminkalendergesellschaft wird die mögliche Sorge um Probleme vor der Haustür zur Terminfrage. Die in vielfältigen Rollen vom Beruf bis zur Freizeit agierendenden Menschen glauben, dass sie ein

begrenztes Zeitbudget

hätten und wägen zwischen ihren verschiedenen Verpflichtungen, Neigungen und Interessen ab, ob und wieviel Zeit sie für ein Engagement vor der Haustür opfern wollen. Dabei wird häufig konstatiert, dass für das Engagement vor Ort kein Platz mehr im Terminkalender sei.

Gesellschaftliche Gründe für gemeinhin wenig Engagement auf der lokalen Ebene sind - zusammengefasst - mithin: Das begrenzte Zeitbudget vieler Bürger, Kommerzialisierung und Urbanisierung unseres Lebens schaffen ein gesellschaftliches Klima, in dem die Neigung zu ehrenamtlichen Aktivitäten auf kommunaler Ebene nicht gerade aufblüht. Viele Bürger sind ohnehin nicht abkömmlich für solche Aufgaben. Solche, die dem allem zum Trotz die Schwellenangst vor dem Schritt in die Parteien und Rathäuser überwinden, leiden einige so sehr unter dem Realitätsschock, dass sie ihre Aktivitäten wieder einstellen. So ist es nicht verwunderlich, dass eine Handvoll Personen übrig bleibt, die entgegen dem allgemeinen Trend doch Dinge vor Ort in die Hand nehmen. Das aber tun sie nicht einmalig, sondern auf Dauer, und so werden sie zu Funktionären auf der untersten Ebene der Politik. Das wiederum entspricht der allgemeinen Arbeitsteilung: Neben Experten der Stromversorgung, der Automobilproduktion oder der Softwareentwicklung gibt es solche der Kommunalpolitik, und diese sind dazu da, einem die Sorge um das geschehen vor der Haustür abzunehmen.

Leben wir schlecht mit den Experten der Kommunalpolitik? Sie bauen ihre eigene Welt auf, entwickeln ihr eigenes Expertentum. Meist gehören sie als „Kommunalpolitiker" einer Partei an, aber auch aus Wählergemeinschaften hervorgegangene „freie Bürger" sind unter ihnen. Bei ihnen entsteht ein Wir-Gefühl des Pragmatismus. Sie kennen sich im Bau- und Jugendhilferecht aus und haben Beziehungen zu untersten Ämtern und Entscheidungsträgern. Sie sind die Meinungsführer nicht nur in den politischen Gremien, sondern auch in den lokalen Organisationen von Vereinen, Gewerkschaften, Kirchen, Wirtschaftshöfen. In ihrem Kommunikations- und Entscheidungsnetz herrscht die Vernunft der Praxis, großen Theorien und Ideologien ist man in diesen Kreisen abhold. Soweit, so gut.

Das Problem ist, dass sich hier eine geschlossene Gesellschaft von Funktionären entwickelt kann. Die sich in dieser Gesellschaft im Konsens entwickelnde Sicht der Welt wird ihr mehr und mehr zum Maßstab aller Dinge. Die vor der Haustür nicht aktiven Bürger merken das erst dann, wenn die geschlossene Gesellschaft der Kommunalpolitiker Entscheidungen trifft, von denen sie sich ihrem Alltagsleben direkt gestört fühlen. So finden die Kommunalpolitiker - meist zurecht - , dass der individuelle Straßenverkehr mit Lastwagen und PKW`s die Ortschaften unattraktiv mache: Die Luft würde verpestet, besonders Kinder und Alte würden gefährdet, und den Menschen würde das müßige Bummeln verleidet. Auch die meisten in der Kommunalpolitik nicht aktiven Bürger empfinden so. Da war es unter Kommunalpolitikern eine Zeit lang schick, künstliche Verkehrshindernisse auf die Straßen zu montieren. In den betroffenen Straßen brach dann allerdings häufig der Sturm los: Jetzt, nachdem die Maßnahmen durchgeführt waren, regte sich der Widerstand unmittelbar Betroffener. Diese waren wütend darüber, dass derlei über „ihre Köpfe hinweg" beschlossen wurde. Das ist ein harmloses Beispiel für die Entfremdung zwischen der kommunalen Funktionärsgesellschaft und der normalen Bürgerschaft.

Weniger harmlose Beispiele zeigten sich unter anderem in Brandenburg. Da kam 1997 der Einspruch des 400-Einwohner-Nestes Gollwitz gegen die Planung eines Heims für Aussiedler aus Osteuropa. Im Hochgefühl politischer Saubermänner hatte damals eine offensichtlich freischwebende Funktionärsschicht die fachlich unglückliche Standortentscheidung Gollwitz gefällt: „Schaut her nach Brandenburg", sollte die Botschaft lauten, „wir mit unseren guten Beziehungen zur früheren Sowjetunion und mit unserer fritzischen Tradition, wir nehmen Juden aus Russland gleich zusammen und in großer Zahl auf". In ihrer ehrlichen Einfalt brachten die nun betroffenen einheimischen Bürger, brave Brandenburger, zu Beschluss, was sich anderswo wegen der Bauernschläue altgedienter Kommunalpolitiker über den Stammtischen verflüchtigt hätte: Das Veto gegen das Heim. Der Fall fand bundesweite Beachtung. Die Gollwitzer standen als Antisemiten da und hatten doch allesamt in ihrem Leben wahrscheinlich noch nie bewusst mit einem Juden gesprochen. Dabei war nur aufgebrochen, was untergründig vielerorts die Struktur ist: Dass Funktionäre und die Mehrheit der Bürger in unterschiedlichen Wertbezügen leben, was die Bürger erst dann merken, wenn die Funktionäre den Bürgern unangenehme Entscheidungen unmittelbar vor ihrer Haustür fällen.

Es handelt sich hierbei um ein Kommunikationsproblem. Über eine allgemeine Parteien- und Politikverdrossenheit wird ohnehin viel geredet in unserem Lande. Das Desinteresse der Bürger an der Politik wird deutlich an sinkenden Wahlbeteiligungen, und diese sind bei Landtagswahlen stärker als bei Bundestagswahlen. Aber am allerwenigsten Menschen gehen zu den Kommunalwahlen. Wenn da die Hälfte der Wahlberechtigten zur Urne geht, wird das schon als erträglich erachtet. Also: Ein großer Teil der Bürger interessiert sich nicht für die Kommunalpolitik. Es kommt hinzu, dass selbst möglicherweise Interessierte Schwierigkeiten haben, sich über den Verlauf der Dinge vor Ort regelmäßig zu informieren.

Die Mehrheit der Bürger weiß nicht, was in ihrem Gemeinderat - schon gar nicht, was im Gemeindekirchenrat oder im Vorstand des Abwasserverbandes - verhandelt wird. Zwar könnten sie sich darüber informieren, denn die regionale Presse berichtet im allgemeinen ausführlich darüber. Aber diese Berichte sind nicht eben interessant, weder von der Thematik noch von der „Schreibe" her. Das pfiffigere Stück lässt sich halt über die Panzeraffäre im Bundessicherheitsrat schreiben und nicht über das im Gemeinderat verhandelte Radwegenetz. Der Leser meint, über Schröders und Fischers Winkelzüge informiert sein zu müssen aber nicht unbedingt über das Gehakel zwischen dem Gemeinderat Krause und seinem Kontrahenten Schulze.

Lässt sich das Kommunikationsproblem vor der Haustür lösen? Es scheint, als könne der Graben zwischen der Mehrheit der Bürger und den Funktionären vor Ort zwar nicht zugeschüttet, aber doch vielleicht überbrückt werden. Allenthalben sind ja schon die Baumeister am Werk. Nur scheint es sinnvoll und notwendig zu sein, deren Anstrengungen zu bündeln. Da liegt das Defizit.

Ein Weg, über den Graben zu kommen, ist der vielerorts längst begangene der

plebiszitären Demokratie.

Ob das Plebiszit in der Bundespolitik das geeignete Mittel der Entscheidungsfindung ist, darf bezweifelt werden, aber in der Kommunalpolitik nicht. Es empfiehlt sich, hier weit über die bisher geübte Praxis hinaus zu gehen, und das Modell der Schweizer Konkordanzdemokratie in unseren Kommunen zu praktizieren. Dort sind alle wesentlichen Gruppierungen an der Regierung beteiligt, und die einzelnen Parteien haben jederzeit das Recht und die Möglichkeit, Referenden in Gang zu setzen. Das fördert die frühzeitige Rücksichtnahme auf die Bürger. Auf der anderen Seite müssen natürlich auch die Bürger die Möglichkeit erhalten, schnell und ohne allzu große Hürden Referenden durchzuführen. Wenn die Funktionäre schon das Alltagsgeschäft der Politik vor der Haustür erledigen, müssen die anderen Bürger die Chance haben, jederzeit und punktuell zu intervenieren.

Bei der Auswahl der Funktionäre muss der Einfluss der Bürger gerade in den Kommunen so groß wie möglich sein. Nicht die Parteien allein sollten die Kandidaten für die Mandatsträger auswählen, sondern zu seinem guten Teil die Bürger. Ein geeignetes Mittel dazu ist die

Vorwahl

wie wir sie aus amerikanischen Präsidentenwahlen kennen.

Gerade in den Kommunen dürfte es keine großen organisatorischen Probleme bereiten, den Bürgern Vorentscheidungen über die Kandidatenauswahlen anzuvertrauen. Zusammen mit den in vielen Landesteilen Deutschlands schon bekannten Institutionen die

Kumulierens und Panaschierens

und mit der erleichterten Zulassung von

freien Wählerlisten

kann hier ein Arsenal von Verfahren geschaffen werden, dass die Anbindung der Funktionäre an die Interessen der Bürgerschaft und umgekehrt das Interesse der Bürger für die Kommunalpolitik fördert so weit es eben geht. Gerade die letzten Verfahren sind vor allem in Süddeutschland bekannt. Es wird Zeit, sie in anderen Gegenden, zum Beispiel in Deutschlands größter Gemeinde - deren Bürger ich bin - einzuführen.

Zu dieser Kategorie gehört auch das Beseitigen jeglicher

Sperrgrenzen

für die Wahl in ein kommunales Gremien. Wer die nötige Anzahl der Stimmen auf sich vereinigt hat, soll auch sein Mandat annehmen können, selbst wenn seine Partei oder Gruppierung unter der Fünfprozentgrenze liegt. Auch hier hat vielerorts in der Bundesrepublik bereits eine entsprechende Entwicklung eingesetzt: Gegenwärtig geht es darum, den auf diese Weise in Ämter gekommenen Mandatsträgern ohne Fraktionszugehörigkeit in den Kommunalparlamenten die gleichen Arbeitsmöglichkeiten einzuräumen wie sie die Mitglieder von Fraktionen haben.

Das Ärgernis der geringen Wahlbeteiligungen wurde jedoch nirgendwo ernsthaft bekämpft. Die Einführung einer Wahlpflicht - die in Wahrheit Zwang ist - wäre kontraproduktiv, denn es ist das Recht eines jeden Staatsbürgers, auf eine Wahl zu verzichten. Zwang macht nicht Lust, sondern Frust. Aber die Parteien und sonstigen Bewerber sollten dafür bestraft werden, dass sie es nicht schaffen, eine große Mehrheit der Bevölkerung zur Wahl zu bewegen. Deswegen sollte mindestens in den Kommunen eine

faktische Begrenzung der Mandate

erfolgen und zwar entsprechend der Wahlbeteiligung: Haben in einem Ort nur 50% der Bürger gewählt, so werden auch nur 50% der Gemeinderatssitze vergeben. Der Effekt dieser Maßnahmen würde sein, dass die Parteien und anderen Wahlbewerber Strategien entwickeln, mehr Bürger für die Politik vor Ort zu interessieren und damit auch zum Wählen zu bewegen. Weiterhin sollte eine

zeitliche Versetzung von Wahlen

erfolgen wie wir es aus anderen Demokratien kennen: Werden etwa Gemeinderäte alle vier Jahre gewählt, so könnten die Bürgermeisterwahlen - wo sie separat stattfinden - in der Mitte der Wahlperiode des Gemeinderats erfolgen. Es ist aber auch möglich, jeweils alle zwei Jahre die

Hälfte die Gemeinderatsmitglieder zu wählen. Diese zeitliche Versetzung von Wahlen könnte der Verfestigung von Funktionärsherrschaften entgegenwirken.

Schließlich sollte man über die Berufung von

Politikschöffen

nachdenken: Nach einem Zufallsverfahren könnten Bürger auf Zeit mit der Wahrnehmung politischer Aufgaben neben den gewählten Repräsentanten betraut werden, ähnlich wie wir es von den Schöffen bei Gericht kennen. In eingeschränkter Weise ist das von der Institution des Bürgerdeputierten her bekannt. Auch diese Maßnahme müsste als Verbindung zwischen der kommunalen Funktionärswelt und der Einwohnerschaft wirken.

Generell kommt es darauf an, die Strukturen der Kommunalpolitik in vielerlei Hinsicht radikal umzugestalten. Was in der Bundes- und in der Landespolitik nicht zweckmäßig ist, kann es in der Kommunalpolitik - wie z.B. die Politikschöffen - sein. Andererseits könnten manche Verfahren auf ihre generelle Wirksamkeit hin zunächst einmal in der Gemeinde ausprobiert werden. Denn unsere Demokratie braucht immer wieder neue Legitimationsschübe. Es hat aber keinen Zweck, über Tatsachen wie beispielsweise die mangelnde Abkömmlichkeit vieler Bürger für die Politik zu lamentieren. Es müssen Strukturen gefunden werden, welche die Folgen solcher Tatsachen mildern. Und wenn die Politik vor der Haustür nun eine Sache vorwiegend für Funktionäre ist, dann muss man eben mit List und Tücke Verfahren installieren, die dem Grenzen setzen. Denn ob die Bürger das aktuell interessiert oder nicht: Es ist immer noch das Beste, wenn wir davon ausgehen, dass unsere Gemeinden Organisationen von uns Bürgern sind. Wenn das schon auf der untersten Ebene permanent nicht klappt, was legitimiert dann das politische Leben in den Ländern, dem Bund und in den supranationalen Institutionen?

Generell kommt es darauf an, die Strukturen der Kommunalpolitik in vielerlei Hinsicht radikal umzugestalten. Was in der Bundes- und in der Landespolitik nicht zweckmäßig ist, kann es in der Kommunalpolitik - wie z.B. die Politikschöffen - sein. Andererseits könnten manche Verfahren auf ihre generelle Wirksamkeit hin zunächst einmal in der Gemeinde ausprobiert werden. Demokratie braucht immer wieder neue Legitimationsschübe. Es hat keinen Zweck, über Tatsachen wie beispielsweise über die mangelnde Abkömmlichkeit vieler Bürger für die Politik zu lamentieren. Es müssen Strukturen gefunden werden, welche die Folgen solcher Tatsachen mildern. Wenn die Politik vor der Haustür eine Sache vorwiegend für Funktionäre ist, dann muss man mit List und Tücke Verfahren installieren, die dem Grenzen setzen. Denn ob die Bürger das aktuell interessiert oder nicht: Es ist immer noch das Beste, wenn wir davon ausgehen, dass unsere Gemeinden Organisationen von uns Bürgern sind. Wenn das auf der untersten Ebene nicht klappt, was legitimiert dann das politische Leben in den Ländern, dem Bund und in den supranationalen Institutionen?

In den Massenmedien wird das Bild der Parteien wesentlich durch die Spitzenpolitiker auf der Bundesebene dargestellt. Aber gerade die Kaste der Kommunalpolitiker prägt vor Ort das Ansehen von den Parteien erheblich. Häufig sind sie populärer als ihre Parteien und wachsen über diese hinaus. Beispiele dafür sind der frühere Stuttgarter Oberbürgermeister Manfred Rommel oder der Mainzer Jockel Fuchs: In ihrer Klasse waren sie Meister, in der Qualität vergleichbar mit Konrad Adenauer oder Willy Brandt in der anderen Klasse. Adenauer und Brandt indes sind Beispiele dafür, dass gute Kommunalpolitiker auch gute Bundespolitiker werden können. Insofern stimmt es, dass die Kommunalpolitik auch eine Schule für den politischen Nachwuchs ist, wenngleich viele den Weg in die höheren Ebenen der Politik ohne die „Ochsentour" von unten nach oben finden: Etwa über den Zug persönlicher Mitarbeiter eines Ministers, höherer Beamter dort, Abgeordneter und am Ende selber Minister. Andere Parteifunktionäre hält es nicht in der Kommunalpolitik, sie wollen eine oder zwei Klassen aufsteigen: In die Landes- oder in die Bundespolitik. Doch so wie ganz sicher nicht jeder gute Bundespolitiker in der Kommunalpolitik erfolgreich sein würde, stoßen manche Wechsler von der Kommune im Land auf die Grenzen ihrer Entfaltung.

7. Die Macht der Politiker

Welche „inneren Freuden" bietet der Beruf des Politikers? Max Webers Antwort lautet: „Machtgefühl" - „das Gefühl, einen Nervenstrang historisch wichtigen Geschehens mit in Händen zu haben". Doch wie kann der Politiker der damit verbundenen Verantwortung gerecht werden? Drei Qualitäten , sagt Weber, seien erforderlich:

„Leidenschaft,

Verantwortungsgefühl,

Augenmaß."

Leidenschaft ist gemeint als „Hingabe an die Sache", für diese Sache bedarf es der „Verantwortlichkeit", und Augenmaß ist die „Fähigkeit, die Realität mit innerer Sammlung und Ruhe auf sich wirken zu lassen." [66]

Um die Eignung des politischen Personals zu beurteilen, muss man es an diesen Anforderungen messen.

Der föderale Aufbau der Bundesrepublik bringt es mit sich, dass die Landespolitik ihr eigenes politisches Gewicht hat und sie nicht unbedingt als der Bundespolitik nachgeordnet erscheinen lässt. Ein Ministerpräsident eines Bundeslandes hat ebensoviel Bedeutung wie ein durchschnittlicher Bundesminister, und die Ministerpräsidenten der großen Bundesländer wie Nordrhein-Westfalen, Bayern, Baden-Württemberg oder Niedersachsen stehen in ihrem Ansehen wohl auf einer Ebene mit den Leitern der klassischen Ressorts bei der Bundesregierung. Sie gehören zu den Spitzen der politischen Klasse. Überhaupt ist die Riege der Ministerpräsidenten seit den sechziger Jahren offensichtlich ein Reservoir für Kandidaten und Inhaber des politischen wichtigsten Amtes, des Bundeskanzlers. Kurt-Georg Kiesinger, Willy Brandt und Helmut Kohl waren Länderministerpräsidenten, bevor sie Kanzler wurden. Helmut Schmidt war hamburgischer Innensenator, dann wechselte er zurück in die Bundespolitik. Die SPD versuchte seit 1982, mit amtierenden oder ehemaligen Ministerpräsidenten als Kanzlerkandidaten, die Macht im Bund zu erlangen: Björn Engholm, Johannes Rau, Oskar Lanfontaine, Hans-Jochen Vogel und Rudolf Scharping. Seit dem Amtsantritt von Gerhard Schröder – bis dahin Ministerpräsident in Niedersachsen – wurden ehemalige oder amtierende Ministerpräsidenten zu Bundesministern: Hans Eichel Reinhard Klimmt, Wolfgang Clement oder Manfred Stolpe. Und bei der Bundestagswahl 2002 war in Edmund Stoiber wiederum ein Ministerpräsident Herausforderer des Bundeskanzlers. Die Landespolitik hat Gewicht und ist weit mehr als eine politische Spielwiese. Die starke Stellung des Bundesrates belegt das.

---

[66] Max Weber, Soziologie. Weltgeschichtliche Analysen. Politik, Stuttgart 1964, S. 167

Innerhalb der Landespolitik ist das Amt des Ministerpräsidenten das weihevollste. Es ist umgeben von der Aura der großen Politik. Der Ministerpräsident verfügt über kein Ministerium, was auch schon prestigeheischend klingt, sondern über eine „Staatskanzlei" - in den Stadtstaaten „Senatskanzleien", obwohl er ja eigentlich nur ein Bundesland und keinen Staat regiert. In der Bundeshauptstadt - im Bundesrat ohnehin, aber auch im Bundestag - redet der Ministerpräsident mit, und höchste ausländische Besucher des Gesamtstaates werden vom Ministerpräsidenten zu politischen Erörterungen empfangen, wenn sie sein Bundesland bereisen. Der Ministerpräsident vertritt sein Land nach außen. So reiste einst Franz Josef Strauß wie ein Staatsmann nach Peking, und der Brandenburger Manfred Stolpe repräsentierte gerne im Nachbarland Polen. Es ist bekannt, dass vielen im Auswärtigen Amt diese externen Ambitionen der „Länderfürsten" ein Dorn im Auge sind und dass die Beamten alle Hände voll zu tun haben, der Zuständigkeit des Bundes für die Außenpolitik Geltung zu verschaffen. Aber auch nach innen sind die Ministerpräsidenten etwas Besonderes: Die Wirtschaft eines Landes vor allem erwartet von ihrem „MP", dass er engen Kontakt mit ihr hält und sich als ihr Lobbyist verhält. Die Ministerpräsidenten sind die Oberwirtschaftsminister im Lande, und mit ihnen setzen sich die Damen und Herren von der Wirtschaft besonders gerne zusammen - in gepflegter Atmosphäre, am besten in einem Schloss bei Kerzenschein.

Der Einstieg in die Landespolitik ist wesentlich erdverbundener. Der Alltag eines Landespolitikers ist beherrscht von Niederungen der Sachzwänge und des politischen Kampfes. Ein Empfang beim Ministerpräsidenten ist ein gelegentlicher Höhepunkt. Auch der Ministerpräsident selber verbringt ein gut Teil seiner Zeit damit, brav an Partei- und Fraktionsveranstaltungen teilzunehmen, von Termin zu Termin zu hetzen, jeden Wichtigen und Wichtigtuer besonders unter den Parteifreunden anzuhören und immer aufzupassen, dass ihm die Konkurrenten nicht zu nahe kommen. „Ich kenne viele, die auf meinen Sessel wollen.", stöhnte ein deutscher Ministerpräsident, als er sich bei einem Flug von Berlin nach Frankfurt kurz entspannen konnte. Der Einstieg in die Landespolitik erfolgt meist allmählich und ganz unten. So delegieren die Orts- oder Bezirksverbände geeignet scheinende und interessierte Mitglieder in die Landesfachausschüsse der Parteien. Diese Fachausschüsse sind an den gleichen Themen orientiert wie die Ministerien oder die Arbeitsausschüsse des Landesparlaments. Die Fachausschüsse heißen auch Arbeitskreise oder Arbeitsgruppen. In keiner Partei fehlt neben den „klassischen" Ausschüssen ein Gremium, dass sich besonders der Frauen-, Emanzipations- oder auch Gleichberechtigungsfrage widmet. Die Fachausschüsse haben die Aufgabe, die Landespolitiker in den Parlamenten und gegebenenfalls in der Regierung zu beraten. Die Abgeordneten und Minister betrachten diese Ausschüsse umgekehrt als Teil ihrer Basis, ihres innerparteilichen Publikums. Sie lieben es meist, sich und ihre Arbeit dort zu präsentieren. Dazu ist es durchaus kein Widerspruch, wenn sie ihre Anwesenheit in den Ausschüssen als lästig bezeichnen und unter ihresgleichen Scherze über diese Gremien, in denen sie nicht selten auf penetrante Fachleute treffen, machen: „Nachher macht mich wieder der Müller mit seinen Mietenspiegeln fertig!" Von der Basis her betrachtet bieten die Fachausschüsse fachlich interessierten Mitgliedern der Parteien Gelegenheit, schnell und direkt mit den für sie wichtigen Entscheidungsträgern der Landespolitik in Kontakt zu treten. Wer dann zum Beispiel aufgrund seiner beruflichen Kenntnis als wissenschaftlicher Assistent mit dem verantwortlichen Wissenschaftsminister die Novellierung eines Hochschulgesetzes Paragraph für Paragraph durchsprechen kann, wird von dieser Möglichkeit angetan sein.

Die Rekrutierung in einen Fachausschuss erfolgt aus drei Motiven heraus:

1. Das betreffende Parteimitglied ist Fachmann oder -frau. Es möchte seine Kenntnisse in die Politik seiner Partei und möglichst des Landes einbringen.

2. Das Mitglied ist beruflich oder sonst wie - etwa als Verbands- oder Vereinsfunktionär - an einem Thema, etwa der Baupolitik, interessiert. Dann geht dieses Mitglied in den Ausschuss, um zu versuchen, dass Beschlüsse gefasst werden, die ihm beruflich oder anderweitig zupass kommen. Es kann sein, dass ein Mitglied einzig wegen dieser Möglichkeit in die Partei eingetreten ist. Übrigens können sich solche Mitglieder gar nicht vorstellen, dass es die unter 1. genannten Idealisten wirklich gibt.

3. Schließlich kommt es vor, dass jemand in einen Fachausschuss geht, weil ihn ein bestimmtes Thema, von dem er eigentlich nichts weiß, interessiert. So zieht es Parteimitglieder aus bürgerlichen Vorstadtgegenden, in die sich selten ein Türke oder Libanese verirrt, häufig in Ausländerausschüsse, wo sie erst Ausländer kennen lernen. Es kann durchaus sein, dass jemand auf diesem Wege durch die Mitarbeit in einem solchen Ausschuss zum Fachmann wird.

Selbstverständlich sind die genannten Motive für die Mitarbeit in Fachausschüssen in der Praxis gemischt.

Manchmal wird ein als besonders sachkundig empfundenes Mitglied eines Fachausschusses in eine Arbeitsgruppe etwa einer Koalition berufen. Ist das der Schritt zum Landespolitiker? Besonders bei den „Grünen" - aber beileibe nicht bei ihnen allein - ist das auch eine Methode, hartnäckige innerparteiliche Kritiker an die Realitäten der Landespolitik heranzuführen.

Etwas näher an die Landespolitik rückt heran, wer in einem Arbeitskreis eine Funktion übernimmt, gar Vorsitzender wird. Das ist die Institutionalisierung einer landespolitischen Rolle. Der parlamentarische Ansprechpartner oder im Falle der Regierungsbeteiligung der Partei gar der Minister wird nun zum permanenten politischen Partner des Parteimitglieds. Zwischen den Sitzungen kann per Telefon immer wieder eine kurze Konsultation erfolgen. Es ist ohnehin wahrscheinlich, dass der Vorsitzende - etwa des Fachausschusses Wirtschaftspolitik - in den entsprechenden Arbeitskreis der Fraktion berufen wird und nun zusammen mit den zuständigen Abgeordneten indirekt an der parlamentarischen Arbeit beteiligt wird. In den

Fraktionsarbeitskreisen werden sämtliche Parlamentsvorgänge eines bestimmten Sachgebie-tes beraten: Es werden Empfehlungen für die Gesamtfraktion ausgearbeitet. Auch werden in den Arbeitskreisen der Fraktionen Anträge, Anfragen und andere Initiativen der Fraktion ausgearbeitet. Wer daran mitwirkt, betreibt schon ein wenig Landespolitik.

In den Fachausschüssen der Landesparteien und in den Arbeitskreisen der Fraktionen können Mitglieder der Partei einerseits direkten Einfluss auf die Landespolitik nehmen, andererseits können sie sich dort ein spezielles Fachwissen erwerben, das in der Politik nötig ist, um auf bestimmten Sachgebieten arbeiten zu können. Dazu gehört es nicht nur, inhaltlich Wissen über Fakten und Zusammenhänge anzuhäufen, sondern mindestens ebenso, Kenntnisse zu erwerben über die „Szene", die zu einem Sachgebiet gehört. In der Sozialpolitik beispielsweise ist es nicht nur wichtig, das „Bundessozialhilfegesetz" (BSHG) und die anderen Bestimmungen zu beherrschen. Man muss die handelnden Personen und die wichtigen Institutionen dort kennen. Dazu gehören bei der Sozialpolitik die Träger der Wohlfahrtspflege von der Arbeiterwohlfahrt bis zum Roten Kreuz sowie die in bestimmten Bereichen - etwa bei der Drogenhilfe oder in der AIDS-Bekämpfung - aktiven Verbände und die Personen, die in diesen Institutionen gestaltend tätig sein. Schließlich gehört dazu, zu erkennen, welche Beamte in den zuständigen Verwaltungen an den Entscheidungsprozessen der Szene beteiligt sind.

Ein Landespolitiker ist ein aktives Fachausschussmitglied noch nicht. Der Weg in die Landespolitik führt - mit der Ausnahme der Quereinsteiger - über die Parteiorganisation, die ihre Repräsentanten von unten nach oben delegiert: In den Landesvorstand, den Landtag oder in die Landesregierung. Dieser Weg von unten nach oben ist die „Ochsentour".

a) Die Ochsentour

Der Weg über die Orts- und Kreisverbände nach oben wird oft belächelt und mit der spitzen Bezeichnung von der „Ochsentour" abgetan. Dabei wird unterstellt, die Karriere eines Parteigängers erfordere nur eine Qualität: Sich geduldig in die Reihe zu stellen und abzuwarten, bis man dran ist. Anpassung sei erforderlich und Originalität hinderlich. Intelligenz spiele hierbei überhaupt keine Rolle. Das wichtigste sei die Partei und auch in den unangenehmsten Situationen genügend Sitzfleisch, um alles durchzustehen.

Hier zeigt sich wieder das Janusgesicht der politischen Parteien. Sicher lassen sich immer wieder die negativen Auswüchse der Karrieren über die Ochsentouren ausmachen. Aber dieser Karrieretyp hat auch Vorteile. Ein Aufsteiger über die Sprossen der Parteihierarchie ist in der Regel durch eine gewisses Maß an Berechenbarkeit gekennzeichnet. Er weiß Bescheid über die Entscheidungswege in der Partei und Politik und ist so auch in der Lage, etwas durchzusetzen. Übersehen wird auch, dass beileibe nicht jeder, den es nach oben drängt, es auch schafft. Die meisten bleiben unten und in der Regel nicht, weil sie die originellsten Köpfe sind. Zur

Ochsentour gehört nämlich neben Geduld und Ausdauer Menschenkenntnis, Charisma und - je höher einer aufsteigt, desto mehr - auch Sachwissen. Eine gewisse Verbundenheit mit der Partei – „Stallgeruch" genannt - kann als Ergebnis der dortigen politischen Sozialisation zur Farbigkeit des Politikers beitragen. Problematisch ist es wohl, wenn Menschen ihre gesamten gesellschaftlichen Ambitionen auf die Politik konzentrieren, das Privatleben darunter leidet oder vernichtet wird und ein „zweites Standbein in einem bürgerlichen Beruf" nicht existiert. Diese Probleme ergeben sich nicht aus der Ochsentor, sondern aus der emotionalen und materiellen Abhängigkeit von der Politik. Eine solche Lage macht gefügig und produziert einen Politiker-typus, für den Politik ausschließlich Selbstinteresse unabhängig von den Wünschen und Sorgen der Wähler ist. Das Problem hier ist nicht die Ochsentour, sondern eine moralische und materielle Dürftigkeit. Es gibt genügend Fälle, in denen die Ochsentour in einer politischen Partei neben der beruflichen Qualifikation gegangen wird.

Manchem Politiker, der über die Ochsentour zum Hinterbänkler im Landesparlament geworden ist, hängt die Bezeichnung „Parteisoldat" an. Weiterhin lieben es gelegentlich Inhaber schwieriger politischer, durchaus herausgehobener Ämter, sich als Parteisoldaten zu bezeichnen. Ein Parteisoldat ist jemand, dem das Interesse der Partei über alle anderen politischen Interessen geht und bereit ist, persönliche Risiken und Schmähungen zum Schutze der Partei auf sich zu nehmen. Es ist sicher richtig, dass es in der Politik Menschen geben muss, die für ihre Partei durch dick und dünn gehen, aber das Bild vom Parteisoldaten suggeriert auch die Bereitschaft zum Gehorsam. Der Vorstand einer Partei oder einer Fraktion ist aber nicht das Oberkommando, sondern der Moderator einer politischen Einheit. Insbesondere Abgeordnete müssen mehr sein als Werkzeuge und Produkte ihrer Parteien. Das ist der Sinn des grundgesetzlich verankerten freien Mandats. Wirkliche Parteisoldaten sollte es in einer lebendigen parlamentarischen Demokratie nicht geben, und so ist der Formulierung eines Journalisten zuzustimmen, der einmal eine Glosse titelte: „Parteisoldaten wegtreten!" In totalitären Parteien mag es Parteisoldaten geben, in demokratischen ist der Begriff fehl am Platze. Ist doch der aufopferungsbereite Kämpfer für die Sache, ob im großen oder im kleinen, eher ein Partisan als ein Soldat.

Wer von der Kommunal- zur Landespolitik wechselt, merkt sehr bald, dass die Luft dünner ist. Das offene, immer wieder auch kontroverse, Wort wird hier weniger geführt, sondern der Kampf um Einfluss und Macht ist indirekter und intriganter. Es sind genügend andere da, die auf einen Fehler des Neuen warten, um ihn zurechtzustutzen und am weiteren Fortkommen zu hindern. Hinter öliger Freundlichkeit steckt häufig die reinste Niedertracht.

b) Die Quereinsteiger

Quereinsteiger kommen meist in die Politik, wenn diese in Not ist. Bei der Besetzung wichtiger Staatsämter - Ministerposten zumal - kommt es vor, dass die Partei aus ihren Reihen keine geeigneten Bewerber hat. Dann werden Persönlichkeiten mit Fachverstand berufen, möglichst solche, die eine bestimmte Szene repräsentieren.

- Da ist der Typus des fakultativen Quereinsteigers: Er wird wegen seines Sachverstandes und der Szenenkenntnis geholt. Der letzte Bundeswirtschaftsminister Werner Müller war so einer. Wird ein solcher Quereinsteiger als Minister berufen, so mag er es im Ministerium leicht haben, in der Partei wird es auf jeden Fall schwer. Die Patzhirsche im Landesvorstand, in der Fraktion und in den anderen von der Partei bestimmten Gremien verteidigen ihr Terrain und versuchen, den Neuen sich unterzuordnen. Auch gibt es eine gewisse Solidarität aller Platzhirsche der Partei gegen den Externen, denn er wird als Eindringling betrachtet, dem die Weihen der Partei fehlen. Vielfach wird dem Quereinsteiger übel genommen, dass er die eigenen Chancen zunichte gemacht hat. Sei die Fachautorität des Externen noch so hoch, in der Partei muss er erst einmal zeigen, ob er im täglichen Machtkampf mithalten kann mit denen, die das schon Jahre geübt haben. Die Erfolgsaussichten sind unterschiedlich: Viele Quereinsteiger unterwerfen sich dem Anspruch der Parteifunktionäre und treten in die Partei ein, wo sie dann zum Gefallen der Altvorderen ihre Anfängerrolle als Parteimitglied betonen. Derweil können sie ungestört im Ministerium arbeiten, wo sie wegen ihrer Fachautorität und gerade, weil sie keine Parteigänger sind, offen empfangen werden. Gelegentlich finden sie Gefallen am parteipolitischen Spiel und holen die Ochsentour im Eilverfahren nach, um dann den anderen Politikern stark zu gleichen.

Andere Quereinsteiger gehen nicht in die Partei, wollen sich ihre Unabhängigkeit bewahren und lassen es sich höchstens gefallen, als der jeweiligen Partei „nahestehend" bezeichnet zu werden. Das geht so lange gut, wie die Notsituation der Partei, deretwegen der Quereinsteiger geholt wurde, anhält. In dieser Zeit wird sich die Partei auch loben, dass sie auf kleinkariertes Funktionärswesen verzichten könne und ihre Positionen auch mit externen Experten besetze. Sobald aber, etwa infolge einer Wahl eine Neuverteilung von Positionen ansteht, hat der parteilose Experte die schlechteren Karten gegenüber den parteigebundenen Konkurrenten. Er kann sich dann wieder aus der Politik zurückziehen. Das Schicksal des parteilosen Bundeswirtschaftsministers Müller nach der Wahl 2002 illustriert das.
Dies alles muss einer, der sich zum Quereinsteigen überreden lässt, bedenken.

- Neben dem fakultativen Quereineinsteiger, der aus einem externen Bereich - der Wirtschaft oder Wissenschaft - in die Politik kommt, gibt es den regionalen Quereinsteiger. Dieser ist zwar Mitglied der Partei, jedoch in einer anderen Region als der seines neuen Tätigkeitsfeldes. Zur „Auffrischung" der eigenen Mannschaft wird er importiert, insbesondere dann, wenn zu Hause vergleichbare politische Positionen nicht oder nicht mehr zur Verfügung stehen. Nach der dauernden Senatskrise wurde ein solcher Politikerimport zu Beginn der achtziger Jahre geradezu zur Staatsraison in der Berliner Landespolitik: Neben Hans-Jochen Vogel und Richard von Weizsäcker wurden weitere Politiker aus dem Westen an die Spree geflogen, um dort die Politik wieder flott zu machen. Ähnliches geschah in noch größerem Umfang nach der deutschen Wiedervereinigung, als Heerscharen von Westpolitikern in den Osten wechselten. Sachsen und Thüringen bekamen in Kurt Biedenkopf und Bernhard Vogel Ministerpräsidenten, die sich als Politiker im Westen schon im Ruhestand befunden hatten.

Die regionalen Quereinsteiger haben weniger das Problem fehlenden Stallgeruchs, können aber Schwierigkeiten mit der landsmannschaftlichten Umorientierung bekommen. So kam der einmal als Berliner Bürgermeister vorgesehene Hanseat Hans Apel - vormaliger Bundesverteidigungs-minister der SPD - mit der Mentalität an der Spree nicht zurecht. Auch der von der FDP dorthin entsandte Guido Brunner erkannte bald, dass der ihm aus anderer Position zustehende „600er" in Berlin schaden würde, denn „damit würde ich wohl zu sehr auffallen". Wer jedoch diesen Sprung von der Küste ins Binnenland oder aus den Bergen in die Ebene emotional schafft, der kann sich bald als regionaler Quereinsteiger gleichberechtigt mit den Ortsansässigen in Konkurrenz begeben.

- Ein besonderer Fall sind die parteipolitischen Quereinsteiger. Sie sind Wechsler zwischen den Parteien. Bei den Kursschwenks der FDP zur SPD und dann zurück zur Union sind viele Mitglieder dieser Partei aus Protest in die Union und dann 1982 in die SPD gewechselt. Sind solche Quereinsteiger Mandatsträger und gewillt, ihr Mandat - wie es im Politikerjargon heißt „mitzunehmen" - so sind sie in der aufnehmenden Partei willkommen, insbesondere dann, wenn die Mehrheitsverhältnisse knapp sind. Schwieriger ist es mit der Karriere innerhalb der neuen Partei. Zwar haben die Parteienwechsler Stallgeruch, aber doch eindeutig den falschen. Besonders an der Basis müssen sie mit Misstrauen rechnen. Vielen gelingt es nicht, dieses Misstrauen abzubauen. Andere schaffen es, indem sie sich gut in die neue Partei einfügen. Das sind gar nicht so wenige: Mathias Platzeck, Günter Nooke, Otto Schily, Günter Verheugen und Ingrid Matthäus-Meyer sind Beispiele für den möglichen Erfolg parteipolitischer Quereinsteiger. In der Landespolitik gilt das für die frühere FDP-Politikerin Helga Schuchard, die über Jahre hinweg Landesministerin in Niedersachsen ist, ohne der SPD beigetreten zu sein. Gerade in den Ländern gibt es jedoch ehemalige sozial-liberale FDP-Mitglieder, die es nicht wieder geschafft haben, obwohl sie als Plus eine parteipolitische Erfahrung und in vielen Fällen ein gutes Sachwissen aufweisen konnten.

- Eine weitere Kategorie sind die systemischen Quereinsteiger. Diese werden von den Parteien gezielt angeworben, um das soziale Spektrum der Partei zu öffnen und solche Bevölkerungskreise an die Organisation zu binden, in denen nur schwer Parteimitglieder zu rekrutieren sind. Beim „Bündnis 90/Die Grünen" gehört es dazu, dass die Partei bei Landtagswahlen Personen auf die Listen setzt, die der Partei gar nicht angehören, aber Gesellschaftsspektren repräsentieren, für welche sie sich zuständig fühlt. Auch die PDS wählt diesen Weg und präsentiert Kandidaten, die nicht Parteimitglied sind. Das soll die Akzeptanz erhöhen und die Kandidatenliste interessanter machen. Diese Methode der systemischen Quereinsteiger ist sicher auch ein Zeichen für die Fortentwicklung des Parteiensystems insgesamt - weg von der Mitglieder- hin zur Repräsentationspartei. Denn auch die traditionellen Parteien versuchen immer wieder, systemische Quereinsteiger herauszustellen. Als Beispiele auf der Landespolitik sei an Jo Leinen im Saarland und Monika Griefhahn in Niedersachsen erinnert. Beide wurden zu Umweltministern der SPD als Repräsentanten von Umweltorganisationen berufen. Leinen hat sein Amt verloren, Griefhahn ist schließlich Mitglied der SPD geworden. Der systemische Wert solcher Quereinsteiger verbraucht sich nach einer gewissen Zeit, weil die Einbindung des erwünschten Gesellschaftsbereichs umso schneller verloren geht, je höher das von der Partei übertragene Amt ist.

- Schließlich sei an die professionellen Quereinsteiger erinnert. Sie werden nicht auf Minister- sessel gesetzt, aber doch in wichtige Positionen des Parteiapparates, insbesondere in den Geschäftsstellen und Nebenorganisationen. Hier werden wie in Industriebetrieben Fachleute für Organisation oder Werbewesen am Arbeitsmarkt angeheuert, damit sie entsprechende Arbeiten für die Parteien tun. In einer Mitgliederpartei alten Typus wäre derartiges unmöglich. Und dem Einsatz professioneller Quereinsteiger sind Grenzen gesetzt. Das hat der Sturz des großen alten Mannes der SPD, Willy Brandts, als Parteivorsitzender, gezeigt, dessen Anlass der Versuch war, die parteilose Margarethe Mathiopolus zur Pressesprecherin der SPD zu machen. Ein Sturm der Entrüstung verhinderte das Projekt, und Brandt nahm seinen Hut. Eine Pressesprecherin der Partei ohne Stallgeruch, das war zuviel der vermeintlichen Professionalität.

Einen erheblichen Unterschied macht es aus, ob jemand Landespolitiker in einem Stadtstaat, einem kleinen Bundesland wie dem Saarland oder in einem großen Flächenstaat wie Bayern, Nordrhein-Westfalen oder Brandenburg ist. Mögen sich für den Landespolitiker in Hamburg, Berlin, Bremen oder an der Saar die Termine noch so drängen: Wenn er will, kann er jeden Abend in seinem eigenen Bett schlafen. Die Entfernungen von der Wohnung zum Sitz des Parlamentes und gegebenenfalls zum Arbeitsplatz sind so kurz, dass alles an einem Tage zu schaffen ist - sogar mit öffentlichen Verkehrsmitteln, die man Landtagsabgeordneter bis in die achtziger Jahre hinein gratis benutzen konnte. Aber ein nordrhein-westfälischer Landtagsabgeordneter, der in Kleve wohnt, in Düsseldorf in den Landtag, als Hochschulpolitiker immer wieder mal in Münster, Köln. Bonn, Aachen, Dortmund und anderswo vorbeischauen muss und sich im Übrigen von seiner Anwaltskanzlei in Krefeld nicht gänzlich abnabeln will, der muss nicht nur öfter in einem Hotel übernachten, sondern erheblich mehr Zeit und Energie für sein Mandat aufbringen. Sobald er zum Kreis der aktiven Abgeordneten gehört, also im Fraktionsvorstand ist oder einem Ausschuss vorsitzt, wird er Schwierigkeiten haben, seinen Beruf auch nur halbtags auszuüben. Das Mandat zwingt ihn eindeutiger als im Stadtstaat von zu

Hause und vom Arbeitsplatz weg. Er wird - ob er will oder nicht - schnell Berufspolitiker. Das birgt die Gefahr der Abkapselung von der Gesellschaft, denn zumindest in der Landeshauptstadt treffen sich die Abgeordneten aller Fraktionen nicht nur in Sitzungs- und Plenarsälen, sondern auch abends in Kneipen, Bars und anderen Lokalitäten, während die Einheimischen zu Hause vor dem Fernseher sitzen...

In mancher Hinsicht ist der Job eines Landespolitikers in einem großen Flächenstaat zeitaufwendiger als der eines Bundestagsabgeordneten. Der Bundestagsabgeordnete pendelt zu den Sitzungswochen zum Sitz des Bundestages und kehrt wieder zurück in seinen Heimatort - er bewegt sich zwischen zwei Orten. Der Landtagsabgeordnete hingegen muss in einem ganzen Flächenstaat unterwegs sein und bewegt sich zwischen vielen Orten. Sich auf das Parlament zu konzentrieren und im Falle Nordrhein-Westfalens in Düsseldorf zu bleiben, ist nicht möglich und wäre politischer Selbstmord: Ein hochschulpolitischer Sprecher einer Fraktion ist durch sein Amt in Kuratorien, Beiräte oder Aufsichtsräte der Hochschulen und Forschungseinrichtungen des Landes berufen und muss dort sein Mandat wahrnehmen. Außerdem wollen ihn die Angehörigen der Universitäten, Fachhochschulen und Institute von Zeit zu Zeit vor Ort sehen, denn es ist ihr gutes Recht, mit ihren Abgeordneten - etwa in den so beliebten Podiumsdiskussionen - vor Ort zu reden und immer wieder mal einen Strauß auszufechten. Die Abgeordneten werden sich den Einladungen zu solchen Veranstaltungen nicht verweigern, denn schließlich warten mögliche Wähler auf ihr Kommen. Zusätzlich kommt immer wieder ein Ortsverband der Partei auf die Idee, den hochschulpolitischen Sprecher zu einer Versammlung einzuladen, und den Parteifreunden kann sich kein Landespolitiker entziehen, der die nächste Wahl gerne im Amte überstehen will.

Eigentlich ist es also kein erstrebenswertes Ziel, Landtagsabgeordneter zu werden, zumal in einem Flächenstaat: Die Politik usurpiert den Terminkalender und schließlich den Menschen. Und doch ist diese Rolle begehrenswert, denn wo sonst hat man die Chance, Tag für Tag und Abend für Abend auf dem Podium zu sitzen, auch wenn man beschimpft wird? Man ist wer, keine graue Maus mit Bier in der Hand und Filzlatschen an den Füßen vor dem Fernseher.

Im Laufe der Zeit haben die Politiker zudem ihren zweifellos stressgeprägten Beruf mit allerlei Vergünstigungen und Annehmlichkeiten versehen. Dazu gehört vor allem das Entgelt. Bei der Gründung der Bundesrepublik war die Sicht noch so, dass Abgeordnete eine Aufwandsentschädigung erhalten sollten und die im Lande eine bescheidenere als die im Bunde. 1950 erhielt ein Bundestagsabgeordneter eine Entschädigung von 600 DM im Monat sowie ein Tagegeld von 30 DM neben der freien Fahrt mit der Bundesbahn. Hans Herbert von Arnim berichtet, dass im Wechselspiel mit mehreren Urteilen des Bundesverfassungsgerichtes es zunächst die Landtage gewesen sind, welche die „Diäten" auf die später landesweit übliche Höhe gebracht haben. Im Hessischen Landtag kam man 1989 auf eine steuerpflichtige Entschädigung von 7150 DM, eine steuerfreie „mittlere Kostenpauschale" von 4000 DM sowie eine Kostenpauschale von 800 DM. Das hessische „Vorbild" habe anscheinend auch den Bundestag inspiriert, meint von Arnim.[67] 1990 lag der Bundestagspräsidentin ein Kommissions-bericht vor, in dem empfohlen wurde, die Entschädigung zwischen 12000 und 13000 DM anzusetzen und die steuerfreie Kostenpauschale von bis dahin 5443 DM zu erhöhen. 2003 gab der Bundestag im Internet an, dass die Diäten bei 7900 Euro lägen und jeder Abgeordnete darüber hinaus über eine steuerfreie Kostenpauschale von 3417 Euro verfüge. (s. Kapitel 13)

Als noch angenehmere Auspolsterung des Politikerdaseins wird allenthalben die mittlerweile ebenfalls landauf landab übliche Altersversorgung gesehen. In der Regel kann ein Landespolitiker, der über zwei Legislaturperioden dem Parlament angehört hatte, mit einer Altersversorgung ähnlich wie ein Beamter rechnen. Konnte er sich länger im Parlament halten, so kann er schon mit 55 Jahren „Ruhestandsbezüge" genießen. Dass die Funktionsträger in den Parlamenten wie Fraktionsvorsitzende zusätzliche Bezüge erhalten, dass es beim Ausscheiden aus dem Hohen Haus wenigstens für die Nichtbeamten „Übergangsgeld" gibt und zu Ministern aufsteigende Abgeordnete doppelt kassieren, erregt die Öffentlichkeit und ist eines der Hauptargumente bei der bis in die Wissenschaft hineingehende allgemeine Parteienschelte.[68] Auch dass in diesem Zusammenhang immer wieder von „Selbstbedienung" der Parteien wie auch bei der Parteienfinanzierung und den parteinahen Stiftungen gesprochen wird, macht das problematische Verhältnis der Politiker zur Bevölkerung sichtbar.

Die Sache ist schwierig, weil es letzten Endes nur die Parlamente sein können, die Haushaltsentscheidungen treffen sollten. Das Budgetrecht der Parlamente ist ein Urelement der parlamentarischen Demokratie. Also muss das Parlament, das aus Parteienvertretern besteht, beim Haushalt auch in eigener Sache entscheiden, wenn es um Diäten, Parteienfinanzierung und den Zuschuss für Stiftungen geht. Sicher ist es richtig, zur Vorbereitung gerade dieser Entscheidungen unabhängige Gutachter zu befragen. Aber die Parlamente dürfen sich die Entscheidungen auch in eigener Sache nicht aus der Hand nehmen lassen, weil das ein erster Schritt zur Abgabe des Budgetrechtes wäre. Darauf lauern die Bürokratien überall im Lande. Vorzuwerfen allerdings ist den Parteien, dass sie in eigener Sache nicht besonders strenge Maßstäbe einer Selbstkontrolle anlegten, sondern vielfach erheblich hinlangten.

Lange Zeit haben es die Vorstände und Geschäftsführer der Fraktionen verstanden, selbst die Abgeordneten und besonders die Öffentlichkeit von den finanziellen Dingen, die doch mit Streuermitteln geschahen, fernzuhalten. Es interessierte auch keinen: Weder die Wissenschaft, noch die Presse, und im Chorgeist der Geschäftsführer war Unrechtsbewusstsein nicht zu erkennen. Erst als in den achtziger Jahren Parteispendenaffären der Öffentlichkeit bekannt und

---

[67] Hans Herbert von Arnim, a.a.O., S. 63

die früheren Bundesminister Lambsdorff und Friderich in diesem Zusammenhang verurteilt wurden, setzten sich strengere Maßstäbe durch. So ist es mittlerweile eine Todsünde, Fraktionsgelder in die Parteikasse fließen zu lassen. Die Rechnungshöfe prüfen die Geschäftsstellen der Fraktionen, und die Geschäftsführer legen ihren Abgeordneten detaillierte und nachvollziehbare Rechnungslegungen vor. Andererseits sind die Schaffensmöglichkeiten der Abgeordneten auf diese korrekte Weise immer weiter verbessert worden. Jeder Landtagsabgeordneter verfügt über ein Büro, und vielen stehen Assistenten zur Verfügung. Die Abgeordneten der ersten Stunden würden darüber staunen. Sie konnten Politik ohne Büros und Assistenten, ohne üppige Gehälter und unter Benützung der öffentlichen Verkehrsmittel machen. Würden sie das Treiben in den heutigen Parlamenten sehen, so kämen sie sicher bald zu der Feststellung, dass die Politik nicht besser geworden sei, allerdings teurer. Wer würde ihnen da widersprechen?

Überhaupt hat sich die Politik, besonders die der Länder, im Vergleich zu 1949 opulent ausgestattet. Sichtbarer Ausdruck hierfür waren schon die Ländervertretungen in der alten Bundeshauptstadt Bonn. Der Bund hat die Bedingungen dafür geschaffen, dass die bescheidenen Rahmenbedingungen der fünfziger Jahre vergessen waren. Anstelle der Landstraße ging die Autobahn zum Flughafen, der „lange Eugen" war als Abgeordnetenhaus schon zu klein und sollte durch den Schürmannbau ergänzt werden. Nur die Wiedervereinigung und der Rhein mit einer Flut machten da einen Strich durch die Rechnung. Ein neuer Plenarsaal steht seiner Bestimmung beraubt am Rhein, weil der alte - in dem wichtige historische Debatten geführt worden waren - nicht mehr gut genug war. Die Bundesgeschäftstellen der Parteien drängte es heraus aus den angemieteten Bürgervillen. Die Parteien errichteten eigene Betonburgen, zuletzt - nachdem der Umzug nach Berlin schon beschlossen war - auch die an und für sich finanzschwache FDP.

Da wollten auch die Bundesländer nicht nachstehen. Weil ihre Spitzen über den Bundesrat sich ja ohnehin als halbe Bundespolitiker fühlen, weil sie oft in Bonn zu tun hatten und dort Gäste empfangen wollten, mochten sie ihre müden Häupter nicht auf Hotelbetten legen: Sie wollten eigene Schlafgelegenheiten. So entstanden in Bonn die „Botschaften" der Länder, die Ländervertretungen. Die Niedersachsen hatten gegenüber dem langen Eugen und gleich beim Schürmannbau ein eigenes kleines Kongresszentrum errichten lassen, das kleine Saarland leistete sich einen eigenen Koch, dessen Künste die Gäste der anderen Bundesländer gerne genossen. Hausherren der Ländervertreter waren die Bevollmächtigten der jeweiligen Länder beim Bund, viele von ihnen im Ministerrang. Sie fühlten sich als „Botschafter" aus Düsseldorf, Hannover,

---

[68] a.a.O. sowie Erwin K. Scheuch und Ute Scheuch, Cliquen, Klüngel und Karrieren. Über den Verfall der politischen Parteien, Reinbek bei Hamburg 1993

München oder Dresden, und mancher richtige Botschafter schaut neidvoll auf die Ausstattung ihrer Vertretungen. Beim Umzug an die Spree musste alles genauso opulent werden, nur größer und moderner. Dabei hätte man die Chance gehabt, wieder auf ein etwas bescheideneres Maß zurückzugehen. Doch die wurde nicht genutzt. Gleich neben dem Brandenburger Tor liegen die Ministergärten, und dort haben die meisten Bundesländer ihre Residenzen errichtet - zu ihrer eigenen Ehre, ihrem eigenen Ruhm, aus Protzsucht und Bequemlichkeit ihrer Repräsentanten. In der Landespolitik kann man heute hoch hinaus kommen - bis ins Zentrum der Macht des Gesamtstaates. Aber der Abstand zur Basis, zu den eigenen Wählern wird immer größer. Wird das Band eines Tages reißen?

Montags tagen die Führungsgremien der politischen Parteien auf der Bundesebene. Nach wichtigen Wahlen wird die Öffentlichkeit auf diesen Umstand hingewiesen. Die Führungsgremien der Parteien, heißt es da, würden das Ergebnis der Wahl vom Sonntag beraten. Vorsichtigerweise wird hinzugefügt: „In getrennten Sitzungen". Meist handelt es sich bei den Führungsgremien um den Bundesvorstand oder das Präsidium der jeweiligen Partei. War am Sonntag eine Landtagswahl, so reisen die jeweiligen Spitzenkandidaten an. Je nach Wahlergebnis in ihrem Land haben sie einen schweren oder leichten Stand. Für manche Wahlverlierer „draußen im Land" war die Montagsrunde mit ihren Spitzenpolitikern aus Partei und Fraktion die letzte Veranstaltung dieser Art. 1994 und 1995 erlebten so besonders bei der FDP viele Landespolitiker den ersten Schritt ihres politischen Abgangs. Andere wieder stiegen zu neuen Hoffnungsträgern der Partei auf, wenn sie über besonders beeindruckende Erfolge berichten konnten. Besonders bei den großen Parteien kommt ein siegreicher Landesfürst immer gleich ein Stück voran auf dem Wege zum „Kanzlerkandidaten". In der Ära Kohl waren das die wechselnden Herausforderer des Amtsinhabers. Alle waren sie in Wahlen erfolgreiche Ministerpräsidenten, von denen die Bundespartei glaubte, sie brächten die Fortune ein, damit die SPD auch auf der Bundesebene einmal gewinnen kann. Dass nur unmittelbar nach der Wende mit Hans-Jochen Vogel ein Bundespolitiker Kanzlerkandidat wurde, lag daran, dass angesichts der Aussichtslosigkeit für einen Sieg der „Andrang anderer Bewerber" sich „in engsten Grenzen" hielt, wie Vogel selber formuliert.[69]

Wer zu den Montagsrunden darf, fühlt sich als Angehöriger der Parteielite. Um den Parteivorsitzenden sind versammelt seine Stellvertreter, der Generalsekretär oder Geschäftsführer der Partei, der Schatzmeister und die anderen gewählten Mitglieder des Vorstandes, der Fraktionsvorsitzende und seine Stellvertreter und alle wichtigen Funktionsträger der Partei. Auf die stolzeste Liste bringt es dabei zur Zeit die SPD: Dort, wo der Vorsitzende zugleich der Bundeskanzler ist, gehören zur erlauchten Runde auch der Präsident des Deutschen Bundestages,

---

[69] Hans-Jochen Vogel, Nachsichten. Meine Bonner und Berliner Jahre, München 1996, S. 170

die wichtigsten Bundesminister der SPD und die der SPD angehörenden Ministerpräsidenten der Länder. In allen Parteien dabei sind - ob gewählt oder kooptiert - Repräsentanten von Unterorganisationen der Parteien wie der Jugend-, Arbeitnehmer- oder Frauenorganisationen. Der Übergang vom Landes- zum Bundespolitiker ist fließend. Zwar sind beispielsweise die Mitglieder des Deutschen Bundestages formell Bundespolitiker, aber viele spielen in der Bundespolitik überhaupt keine Rolle. Daheim hingegen in der Landes- oder „nur" in der Kommunalpolitik können sie kleine Könige sein. Wegen ihrer starken Stellung daheim werden sie in den Bundestag geschickt, und dabei wird nicht von ihnen erwartet, dass sie auf der großen Bühne der Bundespolitik eine tragende Rolle spielen. Es ziert einen Kreisverband im Oldenburgischen beispielsweise ungemein, wenn er auf einen Bundestagsabgeordneten als einen der seinen verweisen kann und dabei Konkurrenzverbände der anderen und Nachbarverbände der eigenen Partei in den Schatten stellen kann. So wenig ein derartiger regionaler Bundespolitiker auch im Bundestag selber sprechen mag: Zu Hause ist er wer und berichtet stolz und breit über die Bundespolitik, über die Renten- und Jugoslawienfrage, von seinen direkten Begegnungen mit dem Bundeskanzler - „dem Gerd" - und dem König von Jordanien und was er, Franz Müller aus Oldenburg, den Herren gesteckt habe. In der Großstadt dagegen erregt es Aufsehen von Freund und Feind, wenn ein ansonsten weithin unbekannter Bundestagsabgeordneter auf einem verkehrsreichen Platz seinen Kleintierzoo unter seiner Parteifahne präsentiert.

Die richtigen Bundespolitiker unter den Abgeordneten sind die Macher der Politik in den Fraktionsvorständen, im Bundestagspräsidium und in den Führungen der Ausschüsse. Natürlich gehören die Minister und die Parlamentarischen Staatssekretäre dazu. Sie leben wie die Landespolitiker ganz oder überwiegend für die und von der Politik. Diese Menschen befinden sich in einem permanenten Kommunikations- und Entscheidungssystem, dabei ständig beobachtet und bedrängt von Journalisten sowie taxiert von allen möglichen Konkurrenten. Sie müssen schwierige politische Entscheidungen treffen, deren detaillierte Zusammenhänge sie oft nicht durchschauen und sich daher von Fachleuten vorsagen lassen müssen. Gleichwohl erwarten die Kontrolleure - die Bundestagsfraktion, ihre Ausschüsse, die Öffentlichkeit, die Lobby und die Partei - klare politische Vorgaben und einsichtige Begründungen für die politischen Entscheidungen. Bei der Entscheidungsfindung und bei deren Rechtfertigung in der Öffentlichkeit liegt eine der Quellen für den Janus-Charakter der Parteien. Nach innen wären Entscheidungen leicht zu finden, meist orientiert am fachlichen Rat der stets vorhandenen Sachverständigen und Experten. Aber das Verkaufen nach außen bereitet Schwierigkeiten. So gewöhnen sich die Bundespolitiker intern eine Berufsprache an, die aus einem Gemisch von Insiderjargon, Fachausdrücken und Zynismen besteht. Diese Berufsprache müssen sie nach außen meiden, was ihnen nicht immer gelingt, und die Beobachter am Fernseher sagen dann: „Die haben wieder Chinesisch geredet" oder „von oben herab." Wenigen gelingt es, Insidersprache und -verhalten gänzlich abzustreifen und dabei gegenüber dem Publikum verständlich zu reden, noch weniger bleiben dabei auch in Details aufrichtig.

Nüchtern und von außen betrachtet ist der Beruf des Bundespolitikers nicht erstrebenswert. Es gilt der Zwölfstundentag, Termine am Sonnabend und Sonntag sind die Regel. Wegen der Arbeitszeit und der räumlichen Trennung von Heim und Herd kann ein Bundespolitiker kein durchschnittliches Familienleben führen. Die meisten reisen hin und her zwischen der Hauptstadt, ihrem Wohnort und anderen Plätzen. Und selbst diejenigen, die ihr Heim an den Regierungssitz verlegt haben, sind öfter unterwegs als zu Hause. An manchen Tagen sind sie länger im Auto oder im Flugzeug als im Büro. Endlose Sitzungen mit sich ständig wiederholenden Ritualen zerren an ihren Nerven ebenso wie permanente Interviews und immer wiederkehrende Versammlungen, Bürgertreffs und Podiumsdiskussionen, wo sie häufig verächtlich behandelt und beschimpft werden: Die bundespolitischen Vorleute lassen alles mit sich geschehen. Sie wissen, die politische Konkurrenz wartet nur auf einen Fehler von ihnen, um diesen sogleich weidlich auszuschlachten. Die Journalisten sind für jede Story dankbar: Es gibt Abnehmer für politische Analysen ebenso wie für die Verbreitung von Anzüglichkeiten „unterhalb der Gürtellinie".

Am gefährlichsten sind sie potentiellen Nachrücker aus den eigenen Reihen. Sie tragen ihren Vorleuten die Aktentaschen und sagen ihnen nach jedem Auftritt, wie gut sie waren. Aber wenn einer dieser Vormänner strauchelt, und die innerparteilichen Nachrücker haben das Gespür, dass er fallen wird, dann stoßen sie zu: Entweder heimlich – „Das steht er nicht durch." - oder mit unschuldigem Augenaufschlag vor den Fernsehkameras: „Eine faire Geste des Ministers, dass er die politische Verantwortung auf sich nimmt."

Nach zwölf Stunden oder manchmal mehr - schließlich gibt es Klausurtagungen und Nachtsitzungen - bleiben vielen der so gejagten Vormänner für wenige Stunden nur der rote Wein und das rote Viertel als Trost. Wie die Vorfrauen ihren Stress kompensieren, ist dagegen ihr Geheimnis. Unausgeschlafen im tatsächlichen Sinne allerdings sind Bundespolitiker permanent, ob Frau oder Mann.

Warum nehmen Menschen soviel Unannehmlichkeiten auf sich, um Bundespolitiker zu werden und zu bleiben? Viele sind in die Rolle hineingewachsen, ohne sie direkt anzustreben. Sie haben sich allmählich an die Umstände gewöhnt, sind durch die Politik geformt worden. Bundespolitiker sind Prominente: Sie können nicht wie jedermann die Straße entlanggehen, einkaufen, sich in die Kneipe setzen. Sofort werden sie erkannt. Viele von ihnen haben Bodyguards dabei. Das schützt sie zwar vielleicht vor Angriffen, macht die soziale Kontrolle aber fast perfekt.

Aber das alles gerade genießen die prominenten Politiker auch: Sie brauchen das Drum und Dran wie eine Droge: Je mehr, desto besser. Dazu gehören große Dienstwagen, Staatsempfänge,

Galadiners, buckelnden Lakaien unter den Bürokraten: „Jawohl, Herr Minister!" oder „Sehr gut, Herr Staatssekretär!" Fernsehkameras und grelle Scheinwerfer, Blitzlichtgewitter, Limousinen, Handys, persönliche Referenten, gutwillige Fahrer und verständnisvolle Sekretärinnen gehören zu den Alltagskulissen. Daran kann man sich gewöhnen und noch etwas mehr von der Droge nehmen: Das Regierungsflugzeug etwa, der Staatsbesuch oder das Exklusivinterview in der ARD. Jeder Spitzenpolitiker stöhnt über Stress und Fremdbestimmung. Aber das ist nicht ernst zu nehmen. Obwohl die allerhöchsten Ämter hierzulande auf Zeit verliehen werden, und die Politiker gerne davon sprechen, was sie tun werden, wenn sie erst einmal ihr Amt los sind, fallen sie in ein tiefes Loch, wenn sie tatsächlich ausscheiden. Kein Telefon klingelt permanent, keine Journalistenschar wartet vor der Tür, kein Verwaltungsapparat steht zur Verfügung, kein Pressespiegel liegt vor, und die Ehefrau meint, es wäre das Beste, mal zu „Aldi" zu gehen: Die Entzugserscheinungen sind heftig.

Neben der Kulisse fasziniert die Bundespolitiker die Macht: Sie können Entscheidungen treffen, die für viele andere Menschen von großer Bedeutung sind, ihr Wort wird gehört in großen Versammlungen und von Millionen Fernsehzuschauer. Sie gelten im Ausland als die Repräsentanten Deutschlands und werden dort mit ausgesuchter Freundlichkeit behandelt. Überall sind sie VIPs, fast jeder Wunsch wird ihnen erfüllt. Außer in Versammlungen, Talkshows und vor allem Sitzungen mit den eigenen Parteifreunden, sind eigentlich alle Menschen zuvorkommend und höflich. Die Kleinigkeiten des Alltags werden abgenommen: Die Flüge bucht die Sekretärin, die Garderobe holt der Fahrer ab, die Tische sind reserviert, die Reden vorgeschrieben, und wenn die Ehefrau Geburtstag hat, besorgen die persönlichen Bediensteten den Blumenstrauß. Jeden Tag wird man mehr von der eigenen Wichtigkeit überzeugt. Kommen Selbstzweifel, so werden diese schnell wieder verdrängt: Die Berufspolitiker haben nun einmal diesen Beruf und keinen anderen. Wie der Lehrer, der Flickschuster, der Cellist oder der EDV-Fachmann sind sie in diesen Beruf hineingewachsen, verdienen damit ihr Geld, und sie sind sich nicht so sicher, ob ihnen das in einem anderen Gewerbe auch gelingen würde. Also bleiben sie in ihren Ämtern solange es geht.

Gerade die Bundespolitiker sind durch die Mediengesellschaft geprägt. Einerseits haben sie die Möglichkeit, über viele Kanäle die „Menschen draußen im Lande" anzusprechen, andererseits machen die Medien aus der Politik eine Medienrealität, bei der Seifenopern, Fußballstars und Talkmaster gleich unwirklich neben Ministern und Models stehen. Die Politiker passen sich dem an. Das alles fördert eine in Lebensstil und Denkgewohnheiten abgehobene Politikerkaste, deren Existenz die Demokratie eines Landes gefährdet. Das abnehmende Mitgliederinteresse an den Parteien fördert diese Entwicklung. Die Bürger brauchen nicht mehr in die Parteien zu gehen, weil sie die erste Riege der Politiker jeden Abend bei sich in der Privatstube via TV haben, und den zu den „Promis" zählenden Politikern ist es angenehmer, im hellerleuchteten Studio mit

Franz Beckenbauer und Verona Feldbusch zu parlieren als in einer dunklen Kneipe im Ortsverein Hamburg-Altona den Lebensweisheiten von Oma Krause zu lauschen.

Doch die Korrektur durch die Partei und deren Stallgeruch brauchen gerade die Spitzenpolitiker, wenn sich nicht die Fernsehmacher zu den heimlichen Herren der Politik entwickeln sollen wie sie es beim Sport schon sind.

Zwischen den Vormännern und den Hinterbänklern in der Bundespolitik klafft ein großer Abgrund. Zwar sind alle Abgeordneten nach Status, Einkommen und Rechten gleich, doch die Politik bestimmen nur wenige von ihnen. Sie tun das zusammen mit den Ministerpräsidenten der Länder und den Funktionseliten aus Wirtschaft, Gewerkschaften, Kultur und Wissenschaft sowie vor allem aus der Verwaltung. Die Mehrzahl der Abgeordneten gehört nicht zu den Machtzirkeln. Bei über 600 Mitgliedern des Bundestages ist es für einen einzelnen schon quantitativ schwer, auf sich aufmerksam zu machen. Spötter sagen, es gäbe etwa 300 Abgeordnete, von denen niemand außer sie selber etwas merken würde, wenn sie von heute auf morgen nicht mehr dabei wären. Eine radikale Verkleinerung des Bundestages ist geboten. Doch eine gewisse Zahl von Hinterbänklern sollte es geben. Sie müssten nur häufiger die Möglichkeit haben und sich diese erkämpfen, ihr Verhalten nicht immer vorbestimmen zu lassen, sei es durch den politischen Zwang der Fraktionsvorstände, sei es durch den Geschäftsordnungszwang des Parlamentspräsidiums. Die Debatte über die Hauptstadt Berlin oder Bonn, das Ringen um eine Abtreibungsregelung haben gezeigt, wie bereichernd der gesamte Bundestag auf die Politik wirken kann, wenn die in ihm schlummernden Kräfte freigesetzt werden. Dann hat das Parlament auch eine Chance, sich von der alltäglichen Bevormundung durch die Verwaltung zu befreien. Für die Parteien schließlich würde das bedeuten, dass sie als Rekrutierungsfelder für die Parlamente wieder für mehr originelle und durchsetzungswillige Menschen interessant würden. Für die Parteiendemokratie wäre das von Vorteil.

Noch einmal zu Max Weber: Für ihn gibt es zwei Grundtypen von Politikern: den aus „Gesinnungsethik" und den aus „Verantwortungsethik". Dem Gesinnungsethiker ist nicht er selber als Handelnder der Haftbare seiner Politik, „sondern die Welt..., die Dummheit der anderen Menschen oder - der Wille Gottes der sie schuf. Der Verantwortungsethiker dagegen rechnet mit eben jenen durchschnittlichen Defekten der Menschen"[70] und lässt sich die Folgen seines Tuns anrechnen. In der Zeit nach Max Weber haben exzessive „Gesinnungspolitiker" Terror, Tod und Not über Millionen Menschen gebracht.

Der Verantwortungsethiker ist daher der Typ des Politikers, der seitdem gefragt ist.

---

[70] Max Weber, Soziologie... S. 175

8. Das Parlament als Sozialisationsagentur

Parlamentarier werden sozialisiert. Sie wachsen in einen komplizierten sozialen Mechanismus hinein, verinnerlichen dessen Strukturen, Handlungsmuster und die alles steuernden Werte. Die Gefahr ist, dass sich die Abgeordneten durch ihre Integration ins Parlament zugleich fortentwickeln von denen, die sie nominiert und gewählt haben. Parlamentarier sind daher eifrig bemüht, Kontakt zu den Parteien und den Wählern zu halten. Dabei ist nicht unbedingt ein demokratischer Urtrieb das Motiv, sondern der Wunsch, den soziales Prestige, Machtgefühl, Unterhaltung und ein mittlerweile erkleckliches Einkommen bietenden Abgeordnetenjob nicht zu verlieren.

Die erste Sozialisationsphase von Abgeordneten erfolgt nicht durch das Parlament, sondern durch die Parteien. Dass die Kandidaten für die Parlamente von Bund, Ländern und Gemeinden durch die Parteien aufgestellt werden, ist bekannt. Parlamentsmitglied zu werden ohne einer Partei anzugehören oder von ihr nominiert zu werden, ist fast unmöglich. Wer aus freiem Entschluss auf eine Parteimitgliedschaft verzichtet, verschließt sich damit faktisch auch einem möglichen Einzug in ein Parlament. Brave Teilnahme an oft langweiligen Basisversammlungen aber reicht nicht für einen Aufstieg in einer Partei. Man muss sich engagieren, in Fachausschüssen mitarbeiten und sich einem Flügel anschließen. Überall ist „Präsenz" gefordert. Präsenz bedeutet einmal schlichte physische Anwesenheit als Grundvoraussetzung fürs Vorankommen. Präsenz heißt zum anderen Beteiligung an den Diskussionen, Mitarbeit beim Formulieren von Anträgen und Erfolg bei Abstimmungen. Nur diejenigen der Parteimitglieder, die solche aktive Präsenz zeigen, gehören zum Kreis der Aspiranten für Kandidaturen.

Parteimitgliedschaft, private und berufliche Abkömmlichkeit, passive und aktive Präsenz fördern die Chance, einen Parlamentssitz zu ergattern. Wer diese Voraussetzungen mitbringt, ist durch seinen Beruf, seine Familie und die Partei so weit geformt, dass er den Kampf um ein Mandat aufnehmen kann. Die passive Präsenz gibt allerlei Anlass zu Hohn und Spott. Es existiere eine „Gesäßdemokratie", wird gesagt, weil nur der Erfolg habe, der auf Sitzungen das größte Beharrungsvermögen besäße. Beharrungsvermögen führt nur zusammen mit der Durchsetzungsfähigkeit in Debatten und Abstimmungen zum Erfolg. So wird es auch im Parlament gebraucht. Die unterschiedliche Abkömmlichkeit der Bürger ist ebenfalls Anlass für Ärger: So wird beklagt, dass beispielsweise Beamte bessere Chancen auf Zugang zu den Parlamenten haben als etwa Industriearbeiter oder Freiberufler und dass Alleinerziehende mit Kinderlosen nicht mithalten können. Dies sind gesellschaftliche Mängel, den die Institution Parlament als solche nicht kompensieren kann. Das parlamentarische System basiert auch darauf, dass sich extrovertierte und eloquente Menschen eher durchsetzen als zurückgenommene.

Rund geht es in den Parteien, wenn Zeit der Kandidatenaufstellung ist. Je näher der eigentliche Termin einer Kandidatenaufstellung in einer Delegiertenversammlung rückt, desto häufiger und erregter werden die Sitzungen, Vor-, Neben- und Flügeltreffen. Normale inhaltliche Differenzen innerhalb einer Partei verweben sich mit personellen Forderungen, Ansprüchen und Konflikten. Solange es geht, wird jede innerparteiliche Gruppe, wird jeder mögliche Kandidat das eigene Interesse inhaltlich-politisch darstellen und persönliche Motive nicht aussprechen. Aber der Kampf um die Kandidaturen wird umso heftiger, je aussichtsreicher diese erscheinen und je näher der Termin der innerparteilichen Entscheidung rückt. Aus einem politisch-sachlichen wird ein persönlich-emotionaler Kampf. Diesen durchstehen zu können, erfordert bestimmte Eigenschaften, die mit dem Begriff der Belastbarkeit umschrieben werden. Den Ausschlag für einen Erfolg im innerparteilichen Kampf um Kandidaturen geben dann eine Reihe zum Teil schwer beeinflussbarer Faktoren wie das richtige - gerade gefragte - Fachwissen, Charisma und persönliche Merkmale wie Geschlecht oder Konfession, Freund- oder Feindschaften zu einzelnen Delegierten und - preußisch ausgedrückt - „Fortune".

Der Kandidatenaufstellung folgt der Wahlkampf. Nach allgemeiner Auffassung kann der Bewerber persönlich hier nicht mehr viel bewegen, - es sei denn, es handele sich um den Spitzenkandidaten selber. Die Wähler wählen in der Regel Parteien und nicht Listen- oder Wahlkreiskandidaten. Sollte ein Kandidat jedoch seinen Wahlkampf lässig angehen, so hat er damit schon den Grundstein für ein Ausscheiden aus Amt und Würden nach vier Jahren gelegt. Mehr als viele Versammlungen sind die Wahlkampfaktivitäten der Partei dazu angetan, nach den Wunden des Kampfes um die Kandidatenaufstellungen ein „Wir-Gefühl" herzustellen. Durch regelmäßige Stände auf der Straße bei Wind und Wetter der direkten Volksmeinung ausgeliefert, gewinnt der Kulis, Luftballons und Traktätchen verteilende Kandidat jenen „Stallgeruch", der ihm und seinen künftigen Kollegen im Parlament die Orientierung erleichtert.

Geprägt durch ein Abkömmlichkeit gewährendes berufliches und privates Umfeld, durch die Parteimitgliedschaft und passive sowie aktive Präsenz dort, bewährt durch Belastbarkeit, ausgewiesen durch Charisma und mit einem spezifischen Fachwissen, entweder als Quotenfrau oder engagierter Katholik oder sonstiges, versehen mit dem nötigen Quäntchen Glück mutiert der Kandidat - oder die Kandidatin - am Wahltag zum Parlamentsmitglied. Die eigentliche Sozialisation als Parlamentarier beginnt.

Wenn ein frisch ins Parlament gewählter Wissenschaftler sich an einer Debatte seiner Fraktion beteiligt - und wie im Seminar geübt - verschiedene Argumente pro und contra gegenüber stellt, um sie zu gewichten wird ihn der Vorsitzende (ein „alter Parlamentshase") unterbrechen: „Also was wollen Sie nun, Herr Doktor. Wofür sind Sie denn? Entscheiden müssen Sie sich schon!" Das ist eine jener Regeln, die ein Parlamentarier lernen und verinnerlichen muss:
- Zu jeder Frage sollst Du klar Stellung beziehen. Du sollst sagen, ob Du dafür bist oder dagegen.

Der Parlamentarier lernt sehr schnell, dass man von ihm erwartet, auf Zweifel oder Differenzierungen zu verzichten. Was er sagt, soll klar und eindeutig klingen. Die zweite Lektion kommt meist in der ersten Plenarsitzung. Abgeordnete tragen mehr oder weniger plausible Argumente vor. Ein als solcher noch weitgehend unsozialisierter Abgeordneter folgt seinen unparlamentarischen Reflexen und bekundet Beifall, wo er zustimmte, äußert Missmut, wo ihm danach ist. Da schreitet der Fraktionsgeschäftsführer ein: „Beifall gibt es nur für unsere Leute!

- Beifall sollst Du nur den eigenen Leuten spenden.

Die eigenen Leute, das sind zuerst die Abgeordneten der eigenen Fraktion. Darunter sind auch manchmal diejenigen unter allen Parlamentsmitgliedern, mit denen man am innigsten verfeindet ist. Denen ist Beifall zu spenden, wenn sie für die Fraktion sprechen. Die eigenen Leute im weiteren Sinne sind die anderen Abgeordneten der Regierungskoalition oder die anderen Oppositionsabgeordneten - je nachdem. Parlamentariern einer außerhalb des allgemeinen Parteienkonsens stehenden extremen Partei spendet man niemals Beifall. Wenn diese reden, ist es durchaus schicklich, den Saal zu verlassen.

Der neu gewählte Landtag von Brandenburg bestand 1990 – wie alle Parlamente in den neuen Ländern - ausschließlich aus unsozialisierten Parlamentariern. Die übliche Vorprägung durch Partei, Beruf und Familie fehlte ihnen. Erfahrene Abgeordnete, die Regeln des Parlamentarismus hätten weitergeben können, gab es nicht. Einige der Landtagsmitglieder waren in der Volkskammer tätig gewesen, auch nicht gerade eine typische parlamentarische Alltags-Erfahrung. Im Unterschied zur Verwaltung konnten hier keine „Leihabgeordneten" aus dem Westen eingesetzt werden. Im Plenum waren die „Ossi"-Parlamentarier unter sich. Da hätte man - wäre nicht die Sitzordnung gewesen - deren Zugehörigkeit zu den Fraktionen nicht erkennen können. Denn Beifall gab es für ansprechende Reden aus allen Ecken des Hauses. Die Ministerin auf der Regierungsbank applaudierte dem PDS-Fraktionsvorsitzenden, und der Abgeordnete Peter-Michael Diestel war nicht der einzige aus der CDU, dem mancher PDSler demonstrativ Zustimmung signalisierten. Erst als Ende 1993 die PDS bei Kommunalwahlen glänzend abschnitt, verließ auch der Potsdamer Landtag allmählich seinen „Brandenburger Weg".

Bis in die 80er Jahre hinein gab es so etwas wie Bekleidungsvorschriften des Parlaments nach dem Motto:

- Du sollst Dich der Würde des Hauses entsprechend kleiden.

In ein Kommunalparlament zogen 1971 neu gewählte Repräsentanten in Rollkragenpullovern ein! Das war mit der Würde des Hauses nicht im Einklang, und der Sitzungsleiter versuchte, das durch Überzeugung abzustellen. In der Zeit nach der APO jedoch war das schwer. Aber irgendwie prägte die Garderobe der Mehrheit doch, und fast unbemerkt erschienen die männlichen Neulinge gegen Ende der Wahlperiode mit Hemd und Krawatte. Das entsprach der

Würde des Hauses. 1975 hatte sogar in einem Landesparlament ein Parlamentarier im Rollkragen die Sitzung aufgesucht. Der Präsident wurde förmlich und verlangte, männliche Abgeordnete sollten mit Krawatte, weibliche im Rock und nicht in Hosen zu Parlamentssitzungen erscheinen.

Das wäre wohl so geblieben, wären nicht ab 1981 die „Grünen" in die Parlamente eingezogen. Einige von ihnen waren angetan wie Paradiesvögel; auf bunten Blusen trugen sie gesinnungsschwere Buttons. Bei den Männern dieser Partei waren Krawatten nicht auszumachen, meist nicht einmal Sakkos, statt dessen immer häufiger selbstgestrickte Pullover. Zweitpullover wurden während der Plenarsitzungen gefertigt. Ein Präsident konnte froh sein, wenn die weiblichen Abgeordneten in langen Hosen erschienen und nicht in hot pants: Die Kleidervorschriften geriet ins Vergessen. „Alternative" und „Grüne" hatten durchgesetzt, dass zwischen dem Outfit von Abgeordneten und der Würde eines Hauses keinerlei Zusammenhänge mehr hergestellt werden können. - Es sei dahingestellt, ob das ein Fortschritt in der politischen Kultur ist!

Die nächste Lektion: Ein parlamentarischer Neuling hatte in einem Ausschuss entgegen der Fraktionslinie für und nicht gegen die Regierung gestimmt. In der Fraktionssitzung rechtfertigte er sich mit dem Hinweis, die Darlegungen der Regierungsvertreter, „der Verwaltung", hätten ihn überzeugt. Er sei halt umgestimmt worden. Homerisches Lachen der Altgedienten unter seinen Kollegen war die Quittung. Ein Greenhorn war der Verwaltung auf den Leim gegangen:

- Du sollst der Verwaltung auf Schritt und Tritt misstrauen.

Die Regierung mit ihrer Bürokratie möchte vom Parlament politische Rückendeckung und Geld. Dafür setzt sie ihre Politiker und Bürokraten ein. Sachverhalte müssen so dargestellt werden, dass die Abgeordneten den Wünschen der Verwaltung folgen. Pannen und unangenehme Tatsachen, durch die die Neigung der Abgeordneten zur erwünschten politischen und finanziellen Unterstützung geschmälert werden könnten, werden nicht berichtet, „zurückgehalten" und nur auf Nachfrage tröpfchenweise verabreicht, denn auch in der Verwaltung gilt eine Regel:

- Du musst dem Parlament nicht alles, aber die Wahrheit sagen.

Das Misstrauen der Verwaltung gegenüber ist bei Regierungsfraktionen vital, bei Oppositionsfraktionen rituell. Die Verwaltung weiß, dass sie Geld und Rückenwind ohnehin nur aus der Koalition erwarten kann. Umgekehrt wissen die Koalitionsabgeordneten, dass es auf sie ankommt. Von der personell und fachlich überlegenen Verwaltung möchten sie dabei nicht „über den Tisch gezogen" werden und begegnen ihr misstrauisch, mitunter aggressiv. So kommt es, dass die eigentliche Stunde der Wahrheit bei Haushaltsberatungen nicht die Sitzung im entsprechenden Ausschuss und noch weniger die Debatte im Plenum ist, sondern die Vorbesprechung im Arbeitskreis Haushalt der Regierungsfraktionen. Dort wird alltägliche parlamentarische Kontrolle der Regierung ausgeübt, von den eigenen Fraktionen, nicht von der Opposition. Die Opposition ist gegen das Gesamtunternehmen Regierung einschließlich die sie tragenden Fraktionen eingestellt. Für Fehler der Regierung klagt sie die Regierungsfraktionen mit an, wohl wissend, dass es intern heftige Konflikte gibt. Ihre Aufgabe ist es, Außendruck zu erzeugen und Missstände an die Öffentlichkeit zu tragen, die im Regierungslager ansonsten zwar heftig, aber doch intern ausgetragen werden. Ein Mittel, die Regierung in Bedrängnis zu bringen, ist ein Misstrauensantrag gegen ein Regierungsmitglied, von dem die Opposition weiß, dass es auch im Regierungslager umstritten ist. Die Abstimmungen über solche Anträge sind offen, und so kommt es normalerweise nicht vor, dass ein oppositioneller Misstrauensantrag im Parlament eine Mehrheit findet. Altgediente Regierungsmitglieder sagen über sich, sie seien „geadelt", wenn sie einen Misstrauensantrag überstanden hatten. Wegen eines solchen Antrages wurde noch kaum ein Minister direkt gestürzt. Aber viele der „geadelten" Regierungsmitglieder sind später von der eigenen Fraktion zurückgezogen worden - nach interner Beratung.

Ein zum Minister aufgestiegener Abgeordneter hat es von Stund an schwer in der eigenen Fraktion. Mit dem Amt hat er das Misstrauen der Kollegen übernommen, und manche Fraktionssitzungen geraten zu regelrechten Verhören. Dem Minister wird deutlich gemacht, dass er fortan als Repräsentant einer zu kontrollierenden Verwaltung nicht mehr zum engen Führungskreis der eigenen Fraktion gehörte. Ein deutscher Regierungschef gebrauchte für diese Konstellation gerne das Bild vom „Arbeitgeber" und seinen „Angestellten": Er sei Angestellter und die Fraktionsvorsitzenden der Koalitionsfraktionen die Arbeitgeber.

Ganz anders war es in den ersten zwei Jahren in Brandenburg. Die Abgeordneten dort folgten der Regierung auf Schritt und Tritt. Die erst in ihre Rolle hineinwachsenden Parlamentarier waren ohne Arg und hielten Worte aus der Verwaltung schlicht für gültig. In einer Koalitionsfraktion war es bei den wöchentlichen Sitzungen die Regel, bei schwierigen Fragen einen der zwei aus dem Westen gekommenen Minister zu fragen, was man tun solle. Der Tagespresse war dann zu entnehmen, dass bei Ausschusssitzungen im Jahre 1994 in Potsdam Minister von den eigenen Abgeordneten heftig kritisiert worden seien. Auch hier hat sich die Grundregel vom notwendigen Misstrauen gegen die Verwaltung in die Parlamentarierherzen gepflanzt.

Formal sind alle Abgeordneten gleich. Jeder hat nur eine Stimme, darf beim „Hammelsprung" nur einmal eine Tür passieren, und alle Mandate sind zeitlich gleichermaßen limitiert. Aber faktisch sind die Einflusschancen ungleich verteilt. Es gibt in jedem Parlament eine kleine Gruppe politischer Führer, die „Macher", einen größeren Kreis von „Experten" für die verschiedenen Sachgebiete und schließlich Abgeordnete, die auf die Rolle des „Stimmviehs" reduziert sind. Da Macht Ansehen verleiht, haben die Macher das größte innerparlamentarische

Prestige, die zum Stimmvieh zu zählenden Mandatsträger das geringste. Für ehrgeizige Abgeordnete - und zu Beginn ihrer Karrieren sind das fast alle - ergibt sich daraus die Norm: - Versuche, auf der innerparlamentarischen Prestigeleiter so weit wie möglich nach oben zu kommen.

Um dieser Norm gerecht werden zu können, muss der Abgeordnete die Bedeutung der inneren Strukturen des Parlamentes erkennen. Es ist klar, dass die Fraktionsvorsitzenden, der Parlamentspräsident und seine Vertreter zum Kreis der Macher gehören. Aber hier gibt es Differenzierungen. Im Falle einer Koalitionsregierung hat die stärkste Position der Vorsitzende der größten Koalitionsfraktion; der Vorsitzende des kleineren Partners steht auf einer Stufe mit seinem Kollegen der größten Oppositionspartei. Manchmal jedoch stehen die Vorsitzenden der beiden größten Fraktionen im Zenit: Dann geht es um Grundfragen der Geschäftsordnung, um Wahltermine oder im Extremfall um die Auflösung des Parlaments. So ist es gewesen bei der vorgezogenen Neuwahl des Berliner Abgeordnetenhauses 1981 und bei der Festlegung des Wahltermins in Brandenburg im Jahre 1994. Vorsitzende kleinerer Oppositionsparteien sind in der Riege der Macher die Kellerkinder. Der Parlamentspräsident hat selbstverständlich das größte protokollarische Gewicht, und im inneren Parlamentsbetrieb hat er ebenfalls Macht, aber den politischen Einfluss der Lenker der Regierungsfraktionen besitzt er nicht.

Gerade in dieser Position spielt die Persönlichkeit eine große Rolle. Der Parlamentspräsident muss sich wie jeder Minister alle Jahre wieder dem Haushaltsausschuss und den vorgeschalteten Arbeitskreisen der Fraktionen zur Etatberatung stellen. Ein schwacher Präsident wird sich dort intensiv rechtfertigen müssen. Auf jeden Fall gehören die führenden Mitglieder des Haushaltsausschusses, also der Vorsitzende und die Sprecher der Fraktionen, zur Gruppe der Macher im Parlament. Häufig übernehmen die Fraktionsvorsitzenden diese Aufgaben zusätzlich. Einige von ihnen entwickeln sich dabei zugleich zu Experten, und sogar in der Presse werden sie dann gelegentlich zitiert wie einst Erich Honnecker in der „Aktuellen Kamera": „Der Vorsitzende und Haushaltsexperte der Partei X, Hauptausschussvorsitzender XYZ eröffnete die zweite Lesung der diesjährigen Etatberatungen." Andere Fraktionsvorsitzende im Haushaltsausschuss bleiben lieber das, was man einen „Generalisten" nennt.

Neben den Mitarbeitern von Fraktionen und Parlament erledigen die Kernerarbeit in den Haushaltausschüssen häufig die Spezialisten für die einzelnen Ressorts, die es freilich nur bei großen Fraktionen gibt. Für eine Bauverwaltung zum Beispiel kann so ein „Bauhaushaltsexperte" der CDU- oder der SPD-Fraktion eine wichtige Person sein. Einige Vertreter der Stimmvieh-Gruppe sind bei den großen Fraktionen übrigens sogar im so begehrten Haushaltsausschuss anzutreffen. Sie haben die Aufgabe, bei Abstimmungen präsent zu sein und so zu stimmen wie es der Sprecher der eigenen Fraktion vormacht. Die Zeit während der langen

Debatten vertreiben sie sich mit Zeitungslektüre, gelegentlich mit einer kurzen Flucht in die Kantine oder auf die Toilette.

Die Experten des Parlaments wirken in den Fachausschüssen. Die Ausschüsse genießen unterschiedliches Ansehen. Der Haushaltsausschuss und der den Betriebsablauf des Parlaments dirigierende Ältestenrat stehen an der Spitze. Hier finden sich die Fraktionsvorsitzenden oder ihre Vertreter ein. Die Fachausschüsse orientieren sich bei ihrer Zuständigkeit meist an den Verwaltungen, so dass jedes Ressort „seinen" Ausschuss hat und umgekehrt. Die Gewichtung der Ausschüsse korreliert mit der Gewichtung der Verwaltungen. Werden Teilgebiete einer Verwaltungszuständigkeit in Ausschüssen ausgesondert, dann gelten diese Ausschüsse als etwas leichtgewichtig. In den Fachausschüssen agieren Experten, die sich in großen Fraktionen bemühen müssen, genügend Vertreter der Stimmvieh-Gruppe für die Teilnahme an Sitzungen zu motivieren. Ausschussvorsitzender und Fraktionssprecher bestimmen das Leben in den Ausschüssen. Da die kleineren Fraktionen oft mit nur einem Abgeordneten vertreten sind, haben diese keine Chance, in die Stimmvieh-Gruppe abzusteigen. Im Parlamentsleben ist der Begriff Experte im übrigen nicht eigentlich fachlich gemeint. Man wird Experte kraft Amtes, durch die Einnahme einer Sprecher-Funktion. Belustigt ist so mancher, wenn er nach einer einmaligen Vertretung etwa im Bauausschuss tags darauf in einer Zeitung als „Bauexperte" bezeichnet wird. Andererseits gibt es viele Abgeordnete, die auf ihren Gebieten wirkliche Fachleute sind, was der Effektivität ihrer Arbeit dient.

Neben den Fachausschüssen gibt es den Petitionsausschuss und temporäre, besonders Untersuchungsausschüsse. Das Wirken im Petitionsausschuss verleiht keinen besonderen Glanz, ermöglicht aber wegen der Rechte dieses Gremiums Einblicke in die Verwaltungen. Überwiegend sind hier Abgeordnete tätig, die den öffentlichen Dienst kennen - sei es als beurlaubte oder im Ruhestand befindliche Beamte. Die Bedeutung der Untersuchungsausschüsse hängt von der politischen Relevanz des Themas ab. In Brandenburg zog es seinerzeit die erste Garde des Landtages in den Stolpe-Untersuchungsausschuss. Weniger prominent war der Zulauf zum Ausschuss, der das Wirken eines zurückgetretenen Bauministers unter die Lupe nehmen sollte.

Den Ausschüssen des Parlamentes entsprechen die Arbeitskreise der Fraktionen. Meist ist der Sprecher der Fraktion Arbeitskreisvorsitzender. Diese Kreise bereiten die Ausschusssitzungen vor. Sie laden dazu Parteimitglieder, aber auch sachverständige oder interessierte Bürger ein. Ein geschickter Arbeitskreisvorsitzender kann von dieser Position aus inner- und außerhalb des Parlamentes beachtliches Renommee erlangen.

In den Arbeitskreisen der Regierungskoalitionen werden die entscheidenden Beratungen über die Parlamentsvorlagen - Gesetze etwa - geführt. Hat er im Parlament einen Gesetzesentwurf vorgelegt, so muss der Minister spätestens nach der ersten Lesung mitsamt seinem Beraterstab in den Arbeitskreis gehen und mit dessen Mitgliedern um Formulierungen ringen. Das geht oft an die Nerven.

Zentrale innerparlamentarische Positionsvergabeagenturen sind die Fraktionen. In diesen „frei vereinbarte(n) Interessen- und Solidargemeinschaften, die politische Zielvorstellungen verwirklichen wollen",[71] ist die Luft oft bleihaltig. Die Fraktionen entscheiden mit, wer Minister oder Dezernent wird, sie geben meist den Ausschlag bei einer Demission, sie wählen ihren Vorstand und delegieren die Abgeordneten in die Ausschüsse und in andere Gremien wie Kuratorien oder Beiräte. In den „Interessen- und Solidargemeinschaften" herrscht permanent unterschwelliges Kampfklima, Sympathien und Antipathien werden erhitzt durch die Tatsache, dass die Fraktionen jede Woche zusammentreten und ein Machtkampf jederzeit beginnen kann. Wer sich hier durchsetzt, hat schon einen gehörigen Härtetest bestanden.

In die innerparlamentarische Macht- und Prestigerangordnung eingegliedert sind auch Nichtparlamentarier. Zumindest der Leiter der Parlamentsverwaltung - in Berlin beispielsweise mit dem schönen Titel „Direktor bei dem Abgeordnetenhaus" und die Geschäftsführer der Fraktionen gehören in den Kreis der Macher, infolgedessen auch - wo es sie gibt - die Parlamentarischen Geschäftsführer. Durch seine permanente Präsenz im Parlamentsgebäude sowie mit Hilfe seines Apparates der Fraktionsassistenten und Sekretärinnen verfügt gerade der Fraktionsgeschäftsführer über organisatorische Macht, die er politisch umsetzen und die ihm mehr Einfluss sichern kann als manch einem „einfachen" Abgeordneten.

Wer es in der Welt der Fraktionen, Ausschüsse und Arbeitskreise schafft, weit nach oben zu kommen, dem stehen weitere Möglichkeit offen. Als Landtagsabgeordneter gehört er zum Kreis derjenigen, die den Sprung in den Bundestag schaffen könnten, die Minister oder wenigstens Staatssekretär werden könnten.

Am anderen Ende der Prestige-Skala landen die Stimmvieh-Abgeordneten. Ihnen geht es eigentlich nicht schlecht. Sie erhalten auskömmliche monatliche Entschädigungen. (s. Kapitel 13) Üben sie nebenher einen Beruf aus, so ist das ein nettes Zubrot, - tun sie das nicht, haben sie immer noch mehr als ein normaler Facharbeiter. Ihr „Dienst" besteht in der Anwesenheit bei Sitzungen der Fraktionen, der Ausschüsse und - für diese Gruppe seltener schon - Arbeitskreisen. Im Plenum bevölkern sie die hinteren Ränge. Der Nachteil für sie ist, dass der AbgeordnetenJob auf vier oder fünf Jahre beschränkt ist. Doch seltsamerweise kommen nach Wahlen viele der Stimmvieh-Abgeordneten immer wieder.

Das mag daran liegen, dass sie das Gebot für das Überleben mehrerer Legislaturperioden besonders eifrig beherzigen:

---

[71] Gerald Kretschmer, Fraktionen. Parteien im Parlament, Heidelberg 1984, S. 13

- Du sollst die Basis pflegen.

Von der „Basis" sprechen Abgeordnete wie die alten Griechen von ihren Göttern - halb spöttisch, halb respektvoll. Die Basis ist zuerst jene Gliederung der Partei, welche die Abgeordneten-Kandidaten nominiert, also die Landes- oder Bezirksparteiorganisation. Die Basis ist in der Praxis dann zuerst der Ortsverein oder - Verband, in dem der Abgeordnete Mitglied ist, und ebenso der Parteifachausschuss, der sich über die Tätigkeit „seines" Abgeordneten im Parlament informieren lässt. Die Parteigremien leben zum großen Teil davon, dass sie Abgeordnete in ihrer Mitte haben, die aus dem Parlament berichten, sich zur Rede stellen und geloben, sie würden Initiativen aus der Partei weiterleiten. Ob das Verhältnis zwischen der Basis und einem Abgeordneten gut oder schlecht ist - der Unterhaltungswert der Parteisitzungen ist in jedem Fall durch die Anwesenheit eines Parlamentariers groß. Präsenz ist für den Abgeordneten jetzt Pflicht: Lässt sich einer nach der Wahl bei seiner Basis nicht mehr sehen, so kann er zwar den Rest der Legislaturperiode fröhlich und unbeschwert genießen, aber dass er nicht wieder nominiert wird, ist sicher.

Die Einbindung der Abgeordneten in Partei und Fraktion wird in der Politikwissenschaft gelegentlich als Ausdruck des „imperativen Mandats" empfunden, das dem Ideal des „freien Mandats" entgegenstünde. (s. Kapitel 13) Beim freien Mandat besteht die Vorstellung des nur seinem Gewissen folgenden politischen Mandatsträgers, der nach rationaler Einschätzung politischer Gegebenheit Entscheidungen trifft. Der dem entsprechende Idealtypus des klassischen Parlamentarismus hat so in der Wirklichkeit nie existiert. Das Grundgesetz hat in realistischer Einschätzung die Abgeordneten zwar an die politischen Parteien gebunden, weil eine politische Willensbildung in den modernen Massengesellschaften ohne ihre Organisationen gar nicht erfolgen kann, ihnen gleichzeitig aber das freie Mandat zugesichert.[72] So kommt es, dass das Leben der Parlamentarier nicht anders ist als das wirkliche: Der Abgeordnete kann zwar die Freiheit des Mandats auch gegen den Wunsch seiner Partei wahrnehmen, aber er muss die Folgen seines Handelns bedenken. Die Basis erinnert die Parlamentarier auf jeden Fall an die Tatsache, dass die Bürger nicht ihn, sondern die Partei gewählt haben. Das ist die Verfassungswirklichkeit in der Bundesrepublik.

Wirklichkeit ist auch, dass viele Abgeordnete einiges tun, um ihre Basis gnädig zu stimmen. So bringen sie gelegentlich aussichtslose Anträge ins Parlament, nur weil es entsprechende Parteibeschlüsse gibt. Das Spiel ist risikoarm, wenn man sich auf die Ablehnung der Kollegen der anderen Fraktionen verlassen kann. Über die Notwendigkeit kleiner Pflichtübungen für die Basis gibt es einen fraktionsübergreifenden Konsens.

Ein ähnliches Verhältnis wie zur Basis sollte ein Abgeordneter zu dem entwickeln, was im Jargon „Klientel" genannt wird. Die Klientel entscheidet nicht direkt über die Nominierung eines

---

[72] Art. 21 und 38 GG

Bewerbers, kann aber doch einem Parlamentarier erheblichen Rückenwind bei seinen Ambitionen geben. Klientel sind Personen, Gruppen oder Institutionen, deren Interessen sich ein Abgeordneter besonders annimmt, und die er im Parlament vertritt. Hat ein Abgeordneter eine Klientel, so hebt das seine Reputierlichkeit. Daher lautet eine weitere Grundregel des Parlamentarismus:

- Du sollst Dir eine Klientel verschaffen.

Eine der sichtbarsten Klientel, die ihre Abgeordneten in allen Fraktionen des Parlaments hat, ist der Sport. In den Landesparlamenten hat es sich durchgesetzt, dass es eigene Sportausschüsse gibt, jede Fraktion hat ihren „sportpolitischen Sprecher". Klientel der Sportausschüsse sind die Landessportbünde, die vorgeben, die in ihren Vereinen und Verbänden organisierten Mitglieder zu repräsentieren. Schon wegen der hohen Mitgliederzahlen sind die Sportorganisationen für die Politiker von Interesse. Die Mitglieder des Sportausschusses eines Parlamentes „pflegen" ihre Kontakte zum Sportbund und seinen Verbänden. Sie zeigen sich gerne mit den Sportfunktionären und harren brav bei deren Delegiertenversammlungen aus, obwohl diese in Verlauf und Niveau nur das replizieren, was die Politiker aus ihren Parteien kennen. Im Parlament vertreten diese Abgeordnete dann treu und brav die Beschlüsse der Sportfunktionäre, und der Sportausschuss des Parlaments ist fast so etwas wie ein Ausschuss des Sportbundes: Da reden sich die Abgeordneten verschiedener Fraktionen mit „Sportsfreund" und „Du" an; sie kennen keine Parteien mehr, sondern nur noch Sportler. In Brandenburg wählte der Landessportbund sich praktischerweise gleich eine Abgeordnete zur Sportbundpräsidentin. Und in Berlin waren es die Mitglieder des Sportausschusses des Abgeordnetenhauses, die dem Rest des Parlamentes ein „Sportförderungsgesetz" abtrotzten. Der um die Abschaffung überflüssiger Gesetze bemühte Justizstaatssekretär betonte immer wieder, an der Spitze seiner Liste zu liquidierender Gesetze stünde das Sportförderungsgesetz. Darüber konnten die Mitglieder des Sportausschusses nur lachen: Der Herr Justizstaatssekretär, sagten sie, hätte ja allenfalls die „Knackis" als Lobby hinter sich, und was sei das schon gegen die Sportler Berlins?

Eine Klientel zu haben, ist zweifellos von Vorteil im Parlament. Jedoch nicht alle Abgeordnete schaffen so etwas. Ähnlich ist es mit der Presse. Viele Parlamentarier würden ihre Namen gerne in den Zeitungen lesen oder sich in Fernsehinterviews bewundern. Doch wie oft schlagen sie die Zeitungen auf und suchen vergebens nach sie betreffenden Meldungen, wie oft verfolgen sie die Nachrichten im Fernsehen umsonst? Andere Parlamentarier jedoch gehören offensichtlich zu den Lieblingen der Journalisten. Wie schaffen sie das? Die Medienstars würden sagen:

- Du musst die Journalisten pflegen.

Nicht jedem Abgeordneten ist es gegeben, dieses Gebot umzusetzen. Das richtige Verhältnis zu den Journalisten zu finden, erfordert Fingerspitzengefühl. Beim Bundestag und jedem Sitz eines Landtages und einer Landesregierung gibt es eine Schar von Journalisten, die ständig vor Ort sind, um über Parlament, Regierung und alles damit Zusammenhängende in den Zeitungen oder elektronischen Medien zu berichten. In West-Berlin hatte diese Journalistentruppe den Spitznamen „Rathauskolchose". Die Rathausjournalisten verflossener Sender wie des „RIAS" und des „Senders Freies Berlin", des „Tagesspiegels", der „Berliner Morgenpost", der „BZ" und „Bild-Zeitung", später dann der „TAZ", der „Berliner Zeitung", von „Deutschlandradio", „Berliner Rundfunk" und der anderen privaten Sender gehörten zum Kern der Kolchose. Ihnen gesellten sich gelegentlich die Berichterstatter der überregionalen Medien zu. Diese sehr unterschiedlichen Menschen, die verschiedenste Arbeitsziele und -stile hatten, hätte ein Abgeordneter wohl kaum gewogen gestimmt, hätte er versucht, sich mit ihnen kumpelhaft gemein zu machen.

Die seriösen unter den Journalisten werden bei aller gebotenen Freundlichkeit zu den Objekten ihres Interesses Distanz wahren, weil sie sich sonst die Chance verbauen, kritisch oder auch scharf gegen diese Politiker zu schreiben. Ein Lob aus der Feder eines Schreiberlings wäre auch nichts wert, würde bekannt, dass da der eine Zechkumpan über den anderen gelobhudelt hat. Statt allzu großer menschlicher Nähe schätzen die meisten Journalisten mehr gute Informationen. Die beste Methode, Journalisten zu „pflegen" ist, sie gut zu informieren. Gleichviel, ob die Informationen zur Veröffentlichung frei gegeben werden oder als Hintergrund gehandelt werden: Sie sind die Nahrung des Journalistenstandes, und wer diese Nahrung verabreicht, hat einen guten Stand. Die Natur der Sache bringt es mit sich, dass wirklich interessante Nachrichten aus der Gruppe der Stimmvieh-Abgeordneten fast nie, aus der Gruppe der Macher dafür umso häufiger kommen. Die Macher lassen es sich auch nicht nehmen, den Journalisten die beruflichen Leckerbissen zusammen mit kulinarischen Köstlichkeiten zu servieren. Solche „Essen mit Journalisten" hinterlassen ein angenehmes Gefühl bei ihnen und den Journalisten. Das wird diese nicht davon abhalten, mit solchen Tischgenossen in der Öffentlichkeit hart ins Gericht zu gehen, falls sie es für richtig halten. Aber wenn in einer Parlamentsdebatte ein solcher Politiker eine passable Rede hält, so wird das bei den Journalisten Aufmerksamkeit finden. Findet dagegen ein Stimmvieh-Abgeordneter dagegen einmal den Weg zum Podium, werden die von ihm verkündeten Erkenntnisse der Öffentlichkeit mit ziemlicher Sicherheit verborgen bleiben.

Der richtige Umgang mit der Presse gehört zum Geschäft der Macher. Versagen sie hierbei, so werden sie aus der führenden Gruppe der Parlamentarier absteigen. Die Fähigkeit zum angemessenen Umgang mit Journalisten ist eine Begabung, die ein erfolgreicher Politiker haben muss. Das lässt sich nur begrenzt erlernen. Ebenso lässt es sich nicht erzwingen, zum Liebling der Presse zu werden, was bei einigen Politikern der Fall ist. Solange er bei den „Grünen" war, gehörte der Bundestagsabgeordnete Otto Schily zu den Lieblingen der Medien. Er hatte den Zugang zur Öffentlichkeit. Aber genau das war es auch, was ihm seine Basis und seine

Fraktionskollegen missgönnten. Schilys Öffentlichkeitserfolg war eine Ursache für seinen innerparteilichen Misserfolg. Die Medien benutzten den Politstar, um ihre Berichte interessant zu machen. Dass sie ihrem Werbeträger damit schadeten, berücksichtigten sie nicht.

Klassisches Werkzeug des Parlamentariers ist die Rede. Zwar versucht er, seine politische Zielsetzungen auch in Großen und Kleinen Anfragen, in Anträgen oder in Zwischenrufen deutlich zu machen, aber im Verhältnis zur Rede sind das alles Hilfsmittel. Reden halten Abgeordnete in Parteiversammlungen, vor Wählern, bei ihrer Klientel, in Ausschüssen. Die wichtigste Rede jedoch ist die im Plenum im Rahmen einer politischen Debatte. Eine Rede kann das Ansehen eines Politikers für immer heben, sie kann ihn aber auch um Amt und Würden bringen. Im Deutschen Bundestag lieferten Richard von Weizsäcker auf der einen und Philip Jenninger auf der anderen Seite mit ihren unterschiedlichen Reden zur deutschen Vergangenheit Beispiele hierfür. In den politischen Parteien finden für den Nachwuchs regelmäßig Rednerschulungen statt, und es hat sich ein Berufsstand entwickelt, der sich von solchen Schulungen nährt. Sicher lässt sich eine Menge lernen, um eine gute Rede halten zu können. Aber ein großer Redner wird ein Politiker am Ende nur mit Begabung; die Fähigkeit zur fesselnden Rede ist Teil des Charismas eines Politikers. Für die gute Rede gibt es eine alte Grundregel, die vielen Parlamentariern Schweißperlen in die Stirn treibt:

- Du sollst frei reden.

Die Geschäftsordnung des Abgeordnetenhauses von Berlin schreibt die freie Rede vor, winkt den solcher Kunst nicht mächtigen Volksvertretern jedoch mit einem Hilfsmittel: „Die Redner sprechen in freiem Vortrag von der Rednertribüne aus. Sie können hierbei Aufzeichnungen benutzen."[73] In der Praxis benutzen viele Abgeordnete Aufzeichnungen. Einige haben sich wie auf einem wüsten Gemälde Gedanken, Stichworte oder Argumente der Gegner kreuz und quer notiert. Ihre Aufzeichnungen sind nur ein psychologischer Halt; während der Debatte geht das Rednertemperament mit ihnen durch, und wenn sie mit ihrer Rede beginnen, wissen sie selber nicht, wie sie enden werden. Solche Redner versetzen die Fraktionsmanager in Aufregung, denn es kann sein, dass die Redelust über die Fraktionsdisziplin hinauswächst und der Abgeordnete sich sogar dazu hinreißt, Positionen der eigenen Partei anzugreifen. Das bringt ihm zwar Beifall bei den gegnerischen Fraktionen, aber Ärger im eigenen Lager ein. - Andere Abgeordnete legen sich klar gegliederte Konzepte für ihre Reden zurecht, die sie dann an der Tribüne abarbeiten. - Gar nicht so klein ist die Schar derjenigen Parlamentarier, die „Aufzeichnungen" gleichsetzen mit „Manuskript". Wenn sie zwei Tage vor der großen Debatte von ihrer Fraktion als Redner eingeteilt werden, setzen sie sich zu Hause hin und arbeiten ihre Rede aus, Wort für Wort und Kunstpause für Kunstpause. Das Parlament hört keine Rede, sondern eine Vorlesung, die

---

[73] Abgeordnetenhaus von Berlin, Volkshandbuch. 12. Wahlperiode. Stand: November 1993, Berlin 1993: Geschäftsordnung des Abgeordnetenhauses von Berlin, § 63 (6), S. 170

gelegentlich peinlich wird, wenn der Lauf der Debatte anders ist als der Abgeordnete es zu Hause antizipiert hat. Bringt der Parlamentarier dann die Kraft zur Änderung nicht auf, erwartet ihn statt Aufmerksamkeit Unruhe, ein sich leerender Saal und die Glocke des Präsidenten: „Herr Abgeordneter, gestatten Sie eine Zwischenfrage?" Am liebsten würde er „nein" sagen, doch das dann im Plenum ausbrechende „Oho, hahah, Feigling" möchte er gern vermeiden und sagt tapfer: „Ja, Herr Präsident." Aus den hinteren Reihe erhebt sich ein junger schlaksiger Mensch, geht grinsend zum Saalmikrofon und stellt seine Frage an den Redner: „Herr Kollege, könnten Sie ihren 3. Absatz auf Seite 4 Ihres Manuskriptes noch einmal vorlesen?" Die im Saal verbliebenen Parlamentarier klopfen vor Freude auf die Tische; die Antwort das Mannes an der Tribüne geht im Lärm unter.

Notorische Manuskript-Kleber unter den Abgeordneten werden leicht zum Gespött ihrer eigenen Helfer. Ein Abgeordneter, der sich regelmäßig Reden von den Fraktionsassistenten aufschreiben ließ, merkte nicht, dass er in einer sozialpolitischen Debatte Argumente vortrug, die seiner eigenen Überzeugung zuwider liefen. Auch die anderen Abgeordneten bekamen das nicht mit, weil sie entweder sowieso einander nicht zuhörten oder dem hochgezogenen Soziologen-Chinesisch nicht folgen konnten. Die Assistenten aller Fraktionen saßen hingegen in den Zuhörerrängen und feixten.

Wirklich freie Reden werden meist spontan gehalten. Kocht in einer Debatte ein Thema hoch, das alle erregt, treibt es die Macher ans Pult. Dann blitzt gelegentlich aus ihren Reden Charisma auf. Beobachter sagen hinterher: „Diese Politiker sollten viel öfter ohne ihre Aufzeichnungen reden." Doch die Macher sind vorsichtig. Zu leicht rutscht in freier Rede ein Nebensatz heraus, den sie nicht einlösen können, wie dem Bundeskanzler Kohl das Wort von den „blühenden Landschaften". Sie möchten nicht dastehen wie der Bonner Oberbürgermeister Hans Daniels, der noch vor der deutschen Vereinigung getönt hatte, seine Stadt halte die Stellung für Berlin als deutscher Hauptstadt und nachher alle Register gegen Berlin zog.

Das Verhältnis der Parlamentarier - wie generell der Politiker - zum Geld wird seit Beginn der neunziger Jahre von der Öffentlichkeit mit großem Misstrauen betrachtet. Hierfür gibt es mehrere Unsachen:

Das unausgesprochene Idealbild des Parlamentariers ist vielfach der materiell unabhängige Bildungsbürger, den Verantwortungsethik zur Politik treibt, wo er sich nach bestem Wissen und Gewissen um die öffentlichen Angelegenheit kümmert, ohne dem Steuerzahler auf der Tasche zu liegen. Daran gemessen sind die gegenwärtigen Parlamentarier Politikfunktionäre, die egoistische Interessen verfolgen und dafür aus öffentlichen Kassen überdurchschnittlich hoch bezahlt werden.

In der Bundesrepublik hat es gerade in den Parlamenten des Bundes und der Länder eine Entwicklung weg vom Laien- und hin zum Berufspolitiker gegeben. Die Laienpolitiker unter den

148

Abgeordneten sind nicht nur in die Minderheit geraten; sie scheinen nach und nach ganz zu verschwinden. Stadtstaaten-Parlamente wie das Berliner Abgeordnetenhaus oder die Hamburger Bürgerschaft haben versucht, diesem Trend mit dem Bild des „Feierabendpar-laments" entgegen zu wirken. In Berlin ist seit der Vereinigung davon nicht mehr die Rede. Die Professionalisierung der Parlamente aber ist nicht die simple Folge allgemeiner Geldgier der Politiker, sondern ein Ergebnis der zunehmenden Komplexität des öffentlichen Lebens. Laien - zudem noch mit dem Auftrag, die sich immer mehr ausbreitenden Verwaltungen zu kontrollieren - sind bei dieser Komplexität nicht in der Lage, Führung zu übernehmen.

Die Parlamente haben dieser Entwicklung entsprochen, indem sie die Diäten erhöht, Arbeitsstäbe ausgebaut und die allgemeinen Arbeitsbedingungen verbessert haben.

Mit Zulagen und Gratifikationen aller Art wird die Grunddiät aufgebessert, ohne dass dies nach außen transparent wurde. Besonders eine großzügige Altersversorgung wird argwöhnisch betrachtet. Auch haben die Fraktionen jahrzehntelang Fraktionszuschüsse erhalten, ohne dass es über die Verwendung dieser Steuermittel eine öffentliche Kontrolle gegeben hätte. Der Kontrolleur könne nicht kontrolliert werden, hieß es. Kein Zweifel, dass in dieser Zeit Fraktions-mittel den Parteien zugeflossen sind. Mittlerweile prüfen die Rechnungshöfe die Fraktions-kassen.

Die kritische öffentliche Erörterung der Diätenfrage bewirkte, dass die Abgeordneten ein Kredo der Unaufrichtigkeit entwickelten:

- Du darfst niemals sagen, Du bist des Geldes wegen in der Politik.

So nennen die Abgeordneten viele idealistische Motive für ihr Engagement. Es entstehen Floskeln wie „Dienst an der Gemeinschaft" oder „Sorge ums Gemeinwohl", manchmal auch schon kecker „Lust an der Politik". Arbeitern und Managern, selbst Fußballspielern und Popstars wird es nicht verübelt, wenn sie bekennen, sie täten des Geldes wegen ihre Jobs. Aber für Politiker ist das unmöglich. Dabei gibt es viele unter den Parlamentariern, die nur von der Politik so leben können, wie sie leben. Ein Blick in ein beliebiges Handbuch eines deutschen Parlaments zeigt, dass es zahlreiche Parlamentarier gibt, die nie einen anderen Beruf hatten als den des Politikers. Ein Absolvent des Studiums der Politikwissenschaft hat das große Los gezogen, wenn er in ein Parlament einzieht. Die Alternative für ihn wären bestenfalls „ABM"-Jobs oder die Arbeitslosigkeit. Bemüht sich dieser Mann um eine Wiederwahl ins Parlament, so wird er niemals seinen Parteifreunden und Wählern sagen, er brauche das Mandat, weil er sich nun an einen daraus fließenden Standard gewöhnt habe oder schlicht, weil er das Geld brauche.

Droht Mandatsverlust oder tritt dieser tatsächlich ein, ist der Jammer bei vielen Parlamentariern groß. Nicht nach außen, aber ihren Kollegen gegenüber offenbaren sie sich gelegentlich. Es wird häufig gesagt, diese materielle Abhängigkeit vieler Parlamentarier vom Parlament mache dieses unbeweglich, fördere die Tendenz zum Kleben. Demgegenüber vermag aber keine noch so große materielle Bindung der Parlamentarier an ihr Mandat dessen zeitliche Begrenzung aufzuheben. Alle vier oder fünf Jahre wird neu gewählt, und die Parteien berücksichtigen viele Faktoren bei ihrer Kandidatenauswahl, nicht jedoch die materielle Lage der Betroffenen.

Doch das Geld ist es wohl nicht in erster Linie, was Menschen in die Parlamente lockt, sie dazu veranlasst, an ihren Mandaten festzuhalten und zu versuchen, in der innerparlamentarischen Hierarchie so weit wie möglich nach oben zu kommen. Es ist die Macht. Auch das zuzugeben, ist unpopulär. Politiker rationalisieren daher ihr Machtstreben mit politischen Programmen und Zielsetzungen. Es ist eine List dieses Systems, dass sich daraus tatsächlich ein Wettkampf der Ideen und Konzepte entwickeln kann. Das Streben nach Macht ist die eigentliche Ursache dafür, dass Karrieristen in die politischen Parteien eintreten, dass sie dort einen großen Teil ihrer Zeit verbringen und oft quälende Diskussionen über sich ergehen lassen. Das Streben nach Macht ist die Quelle für den Drang in die Parlamente und für die Beachtung des parlamentarischen Normensystems. „Macht", wird oft gesagt, „ist eine Droge." Wer die Droge kennt, setzt sie nicht freiwillig ab; er begehrt sie in immer raffinierter Form, zum Beispiel in einem Regierungsamt.

Es kommt auf das Geschick des politischen Systems an, die Sucht nach Macht so zu kanalisieren, dass keine Gruppe sie monopolisieren kann. Die Mandate auf Zeit und die Konkurrenz der Parteien und Personen wirken Verfestigungstendenzen entgegen. Je geringer die Zahl der Mandate in einem Parlament ist, desto geringer sind die Chancen für Verfestigungen, denn der Druck auf jede Stelle vergrößert sich.

Das ist eines der Argumente für eine notwendige Verkleinerung der Parlamente. Es ist auch ein Argument für die Fusion von Bundesländern, denn ein Landtag, der den Machtdruck von sechs Millionen Menschen kanalisieren soll, unterliegt beispielsweise einem größeren Mobilitätsdruck als bei vier oder zwei Millionen Menschen.

9. Verwaltungen zwischen Bürokratie und Parteipolitik

a) Der Idealtypus der Bürokratie und die Mikropolitik

Mit der Industrialisierung Europas ging im 19. und zu Beginn des 20. Jahrhunderts die Bürokratisierung einher. Neben den Fabriken entstanden Büros, und neben dem Industriearbeiter trat der hauptberufliche Bürokrat auf. Industrialisierung brauchte Bürokratie, und die Bürokratie organisierte die Industrialisierung. Materieller Kern der Industrie war die Maschine, und die Bürokratie war wie eine aus Büros und Menschen konstruierte Maschine. Die Bürokratie war die dem Kapitalismus entsprechende Form der Verwaltung. Verwaltung - also die Umsetzung von Macht und das Hereingeben gesellschaftlich begehrter Ressourcen in die Tiefe der Gesellschaft - hatte es vorher schon gegeben, solange es politische Systeme gab. Aber mit dem Kapitalismus und der Industrialisierung breitete sich die bürokratische Form der Verwaltung aus: Der Apparat der Hauptamtler, der Hierarchien, der Akten und Büros. Die Mächtigen der Wirtschaft und der Politik bemächtigten sich dieser professionellen Form der Verwaltung, um ihre Stellungen zu festigen und auszubauen.

Karl Marx behauptete, die Macht durch und die Macht der Bürokratien würde vergehen, wenn die Verfügungsgewalt der Produktionsmittel in die Hände des Proletariats käme, weil dann die Notwendigkeit der Machtausübung entfiele. Max Weber hingegen war vom Beharrungs- vermögen aber auch der Notwendigkeit der Bürokratie in der modernen Massengesellschaft überzeugt, unabhängig davon, wer über die wirtschaftliche Macht verfügen würde.[74] Er erwartete keinen Abbau der Bürokratie, sondern ihre Ausbreitung, Verfestigung und zunehmende Verselbständigung. Deswegen versuchte er das Wesen der Bürokratie zu erfassen und schuf das Modell der Bürokratie in theoretisch reiner Form, den "Idealtypus der Bürokratie": Die Bürokratie als Instrument in der Hand des legitimen Inhabers der Macht - als Maschine, in der die Berufbeamten an ihren jeweiligen Plätzen ohne eigenes menschliches Dazutun nach Weisungen und Regeln berechenbar arbeiten.

Dass die Bürokratie kein vorübergehendes, sondern ein dauerhaftes Phänomen ist, scheint sich bewahrheitet zu haben. So ist denn die Bürokratietheorie Max Webers Ausgang aller wissenschaftlichen Beschäftigung mit der Bürokratie, der staatlichen, zwischenstaatlichen wie der privaten geworden. Doch haben sich seit dem Wirken Webers zu Beginn des 20. Jahrhunderts einige Entwicklungen ergeben, die zu einer Überwindung oder Fortentwicklung des Weberschen Ansatzes Anlass sind.

Für seine Beschäftigung mit der Bürokratie hatte Weber zwei Motive: Erstens wollte er das Wesen dieser neuen Gesellschaftsformation beschreibend erfassen, und zweitens warnte er vor

---

[74] Max Weber, Wirtschaft und Gesellschaft. Grundriss der verstehenden Soziologie. Studienausgabe in 2 Halbbänden, Köln / Berlin 1964

einer Ausbreitung und Übermacht des Herrschaftsinstrumentes. Er beschwor die Gefahr einer bürokratischen Herrschaft. Obwohl die Bürokratisierung den Staat und alle privaten Bereiche gleichermaßen erfasste, gilt das Hauptaugenmerk bei der Analyse des Prozesses dem öffentlichen, politischen Bereich, weil es hier um die Gefährdung der Legitimation politischer - im Rechtsstaat demokratischer - Legitimation geht.

War die allgemeine Ausbreitung und der Gleichklang mit der kapitalistischen Industrialisierung im 19. und 20. Jahrhundert neu, so hatte es jedoch in früheren Geschichtsperioden schon ausgebildete Bürokratien gegeben. Weber verweist auf die Pharaonenreiche und das dortige Wirken sich verselbständigender Bürokratien. Der Bürokratie wohnt generell eine Tendenz inne, sich vom Instrument der Herrschaft zu ihrem Träger zu emanzipieren. Für den demokratischen Rechtsstaat ist das eine Gefahr, denn die Bürokratie macht ihre eigenen Organisationsinteressen zum Maßstab ihres Handelns. Hauptinteresse einer bürokratischen Organisation ist ihre Selbsterhaltung oder Aufwertung. Das sichert und schafft Pfründe für die Beamten. Weber sieht als mögliches Gegengewicht das arbeitende Parlament. Zu Ende gedacht läuft das jedoch darauf hinaus, dass der Ministerial- die Parlamentsbürokratie als Gegenbehörde gegenüber gestellt wird. Der amerikanische Kongress mit seiner starken Personalausstattung kommt diesem Modell nahe.

Die bürokratische Herrschaft in Deutschland ist weit fortgeschritten. Als es überraschend zur deutschen Wiedervereinigung kam und dem Osten das Rechts- und Verwaltungssystem des Westens übergestülpt wurde, gab es keine vor irgendwelchen politischen Instanzen erarbeiteten Pläne zum Aufbau eines neuen politischen Systems in der DDR: Statt dessen strömten Verwaltungsbeamte aus dem Westen in die neuen Bundesländer, etablierten sich dort und schufen Verwaltungsstrukturen nach ihrem westdeutschen Muster. Das Eigeninteresse der Bürokraten am Erhalt und Ausbau ihrer Pfründe dominierte, und daraus entwickelte sich das Modell zum Aufbau der Verwaltungen in den neuen Ländern.

In den Ministerialbürokratien herrscht allgemein die Vorstellung, dass die Beamten die wahren Sachwalter der jeweiligen Ressortinteressen und Fachgebiete sind und die eigentlich für die Führung vorgesehen Politiker lediglich Notare und Moderatoren der Entscheidungsprozesse. Die als Minister, Dezernenten oder Bürgermeister in die Verwaltung kommenden Politiker werden vielfach als jederzeit austauschbare Galionsfiguren an den Spitzen der Verwaltungshierarchien gesehen. Bei Amtsantritt müssen diese vermeintlichen Chefs der Verwaltungen nach der Auffassung von deren Mitarbeitern zunächst einmal bei ihnen in die Lehre gehen. Unter dem Deckmantel einer „bürgernahen Verwaltung" erfolgt darüber hinaus insbesondere in den kommunalen und Leistungsverwaltungen eine Ausgrenzung der formalen Leiter der Bürokratien. Ohne Rückkoppelung mit der Leitung entscheiden die Beamten selber - „schnell und unbürokratisch". Dabei treten sie den Bürgern nicht als Beauftragte gegenüber, sondern als eigenmächtige Entscheider. Auch die aus der Betriebswirtschaftslehre stammenden neuen

Führungsmodelle - bei denen Verwaltungsakte zu „Produkten" umfunktioniert werden - hebeln die formale Macht der politischen Leiter der Bürokratien aus und machen die Organisation und die Interessen der in ihr Agierenden zum Maßstab aller Dinge.

Bürokratische Herrschaft ist überall zu vermuten, wo große und qualifizierte Bürokratien auf Dauer existieren. Max Werbers Sorge darüber ist heute so aktuell wie seinerzeit. Jeweils zu untersuchen ist, wie schwer die Gegengewichte der Politik und speziell der Parlamente, der Öffentlichkeit, der Interessenverbände sind, um die völlige Umsetzung der Bürokratenherrschaft zu vermindern. Auch durch die Konkurrenz der Bürokratien untereinander wird Eingrenzung bürokratischer Herrschaft bewirkt, allerdings tritt hierbei oft ein bürokratischer Immobilismus auf, der jegliche Entscheidungen - auch solche im Interesse der Bürokratien - verhindert. Die rechthaberischen und unendlich langen Mitzeichnungsverfahren in den Ministerialbürokratien belegen das immer aufs Neue.

Max Webers Bürokratieanalysen beziehen sich auf jenen Aspekt staatlicher Bürokratie, die wir „hoheitliche Verwaltung" nennen. In der modernen Massengesellschaft habe sich die „rationale Herrschaft" durchgesetzt, bei der die Machtausübung durch Gesetze durch allgemeine gleiche und geheime Wahlen legitimiert werde. Dieser Typus der „rationalen Herrschaft" ist nach Weber von vielen Autoren - so zum Beispiel von Joseph Schumpeter[75] mit seinem Hinweis auf die repräsentative Machtausübung auf Zeit und Chancen für die Minderheit, einmal Mehrheit zu werden, - fortentwickelt worden, so dass sich sagen lässt, die westlichen Demokratien um das Jahr 2000 verkörpern die von Weber definierte legitime rationale Herrschaft. Dabei habe sich die rationale aus der „traditionalen" und am Anfang „charismatischen Herrschaft" entwickelt. Das Charisma, die religiös begriffene Herrschereigenschaft eines Menschen, habe legitimierte Macht als Chance, anderen den eigenen Willen aufzuzwingen, begründet. Diese Begründung sei in Erbfolge übergegangen und schließlich im Zuge der Industrialisierung an Recht und Gesetz gebunden worden.

Eines ist deutlich: Webers Interesse an der Bürokratie basiert auf seiner Herrschaftstheorie. Die Bürokratie soll Instrument sein bei der Herrschaftsausübung durch den dafür legitimierten „Herrn". So gelangt die hoheitliche und ministerielle Verwaltung ins Zentrum der Weberschen Analysen. Es ist ihm natürlich nicht entgangen, dass mit der Industrialisierung eine Bürokratisierung nicht nur des hoheitlichen, sondern auch des Leistungsbereiches erfolgt ist: Der – staatlich forcierte – Ausbau des Post- und Bahnnetzes beispielsweise wird ausdrücklich als Motor der Industrialisierung beschrieben. Dennoch orientieren sich die Weberschen Analysen an der Bürokratie als Herrschaftsinstrument. Mit der im Laufe des 20. Jahrhunderts erfolgenden Zunahme der Leistungsverwaltung hat der öffentliche Dienst sein Wesen geändert und erscheint

---

[75] Joseph A. Schumpeter, Kapitalismus, Sozialismus und Demokratie, Einleitung von Edgar Salin, zweite Auflage, Bern 1950

vielfach nicht mehr als obrigkeitlich, sondern als Dienstleistungsinstitution. Schulen, Sozialämter, Umweltbehörden und Frauenbeauftragte sind in den Vordergrund gerückte Einheiten des öffentlichen Dienstes, welche die Öffentlichkeit mehr interessieren als die Ministerialbürokratie. Ansprüche an eine „gläserne Verwaltung", an Bürgernähe – auch an Gerechtigkeit – erwuchsen aus diesem Sektor. Schließlich war das Wachstum der Leistungsverwaltung so stark, dass die mit der Globalisierung der Gesellschaft verbundene Forderung nach einer Deregulierung, also einem Rückbau des Staates, sogleich in die Forderung nach der „Privatisierung" zahlreicher öffentlicher Dienstleistungsbereiche mündete. Die Privatisierung von Post und Bahn, auch kommunaler Einrichtungen wie etwa der Bäder, brachte dem öffentlichen Dienst und den bis dahin dort Beschäftigten Probleme, die fernab liegen von den Themenkreisen des Idealtypus der Bürokratie. Jetzt ging es statt um Ausbildung und Aktenkundigkeit um Ausgliederungen, Abfindungen und Entlassungen.

Hinzu kommt, dass der öffentlich verbleibende Teil der Verwaltung weniger unter einem politischen, gar demokratischen Druck steht, sondern unter einem von der Betriebswirtschaftslehre erzeugten. Die öffentlichen Haushalte sollen gehalten oder reduziert werden, und so werden betriebswirtschaftlich geschulte Berater angestellt, die den öffentlichen Dienst unter Kostendruck setzen. Die Folgen sind ein Absinken der Leistungen der öffentlichen Verwaltung und eine Überbeanspruchung der verbleibenden Mitarbeiter. Die eigentlich politischen Herren der betroffenen Verwaltungen haben sich mittlerweile von ihrer Herrschaftsaufgabe weitgehend gelöst und sind abgehoben bestrebt, mit dem Hinweis auf „sanierte" öffentliche Haushalte ihre Wiederwahl zu sichern. Damit begeben sie sich in eine Welt der Pfründesicherung, verzichten auf die strikte Umsetzung ihres politischen Willens und haben mit der staatlichen Bürokratie als Herrschaftsinstrument nicht mehr viel zu tun.

Idealtypisch hatte Max Weber das Verhältnis zwischen Politik und Bürokratie beschrieben: „Sine et studio, ohne Zorn und Eingenommenheit"", soll der Beamte seines Amtes walten. Er soll also gerade das nicht tun, was der Politiker, der Führer sowohl wie seine Gefolgschaft, immer und notwendig tun müssen: kämpfen. Denn „Parteinahme, Kampf, Leidenschaft - ira et studium" - sind das Element des Politikers. Die Ehre des Beamten hingegen... „ist die Fähigkeit, wenn - trotz seiner Vorstellungen - die ihm vorgesetzte Behörde auf einem ihm falsch erscheinenden Befehl beharrt, ihn auf Verantwortung des Befehlenden gewissenhaft und genau so auszuführen, als ob er seiner eigenen Überzeugung entspräche: Ohne diese im höchsten Sinn sittliche Disziplin und Selbstverleugnung zerfiele der ganze Apparat."[76]

Aus heutiger Sicht ist dieser Aspekt des Modells problematisch:

1. Seit der Max Weber erspart gebliebenen Erfahrung mit dem Nationalsozialismus ist es fraglich, ob der zur Selbstverleugnung fähige Beamte, der gegen seine eigene Überzeugung auf

---

[76] Max Weber, Wirtschaft und Gesellschaft, a.a.O., S. 1058

Verantwortung des Politikers Entscheidungen umsetzt, wünschenswert ist. Die „Ehre des Beamten" hat unter einem verbrecherischen Führer das Staatsverbrechen ermöglicht. Da waren Schreibtischtäter wie Adolf Eichmann, der in Erfüllung eines „Führerbefehls" noch Juden deportieren ließ, als Ende 1944 sogar Himmler schon schwankte.[77] Er bewahrte eine mörderische Disziplin. Zudem haben Menschen in den Apparaten - ob in der Polizei, der Justiz, in Ministerial- und Kommunalverwaltungen, bei der SS oder der Gestapo[78] - ohne Notwendigkeit der Selbstverleugnung die Logistik für das Staatsverbrechen geliefert, weil sie selber gar keine zu verleugnende Moral hatten oder weil sie sich mit Herz und Verstand Hitler als kleine „Kämpfer" verschrieben hatten.

Nach dem Holocaust brauchen wir Beamte, die ihre Rolle als Staatsbürger nicht verleugnen. Der Staatsbürger beteiligt sich aktiv an der politischen Meinungsbildung. Im Rahmen der gesetzten politischen Ordnung akzeptiert er die sich formierende Willensbildung. Eine Verletzung der Grundlagen der Rechtsordnung soll er jedoch im Rahmen seines Widerstandsrechtes bekämpfen. Im Alltagsgeschäft ist der Beamte weisungsgebunden, aber sein Beamtentum darf seine Staatsbürgerrolle nicht auslöschen. Das ist eine Lehre aus dem Nationalsozialismus.

2. Natürlich hat Max Weber andererseits recht, wenn er den Verfall des Apparates befürchtet, sobald Bürokraten und Politiker nicht ihre jeweiligen Rollen spielen, vor allem sobald die Bürokraten anfangen, Politik zu machen. Die Wirklichkeit in der Bundesrepublik ist subtil: Formal, rein äußerlich halten sich die Bürokratien an die Weisungskompetenz der Politik. Jedoch ist das oft nur äußerlich. Informell begibt sich mancher gerne auf den Kampfplatz. Das geht auf unendlich vielen Wegen: So kann man zwar in von Bürokraten verfassten Schriftstücken lesen: „In Ausführung Ihrer Weisung...", aber bei der folgenden Aufzählung von Hindernissen wird klar: die Frau oder der Mann zieht nicht mit. Ein anderer Weg ist, Medien oder bestimmten Politikern heimlich Kopien von Akten oder Informationen zuzustecken. Weit verbreitet ist der Rollenwechsel: Was einer in seiner Rolle als Beamter tun soll, bekämpft er in einer anderen Rolle, in der er Politiker ist oder wenigstens schlichtes Parteimitglied. Nicht alle Beamten verhalten sich so. Auch ist dieses informelle Beiseitetreten alles andere als Widerstand, denn es geht um Entscheidungen innerhalb des Rahmens der Verfassung.

Problematischer als die mit der Lunte der Politik spielenden Beamten sind die Opportunisten, die es auch nach 1945 reichlich gibt. In Webers Idealtypus sagt der Beamte, was er für falsch hält und folgt den Weisungen, wenn sein Chef „beharrt". Es gibt genügend Staatsbedienstete, bei denen ein Politiker gar nicht erst beharren muss. Diese Beamten tun alles, wovon sie meinen,

---

[77] S. Hannah Arendt, Eichmann in Jerusalem, Ein Bericht von der Banalität des Bösen, München 1965
[78] S. Eugen Kogon, Der SS-Staat. Das System der deutschen Konzentrationslager, 25. Auflage, München 1975 sowie
Jochen von Lang, Die Gestapo, Instrument des Terrors, Hamburg 1990 sowie

sich damit ins rechte Licht zu setzen. Sie wollen in der Gunst stehen, befördert werden, organisationsinterne Macht auskosten. Bei einem Wechsel der Leitung wechseln sie innerlich mit. Offensichtlich rechtswidrige Vorgaben setzen sie durch. Dass es diesen Typ Beamten gibt, ist beängstigend und lässt Kenner vorsichtig reagieren, wenn sie gefragt werden, ob sich 1933 im öffentlichen Dienst wiederholen könnte. Da haben die Parteien besonders in der Berliner Republik ein beachtliches Betätigungsfeld.

Gegenbeispiele gibt es. Für diese Beamten möge der Verwaltungsinspektor in Potsdam stehen, der vom Berliner Senat zu Beginn der neunziger Jahre dorthin abgeordnet war. Sein Westberliner Dialekt schien ihm im Blut zu liegen, und die gesamte Hierarchie von Chefs über ihm liebte er mit „Hallöchen" zu begrüßen. Aber er war kein Leichtgewicht. Wenn es sein musste, arbeitete er bis Mitternacht und am Wochenende auch. In der Verwaltung existierte eine rechtlich umstrittene Weisung. Allmählich, wie eine schwankend herabfallende Feder, näherte sich dieser Vorgang dem Inspektor, der die Weisung ausführen sollte. Er tat es nicht. Aufgrund des Studiums der Schriftsätze und nach Prüfung der Rechtslage sei er zu der Erkenntnis gelangt, er müsste rechtswidrig handeln, und das könne er nicht tun. Als Beamter müsse er vielmehr auf den möglichen Rechtsverstoß hinweisen. Nach diesem klassischen Einspruch wurde er erneut angewiesen, blieb aber bei seiner Haltung. Der Fall wurde ihm entzogen. Weder förmlich noch durch informellen Druck ließ sich dieser „kleine Beamte" von seiner Haltung abbringen. Er wechselte zurück nach Berlin und hatte mehr Zivilcourage bewiesen als manch ein etliche Gehaltsstufen über ihm stehender Abteilungsleiter.

Hier bewegen wir uns bereits auf dem Felde der „Mikropolitik":

Der mikropolitische Ansatz versucht nicht, die Entstehung und Entwicklung der Bürokratie und der Organisation - also der zielgerichteten sozialen Struktur - zu analysieren, sondern er geht von der Tatsache aus, dass Organisationen und Verwaltungen zu den Lebenswelten des modernen Menschen ebenso gehören wie die Familie, der Freundeskreis, der Betrieb oder der Staat, in dem man lebt. Alle Lebensbereiche des Menschen lassen sich mikropolitisch betrachten - die Familie ebenso wie der Sportverein, das Büro oder die Fabrik. Die Betrachtung geht vom Einzelnen aus, von seinen Wünschen, seinem Wissen, seinen Gefühlen: der gesamten Komplexität seiner Existenz. Beschrieben wird das Hineinwachsen (Sozialisation) und Agieren der Menschen in den Lebenswelten, ihr Tun und Unterlassen im Bündnis mit und in Konkurrenz zu anderen. Dabei geht es um Macht für Einzelne oder für Gruppen, um die Existenz in den Lebenswelten abzusichern. Die Wirklichkeit von Organisationen, Familien usw. ist dann das Resultat der vielfältigen mikropolitischen Aktivitäten der Akteure.

Karl-Heinz Metzger / Monica Schmidt / Herbert Wehe / Martina Wiemers, Kommunalverwaltung unterm Hakenkreuz, Berlin-Wilmersdorf 1933, Berlin 1992

Diese Betrachtungsweise ist insofern konträr zu der Webers, als dieser die Organisation oder Bürokratie mit ihren Strukturen als zweckorientiertes System beschrieben hat, das seiner Aufgabe um so eher gerecht wird, je stärker die persönlichen Eigenschaften der in ihnen handelnden Personen ausgeschaltet werden. Vereinfacht ausgedrückt: Der Webersche Ansatz stellt die Organisation in den Mittelpunkt der Betrachtung, der mikropolitische den Menschen. Der Idealtypus der Bürokratie ist nur auf diese eine Lebensform anzuwenden, Mikropolitik lässt sich dagegen nicht nur in Büros, sondern auch in Wohnzimmern, auf Sportplätzen und überall beobachten, wo Menschen regelmäßig zusammenkommen.

Dennoch ist die mikropolitische Betrachtungsweise von Organisationen origineller als in anderen Lebensbereichen, weil die Organisation ja zum Zwecke geschaffen wurde, ein oder mehrere Ziele zu verwirklichen und nicht, um Macht-, Geborgenheits- oder sonstige Bedürfnisse der Menschen zu befriedigen. So wird auch der Begriff „Mikropolitik" in der Wissenschaft eigentlich nur bezogen auf Organisationen und im engeren Sinne Bürokratien verwendet. Mikropolitische Betrachtungsweisen kamen auf, als am Idealtypus der Bürokratie geschulte Beobachter Organisationswirklichkeiten kennen lernten und dabei feststellten, dass sich hinter dem formalen Anspruch der Strukturen eine verwirrende Vielfalt des Handelns der Organisationsmitglieder auftat. Womöglich sind in Organisationen und speziell Bürokratien vor allem solche Menschen erfolgreich, die den herrschaftstheoretischen Ansatz nicht ahnen und ohnehin nicht kennen, sondern als egozentrische „Machttiere" einfach in den innerorganisatorischen Kampf ums Dasein einsteigen.

Horst Bosetzky formuliert vier „axiomatische Annahmen" zum Forschungsfeld Mikropolitik:

„a) In jeder Organisation ist nur ein Teil der theoretisch vorhandenen Machtmenge fest an Personen und Positionen gebunden, der andere Teil ist frei flutend und verfügbar...

b) Da sich jede Organisation inmitten gesellschaftlicher Kräftefelder befindet, wirken außerorganisatorische Machtpotentiale in die Organisation hinein und beeinflussen deren innere Gravitation.

c) In jeder Organisation gibt es Menschen, die Macht und Einfluss suchen und andere, die daran kein Interesse haben.

d) Sind Organisationsmitglieder an der Erhöhung ihres Machtpotentials... interessiert, so können sie dies in der Regel nur dadurch erreichen, dass sie Koalitionen bilden... und sich im weiteren Sinne politisch - eben mikropolitisch - verhalten..."[79]

Hieran knüpfen sich eine Reihe von Fragen:

- Wenn es stimmt, dass nur einige Organisationsmitglieder nach Macht suchen, was sind die Gründe dafür?

---

[79] Horst Bosetzky, Mikropolitik, Machiavellismus und Machtkumulation; in : Willi Küpper / Günter Ortmann (Hg.), Mikropolitik, Rationalität, Macht und Spiele in Organisationen, Opladen 1998, S. 28

- Wenn es Mikropolitik wirklich gibt, muss es dann in den Organisationen nicht nur Bündnisse, sondern auch Gegnerschaften geben?
- Ist jener Teil der Macht, der an „Positionen" gebunden ist, der organisatorisch gewollte und der an „Personen" feststellbare der individuelle, ungeplante?
- Geht es tatsächlich mikropolitisch nur um Macht oder auch um die Befriedigung verschiedenster menschlicher Bedürfnisse wie Anerkennung, Unterhaltung, Differenzierung, auch Liebe und Hass?
- Wird die Macht um ihrer selbst willen angestrebt oder wegen des mit ihr verbunden sozialen Status und der materiellen Entlohnung?

Entscheidend aber ist, inwieweit sich die Tatsache, dass die Organisationsmitglieder in mikropolitische Aktivitäten verwickelt sind, auf die Verwirklichung der Organisationsziele auswirkt. So gesehen ist es gar nicht einmal sicher, ob die idealtypische und die mikropolitische Betrachtung einer bürokratischen Organisation Gegensätze oder unvereinbar sind. Max Weber hat den Begriff der Mikropolitik nicht verwendet, aber dass die Menschen in den Organisationen zunächst aus „menschlichen" Motiven handeln, war ihm natürlich bekannt. Es sollte ja gerade untersucht werden, ob es eine List der Organisation gebe, die Emotionen - die nicht am Organisationsziel orientierten Motive - so zu bündeln, dass am Ende alles doch dem Zweck der Organisation dient. Die in der öffentlichen Debatte im Augenblick etwas diskreditierten Mittel der Anciennität, der Alimentierung nach Status, der Lebenslänglichkeit der Stellung, des besonderen Dienst- und Treuverhältnisses und des Regelaufstiegs sind bei Lichte betrachtet Instrumente zur Steuerung der Menschen hin zum Organisationsziel. Die gegenwärtig so angesehene Methode des betriebswirtschaftlichen Managements setzt auf Leistungsorientierung, buchhalterische Quantifizierung von Leistung, Beschäftigung auf Zeit, Eigenverantwortung und materiellen Anreiz. Doch auch das sind steuernde Instrumente, die zur Verwirklichung des Organisationszieles angewandt werden können. Noch ist nicht ausgemacht, dass die „altväter- lichen" Steuerungsmittel Max Webers weniger effektiv sind als die derzeit favorisierten der Betriebswirtschaftslehre.

Die mikropolitische Forschung jedenfalls sollte vorurteilsfrei nach den am besten geeigneten Steuerungsmittel für die Verpflichtung der Organisationsmitglieder auf das Organisationsziel suchen. Tut sie das nicht, so bleibt sie leere Deskription oder günstigenfalls eine Unterdisziplin der Gruppenpsychologie.

Wie sich Parteipolitik in der Verwaltung durchzusetzen versucht, ist indes wenig bekannt:

b) Parteipolitik und Verwaltung

Verwaltung und Bürokratie sind nicht dasselbe. Mit der Forderung nach bürgernaher Verwaltung verbindet sich geradezu der Wunsch nach einer unbürokratischen Struktur: Schnell, das heißt ohne einen komplizierten Instanzenweg und flexibel, am Fall und nicht an Verordnungen orientiert, soll die Verwaltung entscheiden. Eine idealtypische bürgernahe Verwaltung wäre eine Administration ohne Bürokratie.

Der Instanzenweg und die Ausrichtung an Rechtsnormen gehören zur Bürokratie, ebenso wie die Akten, in denen alles Handeln festgehalten wird. Träger der Bürokratie sind die geschulten Beamten, die dort ihren Lebensunterhalt verdienen.[80] Von der bürgernahen Verwaltung hingegen wird verlangt, dass sie den Gebrauch von Formularen so weit wie möglich reduziert und dass in ihr möglichst Menschen das Sagen haben, die „aus der Praxis" kommen und keine „Amtsschimmel" sind.

Hintergrund des Gegensatzes zwischen Bürokratie und Bürgernähe ist das Spannungsfeld zwischen Herrschaft und Macht einerseits sowie Demokratie und Selbstbestimmung andererseits. Zur Massendemokratie der Bundesrepublik gehört die durch Legislaturperioden definierte Herrschaft auf Zeit, in der einzelne Personen und politische Parteien Macht ausüben. Andererseits ist das Volk der Souverän, und seine Bürger verlangen die Entfaltung ihrer Lebenschancen. Herrschaft - also die zeitlich begrenzte und an Regeln gebundene Macht - braucht Bürokratie, braucht Gesetzmäßigkeit, braucht professionelle Helfer beim Umsetzen von Entscheidungen. Das Demokratieprinzip gebietet, die Macht nicht nur zeitlich zu begrenzen und einzuengen, sondern auch inhaltlich: Es sind Freiräume zu erkämpfen, die Einzelpersonen oder Gruppierungen für ihr Lebensglück nutzen. Die Verwaltung soll für den Bürger da sein.

So werden die Träger der Bürokratie, die auf Lebenszeit beschäftigten Beamten, zur Personifizierung der sich in Gesetzen, Verordnungen oder Erlassen mitteilenden Herrschaft. Die „Staatsdiener" und ihre Institution, die bürokratische Verwaltung, werden als fremd, einengend empfunden. Sie beziehen sich auf ihre künstliche Welt, aber nicht auf Glück und Wohlergehen für den jeweils Einzelnen. Sie gelten als bürgerfern und blutleer. Es wird darüber nachgedacht, wie man die Bürokratie und die Macht der Beamten zur Chancenoptimierung der Teilinteressen zurückdrängen kann.

Dennoch braucht die Parteiendemokratie die Bürokratie, um die Gesamtordnung aufrecht zu erhalten.

Die eigentlichen Leiter der staatlichen Verwaltungen, die Minister, Bürgermeister und Dezernenten stehen zwischen Baum und Borke. Sie sind nicht mehr die von Max Weber beschriebenen „Herren", die die Verwaltung als Instrument ihrer legitimen Herrschaft über die „Beherrschten" benutzen, sondern Moderatoren. Sie versuchen, den Anspruch des Gemeinwesens als Ganzes mit den deutlich vorgetragenen Interessen Einzelner zu verbinden. Dabei geraten sie häufig ins Lavieren: Lautstarken Bürgerprotesten geben sie nach außen Gehör, während sie

---

[80] Angedeutet ist hier der Idealtypus der Bürokratie bei Max Weber. S. Max Weber, Wirtschaft und Gesellschaft, a.a.O.

nach innen zugestehen, dass es keine Sonderrechte für irgendwelche Gruppen geben könne. Solches Verhalten fördert die Begehrlichkeiten in der Gesellschaft einer- und Verselbständigung der Bürokratie andererseits. Die Beamten und die Bürger spüren jeweils die Hilflosigkeit der Politiker und nehmen direkt Kontakt miteinander auf. Dadurch engen sie die Moderatorenrolle der „Herren" auf notarielle Tätigkeiten, auf das Beurkunden bereits vollzogener Entscheidungen ein.

Der Verwaltung kommt die Forderung nach Bürgernähe als Argument gegen die Ansprüche der Politiker gerade recht. „Bürgernah" kann sie selber nach freierem Ermessen Anträge bescheiden, Zuwendungen gewähren oder kürzen. Die Politiker sind Opfer der Tatsache, dass in der Öffentlichkeit Bürokratie mit Bürokratismus verwechselt wird. Bürokratismus ist übertriebene Bürokratie, Bürokratie als Selbstzweck. Bürokratie sollte eine professionelle Organisation von Verwaltungsfachleuten sein, die sich bei ihrer Arbeit an Recht und Gesetz gebunden fühlt. Mit dem Kampf gegen den Bürokratismus wird häufig die Bürokratie beschädigt. Auch mit ihren Forderungen nach einem „schlanken Staat" haben gerade die politischen Parteien zu dieser Beschädigung beigetragen. So entstehen staatliche Verwaltungen, denen es an bürokratischer Berechenbarkeit mangelt.

Neben dem Verhältnis staatlicher Verwaltungen zur jeweiligen Regierung, dem Parlament, den Parteien und den Bürgern ist das Binnenverhältnis der Beamten, Angestellten und Arbeiter untereinander kompliziert. Die staatliche Verwaltung ist eine Pfründelandschaft, in der man Einkommen, Macht und Ansehen gewinnen kann. Hierüber tobt ein allgemeiner Binnenkrieg zwischen den Verwaltungsangehörigen, bei dem alle formellen und informellen Methoden eines Machtkampfes eingesetzt werden. Davon wissen die Politiker an der Spitze der Verwaltungen häufig wenig, ihre engsten Mitarbeiter schon mehr.

Die „engen" oder „persönlichen" Mitarbeiter des politischen Chefs einer Bürokratie - zum Beispiel eines Ministers in einem Ministerium - sind Spezialitäten der öffentlichen Verwaltungen und passen nicht zum klassischen Bild der streng hierarchisch gegliederten Bürokratie.

Die persönlichen Mitarbeiter eines Ministers oder Senators sind

- persönliche Referenten,
- Büroleiter,
- Pressesprecher,
- Sekretärinnen und
- Fahrer.

Manchmal wird auf einen Büroleiter verzichtet, manchmal gibt es an seiner Stelle einen Fachreferenten. Der Pressesprecher befindet sich in einem Rollenkonflikt zwischen den Erwartungen eines Ministers und denen der Verwaltung. Erwartet der Minister die Darstellung seiner Politik und Person, so möchte die Verwaltung Informationen über ihre eigene Facharbeit in die Öffentlichkeit transportieren.

Alle persönlichen Mitarbeiter gehören kraft Anstellung zur Verwaltung und sind zwar Mitglieder der jeweiligen Behörde, nicht aber der eigentlichen Bürokratie. Sie befinden sich nicht in der „Linie", in der Anweisungen hierarchisch von oben nach unten über mehrere Bearbeiterstufen gehen und Entscheidungen - „Verfügungen" - über die gleichen Stationen von unten nach oben vorbereitet werden. Die Organisationssoziologen sprechen in Anlehnung an das Militär von „Stäben", die beratende Funktionen hätten. Aber die persönlichen Mitarbeiter sind keine fachlichen Berater wie die Angehörigen eines Generalstabes, sondern Hilfskräfte der Politik, die daran mitwirken wollen, den „politischen Willen" ihres Chefs oder ihrer Partei in die Verwaltung hineinzutragen. Maßstäbe ihres Handelns sind mehr oder weniger deutlich formulierte politische Vorgaben des Ministers, des Kabinetts, der Fraktion oder der Partei.

Rekrutiert werden die Referenten meist aus den Parteien. Die Politiker werden dort auf „geeignete junge Leute" aufmerksam und fragen sie, ob sie bei ihnen arbeiten möchten. Die Parteivorstände begrüßen solche Rekrutierungen, befriedigen sie doch ihr Bedürfnis, „eigene Leute unterzubringen". Andererseits gibt es auch Referenten, die keiner der regierenden Parteien angehören, die aus der Verwaltung kommen und ihrem Chef beim Umgang mit dem Apparat helfen. Es liegt am Chef selber, ob er eine solche Lösung gegenüber seiner Partei vertreten will.

In der Regel starten die Referenten im Büro der Minister oder Senatoren als Berufsanfänger. Häufig sind sie Juristen, die gerade das zweite Staatsexamen bestanden haben. Seltener ist es, dass diese Mitarbeiter ein der Verwaltung adäquates Fachstudium wie Wirtschaftswissenschaft in der Wirtschaftsverwaltung oder Sozialwissenschaft in einer Sozialverwaltung absolviert haben.

Hilfskräfte der Politik in diesem Sinne sind die Sekretärinnen und Fahrer der Politiker natürlich nicht. Sie erfüllen Dienstleistungen für ihren Chef, können dabei in eine wichtige informelle Position als Mittler zur Verwaltung kommen, haben jedoch keinen politischen Auftrag. Aber sie sind diejenigen unter den engen Mitarbeitern, die einen Minister- und Senatorenwechsel häufig „im Amt überleben". Ihre Erfahrungen mit wechselnden Politikern hält das Ausmaß ihrer Bewunderung oft in Grenzen. Die Fahrer und die Sekretärinnen sind häufig die einzigen Mitarbeiter außerhalb des höheren Dienstes - im Verwaltungsjargon die „einzigen normalen Mitarbeiter" - , mit denen ein Minister oder Senator regelmäßig redet.

Fahrer und Sekretärinnen gehören auch nicht zum Kreis derjenigen persönlichen Mitarbeiter, der in den Verwaltungen „die Leitung" oder „die politische Spitze" genannt wird. Dazu gehört der Staatssekretär und seine persönlichen Mitarbeiter, oft ein persönlicher Referent. „Die Leitung" residiert meist in einer zusammenhängenden Zimmerflucht, von den Beamten „Beletage" genannt. Auch der Staatssekretär befindet sich in einem Rollenkonflikt: Erwartet der Minister

162

einerseits, dass er ihm als gewissermaßen erster der persönlichen Mitarbeiter zur Verfügung steht, so ist er andererseits als Amtschef der Repräsentant der Bürokratie im Hause. Die Bürokratie erwartet von ihm, dass er ihre Rechte und die Maßstäbe ihres Handelns gegenüber dem Minister vertritt. Spüren die Beamten, dass der Minister die Autonomie des Amtschefs nicht akzeptiert, dann übergehen sie ihn und ziehen den Minister direkt in ihre mikropolitischen Macht- und Grabenkämpfe hinein.

In den deutschen Verwaltungen gibt es einen Konsens, dass der Minister das Recht hat, seinen Staatssekretär persönlich auszuwählen. Das geht meist problemlos, denn die Staatssekretäre sind politische Beamte und können jederzeit in den einstweiligen Ruhestand versetzt werden, so dass die Stelle für einen Nachfolger frei wird.[81]

Exkurs 10
Von Chefs und Amtschefs

Minister oder Senatoren und Staatssekretäre verkörpern häufig einen institutionalisierten Infantilismus. Der Minister und sein Vertreter empfinden sich allzu oft als Amtsinhaber und sein Rivale oder schärfster Kritiker. Spannung herrscht zwischen dem vermeintlichen Schönredner und dem angeblichen Fachmann: Zwischen dem gewählten Visionär und seinem beamteten Bedenkenträger knistert es. Viel Energie wird verpulvert im Kleinkampf zwischen Chef und Amtschef, und je nach persönlicher Interessenlage schlagen sich die Laufbahnbediensteten mitsamt den politischen Beratern auf die eine oder andere Seite. Gilt der Minister als schwach, drängeln sich die dienstbaren Geister des Ministeriums im Vorzimmer des Sekretärs. Wird dieser für abgemeldet gehalten, so kann er den Entscheidungen in „seinem" Hause nur noch hinterher hecheln oder sie aus der Zeitung erfahren. Bezahlt wird alles von den Steuern ahnungsloser Bürger.

Der Theorie nach soll der Staatssekretär seinem Minister oder Senator den Rücken freihalten bei dessen Aufgabe, die politischen Vorstellungen umzusetzen, derentwegen er vom Parlament in sein Regierungsamt gewählt wurde. Als Amtschef soll der Staatssekretär die jeweilige Verwaltung so führen, dass diese dem Minister als gut geölter Apparat zur Verfügung steht beim Handwerk des Regierens. Keine Vorlage verlässt oder erreicht den Schreibtisch des Ministers, die der Staatssekretär nicht gesehen hätte.

Dass dieses Modell funktioniert, setzt bei beiden Akteuren einige persönliche Eigenschaften voraus: Zwischen dem Minister und seinem Vertreter muss ein gutes Vertrauensverhältnis bestehen, und der Informationsfluss darf niemals abreißen. Obwohl beide Träger hoher Staatsämter sind, müssen sie darüber hinaus wechselseitig die Kunst der Selbstbeschränkung beherrschen. Der Minister muss sich auf die Umsetzung seiner politischen Ziele konzentrieren und darf nicht der Versuchung unterliegen, in seinem Ministerium den absoluten Herrscher zu spielen, der Struktur- und Personalentscheidungen monopolisiert. Der Amtschef muss dem Minister jeden politischen Erfolg in der Öffentlichkeit und in der Politik lassen, und in der Verwaltung darf er nicht den geringsten Zweifel an der Autorität des Chefs aufkommen lassen. Dieses Modell scheitert oft, weil der eine oder andere oder beide nicht über die zur Selbstbeschränkung notwendige menschliche Größe verfügen. Politiker, die zu Ministern gewählt werden, sehen in ihrer Wahl allzu oft die Bestätigung ihrer persönlichen Allkompetenz: Über sich und ihrer Weisheit wähnen sie nur noch den blauen Himmel. So ziehen sie alle Entscheidungen, auch die organisatorischen und personellen, ihrer Ministerien an sich und genießen das Gefühl der Macht, umgeben mit willfährigen Claqueuren im Staatsdienste. Es steigert die Lust an der Macht noch, bissige Spitzen gegen die ausgegrenzten Vertreter zu verbreiten: „Der Faulpelz vom Dienst." Die Neigung, verwaltungsintern den König zu spielen, steigt übrigens in dem Maße, in welchem ein Minister nach außen erfolglos bleibt.

Politiker oder Beamte dagegen, die zu Staatssekretären berufen werden, erblicken aus der Nahsicht oft die Schwächen der Gewählten übergroß und verlieren mental nach und nach die Motivation, die erforderliche Loyalität aufzubringen. Auch sie lassen sich zu bösen Bemerkungen hinreißen: „Früher hatte ich noch Respekt vor Ministern. Heute weiß ich, dass die nur zweierlei können müssen: quatschen und im Flugzeug sitzen!"

So feingesponnen das Modell vom Minister und seinem Amtschef in der Theorie ist, in der Praxis funktioniert es nicht immer. Und weil der Minister naturgemäß ein Machtmensch und außerdem die Nummer eins im Hause ist, kommt es häufig dazu, dass er seinen Sekretär klein macht oder ihn gar verdrängt. „Über geht vor unter.", sagen die Verwaltungskenner. Freilich gibt es auch andere Fälle. Der einstige Berliner Wirtschaftssenator, der früh verstorbene Peter Mitzscherling hatte die menschliche und fachliche Qualität, optimal zu agieren. Aber viele zu Ministern aufgestiegene Politiker können das nicht. Doch ohne Staatssekretär mögen auch sie nicht arbeiten. Einmal gehört der gut bezahlte „StS" - wie das amtsinterne Kürzel für den Vertreter fast überall in Deutschland ist - zu den Statussymbolen der Regierenden: „Das ist Herr Meyer, mein Staatssekretär!" Zum andern ist der Staatssekretär für den Minister zugleich bequemer Lückenbüßer und Prellbock. Rein protokollarische unangenehme Verpflichtungen werden auf ihn abgeladen. Der Staatssekretär darf sich darüber nicht beschweren: So viel politische Bildung müsste er vor dem Einzug in sein Amt genossen haben, zu wissen, dass er der bestbezahlte Diener seines Herrn sein wird.

Auch werden die Staatssekretärsposten immer wieder besetzt - sogar neue geschaffen - weil sie von der Politik als Pfründe gesehen werden, mit der man Parteien und Fraktionen einbindet in

---

[81] Seitdem die öffentlichen Kassen knapp sind, werden in einigen Bundesländern zunehmend neu berufene Staatssekretäre nicht beamtet, um spätere Pensionsleistungen zu vermeiden. Das schwächt die innerorganisatorische

die Regierungsarbeit. „Parteisoldaten" in den Ministerien sollen dort parteilichen Einfluss sichern und der Partei Zugang gewähren zu verwaltungsinternen Vorgängen. Das jedoch geht zu weit. Es ist nicht Sache eines Fraktionsvorsitzenden, einen Staatssekretär an seine dienstlichen Pflichten zu gemahnen - selbst wenn beide der gleichen Partei angehören. Wie und ob ein Minister oder sein Vertreter miteinander klarkommen, das ist eine Angelegenheit der Regierung und nicht des Parlaments und seiner Matadore.

Die Parlamentarier können sich kontrollierend an die Minister wenden. Das sollten sie auch tun: Wenn das elaborierte Modell von den Staatssekretären immer wieder am Infantilismus der Akteure scheitert, dann sollten die Parlamentarier das Modell abschaffen. In Berlin bietet sich dafür eine Gelegenheit. Hier werden die Spitzenbeamten auf Zeit berufen. Wie wäre es, wenn auch der jeweilige Staatssekretär aus dem Kreise der Abteilungsleiter ernannt würde und in dieser Funktion so lange wirken könnte, wie der jeweilige Senator es wünscht oder ein Senatorenwechsel stattfindet? Danach könnte der Amtschef auf Zeit sich wieder auf seine Abteilung konzentrieren. Diese Lösung wäre langfristig kostengünstiger als die derzeitige und würde der Tatsache gerecht, dass es an der Spitze einer Ministerialverwaltung eben nur einen Chef geben kann. Auf dessen Geschick allein käme es an, den Sachverstand und die Organisationskraft seines Hauses so zu nutzen, wie es am besten seinem politischen Auftrag dient.

Weil die mögliche Ausrede vom hinderlichen Staatssekretär dann fortfiele, würde das Abteilungsleitermodell vielleicht obendrein dazu beitragen, dass die Fraktionen ihre Favoriten und diese als Kandidaten sich selber vor einer Wahl ins Ministeramt sorgfältiger als bisher prüfen, ob sie rundum über die Fähigkeit verfügen, ein so hohes Amt erfolgreich zu bestehen.

Auch bei den persönlichen Mitarbeitern entstehen im Falle eines Ministerwechsels Konflikte:
1. Usus ist, dass wenigstens die Referentenstellen für den neuen Minister „frei" gemacht werden, damit dieser die von ihm gewünschten Mitarbeiter einstellen kann. Das heißt, die Referenten des scheidenden Ministers müssen, wenn sie - was selten geschieht - nicht aus der Behörde ausscheiden, irgendwo in der Hierarchie „untergebracht" werden. Dafür müssen geeignete „freie" Stellen gefunden oder geschaffen werden. Es kommt zum Konflikt, weil die Amtsleitung Anspruch auf einen Teil der Pfründe der Bürokratie erhebt.
2. Die Hierarchie wendet sich regelmäßig gegen „Quereinsteiger" auf der Beamtenebene. Daraus resultiert Ärger mit den Mitarbeitern und Stress, den der Personalrat verursacht. Die Mitarbeiter der Bürokratie leiten ihr berufliches Selbstwertgefühl aus ihrer fachlichen Qualifikation ab. Sie erwarten einen allmählichen Aufstieg in der Hierarchie, - „sind von Kopf bis Fuß auf Laufbahn eingestellt". Zwar müssen die Quereinsteiger eine formale Qualifikation, etwa einen

---

Stellung solcher „Amtschefs" enorm.

Hochschulabschluss, vorweisen; aber sie gelten doch als politisch und nicht fachlich qualifiziert. Ihnen wird verübelt, dass sie nicht über die „Ochsentour" in eine Stelle gekommen sind, sondern durch ein undurchsichtiges Auswahlverfahren auf der „politischen Ebene". Verdrängt wird dabei - nebenbei bemerkt - , dass auch die Bürokratie so stark parteipolitisch durchdrungen ist, dass der ein Narr ist, der glaubt, alle Laufbahnbeamten seien allein aufgrund ihrer fachlichen Qualifikation in ihre Positionen gekommen. Der Widerstand gegen die „Quereinsteiger" ist im Übrigen naturgemäß besonders groß, wenn sie sich die künftigen Kollegen während ihrer Zeit als Ministermitarbeiter durch forsches Auftreten zu Gegnern gemacht haben. Eine der administrativen Urweisheiten lautet: „Die Verwaltung vergisst nie."

Somit ist ein Ministerwechsel für den Leiter der Verwaltungsabteilung stets ein schweißtreibender Vorgang. Um beim neuen Chef von vornherein im guten Lichte dazustehen, will er die „persönlichen Stellen" freibekommen und hat dabei „im Hause" erheblichen Widerstand zu überwinden. Die Popularität des Verwaltungsleiters innerhalb der Verwaltung leidet darunter weiter, denn er und seine Abteilung sind - da sie nicht alle personellen und finanziellen Wünsche der Fachabteilungen erfüllen können - natürliche Prügelknaben der Behörde.

Kluge Minister oder Amtschefs bemühen sich, um ihren Mitarbeitern Querelen zu ersparen, diesen noch während ihrer Amtsperiode eine geeignete Tätigkeit zu übertragen. In einer vierjährigen Legislaturperiode nehmen sie sich dieser Aufgabe nach drei Jahren an. Bei einem plötzlichen Regierungswechsel lässt sich diese Vorsorge nicht verwirklichen, so dass bei solchen Gelegenheiten die Konflikte um die Referenten besonders heftig werden. Die neuen Behördenchefs greifen dann in ihrem Drang, Stellen für ihre Anhänger frei zu bekommen, dazu, die Mitarbeiter des Vorgängers „kaltzustellen". Diese haben dann absolut nichts zu tun, und wenn sie mutig sind, wenden sie sich an die Presse, die genüsslich über solche Vorgänge berichtet.

Das langfristige berufliche Schicksal der ehemaligen persönlichen Mitarbeiter ist unterschiedlich. Einige treten in die Fußstapfen ihres ehemaligen Chefs, machen Politiker-karrieren und werden sogar eines Tages selber Minister. Klaus Kinkel ist ein Musterbeispiel für diesen Werdegang. Andere werden von der Verwaltung assimiliert, und nach einigen Jahren ist es vergeben, dass sie einmal in der Beletage gearbeitet hatten. Sie haben sich ihr Renommee durch Fachkompetenz oder durch das Beherrschen der Verwaltungstechnik erworben. Es gibt aber auch jene ehemaligen Referenten, hinter deren Rücken immer wieder verbreitet wird, sie seien einmal Ministerreferenten gewesen, und nur so sei es zu erklären, dass sie auf ihrem Posten säßen. Selten ist der Fall der Referenten, die nach der Zeit in einem Ministerbüro in andere Bereiche als Verwaltung und Politik ausweichen, etwa in die Wissenschaft oder in die Kultur. Die größten Chancen haben insofern die Pressesprecher, von denen einige Karrieren bei den Medien machen.

Welche Aufgaben erfüllen die „engen Mitarbeiter"? Es gibt einige Verwaltungskenner, die behaupten, diese Mitarbeiter wären überflüssig. Jeder Minister, Senator oder Staatssekretär könne sich von den Referenten, Referats- und Abteilungsleitern sämtliche Vorgänge erläutern lassen und sie mit der Vorbereitung aller Dienstgeschäfte des Politikers betrauen. Dem liegt das Bild der klassischen Bürokratie zugrunde, die nichts ist als Instrument in der Hand des „Herrn". Aber die Mitarbeiter jeder Verwaltung haben selber Beziehungen geknüpft zu den Bürgern und ihren Institutionen. Der Leitende Senatsrat trifft sich regelmäßig mit dem Hauptgeschäftsführer der Handwerkskammer, der Ministerialdirigent mit den Universitätsrektoren, und der Regierungsrat hat einen kurzen Draht zum Abteilungsleiter beim Roten Kreuz. Die Bürokratie ist ein eigener Machtfaktor, so dass ein Minister unabhängige Helfer braucht, die es ihm ermöglichen sollen, in der Öffentlichkeit „präsent" zu sein. Auch möchte er die nach außen gerichteten Aktivitäten „seines Hauses" überblicken, und dabei braucht er Zuträger, die ihn hierüber informieren. Schließlich ist eines nicht zu übersehen: In der Politik wie in der Verwaltung spielen Prestige und Statussymbole eine große Rolle. Und die persönlichen Mitarbeiter sind Statussymbole wie der Dienstwagen und das Büro.

Der persönliche Referent - oder die persönliche Referentin - arbeitet am engsten mit dem Chef - oder der Chefin - zusammen. Er begleitet den Politiker bei wichtigen Terminen, sorgt dafür, dass alles rechtzeitig und genau vorbereitet ist, ist direkter Ansprechpartner für Abgeordnete und Parteimitglieder, nimmt an Sitzungen im Auftrage seines Chefs als Beobachter teil. Er soll dafür sorgen, dass der Politiker bei allen Auftritten gut vorbereitet ist, pünktlich erscheint und über die jeweilige Situation im Bilde ist. Neben dem Fahrer und der Sekretärin ist es der persönliche Referent, der an der Koordination zwischen Privat- und Berufsleben des Vielbeschäftigten mitwirkt.

Der Büroleiter ist der direkte Vorgesetzte von Fahrer, Sekretärin und persönlichem Referenten; er ist für den Arbeitsablauf im Sekretariat des Ministers verantwortlich. Er führt Terminkalender über zu erwartende Vorlagen, Berichte, Auskünfte der Verwaltung und mahnt an. Zu seinen Aufgaben gehört es in der Regel auch, die ständige Absprache der Mitglieder der Leitung untereinander - die „Lage" - vorzubereiten.

Ist die Tätigkeit des Büroleiters nach innen, in die Verwaltung gerichtet und die des persönlichen Referenten in die private und politische Sphäre des Politikers, so zielt die Arbeit des Pressereferenten in die allgemeine Öffentlichkeit. Er hat den Minister und seine Mitarbeiter über den jeweils aktuellen Stand der Stimmung in der Öffentlichkeit und der Berichterstattung speziell über das eigene Ressort zu unterrichten und die Öffentlichkeit über Pressemitteilungen sowie -erklärungen, -konferenzen und Hintergrundgespräche über die Arbeit des Ressorts und vor allem seines Ministers zu informieren. Pressereferenten kommen häufig aus einem journalistischen Beruf. Von ihrem Geschick im Umgang mit den Medien hängt ein großer Teil des Erfolges eines Politikers ab. Sie haben die schwierige Aufgabe, bei den Journalisten als Kollegen akzeptiert zu werden, die auch über unangenehme Vorgänge berichten und nicht nur Sprachrohr ihrer Herrn sind. Sie müssen darüber hinaus mit der Verwaltung gut auskommen, auch deren Leistungen gelegentlich darstellen, weil sie ansonsten „auflaufen" und keine Informationen aus dem Hause erhalten. Die Pressesprecher haben die unangenehme Aufgabe, darauf zu achten, dass alle Öffentlichkeitsaktivitäten der Behörde über ihre Schreibtische laufen. Das ist angesichts des Selbstdarstellungsdranges mancher Beamter konfliktträchtig.

Ihre Aufgaben erfüllen die persönlichen Mitarbeiter verschieden. Es gibt folgende Typen:

Der Politkommissar: Dieser Typ versteht sich als Beauftragter seiner Partei oder seines Flügels der Partei im Ministerium. Er wacht darüber, dass seine engeren Kollegen, aber auch der Minister und der Staatssekretär die Parteilinie getreulich beachten. Innerhalb der Partei hat er Gewährsleute, denen er berichtet. Den Beamten gegenüber spielt er die Rolle des Interpreten, indem er ihnen sagt, was insbesondere die Aufträge des Ministers sind. Dieser Typ ist unbeliebt; die Hierarchie nimmt ihn nicht ernst, und nur ein schwacher Minister wird ihn nicht in die Schranken verweisen.

Der Oberminister: Viele Referenten neigen dazu, sich als alter ego des Ministers zu sehen. Sie erliegen der Versuchung, selber die Zügel in die Hand zu nehmen und zu regieren. Obwohl nicht zur Linie gehörig, geben sie Weisungen in das Haus und vermitteln dabei den Eindruck, durch den Minister gedeckt zu sein. Sie schrecken auch nicht davor zurück, sich gegenüber Abteilungsleitern und dem Staatssekretär als Anordnungsbefugte hinzustellen. Ihr Argument dabei ist dann immer: „Der Minister will es so!" Niemand weiß, ob das stimmt, und alle vermuten, der Minister wird von diesem Typ selektiv informiert und abgeschirmt, so dass er ihm tatsächlich ausgeliefert ist. Am Oberminister liegt es dann, wenn der Minister aus allen Wolken fällt und eines Tages die wahre Situation seines Hauses und seiner Politik erfährt. In Extremfällen kann ein Oberminister seinen Chef in den Rücktritt manövrieren.

Der Bewunderer: Es gibt Referenten, die sind wie Jünger ihres Ministers oder Senators. Jedes Wort lesen sie ihm von den Lippen ab; alles, was ihr Chef tut, erregt ihre Begeisterung. Sie schwärmen in den politischen Zirkeln ebenso wie in der Kantine der Verwaltung. Zwar gibt es viele Politiker in Behörden, denen ein Fürsprecher nicht schaden könnte, aber die Gefahr des Bewunderers ist, dass er den Chef nicht auf eigene Fehler hinweist, ihn in dem Glauben bestärkt, alles, was er tut, sei gut. Andere als der Bewunderer holen diesen Politiker dann meist unsanft auf den Boden der Realitäten zurück.

Der Vermittler: Als Vermittler zwischen dem Politiker an der Spitze und der Hierarchie sind besonders Mitarbeiter geeignet, die selber aus der Verwaltung kommen. Sie kennen die Denkweise der Verwaltungsangehörigen, ihre Erwartungen und Ängste. Wenn sich zwischen ihnen und ihrem Chef ein Vertrauensverhältnis herstellt, werden sie diesen über die Meinungen,

Stimmungen, möglicherweise sogar über aktuelle Intrigen im Hause informieren. Umgekehrt werden sie versuchen, das Verhalten des Ministers den Mitarbeitern gegenüber zu erläutern Solche „Persönlichen" suchen die Verwaltungsangehörigen auf, um sich mit ihnen zu beraten, ob und wie sie bestimmte Ziele verwirklichen können.

Der Koordinator: Es gibt Menschen, die erweisen sich in der Referentenrolle als gute Manager. Sie koordinieren die Terminpläne ihres Chefs und seiner wichtigsten Mitarbeiter, treiben Abstimmungen über Vorlagen voran, besorgen den regelmäßigen Kontakt mit den Parlamentariern, anderen Ressorts und Ministern, den „gesellschaftlichen Gruppen" und mit der Presse. Minister, die solche Organisationstalente in ihrer Nähe wissen, können sich auf ihre politischen Aufgaben beschränken und sind von der leidigen Last befreit, ihren Tagesablauf zu organisieren. Gelegentlich kokettieren sie damit und stöhnen: „Mein Referent hat mich hierher geschickt!". Oder: „Über meine Zeit bestimmt meine Sekretärin." Denn es ist gar nicht so selten, dass die wesentlich schlechter bezahlte Vorzimmerdame besser koordiniert als alle Referenten zusammen.

Zusätzlich zur Standardbesetzung gibt es in größeren Verwaltungen einen „Redenschreiber". Dieser ist außerhalb der Linie tätig und gehört entweder zur Leitung oder zum „Grundsatzreferat". Der Redenschreiber ist wie ein armer Poet im Spannungsfeld zwischen Verwaltung und Politik. Er schreibt Reden für den Chef. Es wird von ihm verlangt, dass er bei seinen Entwürfen dessen Stil, dessen Gedanken trifft und gleichzeitig fachlich auf der Höhe ist. Bei Auftritten des Politikers soll er dabei sein, damit er sieht, wie der sich verhält und was er aus dem Redeentwurf macht. Frustrierend ist es für ihn, wenn der Politiker zu Beginn einer Rede das mühsam erarbeitete Manuskript hoch hält und erklärt: „Hier ist, was mir meine Beamten aufgeschrieben haben. Ich will Ihnen jetzt aber `mal sagen, wie es wirklich ist!" Für solche Gesten soll ein Bundesminister, der später bei der EG-Kommission war, in seiner Verwaltung gehasst gewesen sein. Ein geprellter Ex-Redenschreiber berichtete noch Jahre danach: „Was er dann in freier Rede gesagt hatte, stimmte vorne und hinten nicht. Ich hätte im Erdboden versinken mögen."

Auch ein Grundsatzreferat ist recht eigentlich keine Bürokratie, sondern eine Stabsstelle, welche die politische Leitung bei zentralen politischen Fragen fachlich berät. Meist sind hier junge Akademiker mit für die jeweilige Behörde relevanter Fachrichtung tätig Sie gehören in der Regel der gleichen Partei an wie der Minister.

Lebenswichtig für die Leitung eines Ministeriums ist die „Verbindungsstelle". Sie muss Woche für Woche die Kabinettssitzungen für den Minister oder Senator vorbereiten, die Mitzeichnungen anderer Ministerien für eigene Kabinettsvorlagen einholen oder eigene Mitzeichnungen für andere Verwaltungen organisieren. Es ist ein nervenaufreibendes Routinegeschäft, das hier zu erledigen ist. In den Bundesländern Brandenburg und Berlin verhält es sich so: Die

Kabinettssitzung in Potsdam ist immer dienstags nachmittags; die Senatssitzung in Berlin ebenfalls dienstags, aber vormittags. Vorbereitet werden diese Sitzungen jeweils montags durch die Staatssekretärskonferenzen, die in Berlin vormittags, in Brandenburg nachmittags tagen. Am Donnerstag zuvor muss jede Verbindungsstelle in jedem Ministerium die „Kabinetts-" bzw. „Senatsmappe" fertig haben, das heißt die Tagesordnung mit allen dazugehörigen Unterlagen. Diese Unterlagen sind die Kabinettsvorlagen selber, Stellungnahmen dazu aus dem eigenen Haus, die Mitzeichnungen, ältere Vorlagen zum gleichen Thema und möglicherweise relevante Rechtstexte oder sonstige Dokumente. Am Freitag übergibt ein Mitarbeiter der Verbindungsstelle dem Staatssekretär - in einigen Verwaltungen zugleich dem Minister - die Kabinettsmappe. Das kann unter vier Augen geschehen oder im Rahmen einer Abteilungsleitersitzung; die Gebräuche in den jeweiligen Verwaltungen sind verschieden. Der Staatssekretär bereitet sich danach auf die Beratungen vor und übergibt nach der Staatssekretärskonferenz am Montag die Mappe seinem Minister, indem er ihn über den Verlauf der Konferenz informiert. Gleichzeitig informiert der Staatssekretär die Verbindungsstelle, denn die Konferenz beschließt meist Änderungen der Vorlagen, mahnt säumige Mitzeichnungen an, so dass bis zur Kabinettssitzung noch weitere Unterlagen herbeigeschafft oder versandt werden müssen. Die Koordination des Ganzen liegt bei der Senats- oder Staatskanzlei. Nach der Kabinettssitzung informiert der Minister nicht nur seine engen Mitarbeiter und die Abteilungsleiter über deren Verlauf, sondern auch die Verbindungsstelle, die für den weiteren Geschäftsablauf verantwortlich ist. - Neben der Vorbereitung der Kabinettssitzungen obliegt es der Verbindungsstelle - in Berlin etwa -, Stadträtekonferenzen oder ähnliche Zusammenkünfte vorzubereiten oder - bei großen Verwaltungen - Stellungnahmen des Hauses zu Bundesratssitzungen einzuholen.

Die Verbindungsstelle ist in der Verwaltung auf die inhaltliche Arbeit der Abteilungen und Referate angewiesen, bei der Leitung auf ausreichende Information über das Kabinett und bei den anderen Verwaltungen auf Kollegialität. Alles drei ist beileibe nicht immer gegeben. Die eigene Hierarchie „mauert" gelegentlich - aus den unterschiedlichsten Gründen. Es kann sein, dass die Fachleute ihre Arbeit nicht schaffen, dass sie einen anstehenden Beschluss blockieren wollen oder dass sie selber bei der Leitung mit Stellungnahmen glänzen wollen. Dann gibt es Minister und Staatssekretäre, denen es lästig ist, die Verbindungsstelle über den Ablauf der Sitzungen zu informieren. Schließlich gibt es zwischen den verschiedenen Verwaltungen Zu- und Abneigungen, die sich auch auf das Verhältnis der verschiedenen Verbindungsstellen untereinander auswirken.

Die Verbindungsstellen können Teil der Leitung sein oder zu einer Abteilung gehören. Meist sind die dort Tätigen Verwaltungsfachleute. Sie haben eine politisch wichtige Aufgabe, denn

170

obwohl sie Stellungnahmen, Ablehnungen und Zustimmungen „nur" herbeischaffen, haben sie doch die Chance, die Entscheidungsträger bei allen anstehenden Fragen zu beraten.

Ein äußerst effektiver und loyaler Leiter einer solchen Verbindungsstelle war bei der Senatsverwaltung für Jugend und Familie in Berlin. Er hatte die Stelle lange Zeit innegehabt und kannte ganze Geschichten von Senatsentscheidungen. Als engagierter Sozialdemokrat war es sicher nicht sein Traum, eines Tages für eine „FDP-geführte" Leitung in einem CDU/FDP-Senat arbeiten zu müssen. Aber er versetzte sich in die Lage seiner Chefs, und seine Ratschläge begannen häufig mit der Wendung: „Ich persönlich bin ja politisch davon nicht begeistert, das können Sie sich denken. Aber wenn Sie es aus liberaler Sicht durchsetzen wollen, dann müssen Sie Folgendes bedenken..."

Eine besondere Rolle zwischen der eigentlichen Bürokratie und der Leitung einer Ministerialverwaltung spielen die „Beauftragten". Sie kamen in den achtziger Jahren in Mode. Hatte man noch beim Umweltschutz eine neu entstandene öffentliche Aufgabe in klassischer Weise zum Anlass für die Gründung eigener Behörden - der Umweltverwaltungen und -ämter - genommen, so richteten die Politiker landauf, landab für weitere Themen Beauftragte ein. Sie gaukelten damit der Öffentlichkeit vor, dass sie Lösungen für Probleme wie die Zuwanderung von Ausländern, die tatsächliche Diskriminierung der Frauen in der Gesellschaft, den Drogenkonsum und den zunehmenden Datenmissbrauch hätten. Allein die Einrichtung einer „Ausländerbeauftragten" wurde dem Regierenden Bürgermeister von Berlin, Richard von Weizsäcker, als große Tat angerechnet, obwohl damit keine inhaltliche Maßnahme verbunden war. Das institutionelle Reagieren auf inhaltlich schwer oder kaum lösbare Probleme ist als „Problemverschiebung" bekannt. Das schmälert nicht die persönlichen Leistungen vieler solcher Beauftragter.

Mit der Einrichtung eines Beauftragten erwecken die Politiker nicht nur den Anschein einer Problemlösung; sie schaffen sich das Problem auch vom Hals. Richard von Weizsäcker hatte zwar eine Ausländerbeauftragte eingesetzt, sich aber mit Vehemenz dagegen gewehrt, dass diese Beauftragte in seiner Behörde, der Senatskanzlei, tätig sein sollte. Sie kam in ein Fachressort, zur Sozialverwaltung.

Die Verwaltungen reagierten auf die Etablierung von Beauftragten reserviert. Den von der Politik gewünschten Show-Effekt ignorierend plädieren sie dafür, die Aufgabe in die Hierarchie zu geben. Bei der Ausstattung mit Kompetenzen, Stellen und Geld versuchen sie zu bremsen. Insbesondere der direkte Zugang der Beauftragten zur Leitung, ihr eigenes Veröffentlichungs- und das Initiativrecht gegenüber dem Kabinett und der direkte Kontakt zum Parlament sind ihnen Dornen im Auge. Die Abteilungsleiter trachten danach, die Beauftragten zu einem möglichst normalen Fachreferat unter ihrer Knute zu machen. Aber die Beauftragten selber möchten mehr sein als eine ganze Abteilung, am liebsten „Nebenminister".

Eine Sonderstellung unter den Beauftragten haben die des Datenschutzes, weil sie in der Bundesrepublik nicht den Regierungen zugeordnet sind, sondern - orientiert am Beispiel der Rechnungshöfe - den Parlamenten. Ähnliches gilt für den Wehrbeauftragten beim Bund.

Über allem wacht der Personalrat. Jedes Ministerium hat diese gesetzlich vorgesehene Mitarbeiter-Vertretung, in jedem Ministerium finden regelmäßig „Monatsgespräche" statt, und überall gibt es einmal im Jahr die Personalversammlung, bei der der Personalrat sich für seine Arbeit vor den Mitarbeitern rechtfertigt und die Leitung sich in der Regel warm anziehen muss. In den größeren Verwaltungen ist ein Teil der gewählten Personalratsmitglieder von der eigentlichen Arbeit „freigestellt". Der Personalrat verfügt dort über eigene Räume und eine Schreibkraft. An jeder Personalentscheidung bis hinauf zur Einstellung von Oberregierungsräten wirkt der Personalrat mit. Werden Stellen ausgeschrieben, so ist er schon am Ausschreibungsverfahren beteiligt. Er erhält danach die Bewerbungsunterlagen zur Einsicht. An den Vorstellungsgesprächen nimmt ein Vertreter des Personalrates teil. Hat sich die Behörde entschieden, so muss sie das in einer schriftlichen Begründung festhalten und dem Personalrat zur Mitwirkung geben. Innerhalb einer Frist kann der Personalrat Einwände geltend machen, dann beginnt ein aufwendiges Einigungsverfahren, das den Minister oder Staatssekretär bis vor die „Landespersonalkommission" führen kann, einem Gremium, das je zur Hälfte aus Arbeitgeber- und Arbeitnehmervertretern besteht und einen neutralen Vorsitzenden hat. Ist ein Einstellungsvorgang erst einmal hier gelandet, dann befindet sich ein Behördenchef in Gotteshand. Klugerweise wird also von Anfang an darauf geachtet, dass der „örtliche Personalrat" anstehende Personalentscheidungen mitträgt - „eingebunden wird", wie die Personalpolitiker sagen. Das lässt sich erreichen mit einer offenen Informationspolitik gegenüber der Mitarbeitervertretung, aber auch mit dem Entgegenkommen bei der einen oder anderen für den Personalrat wichtigen Frage.

Das Selbstverständnis der jeweiligen Personalräte ist sehr verschieden. In vielen Verwaltungen sind politisierte Personalräte tätig. Den Konflikt mit dem jeweiligen Minister suchen sie aus Prinzip. Andere Personalräte handeln pragmatisch und versuchen bei Neueinstellungen und Beförderungen stets, Hausbewerbern den Vorrang vor Externen zu geben. Die Personalräte im Osten Berlins wurden im Zuge der Wiedervereinigung erst nach dem Aufbau der Behörden gewählt, konnten längst getroffene Entscheidungen nur akzeptieren und mussten ihr eigenes Geschäft mühsam lernen - unter der Anleitung von Gewerkschaftlern und den eigenen Amtsleitungen. So kam es vor, dass der Amtschef dem neu konstituierten Personalrat erklärte: „Diese unsere Entscheidung müssen Sie nicht hinnehmen. Sie können Ihre Mitwirkung verweigern." Selige Zeiten des Aufbaus!

Ein Höhepunkt des Behördenjahres sind jeweils die Personalversammlungen. Weil - jedenfalls in Berlin - der größte Sitzungssaal im Hauses immer zu klein ist, ziehen ganze Ministerien durch die Stadt. Die Jugendverwaltung Berlins traf sich im Rathaus Friedenau, die Wirtschaftsverwaltung der Stadt in der „Urania", und das Potsdamer Wissenschaftsministerium hat Glück, Untermieter einer Hochschule zu sein; so konnte man einen großen Hörsaal benutzen. Immer herrschte Aufbruchstimmung. Am Vorstandstisch thronte der Personalrat, in der ersten Reihe der Zuhörer - Auge in Auge - die Amtsleitung mitsamt dem Verwaltungsabteilungsleiter. Der Personalratsvorsitzende gibt seinen Bericht, redet alle mit „Kollege" an. Die Mitarbeiter erwarten, dass der Chef und seine Leute attackiert werden. Es erhöht die Spannung, wenn der Personalratsvorsitzende berichtet: „Bei der Neubesetzung der Leiterstelle einer uns nachgeordneten Einrichtung ist es dem Personalrat gelungen, eine sachgerechte Entscheidung gegen die von der Senatorin ursprünglich beabsichtigte parteipolitische Lösung durchsetzen! Mit uns geht so etwas nicht, Kolleginnen und Kollegen!" Die Hälfte der Mitarbeiter klatscht, die andere Hälfte wartet auf die Erwiderung und schätzt, der Personalrat übertreibe. Aber erst kommen die Grußworte der Gewerkschaftsvertreter: Die ÖTV, die DAG und die GEW haben Funktionäre geschickt, und die legen sich ins Zeug. Der „arbeitnehmerfeindliche Senat" wird für die von ihm beabsichtigte „Straffung der Führungs- und Leitungsstrukturen" maßgenommen, die „Unfähigkeit der Leitung der Fachverwaltung" gerügt, „sich gegen die kaltherzige Sparwut des Finanzsenators durchzusetzen". Es folgen die Gegenreden der Senatorin und des Staatssekretärs. Natürlich wolle man für die freie Stelle den Qualifiziertesten, das sei doch klar. Aber man könne es einem Bewerber ja nicht als Nachteil anrechnen, dass er Mitglied einer „demokratischen Partei" sei. Auch dafür gab es Applaus, ebenso für die Replik: „Was heißt hier „kaltherzige Sparwut"? Zusätzliche Kitas hat dieser Senat gebaut und damit die Platzzahl erhöht." Nach derlei Geplänkel wird die Rednerliste eröffnet, und zur allgemeinen Erheiterung melden sich dann Mitarbeiter, die beispielsweise Folgendes vortragen: „Wenn es nachts regnet, und ich komme morgens in mein Büro, dann ist durch`s Oberlicht Wasser auf meinen Schreibtisch gekommen." – „Dann musste Dein Oberlicht zumachen!", ruft jemand dazwischen. Der Personalratsvorsitzende sieht zu, dass er die Versammlung schließt.

Große Runde bei der einstigen Jugendverwaltung in Berlin. Zufrieden resümieren die Versammelten den vom Abgeordnetenhaus verabschiedeten Haushalt. Die Ansätze für das eigene Haus seien gut. Aber in den Erläuterungen steht das Wörtchen „Sperre". „Wer hat denn das da hineingeschrieben?" fragt einer verärgert. Der Haushaltsreferatsleiter blättert in seinen Unterlagen, vergleicht Papiere und sagt: „Das war Oberamtsrat Kleinmüller!" Kleinmüller! Alle Anwesenden stöhnen auf. Er hatte also wieder aufgepasst; er hatte es als Einziger gemerkt. Kleinmüller war der „Spiegelreferent" des Senators für Finanzen. Alle Vorlagen aus der Fachverwaltung gingen über seinen Schreibtisch, und er prüfte stets streng und unerbittlich, wie die finanziellen Wünsche der Fachverwaltung abgewehrt oder zumindest gestutzt werden konnten. Es war, als ob er über jeden im Fachhaushalt versteckten Groschen wusste, jeden möglicherweise „ausgabenrelevanten" Gedanken eines leitenden Mitarbeiters erahnte. Und wenn das ganze Abgeordnetenhaus eine Maßnahme beschlossen hatte, Kleinmüller sah keine Möglichkeit der Finanzierung, es sei denn die Fachverwaltung biete den gefürchteten Ausgleich an anderer Stelle an. Als Finanzbeamter war Kleinmüller zutiefst misstrauisch gegenüber der gesamten Verwaltung; es war als ob für ihn feststand: „Die sind doch nur alle da, um Steuergelder aus dem Fenster zu werfen." Seine Vermerke gingen über den Referats- und den Abteilungsleiter an den Staatssekretär und dann an den Finanzsenator. Genüsslich zog der die Aufzeichnungen Kleinmüllers aus der Akte, beispielsweise, wenn die Jugendsenatorin mit einem Abgeordnetenhausbeschluss in der Hand Mittel für „Frauenforschung" anforderte: „Wollen Sie das aus dem Kita-Topf finanzieren? Wo soll denn das Geld herkommen? Überhaupt: Was ist Frauenforschung? Können Sie mir das erklären, Herr Staatssekretär?" Kleinmüllers Vermerke wogen gleichviel wie Parlamentsbeschlüsse. Bei den Haushaltsberatungen im Ausschuss des Parlaments saß er ganz hinten in der Reihe der Berater des Finanzsenators. Er trug einen altfränkischen Anzug und eine aus der Mode gekommene Krawatte. Seine Hautfarbe war fahl; seine über den Hemdkragen stehende „Schmalztolle" hatte allerdings etwas Verwegenes. Er sprach dort mit niemanden. Aber alles lief nach seinen Aufzeichnungen. Kleinmüller, der Spiegelreferent des Finanzsenators, war sein Geld wert.

Spiegelreferenten gibt es bei den „Querschnittressorts": Finanzen, Inneres und bei der Senats- oder Staatskanzleien. Sie informieren ihren Häuser über die Vorgänge in den Fachverwaltungen, sei es, um Personal- oder Finanzzuwächse möglichst zu verhindern, sei es, um eine Einheitlichkeit der Politik der Regierung insgesamt herzustellen. In den Fachressorts sind sie nicht immer beliebt. Häufig gelingt es den Fachverwaltungen auch, die Spiegelreferenten auf ihre Seite zu ziehen, so dass sie in ihrem Hause zu Fürsprechern des Ressorts werden. Das ist ein Balanceakt, denn es kann ihnen gehen wie dem Spiegelreferenten in Potsdam, der sich vom Chef der Staatskanzlei - seinem Vorgesetzten - die Frage gefallen lassen musste: „Warum wechseln Sie nicht gleich ins Kulturministerium?" Besonders innig war das Verhältnis des Spiegelreferenten in der Senatskanzlei in Berlin zur Wirtschaftsverwaltung: Er war dort ständiger Gast der Abteilungsleiterrunde. Doch das war eine Ausnahme.

Das Verhältnis der Verwaltungen untereinander innerhalb einer Regierung ist ähnlich abwechslungsreich wie die Beziehungen der Mitarbeiter zueinander. Relevant sind
- hergebrachte Prestigewerte der einzelnen Behörden,
- fachliche Komponenten und
- parteipolitische Ausrichtungen der jeweiligen Leitungen.
Tief verinnerlicht im öffentlichen Dienst ist die Rangordnung der Behörden untereinander. Ministerien genießen das höchste Ansehen. In vielen Bundesländern und bei der Verwaltung des Bundes wirkt sich das für die Ministerialbediensteten pekuniär aus: Sie erhalten

„Ministerialzulagen". Darunter stehen die Ämter, wiederum abgestuft in obere und untere Ämter. Schließlich kommen die Kommunalbehörden, in Berlin die Bezirksämter und in Brandenburg die Landratsämter sowie die Kommunalverwaltungen. Diese stehen unter besonderem Reformdruck, der aus externen betriebswirtschaftlichen Denkmodellen herrührt.

Exkurs 11

„Luv"´s und „kw"-Vermerke

Im Jahre 2000 wurde in Berlin etwas exekutiert, was ebenso vertrackt ist wie das Wort, welches die Bürokraten dafür erfunden haben: „Bezirksgebietsreform". Seit 1920 bestehende Berliner Bezirke wie Mitte, Tiergarten und Wedding oder wie Charlottenburg und Wilmersdorf wurden zusammengelegt – „fusioniert", wie es hieß. Dabei entstanden „Großbezirke". Diese sollten „bürgernäher" sein als die altbekannten Berliner Bezirke.

Nur Spandau, Neukölln und Reinickendorf blieben von Fusionen verschont: Sie waren schon Großbezirke. Aber auch sie mussten sich neu strukturieren, denn zur Gebietsreform kam die „Verwaltungsreform". Danach sollten die Ämter wirtschaftlich rationeller und zugleich bürgerfreundlicher arbeiten. Um das zu erreichen, wurden aus Abteilungen und Referaten „Leistungs- und Verantwortungszentren", „Seviceeinheiten" und „Steuerungsdienste".

Die Gebietsreform war ein Abfallprodukt der gescheiterten Länderehe zwischen Berlin und Brandenburg. Bald nach 1990 hatte Brandenburg seine kleinen Landkreise zu größeren verschmolzen und verlangte von Berlin als Vorleistung für die Ehe, entsprechendes mit seinen Bezirken zu tun. Nun wird es zwar „Berlin-Brandenburg" zumindest vorerst nicht geben, aber immerhin „Steglitz-Zehlendorf" und die anderen Neuformationen. Mit der Verwaltungsreform folgte Berlin im Zuge des Zusammenwachsens seiner beiden Stadthälften eifriger als andere Gemeinden dem herrschenden Trend der Verwaltungswissenschaften, betriebswirtschaftliches Denken und Eigenverantwortung der Staatsdiener gegen die althergebrachte Hierarchie durchzusetzen.

In den neunziger Jahren hatte das Abgeordnetenhaus die notwendigen Gesetze beschlossen, und nun rollte die Reformwalze. 2001 sollte alles umgesetzt sein. Die Rathausbediensteten und die Bezirkspolitiker waren elektrisiert, die Bürger desorientiert.

Ihre liebe Mühe hatten die Angestellten und Beamten in den Büros. Sie mussten sich behaupten, während ihr Berufsfeld umgepflügt wurde, oder sie verloren: Wer gewann und werde Leiter eines „Luv" - wie die Insider die „Leistung- und Verantwortungszentren" mittlerweile nannten? Wer verlor und bekam einen „kw"-Vermerk, also ein „kann wegfallen" vor die Stelle geschrieben? Bei dem aus solchen Fragen folgenden inneren Stellungskrieg dachte kaum ein Bediensteter der Bezirke primär an die Interessen der Bürger, derentwegen offiziell alles veranstaltet wurde.

Die Politiker in den von der Fusionswelle erfassten Bezirken standen vor dem Problem „Aus zwei - oder gar drei - mach´ eins". Aus zwei Bürgermeisterstellen wurde eine, aus zwei Bezirksämtern eines; es gab nur einen Vorsitzenden - „Vorsteher" genannt - der einen Bezirksversammlung, immer nur einen Fraktionsvorsitzenden, einen Ausschusssprecher. In den Parteien gab es Hauen und Stechen. Die Sieger frohlockten, die Verlierer schmollten: Was hatte der Bürger davon?

Der Bürger erfuhr, dass es neue Bürgermeister und Stadträte gab. Vermutlich war ihm das gar nicht so wichtig. Und wenn er in Tiergarten oder Wedding wohnte, wird er vielleicht noch davon gehört haben, dass sein Bezirk im neuen Jahr „Mitte" heißen sollte. Das wird er verkraftet haben. Aber wenn er dann im Jahre 2001 „aufs Rathaus" musste, wie man in der Stadt sagt, dann fingen die Schwierigkeiten an. War ein Bürger beispielsweise in seinem Bewusstsein noch Charlottenburger oder Wilmersdorfer, dann war „sein" Rathaus womöglich das falsche, als er dorthin kam. Denn sein Bezirk hatte nun zwei Rathäuser, eines an der Otto-Suhr-Allee und eines am Fehrbelliner Platz. Doch womöglich war der Bürger weder in dem einen noch in dem anderen Rathaus richtig, denn die Verwaltungsreform bescherte ihm Bürgerbüros, die an noch anderen Orten eingerichtet wurden. Wollte sich gar einer - was selten genug vorkam - an seine Bezirkspolitiker wenden, so musste er die bezirkliche Geographie genau studieren, denn in vielen Fällen residierten die einen - das Bezirksamt - in einem anderen Rathaus als die anderen - die Bezirksverordneten.

So war zu erwarten, dass die Reformwalze zwar manche Veränderung in Gestalt und Vokabular der Verwaltung, auch viele personelle Revirements hinterlassen würde, aber keine Struktur der Bezirke, die „bürgerfreundlich" zu nennen wäre. Es muss erst eine neue Generation von Bürgern heranwachsen, denen die „Luv"s und Bürgerbüros vertraut sind. Hoffentlich werden die dann nicht mit wiederum neuen Reformen desorientiert.

Aber spart die Stadt durch die Reform wenigstens Geld? Zunächst einmal nicht. Jeder ausgemusterte Bürgermeister kostet weiter mit seiner Pension. Und eine Stelle, die wegfallen kann, ist einstweilen noch da, jedenfalls besetzt. Darüber hinaus verursachen Umzüge, Neueinrichtungen von Büros und neue Kommunikationswege Kosten. Im Deutsch der Bürokraten sind das „fusionsbedingte Mehrkosten". Die werden begründet wie einst der Mangel im Sozialismus: Als notwendiger Übergang zum hehren Ziel.

Da nicht sein kann, was nicht sein darf, hat Berlin für seine Bezirke Einsparungen einfach angeordnet. Aber nicht durch die Reform Überflüssiges wird eingespart - die eigentlich freigesetzten Staatsdiener haben schließlich eine Beschäftigungsgarantie. Das heißt, es gibt weniger Neueinstellungen - zu Lasten der jungen Generation - und die Leistungen in zufällig betroffenen Bereichen werden nicht mehr erbracht. Im übrigen ist es mit der Verantwortungsdelegation nach unten ohnehin nicht weit her: Mehr denn je bestimmt der Senat die Grundsätze der bezirklichen Haushalte, und am Ende liegt die Budgethoheit ohnehin beim Abgeordnetenhaus.

Die Bezirksreform in Berlin war - wenigstens in der ersten Phase - nicht besonders bürgerfreundlich und auch nicht wirtschaftlich. Sie war ein Versprechen für die Zukunft. Ob sie ihre Ziele jemals erreichen wird, kann niemand sagen. Erst einmal ging es zu wie immer in der Verwaltung: Bei der bevorstehenden Auflösung einer großen Abteilung Berlins bemerkte einst ein leitender Beamter, man befände sich in der Situation eines Schiffes, das in den Hafen einfahre: Jetzt - nicht bei der Fahrt auf hoher See - müssten viele Leute an Bord sein. Die Erfahrung lehrt, dass die Verwaltung sehr lange manövrieren kann, bevor sie festmacht."

Nach dem Prestige stehen die Bundesministerien an der Spitze der gesamtstaatlichen Prestigeskala der Behörden.

Diese hierarchische Prestigeskala wird ergänzt durch eine fachliche: Das höchste Ansehen genießen die „klassischen Ressorts", also Inneres, Finanzen, Wirtschaft, - beim Bund Auswärtiges und mit Abstufungen Verteidigung - , dazu die Staatskanzleien. Es handelt sich hier um „harte" Ressorts, denen die „weichen" gegenüberstehen. Unter den harten Ressorts sind die Querschnittsverwaltungen (Staatskanzlei, Inneres, Finanzen) noch einmal etwas besonderes, weil sie den anderen Verwaltungen begehrte Ressourcen - Geld, Personal, Zugang zur Kabinettsmacht - zuteilen. Nach dem Regierungschef hat der Finanzminister darüber hinaus schon formal die herausgehobenste Position: Er besitzt ein Vetorecht gegen Kabinettsentscheidungen, und bei der Haushaltvorbereitung müssen sämtliche Ressortchefs zu „Chefgesprächen" bei ihm vorsprechen. Eine besondere Allianz besteht in der Regel zwischen dem Finanz- und dem Wirtschaftsressort, die sich als Motor des gesamten Unternehmens und die anderen Verwaltungen als Kostgänger betrachten. Die weichen Ressort müssen aufpassen, dass sie nicht abgehängt werden. Es kann durchaus passieren, dass ein derartiges Ministerium bei der Vorbereitung eines auch dort fachlich wichtigen Kabinettsbeschlusses für die Mitzeichnung einfach nicht vorgesehen wird. Schwer wird es für einen Sozial- oder Kulturminister beispielsweise, wenn sich der Regierungschef, der Finanz- und der Innenminister über Einschneidungen in ihrem Ressort einig sind. Dann bleibt nur die Alternative: Kapitulation oder Rücktritt.

Aufgrund der Fachausrichtungen der Ressorts gibt es natürliche Allianzen und Gegnerschaften. Das Paradebeispiel einer Gegnerschaft ist das Verhältnis zwischen Umwelt- und Wirtschafts- verwaltung. Diese Verwaltungen haben verschiedene Ziele, und sie tragen ihre Konflikte mit Nachdruck aus. Erinnert sei an die bekannten Streitthemen Tourismus, Busspuren, Umweltauf- lagen für Betriebe oder Großflughafen. Stets haben sich die Umwelt- und die Wirtschaftverwal- tungen in der Wolle, vom Minister bis zum Sachbearbeiter fallen böse Worte über die jeweiligen

Kollegen. Dieser strukturelle Konflikt wird permanent am Leben gehalten durch den Druck der hinter den Verwaltungen stehenden Gruppen. Auf der einen Seite sind es die Betriebe, die Kammern und die Wirtschaftsverbände, häufig auch die Gewerkschaften; auf der anderen Seite schieben die Umweltverbände und -Ämter, die Kleingärtner und die „Grünen".

Fachliche Nähe andererseits bewirkt nicht unbedingt Freundschaft zwischen einzelnen Verwaltungen. Der inhaltliche Gegensatz zwischen Schul- und Jugendämtern ist bekannt. Fachliche Nähe fördert in der Verwaltung häufig Kompetenzgerangel. Sozial- und Jugendverwaltungen beispielsweise konkurrieren bei Zuständigkeiten in der Drogen- oder in der Behindertenpolitik.

Die parteipolitische Ausrichtung der Leitungen spielt für das Verhältnis der Verwaltungen ebenfalls eine Rolle. In Koalitionsregierungen stimmen sich die Regierungsmitglieder der jeweiligen Koalitionsparteien regelmäßig miteinander ab. So kommt es, dass ein anderes Ressort allein aus parteipolitischen Gründen unterstützt wird. Allerdings bleiben innerparteiliche Rivalitäten auch auf der Regierungsebene bestehen, so dass es keine Seltenheit ist, wenn rechte und linke Minister einer Partei sich innerhalb einer Regierung mitsamt ihrer Verwaltung beharken.

Das komplizierte Verhältnis einzelner Ministerien zueinander ist eine Ursache dafür, dass die „Mitzeichnungsverfahren" in den Regierungen häufig zu Orgien der Rechthaberei entarten. Verstärkt wird das durch die Kompromissunfähigkeit einzelner Mitarbeiter und Referate. Gerade die Staatssekretäre und am Ende die Minister haben die Aufgabe, ihre jeweiligen „Reichsbedenkensträger" in die Schranken zu verweisen, wenn sie überhaupt wollen, dass Vorlagen zustande kommen.

Zu den Verwaltungsspezialitäten gehört auch die Einbindung eines jeden Ressorts in eine überregionale Konferenz. Diese Konferenzen sind unterschiedlich formalisiert. Während die „Wirtschaftsministerkonferenz" beispielsweise ein unverbindliches Treffen der Länderwirtschaftsminister mit dem Bundeswirtschaftsminister ist, kommt die „Kultusministerkonferenz" (KMK) als Institution daher. Die Wirtschaftsminister treffen sich in größeren Abständen an einem Nachmittag und tauschen ihre Meinungen zur aktuellen wirtschaftlichen Lage aus. Einig sind sie sich unabhängig von der Parteiorientierung in der Einschätzung, dass es in Deutschland besser gehen würde, dächten alle Politiker so marktwirtschaftlich wie sie. Nach der freundschaftlichen Konferenz wird im gehobenen Ambiente zu Abend gespeist. Beschlüsse werden selten gefasst.

Ganz anders ist die KMK. Sie hat einen großen eigenen Apparat, eine Bürokratie für die Bürokratien. Ihre Beschlüsse werden in der Bildungs-, Wissenschafts- und Kulturpolitik der Bundesrepublik wie gesetztes Recht gehandelt, weil die auf ihre Kulturhoheit so stolzen Bundesländer sich darin zu gemeinsamen Kompromiss-Positionen bequemt haben. Den eigentlichen Sitzungen der KMK sind Ausschussberatungen und stets eine Amtschefkonferenz vorgeschaltet. Aus den Bundesländern nehmen - je nach Zuschnitt der Ministerien - bis zu drei Minister teil. Berlin zum Beispiel war in der Zeit einer großen Koalition durch den Schul-, den Wissenschafts- und den Kultursenator vertreten. Neben der hierarchischen Vorbereitung gibt es jeweils auch eine politische: Die KMK und zuvor die Amtschefkonferenz teilt sich stets zu Vorbesprechungen der „A-" und „B-Länder" auf. A-Länder sind „SPD-geführte", B-Länder sind „Unions-geführte".

Nach der Gründung der neuen Bundesländer musste die KMK über die Anerkennung von DDR-Hochschulabschlüssen entscheiden: Die aus den Ausschüssen kommenden Vorlagen dazu waren meist im Bildungschinesisch verfasst und auf die Akzeptanz sämtlicher Bundesländer hin zugeschnitten, denn in der KMK herrscht das Einstimmigkeitsprinzip. Länder wie Bremen oder das Saarland konnten eine Vorlage zu Fall bringen, was sie gelegentlich auch taten und damit andere Ländervertreter zur Weißglut brachten. In der KMK, dem „Plenum" oder zuvor in der Amtschefkonferenz wurde oft lange Zeit darüber debattiert ob man eine solche Vorlage „zur Kenntnis" oder „vorläufig zur Kenntnis" nehmen wolle, ihr zustimmen könne oder ob man sie doch lieber in die Ausschüsse zurückverweisen wolle. Über mehrere Sitzungen hin wurde über solche Fragen bei der Problematik der Anerkennung von Hochschulabschlüssen aus der ehemaligen DDR gerungen, während daheim in den Ministerien der neuen Länder sich Anerkennungsanträge Waschkörbeweise stapelten.

Das einzig wirklich Schöne an der KMK sind die Bayern. Sie sind die unerbittlichen Verfechter des Föderalismus. Sie wettern gegen den Einfluss des Bundes, der in der KMK ohne Stimmrecht dabei ist, aber sowohl in der Wissenschaft als auch in der Kultur viel finanziert. Das ficht die prinzipienfesten Föderalisten nicht an. „Wenn das Geld vom Bunde kommt, kann sich auch ein Föderalist nicht dagegen wehren.", lautet ihre Devise. Und immer wieder kommt es vor, dass die Bayerischen Vertreter eine Vorlage attackieren mit dem Hinweis auf die Unvereinbarkeit mit dem Föderalismusprinzip. Wenn alle am Verzweifeln über diese sturen Bayern sind, meldet sich der Ministerialdirigent aus München und erklärt mit verschmitztem Lächeln: „Also sei´s drum. Wann Ihr alle so wollt, enthalt´ ich mich."

Auch in die Kultusministerkonferenz wollten die neuen Länder hinein. Am 6. und 7. Dezember 1990 war um 16 Uhr im „Großen Saal" der Kongresshalle am Alexanderplatz die 251. Plenarsitzung der KMK. Die Präsidentin, Ministerin Marianne Tidick aus Schleswig-Holstein, verabschiedete zunächst die nach den Berliner Wahlen ausgeschiedene Senatorin a.D. Volkholz und den Staatssekretär a. D. Kuhn, um dann die Teilnehmer der Konferenz zu begrüßen. Das Protokoll: „Ganz herzlich heißt sie die Kolleginnen und Kollegen aus den fünf neuen Ländern willkommen: aus Brandenburg Ministerin Marianne Birthler, Minister Enderlein und die Staatssekretäre Dr. Harms und Dr. Dittberner; aus Mecklenburg-Vorpommern Minister Wutzke und Staatssekretär Dr. de Maizière; aus Sachsen-Anhalt Minister Dr. Sobetzko, aus Sachsen Staatsministerin Rehm und Staatsminister Prof. Dr. Meyer sowie aus Thüringen Ministerin Lieberknecht und Minister Dr. Fickel."[82] Die Präsidentin wies darauf hin, dass vor gut 42 Jahren die bislang einzige gesamtdeutsche Kultusministerkonferenz getagt habe, die „Konferenz der deutschen Erziehungsminister" am 19. und 20. Februar 1948 in Stuttgart/Hohenheim. „Die Tagesordnung dieser Konferenz habe Themen umfasst, die die Kultusministerkonferenz auch heute noch, z. T. in etwas modifizierter Form , beschäftigen. Als Beispiel hierfür seien die Dauer der Schulpflicht sowie der Schulzeit bis zum Abitur, die Gesamtschulfrage, die Anerkennung von Prüfungen, die Zulassung zum Studium und die Probleme der Begabtenförderung sowie die Lehrerbildung zu nennen. ... Dies bedeute jedoch nicht, dass sich in der Kultusministerkonferenz nichts oder wenig bewege. Allerdings habe es sich gezeigt, dass es doch sehr schwierig sei, die Einheit in der Vielfalt immer wieder von neuem zu gewinnen."[83]

Die Größe der Kongresshalle im ehemaligen Ost-Berlin machte die einzelnen Minister zu Winzlingen. Mancher aus dem Westen wird sich nach Moskau verpflanzt gefühlt haben. Die Minister der neuen Länder aber waren berührt vom historischen Augenblick. Einer ergriff das Wort und verkündete: „Sachsen erklärt seinen Beitritt zur Kultusministerkonferenz!" Gleiches taten die Kollegen aus Thüringen, Sachsen-Anhalt, Mecklenburg-Vorpommern und Brandenburg. Alle durften fortan dabei sein, wenn in Ausschüssen, A- und B-Runden sowie im Plenum darüber gerungen würde, ob man einen Text nur zur Kenntnis nehmen wolle oder doch mutig sein solle und ihn zustimmend zur Kenntnis nehmen könne. Zur Vergrößerung der eigenen Bürokratie konnten die neuen KMK-Mitglieder schon am Alexanderplatz beitragen, denn die Tagesordnung wurde um einen wichtigen Punkt erweitert: „Personeller und sächlicher Ausbau des Sekretariats aufgrund des Beitritts der neuen Länder zur Kultusministerkonferenz".[84]

Die überregionalen Konferenzen, der permanente Mitzeichnungskrieg, die fordernde Klientel und der Eifer der Referenten aus der Chefetage gehören zum Alltag einer deutschen Ministerialverwaltung. Aber im Zentrum der Verwaltung steht wie ein Felsen die bürokratische Hierarchie. Persönliche Referenten, Staatssekretäre, Minister kommen und gehen; Konferenzen und Lobbyisten reden und fordern viel: Aber die Bürokratie mit ihren Sachbearbeitern, Referenten, Referats- und Abteilungsleitern bleibt bestehen. Sie hat den Sachverstand für die große Breite der Themen, sie hat ein Riesengedächtnis. Das schafft Distanz zu den Tagesabläufen und ein anderes Wertsystem als in der Politik.

Das Thema „Blumengroßmarkt" in West-Berlin hatte schon viele Senate und noch mehr Wirtschaftssenatoren überlebt. Einig waren sich Politik und Verwaltung, dass der Markt in der Innenstadt in Kreuzberg einen verkehrslogistisch unglücklichen Standort hatte, nach der

---

[82] 251 Plenarsitzung der Kultusministerkonferenz am 6./7. Dezember1990 in Berlin, Ergebnisniederschrift
[83] ebenda

Wiedervereinigung mehr noch als zuvor. Die Bürokratie benannte folglich geeignete Standorte, die notwendige Bedingungen wie Autobahnanschluss und Dezentralität erfüllten. Nun erwartete sie von der Politik, dass diese einen fachlich gebotenen Standort durchsetzt. Aber die Politik nahm Rücksicht: Sie war beeindruckt von dem Argument der mittelständischen Händler, dass ein anderer Standort als Kreuzberg ihre Existenz gefährden und die Großhändler fördern würde. Für die Politik war es schwerwiegend, wenn Lokalpolitiker am vorgesehenen neuen Standort Bedenken erheben. Aus ihrer fachlichen Sicht heraus - der günstigste Standort für einen Blumengroßmarkt in der Region ist zu realisieren - waren die Argumente der Händler und der Lokalpolitiker für die Bürokratie irrelevant. Schließlich hätte sich die Landesregierung ja darüber hinwegsetzen können: Die Bürokratie erwartete eine „politische Entscheidung". Bekommt sie diese Entscheidung nicht, so ist sie von ihrer politischen Leitung enttäuscht und legt den gesamten Vorgang auf „Wiedervorlage". Diese Wiedervorlage erfolgt, sobald die Gesamtumstände günstiger erscheinen. Spätestens beim nächsten Senatoren- oder Senatswechsel wird das der Fall sein.

Ein Problem beim Verhältnis zwischen Bürokratie und Politik ist, dass in Deutschland auf zu vielen politischen Posten Bürokraten sitzen. Sie sind „Kleber": „Bringt er es aber nicht fertig, seinem Herrn (er sei der Monarch oder der Demos) zu sagen: entweder ich erhalte jetzt diese Instruktion oder ich gehe, so ist er ein, Kleber, wie Bismarck diesen Typus getauft hat, und kein Führer."[85] Kleber sind jene verwechselbaren Manager, die ihr gesamtes Berufsleben in der Politik verbracht haben und von denen die Leute sagen, sie könnten den Politikern der ersten Nachkriegszeit nicht das Wasser reichen. Kleber leben von der Politik; sie brauchen dort einträgliche Posten. Durch ihre Bürokratenmentalität verwischen sie die Aufgaben von politischer Leitung und Hierarchie in Verwaltungen, fördern so die Politisierung der Beamten und machen es dem Bürger schwer, die Ämter zu durchschauen. So ist es durchaus nicht nur eine Frage von Stilempfinden, wenn manch einer es als unangemessen empfindet, dass sich die Minister in einigen Behörden mit allen Mitarbeitern duzen - so wie sie es in der Partei mit ihren Genossen oder „Freunden" tun.

Das Verhältnis zwischen Politik und Bürokratie wird auch darin deutlich, dass die Hierarchien den Minister und seine Helfer in der Behörde als Gäste im eigenen Hause ansehen. Im Soziologendeutsch: „Politiker sind temporäre Mitglieder bürokratischer Systeme." Sensible Politiker spüren das und reagieren pikiert, wenn Beamte bei Besprechungen das Haus verbal teilen, indem sie von „der Verwaltung" einer- und „der Leitung" andererseits reden. Die meisten verdrängen diese Ausgrenzung jedoch, identifizieren sich schnell mit ihrer Behörde und reden draußen stolz über „mein Haus". Sie fallen aus allen Wolken, wenn sichtbar wird, dass sie

---

[84] ebenda
[85] Max Weber, a.a.O., S. 1062

ausscheiden müssen. Die Bürokratie bindet keine Lorbeerkränze, zu sehr ist sie schon damit beschäftigt, sich auf den Neuen einzustellen. Parteipolitiker kommen und gehen, aber die Bürokratie bleibt bestehen.

Die Bürokraten und die Politiker mit ihren Helfern sind zwei Schichten der Behörden, die alle beide ohne eine dritte hilflos wären, nämlich die sich aus Sekretärinnen, Schreibkräften, Telefonistinnen, Druckern, Hausmeistern, Putzfrauen, Pförtnern und Fahrern zusammengesetzte Schicht der Dienstleister. Wie die Politiker- und Bürokratenschicht ist auch die Dienstleister-schicht in sich gegliedert. Das höchste Prestige haben die Sekretärinnen, und an deren Spitze steht die Chefsekretärin des Ministers. Sie hat in manchem mehr Macht als die Bürokraten; in ihrer Kompetenz liegt es, einen ausgewachsenen Abteilungsleiter mitsamt seinen Referenten unendlich lange Minuten im Vorzimmer schmoren zu lassen, bevor sie zum Minister dürfen. Geringes Ansehen innerhalb der Dienstleistungsschicht haben die Putzfrauen und die Pförtner. Doch sie haben die Chance zu einem Schwätzchen mit den „Chefs", denn diese arbeiten oft bis abends und sind dann allein im Hause mit den putzenden und wachenden Mitarbeitern. Dabei entwickelt sich manch originelles Verhältnis. So berichtete ein Minister halb belustigt, halb geehrt, dass einer der Pförtner ihn stets beim Kommen und Gehen militärisch grüße. Das tat der nur für den Minister, nicht für die Staatssekretäre oder die Abteilungsleiter.

Die Dienstleister verrichten jene Arbeiten, bei denen man sich nicht verwirklichen kann wie in der Bürokratie oder in der Politik. Zwischen dieser Schicht und den anderen beiden besteht eine soziale Kluft, weil es für die Dienstleister praktisch keine Mobilitätschance in die Bürokraten- oder Politikerschicht gibt, während Bürokraten Politiker werden können und umgekehrt. Die Kluft zur Dienstleistungsschicht ist auch deswegen tief, weil die anderen Verwaltungsmitarbeiter deren Arbeiten und Lebensumstände gar nicht kennen, sie auch nicht kennen wollen. Die Vorlage hat einfach zu einem bestimmten Zeitpunkt geschrieben zu sein, und der Fahrer hat von A nach B zu fahren. Wie das bewerkstelligt wird und welches Gehalt die Dienstleister dafür bekommen, interessiert die Angehörigen der anderen Schichten nicht. Sie haben ihre eigene Karriere im Kopf. Die Dienstleister halten sich für die eigentlich „normalen Menschen" in der Verwaltung. Sie sehen sich auf dem Boden der Realitäten stehend. Viele der Beamten und Politiker halten sie für „Spinner", und sie machen sich über deren Allüren lustig oder reden verbittert über den Lebensstil dieser ihrer Zeitgenossen.

In ungewöhnlichen Zeiten jedoch hat die Schicht der Dienstleister die Nase vorn. Im Falle eines grundlegenden politischen Umsturzes sind sie es, die bleiben. Die Bürokraten und Politiker müssen dann gehen. Die Ministerien der neuen Bundesländer sind, so sagt man, von Grund auf neu gestaltet worden. Für die Dienstleister stimmt das überwiegend nicht. Viele der Sekretärinnen, Hausmeister und Fahrer der neuen Ämter haben ihren Dienst schon in Behörden der DDR geleistet. Andere Politiker und andere Bürokraten geben jetzt den Ton an. Doch sie sind geblieben, und sie tauschen Informationen darüber aus, was die Neuen von den Alten unterscheidet. Da werden viele Verhaltensmuster verglichen. In einem ist sich die beständigste der Verwaltungsschichten einig: „Die interessieren sich für uns einen Dreck. Das war bei Erich so, und so ist es jetzt auch."

Mindestens für die Politiker in den Behörden, die ja aus den Parteien kommen und dem Volke verbunden sein sollen, ist das nicht gerade ein Lob.

10. Kabinettsszenen

Das institutionelle Ziel aller Parteipolitik ist die Regierung - von denjenigen, die es geschafft haben, vornehm „Kabinett" genannt. Doch hört der politische Kampf hier nicht auf: „Gerade bei Zusammenkünften der Regierung entluden sich - jenseits normaler Auffassungsunterschiede oder Machtrivalitäten - zwischen Kanzler und Minister wie unter den Ressortchefs immer wieder politisch oder persönlich motivierte heftige Konflikte, die in der Rückschau fast schon zu den Highlights der bundesrepublikanischen Kabinettsgeschichte zu zählen sind. Bekannt sind Adenauers Zerwürfnisse mit den Bundesministern Gustav Heinemann, Thomas Dehler (dem aber erst nach dem unfreiwilligen Abschied vom Ministeramt die Tiefe des Gegensatzes offenbar wurde) und Ludwig Erhard."[86]

Ludwig Erhard – der „Vater des Wirtschaftswunders" hat sich im Frühjahr 1956 bei seinem Kanzler in einem Brief bitter über seine Behandlung durch diesen im Kabinett beschwert: „Ich habe es oft als bitter, ungerecht und kränkend empfunden, wenn Sie in Kabinettssitzungen oder bei anderer Gelegenheit die von mir vertretene Wirtschaftspolitik herabzuwürdigen oder doch hinsichtlich ihrer Konsequenz in Zweifel zu ziehen versuchten. Selbst wenn ich dabei in Rechnung stelle, dass sie nicht als Sachverständiger zu urteilen vermögen und deshalb Ihre Kritik nur im Gefühlsmäßigen wurzelt, bleibt doch der bittere Nachgeschmack, dass Sie gerade die Arbeit jenes Ministers in Zweifel ziehen, der Ihnen wohl mehr als jeder andere in sechs Jahren treuer menschlicher Verbundenheit den Boden für Ihre Regierungsarbeit bereitet hat."[87]

„Sonntags lese ich immer die Senatsvorlagen. Ich muss aufpassen, dass mich die Senatoren nicht über den Tisch ziehen." Berlins Regierender Bürgermeister Dietrich Stobbe wusste zu gut, dass der politische Kampf für diejenigen nicht beendet war, die es geschafft hatten, in der Landesregierung zu sitzen.

Die Interessen der verschiedenen Verwaltungen, der Parteiflügel und Koalitionsparteien werden Woche für Woche in der Runde der den um den Kabinettstisch versammelten Personen auf den Punkt gebracht. Die Luft ist dünn, die Spannung ist groß. Minister und Senatoren wissen, dass Rangordnungen und Positionenverteilungen permanent zur Disposition stehen. Entsprechend wach und misstrauisch agieren sie, besonders im Kabinett.

Jede Kabinettssitzung hat einen Vorlauf von zahlreichen Debatten, Beschlüssen, Sitzungen, Absprachen in den Parteien, Fraktionen, Verwaltungen und in der Öffentlichkeit. Bei jedem einzelnen Tagesordnungspunkt sind vorab ausgetauschte Argumente pro und contra latent präsent, und wie Lava aus einem Vulkan können diese in der Kabinettssitzung aus der mühsam

---

[86] Udo Kempf/Hans - Georg Merz,(Hg.), Kanzler und Minister 1949-1998. Biografisches Lexikon der deutschen Bundesregierungen, Wiesbaden 2001, S. 63
[87] a.a.O, S. 63 f

gebastelten Vorlage wieder ausbrechen. Bringt ein Jugendsenator eine Vorlage über die Festschreibung der Kindertagessstättengebühren über alle Mitzeichnungshürden hinweg endlich in den Senat, so kann es passieren, dass in einer scheinbar lethargischen Runde eine beiläufige Frage des Schulsenators alles wieder in Bewegung versetzt: „Aber hatte nicht der Regierende selber von einer behutsamen Erhöhung gesprochen? ..." Der Regierende Bürgermeister versucht abzuwiegeln: „Nachdem mir der Finanzsenator gesagt hatte, so geht es..." - „Aber doch nur, weil der Kollege mir Ihre Rückendeckung signalisiert hatte.", fährt der Finanzsenator dazwischen. Der Innensenator wühlt in seinen Akten, nimmt die Brille ab und wirft ein: „Also ich sehe hier, ein Teil der Mitzeichnungsbedenken meiner Beamten ist gar nicht berücksichtigt worden." Die Vorlage ist reif zum Abschuss. „Also, Herr Kollege, es tut mir Leid, aber wir müssen die Sache noch einmal zurückstellen", schließt der Bürgermeister den Tagesordnungspunkt ab, indem er seine Mappe für die nächste Beratung umschlägt. Bis eine neue Vorlage des Jugendsenators die gute Stube des Kabinetts erreicht, kann es Wochen oder Monate dauern. Vielleicht kommt sie auch nie mehr wieder. Den Jugendsenator wurmt es. „Wie sag ich es bloß meinem Hause?", grübelt er und: „Diese Mistkerle!"

Die Mistkerle, die lieben Kollegen, sprechen derweil scheinbar interessiert über eine beabsichtigte Schulgesetznovelle. Ihre klammheimliche Freude über den Vorlagen-Abschuss verbergen sie hinter Pokergesichtern. Der Jugendsenator tröstet sich: „Mal sehen, wen es als nächstes trifft. Da zocke ich aber mit."

Die Generalprobe einer jeden Kabinettssitzung ist die einen Tag zuvor in zweiter Besetzung tagende „Staatssekretärskonferenz" („StS-K"), in Brandenburg „Amtschefkonferenz" genannt. Der Chef der Senats- oder Staatskanzlei („CdS") leitet die Sitzung. Jedes Ressort ist durch seine Staatssekretäre vertreten. Die Tagesordnung ist diejenige des Kabinetts, ergänzt durch Besprechungspunkte und langwierige Abstimmungen über die Voten im Bundesrat. Die Amtschefs der Ressorts werden durch ihre Verwaltungen vorbereitet, der CdS durch die Staatskanzlei. In Berlin werden dem CdS zu jedem Tagesordnungspunkt „gelbe Zettel" in die Mappe gelegt. Darin äußert sich die Kanzlei zunächst zu formalen Fragen: Sind die gesetzlichen Grundlagen beachtet, wurden die notwendigen Mitzeichnungen rechtzeitig eingeholt und berücksichtigt, stimmen Bericht und Beschlussformel überein, sind die richtigen Wege für den Fortgang der Angelegenheit wie beispielsweise Beteiligung des Parlaments erwähnt. Vorlagen, die sämtlichen formalen Kriterien genügen, sind selten. So hat der CdS fast immer die Möglichkeit, eine Vorlage formal anzugreifen. Ob er das tut, hängt von seiner politischen Bewertung und letztlich der des Regierungschefs ab. Dazu liefern ihm die gelben Zettel Hinweise. Die Kanzlei stellt nämlich auch dar, wie sich die Vorlage verhält zu den Programmen der regierenden Parteien, zum Koalitionsvertrag, zur Regierungserklärung, zu den Verlautbarungen des Regierungschefs und zu früheren Beschlüssen des Kabinetts oder des

Parlamentes. Auch der Versuch einer allgemeinen politischen Einschätzung des Vorgangs wird unternommen.

Die Aufgabe der Staatssekretärskonferenz ist es, die Sitzung des Kabinetts so vorzubereiten, dass dort nur die politisch wichtigen Themen behandelt werden. Dazu wird zuerst entschieden, welche Vorlagen endgültig zugelassen werden für die gute Stube des Kabinetts. Abgesetzt werden Vorlagen in diesem Gremium nicht, aber zurückgestellt oder zurückgezogen. Die Zurückstellungen erfolgen meist zu einem bestimmten Termin und mit Überarbeitungsauflagen. Die zugelassenen Vorlagen werden sortiert in solche, die im Kabinett gar nicht mehr beraten werden sollen und solche, über die die Minister diskutieren sollten. Von den zugelassenen Vorlagen ist wiederum ein Teil überarbeitungsbedürftig. Die Staatssekretärskonferenz beschließt dann, dass Austauschseiten" zu fertigen seien. Diese müssen in Berlin meist bis Montag nachmittags in allen Häusern sein, in Brandenburg bis Dienstag vormittags. Das Fertigen und Verteilen der Austauschseiten ist Sache der federführenden Ressorts. Die Staatskanzlei entscheidet je nach Vollzug des Austauschseitenbeschlusses, ob die betreffende Vorlage endgültig auf die Tagesordnung kommt oder zurückgestellt wird. In Berlin ist die Frage nach bloßer Kenntnisnahme durch den Senat oder Erörterung die nach Block" oder „Beratung", in Brandenburg schlicht „A" oder „B".

Der Regierende Bürgermeister sagt zu Beginn einer Senatssitzung mit 40 Tagesordnungspunkten: „1 bis 25, 27 bis 30, 32 bis 37 und 40 im Block." Ein kurzer Blick in die Runde, niemand widerspricht, und alle Vorlagen im Block sind beschlossen. In Brandenburg dagegen fragt der Ministerpräsident zu Sitzungsbeginn, ob es etwas zur Tagesordnung gäbe. Der CdS muss sich dann bemühen, das Votum der Amtschefkonferenz zur Geltung zu bringen und begibt sich damit bereits in eine erste Debatte. Es passiert ihm immer wieder, dass ihm eine Ministerin dazwischenfährt: „Also meener hat zwar ooch für A jesprochen jestern, aber ick habe hier noch einige grundsätzliche Probleme und vor allem eine Frage an Dich", und damit hat sie den Finanzminister fest im Visier. Anders als die Amtschefs es vorgeschlagen hatten, wird der Punkt im Kabinett erörtert.

In Koalitionsregierungen erfolgt die Vorbereitung der Vorbereitung üblicherweise in Treffen, die den Staatssekretärskonferenzen vorausgehen. Die Minister und Staatssekretäre einer Partei treffen sich da mit dem Fraktionsvorsitzenden und seinem Geschäftsführer beispielsweise in einer Frühstücksrunde. Dem jeweiligen Koalitionspartner ist das bekannt; er macht es so ähnlich. Bei diesen informellen Vorgesprächen kann es zu Vereinbarungen über Absetzungen oder aber auch die beschleunigte Beschlussfassung einzelner Vorlagen kommen. Staatssekretäre, die keiner Koalitionspartei angehören und leitende Verwaltungsbeamte sind baff erstaunt, wie es dann kommen kann, dass der Regierungschef unter schweigender Zustimmung der Minister die besondere Behandlung einer bestimmten Vorlage verkündet. Andererseits werden in den informellen Vorrunden häufig Fronten innerhalb der Koalition aufgebaut, die im Kabinett aufeinander stoßen. Gerade bei Parteien, die viel von einem imperativen Mandat halten, führt das zu Verhärtungen in den Kabinettsberatungen, weil die Minister der betroffenen Partei nicht mehr gewillt sind, eine wirkliche Debatte über anstehende Streitfragen zu führen. Sie sind festgelegt und damit basta.

Die Tagesordnung: Um sie dreht es sich in jeder Kabinettssitzung. In allen Beratungen und Vorberatungen haben die Akteure dicke Mappen mit der Tagesordnung und den dazugehörigen Unterlagen bei sich. Meist sind es aufgeplusterte Pultordner, deren Transport den Beamten und Politikern schon einige Schwierigkeiten bereitet. So kann man Minister und Staatssekretäre in Aktion sehen, wenn sie schwere Pilotentaschen - zwei oder gar drei zugleich - in Sitzungsräume schleppen. Ihre Referenten helfen ihnen dabei nicht; sie wollen ja nicht als „Kofferträger" verspottet werden. Und den Fahrern den Transport der Akten von Sitzungssaal zu Sitzungssaal zuzumuten, verbietet die demokratische Moral und im Zweifel auch das Arbeitsrecht. Die Senatsverwaltung für Jugend in Berlin hatte sich im Übrigen für die Tagesordnung eine besonders feine Mappe zugelegt. Sie war bordeaux-farben, und auf ihrem Deckel prangte in Gold das Wort „Senat". Die Jugendsenatorin bemerkte dazu, das sei wie bei den Staaten der Welt: Die kleinsten unter ihnen hätten die prachtvollsten Paläste.

Die Tagesordnung der 158. Sitzung der Landesregierung von Brandenburg am 8. März 1994 enthielt folgende Kapitel: „I. Personalangelegenheiten, II. Fristgerecht eingereichte Vorlagen, III. Beantwortung Kleiner Anfragen, IV. Beantwortung einer Petition, V. Unterrichtung, VI. Verschiedenes." Ähnlich war die Tagesordnung der 142. Senatssitzung am 1. März 1994: „I. Auslagesachen, II. Vorbereitung von Sitzungen, III. Vorlagen zur Beschlussfassung, IV. Besprechungspunkte und ATO." In der Senatssitzung war der Beratung der Tagesordnung die Besprechung einer „Angelegenheit von besonderer Bedeutung" vorangestellt, der „Bericht über den Stand der Liquidation der Olympia GmbH". Der gleiche Gegenstand fand sich in Brandenburg unter der Überschrift „Olympia-GmbH" in der Kategorie Verschiedenes. Die Berliner Auslagesachen sind Personal- und Grundstücksangelegenheiten. Eine der fristgerecht eingereichten Vorlagen in Brandenburg kam vom Innenministerium („MI") und war der „Entwurf einer Verordnung über die Bestimmung von Zuständigkeiten nach dem Bundeswahlgesetz und dem Europawahlgesetz". Daran anschließend musste sich das Kabinett unter anderem mit der Kleinen Anfrage des SPD-Abgeordneten Andreas Kuhnert über „Elektrowärme Belzig GmbH" und der Antwort des Wirtschaftsministeriums („MW") befassen. Unterrichtet wurde das Kabinett vom Wirtschaftsminister über „THA-Angelegenheiten", also über die Treuhand. In der Senatssitzung wurden die Ausschusssitzungen des Bundesrats und die Fachministerkonferenzen vorbereitet. Unter den Vorlagen war eine der Senatsverwaltung für Soziales über den „Trägerwechsel von städtischen Seniorenheimen und Krankenpflegeheimen im Ostteil Berlins zur Herstellung von Trägervielfalt" und eine der Senatsverwaltung für Verkehr und Betriebe über das „Fahrradstraßen-Netz". Besprochen wurden die jüngsten Beschlüsse des Abgeordnetenhauses und die „Offenen Repräsentationstermine des Senats". Der letzte Punkt ist stets für die abwesenden Senatsmitglieder gefährlich, denn es ist ein beliebtes Spielchen, diesen die Repräsentationstermine „anzudrehen". Die Berliner Senatoren haben im Übrigen sehr viel mehr derartige Verpflichtungen als ihre Potsdamer Kollegen. Insbesondere ausländische Persönlichkeiten und Gruppen erwarten Gastgeberpflichten der Hauptstadt. Hinter „ATO" verbirgt sich „außerhalb der Tagesordnung". Unter dieser Überschrift besprechen die Senatoren regelmäßig knifflige Punkte, worüber sie die Abgeordneten und die Presse nicht informieren möchten. Die Beratung ist vertraulich. Am 1. März ging es um einen Mietvertrag für das Amerika-Haus und um die „Situation der Berlin Tourismus Marketing GmbH".

Jeder Kabinettsitzung folgt die Umsetzung der Beschlüsse. Die Kanzleien schreiben die Protokolle. Senatsbeschlüsse werden in Berlin sofort auf einem rosa Blatt festgehalten, und die betroffenen Senatoren müssen noch während der Sitzung unterschreiben, dass es so war. An den Sitzungen nehmen in jedem Fall die Pressesprecher der Landesregierung - in Berlin im Range eines Staatssekretärs - und der zuständige Abteilungsleiter der Kanzlei teil. In Berlin sind auch die Vorsitzenden der Koalitionsfraktionen dabei. An die Kabinettsitzung schließt sich eine Pressekonferenz an. Sie wird vom Pressesprecher geleitet, und bereits in der Staatssekretärs-konferenz wird festgelegt, auf welche Punkte besonders hingewiesen werden soll und welche Vertreter aus den Fachressorts anwesend sein sollen. Je nach politischer Gewichtung der Problematik, entsendet eine Fachverwaltung entweder keinen Mitarbeiter oder einen Fachbeamten, den Staatssekretär oder den Minister. Da das Parlament schriftlich und somit später informiert wird als die Presse, kommt es immer wieder zu Ärger. Eine Lösung dieser zeitlichen Zurücksetzung des Parlamentes ist jedoch nicht möglich. Die Regierung ist verpflichtet, die Presse unverzüglich zu informieren. In den Koalitionsfraktionen, deren Sitzungen in Brandenburg vor und in Berlin nach der Kabinettsitzung am gleichen Tage stattfinden, sind die Berichte aus der Landesregierung immer ein zentraler Punkt der Beratung. Während die zeitliche Reihenfolge in Brandenburg die Tendenz fördert, die Fraktion auf die bereits festgelegte Linie der Regierung für die bevorstehende Beratung einzustimmen, sind die Berichte in Berlin nach den Senatssitzungen für die Abgeordneten eine gute Gelegenheit, mit ihren Regierungsvertretern ins Gericht zu gehen. In beiden Fällen ist es eine beliebte Technik, die eigene Fraktion dadurch hinter sich zu bringen, dass man auf die Kabinettsmitglieder der anderen Partei schimpft und darauf verweist, dass diese die Ressortarbeit der eigenen Partei an der Entfaltung hindern würden. Der Umgang mit dieser Technik muss im Rahmen bleiben, weil sich aus solchem Verhalten leicht eine Krise der Koalition entwickeln kann.

Der formale Rahmen prägt eine Landesregierung nur begrenzt. Der politische Hintergrund und die handelnden Personen geben jedem Kabinett eigenen Charakter und Stil. Besonders prägend ist die Persönlichkeit des Regierungschefs. Sein Verhältnis zu den Ministern kann entweder autoritär oder formalistisch oder auch kollegial sein. Nur auf seine Amtsautorität pochend würde jedoch kein Kabinettschef bestehen. Für seine Fortune sind persönliches Charisma und die tatsächliche Position innerhalb der Machthierarchie der eigenen Partei entscheidend. Ministerpräsidenten und Minister werden zwar nach einem bürokratischen Schema bezahlt, und ihre Personalunterlagen werden von der Bürokratie geführt wie für normale Beamte, aber legitimiert sind ihre Positionen ausschließlich politisch. Auch im Binnenverhältnis der Kabinettsmitglieder untereinander zählt letztlich nur die politische Legitimation. Und in der Politik schlägt der Wind rasch um. Es kommt immer wieder vor, dass das Renommee eines Ministers im Binnenverhältnis des Kabinetts von heute auf morgen ins Bodenlose sinkt oder über Nacht aufgewertet wird. Ursachen hierfür können Niederlagen oder Erfolge in den Parteien seien. Auch Wahlen in anderen Bundesländern können binnen einer Woche die kabinettsinternen Gewichte in einem Koalitionskabinett verändern. Hat beispielsweise der kleinere Partner anderswo beachtlich verloren, so bekomme das die Minister der gleichen Partei auch außerhalb dieses Landes sofort zu spüren. Die Unlust, diese Minister dann zum Erfolg kommen zu lassen, zeigt sich in Bemerkungen wie: „Wer weiß denn, ob Sie beim nächsten Mal noch dabei sind!" Im Kabinett ist allen präsent, dass die Mitgliedschaft in der erlauchten Runde abrupt beendet sein kann.

Im Unterschied zur Bürokratie ist die Politik offen für Mobilität. Politische Machtstrukturen sind nicht gesetzt, sondern sie bauen sich auf, verändern sich permanent, können auch plötzlich zusammenbrechen, und andere Strukturen treten an ihre Stelle. Dabei gehören steile Aufstiege und tiefe Abstürze zur Politik. In der Bürokratie dagegen obwaltet das Laufbahnprinzip: Es weht ein sanfter Aufwind. Hat ein Bürokrat ein Amt, so behält er es, oder er steigt auf. Der Politiker dagegen kann sich da nie sicher sein. Die nächsten Wahlen kommen bestimmt, aber auch bis dahin können mannigfache Ereignisse ein Straucheln bewirken. So sagen sich die Minister gegenseitig immer gerne, dass sie hofften, die Legislaturperiode heil zu überstehen.

Mobilität, Veränderung kommt in die Verwaltung durch die Politik, nicht durch die Bürokratie.

Eine Art zweiter Kammer der Berliner Exekutive ist der „Rat der Bürgermeister". Diese Runde der Bezirksbürgermeister, die vom Berliner Bürgermeister geleitet wird, muss zu allen wichtigen Entscheidungen des Senats gehört werden. Die Damen und Herren Bürgermeister pflegen einen sachlichen und problembezogenen Diskussionsstil, ohne politische Tageshektik. Niemand im Rat der Bürgermeister hält „Schaufensterreden"; die Angehörigen der verschiedenen politischen Parteien tun nicht so, als wollten sie sich gegenseitig missionieren. Der von der Öffentlichkeit nicht beachtete Club erwartet, dass die Fachsenatoren ihre jeweiligen Projekte erläutern. Als

Senatoren-Vertreter akzeptieren sie nur Staatssekretäre; Laufbahnbeamte - selbst Abteilungsleiter - sind beim Rat der Bürgermeister nicht gern gesehen. Die Runde der Bürgermeister ist gegenüber dem spannungsgeladenen Senat und dem aufgeregten Abgeordnetenhaus ein ruhiger Ort, an dem freundlich miteinander umgegangen wird. Man weiß, dass die Macht woanders liegt.

Stil und Stimmung dreier Kabinette, bei dem Autor denen teilnehmende Beobachtung möglich war, waren grundverschieden. Es waren der CDU/FDP-Senat unter Eberhard Diepgen, der rot-grüne Senat unter Walter Momper und die Brandenburger Ampelkoalition unter Manfred Stolpe. Beim Rückblick auf den ersten Diepgen-Senat drängt sich als Assoziation die 750-Jahrfeier Berlins auf, bei der rot-grünen Koalition deren eigene Inszenierung und die Vereinigung Berlins, bei der Potsdamer Ampel schließlich der Aufbau eines Bundeslandes und die Beschäftigung mit der früheren Tätigkeit Manfred Stolpes als „IM Sekretär". Auch die Arbeitsstile der drei Kabinette waren unterschiedlich. Glichen die Sitzungen des Diepgen-Senats korrekten Staatsakten, so muteten die rot-grünen Senatssitzungen an wie Versammlungen alternativer Projektgruppen, und bei der Ampel ging es zu wie am „Runden Tisch" der letzten DDR-Wochen.

Eberhard Diepgen war ein kenntnisreicher und detailgenauer Regierender Bürgermeister. In seiner Senatsrunde saßen Persönlichkeiten wie Hanna-Renate Laurien, Cornelia Schmalz-Jacobsen, Elmar Pieroth, Wilhelm Kewenig, Rupert Scholz oder Günter Rexrodt. Diese waren ihm an charismatischer Ausstrahlung teilweise überlegen. Aber auch die selbst in linken Kreisen der Stadt durchaus populäre Frau Laurien - von Wolfgang Neuss liebe- und respektvoll „Hanna-Granata" genannt - konnte sich in der CDU Berlins gegen Diepgen nicht als Nachfolgerin Richard von Weizsäckers durchsetzen. Sie wurde von einem Weggefährten Diepgens spöttisch als „Schulmaus" abgetan. Die starke Stellung Diepgens innerhalb der Berliner CDU war eine Quelle der Autorität des Regierenden Bürgermeisters im Senat. Er wurde getragen von einer Gruppe Gleichaltriger, die wie Klaus Landowski und Dankward Buwitt ebenfalls wichtige Positionen in der Berliner Politik bekleideten. Diese „Betonriege" arbeitete seit Studentenzeiten an der Freien Universität zusammen und war Diepgens unumstößliche Hausmacht.

Es war jedoch nicht nur diese Hausmacht, die Eberhard Diepgen zum tatsächlichen Chef in der Senatsrunde werden ließ. Der Mann verfügte über präzise Detailkenntnisse aller wichtigen Fragen der Berliner Stadtpolitik. In dieser Hinsicht konnte ihm keiner das Wasser reichen. Erworben hatte er sich diese Kenntnisse als Vorsitzender des Hauptausschusses des Berliner Abgeordnetenhauses. Das dort gesammelte Wissen hatte er auch in Senatssitzungen präsent, und er konnte mit den Fachsenatoren stets mindestens mithalten, ob es beispielsweise um die Messegesellschaft oder die Zentrale Meldestelle für Asylbewerber ging. Unkorrektheiten in der Tagesordnung oder unklare Vorlagen ließ Diepgen nicht zu. Der Ton in den Senatssitzungen war förmlich. Darüber hinaus verlor Diepgen nie die Koordinaten seiner Politik aus den Augen: Die strikte Einhaltung des kunstvollen Status von West-Berlin, die Pflege der Beziehungen zu den Alliierten, die Bedeutung der Sozialpolitik für die CDU und der Versuch, möglichst viele der Träger der deutschen Wirtschaft an Berlin zu binden. Allerdings beobachteten manche Teilnehmer, dass der Regierede Bürgermeister damals starke Tendenzen zum „Abheben" zeigte. Dass ein FDP-Senator schimpfte: „Der Kerl setzt sich auf alle unsere Themen!", ist noch normal. Stets gibt es gerade bei der Außendarstellung Kompetenzneid zwischen einem Regierungschef und seinen Fachministern. Aber Diepgen suchte immer weniger das Gespräch, entschied in den Augen seiner Umgebung selbstherrlich. Einen seiner Staatssekretäre, der ihn auf der Treppe des Rathauses Schöneberg traf, übersah er glatt und grußlos. Dieser empörte sich in einer Kollegenrunde: „Der benahm sich, als ob ich aus Glas wäre." In einer späteren Runde zur Zeit der rot-grünen Koalition sagte es ihm einer seiner engsten Mitarbeiter ins Gesicht: „Ich musste erst in Pension geschickt werden, um einmal mit Eberhard Diepgen sprechen zu können."

Das Abheben des Regierenden Bürgermeisters erfasste den gesamten Senat. Überredet vor allem durch den eloquenten Kultursenator Volker Hassemer steigerte sich die Senatorenrunde in eine Jubiläums-Euphorie für Berlin, der sich auch der anfänglich zögerliche Diepgen nicht entziehen konnte. Die Festlichkeiten brannten in der Stadt ab wie ein Feuerwerk, und der erste waschechte Berliner auf dem Sessel des Regierenden, der „Berliner Junge", merkte nicht, wie unberlinisch der Zirkus war. Mit den „Chicki-Micki"-Veranstaltungen hatten die meisten Berliner nichts am Hut. Die Stimmung für die Abwahl Diepgens und seines Senats war da.

Die rot-grüne Euphorie war intern bald verflogen. Walter Momper, der so viel Frauen in den Senat geholt hatte wie vor ihm kein Bürgermeister, entpuppte sich im Senat bald als Macho. Er war der Anti-Typ zu Diepgen. Hatten besonders die Medien unter der „Blässe" Diepgens gelitten, so war jetzt ein Regierender im Amt, der Ausstrahlung hatte. Die Halbglatze, der rote Schal und das diabolische Lächeln wurden zum Markenzeichen des neuen Mannes an der Spitze. Auch Momper war durch die Schule des Hauptausschusses gegangen, hatte sich in der Partei und in der Fraktion an die Spitze gekämpft. Doch Momper war nicht der Mann des Details, der formalen Korrektheit. Ihm lagen mehr die großen Würfe, die spontanen Entscheidungen für originelle Wege. In der Anfangsphase der rot-grünen Koalition hatte er seine Autorität auch daraus abgeleitet, dass er entschlossen und symbolhaft das Bündnis durchgesetzt hatte. Die AL wähnte ihn innerlich auf ihrer Seite, und für die skeptischen unter den Sozialdemokraten war er der Mann, der - im Unterschied zu ihnen selber - „mit den AL'lern kann."

All diesen Äußerlichkeiten zum Trotz war Momper im Innern ein rechter Sozialdemokrat. Dass die Wirtschaft durch die Senatsbeteiligung der „Alternativen Liste" keinen Schaden nehme, war ihm äußerst wichtig. Und so holte er den geachteten Wirtschaftsfachmann Peter Mitzscherling in den Senat. Neben den etwas schrillen und jungen Frauen von den Alternativen wirkte der feine

Herr etwas verirrt. In allen ökonomisch relevanten Fragen vertraute jedoch Momper nur Mitzscherling, und er hatte nicht die geringsten Hemmungen vor einem frontalen Kollisionskurs gegenüber seiner AL-Senatorin Michaele Schreyer, wenn er nur mit seinem Freunde Mitzscherling zusammen von der Richtigkeit seiner Position überzeugt war.

Die Masken im rot-grünen Senat waren endgültig gefallen, als die Erzieherinnen der Stadt in einen mehrwöchigen Streik getreten waren, um einen Tarifvertrag zu erkämpfen. Die SPD lehnte diese Forderung ab, die AL unterstützte sie. Momper blieb hart und war überaus konfliktfähig. Die Senatssitzungen entwickelten sich zu kleinen Tragödien, in denen ein rüder Momper den für die Erzieherinnen fechtenden Senatorinnen über den Mund fuhr. Es gab Tränen. „Aus-Zeiten" wurden genommen. Der in Vertretung seines Senators dabei sitzende Staatssekretär mit der FDP-Mitgliedschaft kam sich vor wie ein Eindringling in einen fremden Familienstreit. Ob denn die Senatswirtschaftsverwaltung bei der weiteren Kita-Diskussion noch benötigt würde, fragte er vorsichtig den Regierenden. „Ja, bleiben Sie ´mal hier und hören Sie es sich an." Weiter ging es. Schuldzuweisungen herüber und hinüber. Wieder Tränen bei der AL. Momper war alles andere als ein Softie. Und nach Wochen hatte er gesiegt. Es gab keinen Tarifvertrag für die Erzieher. Für den Sozialdemokraten war das ein bitter erkämpfter Sieg. Der Preis war der menschliche Bruch in der rot-grünen Koalition.

Im Strudel der deutschen Vereinigung wurde Momper - übrigens sehr zum Leidwesen seines abgewählten Rivalen - weltweit bekannt, aber seine Koalition war schon zerbrochen. Es hatte nur niemand gemerkt, weil es wichtigere Ereignisse gab, die die anfangs so gefeierte „Jahrhundertchance" in Vergessenheit geraten ließen.

Der Mittelpunkt des „runden Tisches" in Potsdam war Manfred Stolpe, selbst wenn er nichts sagte oder - was sehr selten vorkam - fehlte. Für die Wessis unter den Ministern war er der Hausherr, anfänglich der Mann mit der hohen moralischen Integrität. Er hatte bestanden im DDR-Sumpf und gleichzeitig Kontakte gehalten zu westdeutschen Politikern wie DDR-Bürgerrechtlern. Er kannte sich aus in der DDR und auch im Westen. Für die Ossis im Kabinett war er einer der ihren und einer, der zugleich den Westlern in allen Verfahrensfragen ebenbürtig schien. In den ersten Monaten des Bestehens Brandenburgs schon wusste Stolpe über die komplizierten Verfahrensabläufe im Deutschen Bundesrat nonchalant zu parlieren, als hätte er dies mit der Muttermilch aufgesogen. Er war freundlich zu jedermann, seine metallene Stimme verlieh allem Gesagten Bedeutung, Brandenburg und sein Kabinett schienen nur mit Stolpe denkbar.

Die Rednerliste führt der Kabinettschef selber. Geduldig wird Punkt für Punkt abgearbeitet. Jeder, der sich meldet, kommt auf die Liste - auch Minister vertretende Staatssekretäre, die anderswo in solchen Runden gerne einmal übersehen werden. Meldet sich der „MP" selber, so schreibt er seinen Namen auf die Rednerliste, und wenn er dran ist, sagt er vor seinem Beitrag kurz: „Stolpe jetzt..." Solange lauscht er geduldig jedem Redebeitrag. Berlinische Wortkaskaden von Regine Hildebrandt bewirken ein feines inneres Lächeln, elaborierte Beiträge zu juristischen Fragen von Hans-Otto Bräutigam finden offensichtlich seine besonders Aufmerk-samkeit, Ausbrüche seines Finanzministers Klaus-Dieter Kühbacher ignoriert er, und die erdverbundenen, handfesten Argumente von Landwirtschaftsminister Edwin Zimmermann werden vom Chef mit Sympathie registriert. Jede Diskussion dauert so lange, wie sie dauert. Erst, wenn wirklich keiner mehr reden mag, fasst Stolpe zusammen. Er findet stets den Kompromiss zwischen den Beiträgen der Kabinettskollegen. Ist der Kompromiss inhaltlich nicht möglich, so doch wenigstens im Verfahren. Und da ist Stolpe phantasiereich: Er werde das ganze jetzt zur Chefsache machen, man müsse da erst einmal im Koalitionsausschuss reden, der Kollege X möge doch noch einmal in drei Wochen darüber berichten oder - falls eine Sache besonders schwierig ist - das müsse in der „Kaminrunde" der Ministerpräsidenten erörtert werden. Als Ultima ratio bleibt immer noch: „Da ist wohl ein Vier-Augen-Gespräch mit dem Bundeskanzler fällig." Wie auch immer Stolpe zusammenfasst: Für den Augenblick sind alle Kabinettsmitglieder zufrieden.

In der ersten Brandenburger Zeit dauerten die Kabinettssitzungen in Stolpes düsterem Arbeitszimmer bis zu sechs Stunden und länger. Die Luft wurde stickig, die Stühle hart. Am meisten Zeit unter allen Versammelten schien der Ministerpräsident zu haben. Immer wieder bot er den allmählich nachlassenden Ministern eine Pause an, was diese zunehmend wegen des die Sitzung zusätzlich verlängernden Effektes ablehnten. Auf dem Konferenztisch standen Getränke und Obst, wovon insbesondere die Ministerin Hildebrandt reichlich Gebrauch machte. Ein aus Potsdam kommender Wirtschaftsstaatssekretär kommentierte: „Endlich mal watt andrett als die ewigen Äppel aus Werder."

In der Pausenfrage hatte der Ministerpräsident eine sichere Verbündete die Bildungsministerin Marianne Birthler. Wie Stolpe selber war sie dem blauen Dunst verfallen. Ab und zu eine Raucherpause war ihr recht. Aber Marianne Birthler war ansonsten das einzige Kabinetts-mitglied, das sich vom Übervater Stolpe lossagte, als dessen einstige Tätigkeiten als „IM Sekretär" bekannt wurden. Sie tat das nicht nur öffentlich, sondern auch in der Kabinettssitzung. Dort sagte sie es Stolpe ins Gesicht, dass sie ihn für eine Belastung beim Neuanfang der Politik in Brandenburg hielte. Der Angesprochene nahm es kommentarlos hin. Wenig später legte die Ministerin ihr Amt nieder.

Allmählich wurde der Übervater auch anderen in der Kabinettsrunde unheimlich. Zwar standen sie - bis auf den ebenfalls demissionierten Bauminister Wolf - äußerlich loyal zu ihrem Chef, aber die öffentlichen Diskussionen um Stolpe, die Vorwürfe gegen ihn und seine Verteidigung dagegen ließen ihr inneres Stolpe-Bild doch differenzierter werden. Nur halb im Scherz sagte einer, eigentlich wisse er gar nicht, ob der Mann, der da die Sitzungen leite, Stolpe sei oder einer, der ihn darstellt.

Nicht nur in Brandenburg oder Berlin, nicht nur in den Ländern ist es so, dass der Regierungschef der „politische Fix- und Orientierungspunkt für jedes Kabinettsmitglied und das ganze Kollegium" ist, sondern auch im Bund. Udo Kempf fasst die Untersuchung über sämtliche 157 Kabinettsmitglieder von 1949 bis 1998 hinsichtlich des Stils der jeweiligen Bundeskanzler zusammen: „Adenauer glaubte im März 1951 sich nur auf einen einzigen Minister verlassen zu können, nämlich den Außenminister, der er selbst war. Schmidt übte nach eigener Einschätzung „ein schlimmes Amt" aus; des Bundeskanzlers Bürde spürten in der einen oder anderen Weise gewiss auch die Minister. Von Kohl ist behauptet worden, das Kabinett diene `nur noch zum Abnicken`".[88] Im Kabinett Brandt dagegen hätten „umfangreiche Debatten" stattgefunden.[89] Und bei Gerhard Schröder? Einer, der meint es zu wissen, berichtet: „Man spricht im Bundeskabinett nicht offen, weder miteinander noch übereinander. Gerhard Schröder, der den Ton angeben will, liebt die feine Ironie, vor allem auf Kosten der anderen."[90]

Es geht nicht immer fein zu im Kabinett, der guten Stube der Politik.

---

[88] a.a.O., S. 57
[89] a.a.O., S. 66
[90] Michael Schwelien, Joschka Fischer. Eine Karriere, Hamburg 2000, S. 72

11. Revue der Parteien 1: CDU/CSU und SPD

a) Die Union (CDU/CSU)

In den fünfziger Jahren war die CDU ein Kanzlerwahlverein, und Konrad Adenauer wusste es am besten. Dieser Kanzlerwahlverein war erfolgreicher als die idealtypische Organisationspartei SPD. Der Kanzlerwahlverein war in Wirklichkeit eine „Volkspartei", eine catch-all-party wie die Amerikaner sagten: Wähler und Mitglieder aus allen Gruppen, Regionen und Schichten fühlten sich bei der CDU aufgehoben. Bei ihr waren Nord- und Süddeutsche, Männer und Frauen, Alte und Junge, Katholische und Evangelische, Dörfler und Großstädter, Ministerialdirigenten (die sowieso) und Industriearbeiter. Dieses Modell war so erfolgreich, dass die SPD es 1959 in Godesberg übernahm. Die CDU freilich erlebte ihre Parteireform erst danach, als 1969 die sozial-liberale Ära anbrach und die Rivalen Rainer Barzel und Helmut Kohl ohne Kanzlerherrlichkeit die Union zu einem Instrument formten, mit dem sie schließlich 1982 die Kanzlerschaft wiederholten.

Nach ihrer überraschenden Niederlage 2002 erweckte die Union wieder einmal den Eindruck, als sähe sie sich noch immer als die einzige Staatspartei und als müsste sie viel daran setzen, den „Normalzustand" ihrer Regentschaft unverzüglich wieder herzustellen. Im Innersten hat sie den demokratischen Wechsel nicht akzeptiert.

Das war 1969 schon einmal so gewesen. Im Bundestag wanderten damals Koalitionsabgeordnete zur Union, und die Mehrheitswaage neigte sich allmählich zur CDU/CSU hin. Rainer Barzel wagte den Zugriff auf die Macht mit dem konstruktiven Misstrauensvotum gegen Willy Brandt. Das Scheitern war staatspolitisch ein Glücksfall - so dubios die Hintergründe des Stimmenverhaltens einiger weniger Abgeordneter auch gewesen sein mögen. Denn die CDU musste nun durch harte Partei- und Parlamentsarbeit den mühsameren und klassischen Weg zur Rückgewinnung der Macht gehen. Dass sie es 1982 auch ohne Wahlen schaffte, weil die FDP eine Koalition verlassen hatte, in der sich der Kanzler Helmut Schmidt und seine Partei, die SPD, hoffnungslos zerstritten hatten, ist ein besonderer Umstand. Durch die 1983 nachgeholten Neuwahlen wurde das schnell relativiert.

Die CDU war wieder an der Macht und sah sich bald wieder als Staatspartei. Insbesondere seit der deutschen Vereinigung schien die Union lange Zeit unablösbar zu sein. Gegen den ab Mitte der neunziger Jahre heraufziehenden Machtwechsel wehrte sich die CDU mit allen ihr zur Verfügung stehenden parlamentarischen, politischen und – wie wir jetzt wissen - finanziellen Mitteln. Ihrem Selbstverständnis nach verteidigte die Union damit den Normalzustand der Republik gegen einen zweiten Unfall: ihren Machtverlust.

In der ersten Oppositionsphase hatte die Union 13 Jahre gebraucht zur Reorganisation und erneuten Eroberung der Macht. Dann musste die SPD 16 Jahre in der Opposition verharren. Drei, vier Legislaturperioden schien es zu dauern, bis in der Bundesrepublik ein erneuter Machtwechsel erfolgte. Es sieht nicht so aus, als würde sich die Union nach 1998 und 2002 auf diesen Rhythmus des demokratischen Machtwechsels einstellen wollen. Sie bemüht sich statt dessen, nach zwei Legislaturperioden die Rückkehr zur Macht zu schaffen. Wird ihr das bekommen?

Die Union hätte allen Anlass, sich gründlich zu reformieren, um für das wiedervereinigte Deutschland politische Gestaltungskonzepte entwickeln zu können. Die Spendenaffäre des ehemaligen Parteivorsitzenden und Bundeskanzlers ist ebenso wenig bewältigt wie der Schwarzgeldskandal der hessischen CDU. Es kam zu symbolischen Ersatzhandlungen wie die Distanzierung von Helmut Kohl und die Ächtung von Manfred Kanther. Doch ist der Diadochenkampf nach dem letzten Herrschaftssystem nicht abgeschlossen. Nachdem der Bayer Edmund Stoiber seine erste Chance gehabt hatte, ist das Duell zwischen ihm und Angela Merkel noch nicht entschieden. Und auch andere drängten nach wie vor nach vorn. Durchgängige Konzepte, wie die wirtschaftliche Misere Deutschlands auf Dauer zu beheben sei, konnte die Partei nicht entwickeln. Da gibt es die reformgeneigte Bundespartei CDU, die sehr viel klientelbezogenere CSU in Bayern und die Riege der CDU-Ministerpräsidenten, die den Kurs der Union am liebsten nach ihren landespolitischen Interessenlagen definieren möchten. An der Spitze der CDU/CSU Bundestagsfraktion und der CDU hat Angela Merkel zwar eine starke Position erstritten, aber eine verbreitete, den Spendenskandal deckende bigotte Moral in der Tiefe der Partei ist nicht gänzlich verschwunden. Von daher kann jederzeit neues Ungemach drohen. Auf der anderen Seite haben die CDU-Ministerpräsidenten ihre Machtbastionen im Bundesrat. Sie sitzen dort und warten auf ihre Stunden.

Frank Bösch diagnostiziert in einer Studie über „Macht und Machtverlust" der CDU vier „Schlüsselprobleme" der CDU:

1. Die Einnahmen der Partei seien schon vor dem Spendenskandal zurückgegangen. Die CDU habe ein Finanzproblem.

2. Der CDU fehle seit den neunziger Jahren eine „organisatorische Zielperspektive". Die Struktur sei veraltet und es existiere keine „Idee", wie sich Dynamik in die Partei bringen lasse.

3. Die CDU habe ein „programmatisch-ideologisches Problem". Sie stehe zwischen den ethischen Verpflichtungen des „C" und ihrem marktwirtschaftlichen Selbstverständnis.

4. Langfristig habe die Union mit einem Verlust bislang treuer Wählergruppen zu rechnen, so bei den „in den sechziger und siebziger Jahren sozialisierten" Jahrgängen.[91]

Die CDU befindet sich seit 1998 notgedrungen in einer Phase der Reorganisation. Gute Umfragewerte und Wahlergebnisse überdecken das. Ihre Dauer und ihr Ausgang sind ungewiss.

---

[91] Frank Bösch, Macht und Machtverlust. Die Geschichte der CDU, Stuttgart/München 2002, S. 271 ff

Diese Phase lässt sich als die fünfte nach den vier Phasen begreifen, in die Peter Haungs die Geschichte der CDU wohlwollend einteilt:[92]

1. In der „Ära Adenauer" war die CDU eine locker verknüpfte Honoratiorenpartei mit dem Bundeskanzleramt als Mittelpunkt. Ludwig Erhards „Soziale Marktwirtschaft" und Konrad Adenauers Westpolitik genügten dem Verbund als programmatische Klammer. Die Partei habe sich überwiegend aus Spenden finanziert, und die Bundesgeschäftsstelle sei lediglich zum Führen von Wahlkämpfen da gewesen. Der Partei hätten zahlreiche Sympathisantengruppen zur Seite gestanden. Zwischen den Anhängern und Mitgliedern einerseits und der Führung andererseits habe es eine Grundidentität gegeben. Eine Beteiligung der Mitglieder an den politischen Entscheidungen sei von der Führung nicht vorgesehen und von den Mitgliedern und Anhängern wohl auch gar nicht erwartet worden. Diese lockere Organisation der CDU in den fünfziger Jahren sei durchaus funktional gewesen, „ermöglichte sie doch die Bindung verschiedener Wählergruppen, ohne dass diese ihre spezifischen Milieus hätten aufgeben müssen."[93] Auf jeden Fall war die erste Phase für die neu gegründete Partei erfolgreich: Sie war die führende politische Kraft in der Bundesrepublik - im Grunde deren parteipolitischer Ausdruck -, sie stellte die prägende politische Persönlichkeit dieses Jahrzehntes, und sie war der Hauptkonkurrentin SPD so überlegen, dass diese ihr Heil nur noch darin suchen konnte, die CDU 1959 in Godesberg zu kopieren.

2. Die sechziger Jahre waren die erste Übergangsphase. Infolge Adenauers hohen Alters, seinem sprunghaftem Taktierens bei seiner erst angemeldeten und dann widerrufenen Kandidatur für das Amt des Bundespräsidenten, mit den aufkommenden Erwartungen nach mehr Beteiligung der Bürger an der Politik und einem allgemeinen Legitimationsschwund der CDU-Vorherrschaft schmolz die Dominanz der CDU dahin. Schon aus biologischen Gründen, aber vor allem wegen der gewandelten gesellschaftlichen Determinanten konnte diese die alte Vorherrschaft nicht mehr halten. Das alte katholische Milieu löste sich auf, die Katholische Kirche und die SPD begründeten ein sachliches Verhältnis zueinander. Die jüngere Generation forderte mehr Demokratie und Rechtsstaatlichkeit, Zweifel an der Richtigkeit einer Ostpolitik der Konfrontation kamen auf, zumal ja Adenauer selber mit der führenden Macht dort, der UdSSR, Beziehungen aufgenommen hatte. Schließlich war das Wirtschaftswunder vollbracht. Frei nach dem berühmten Zitat von Bert Brecht kam nach der Konzentration auf das Fressen der Anspruch der politischen Moral auf.

Die CDU begann, sich von der alten Honoratioren- zu einer modernen Organisationspartei zu wandeln. Seit dem Parteitag in Dortmund 1962 setzte sich ein allmählicher Reformprozess der Union in Richtung größerer Professionalisierung der Parteiarbeit in Gang, die Mitgliederzahl

---

[92] Peter Haungs, Die CDU: Prototyp einer Volkspartei; in: Alf Mintzel/Heinrich Obereuter (Hg.), Parteien in der Bundesrepublik Deutschland, Opladen 1992, S. 174f

stieg. Die Ortsverbände wurden aktiver. 1967 war mit der Einrichtung des Amtes des Generalsekretärs ein gewisser Abschluss dieses Vorganges erreicht. 1968 in Berlin verabschiedete die CDU ein Aktionsprogramm. Für dieses Papier waren aus den Gliederungen zahlreiche Anträge eingegangen. Die Parteitagsbesucher hielten ein Antragsbuch in Händen von einem umfänglichen Volumen, wie das bis dato nur von SPD-Parteitagen bekannt war.

3. Die eigentliche Modernisierung der Union erfolgte während der Oppositionsperiode 1969 bis 1982. Als das konstruktive Misstrauensvotum gegen Willy Brandt gescheitert war, begann der Aufstieg Helmut Kohls zur Parteispitze. Er und sein Generalsekretär Kurt Biedenkopf forcierten die Parteireform: Zwischen 1970 und 1977 wurde die Mitgliederzahl verdoppelt, die Gliederungen der Partei wurden aktiviert, der hauptamtliche Apparat ausgebaut, die Programmdiskussion fortgesetzt. Biedenkopf und mehr noch sein Nachfolger als Generalsekretär Heiner Geißler besetzten die politische Diskussion in der Republik mit Begriffen wie „Die Neue Soziale Frage" oder der Wahlkampfparole 1976 „Freiheit oder/statt Sozialismus". Nach dieser knapp verlorenen Bundestagswahl wechselte Helmut Kohl vom Amt des Ministerpräsidenten in Mainz in den Chefsessel der CDU/CSU-Bundestagsfraktion. Dort konnte er auch als Oppositionsführer eine mächtige Position aufbauen, weil die unionsgeführten Bundesländer im Bundesrat über eine Mehrheit verfügten und die SPD/FDP-Regierung in allen wichtigen Fragen auf einen Kompromiss mit der Union angewiesen war.

4. 1982 bis 1998 war wieder eine Periode der CDU/CSU-Regierung mit Unterstützung der FDP in der westlichen Bundesrepublik. Aber die nun zu einer modernen Parteiorganisation herangereifte CDU mochte sich zunächst schwer auf die Nebenrolle einer Regierungspartei einzustellen. Die Distanz der 1983 735.000 Parteimitglieder zu „ihrer" auf die politische Klasse fixierten Regierung führte zu mancherlei Konflikten. Helmut Kohl, der eine geistige Wende mit der Übernahme seiner Regierung versprochen hatte, bekam inner- und außerparteilich große Akzeptanzprobleme. Zwar konnte er sämtliche ihm zu nahe gekommenen Rivalen wie Kurt Biedenkopf, Heiner Geißler, Lothar Späth, Franz Josef Strauß und andere auf die Plätze verweisen, aber im Jahr der Bundestagswahl 1990 waren noch im Mai nur 39% der befragten Westdeutschen für ihn als Kanzler, und 50% wollten seinen Herausforderer Oskar Lafontaine. Da wurde Kohl, der - wie alle anderen westdeutschen Politiker - zunächst noch gezögert hatte, der „Kanzler der Einheit". Er setzte zusammen mit seinem Außenminister Hans-Dietrich Genscher die deutsche Vereinigung international brillant um, hatte den Mantel der Geschichte ergriffen, und wenige Tage vor der ersten gesamtdeutschen Wahl deuteten die Umfragen schon den Triumph Kohls und der CDU an: 56:37% für Kohl![94]

---

[93] a.a.O., S. 174
[94] Peter Haungs, a.a.O., S. 205

Acht Jahre währte die Regentschaft der Union mit Kohl im vereinten Deutschland. Die Medien sprachen von der „Machtmaschine" Kohls, zu der alle Fäden der deutschen Politik führten. Nachdem die Wiedervereinigung verwirklicht und Deutschland fest in den europäischen Einigungsprozess integriert war, kamen Ratlosigkeit und Stillstand auf. Statt „blühender Landschaften" entwickelte sich im Osten eine ökonomische Steppe, und die Arbeitslosenzahl hielt sich permanent bei vier Millionen. Auch Helmut Kohl – wie vor ihm schon viele große Staatsmänner – war am Ende seiner Zeit nicht in der Lage, die Macht abzugeben und forcierte dadurch in der Öffentlichkeit eine allgemeine Wechselstimmung, die schließlich Gerhard Schröder ins Bundeskanzleramt brachte.

In dem Willen zur kurzfristigen Rückkehr zur Macht verdeckt die Union nach 2002 ihre Widersprüche. Gelingt ihr die Rückkehr ins Zentrum der deutschen Politik auch 2006 oder davor nicht, wird der eigentliche Reformprozess an Haupt und Gliedern erst dann einsetzen. Schafft sie - wegen der Schwäche von Rot-Grün - den nicht unwahrscheinlichen schnelleren Machtwechsel, so wird die Union sehr bald in ebenso schweres Fahrwasser geraten wie ihre Vorgänger-regierung.

Die im Wahlkampf 2002 offenbar gewordenen Gegensätze beim Thema „Soziale Marktwirtschaft" und in der Familienpolitik haben davon einen Einblick vermittelt. Darüber hinaus hat Angela Merkel zwar erkannt, wie gering die Resonanz der Partei in den modernen Großstadtmilieus Norddeutschlands ist – ein Konzept zur Überwindung dieses Mangels ist jedoch nicht bekannt geworden. Es ist zu erwarten, sollte die Union vorzeitig die Macht wiedergewinnen, dass sie zu deren Erhalt nach einem Mittel greifen würde, das auch Rot-Grün verwendet: die Mediatisierung der Politik. Auch mit der Union ginge es 2006 oder davor hinaus aufs offene Meer der Möglichkeiten, und die Fahrt wäre das wichtige, denn ein klares Ziel gäbe es gar nicht.

Formal eigenständig ist die Position der CSU im Parteiensystem faktisch von der CDU determiniert. Im Geleitzug der Union ist die ein „Landesverband de luxe".

2002 hatte die CSU zum zweiten Mal von der Gesamt-Union die Chance erhalten, den Kanzler zu stellen. Nach Franz Josef Strauß blieb auch Edmund Stoiber ein gescheiterter Kanzlerkandidat. Die CSU schien zurückgeworfen auf Bayern, und ihre bundespolitische Bedeutung schien gesunken. Doch nach einem ausgezeichneten Ergebnis bei der Landtagswahl in Bayern 2003 war die CSU mit ihrem Vorsitzenden und bayerischen Ministerpräsidenten auf der nationalen Bühne wieder präsent. Stoiber inszenierte innerbayerische und bundespolitische Reformoffensiven in einem Tempo, bei dem die Mandatsträger und Mitglieder der CDU den Anschluss nicht halten konnten.

Mit der deutschen Wiedervereinigung wurde ein Bedeutungsverlust der bayerischen CSU, der Regional- und Bundespartei, prophezeit. In der größeren Republik würde sich das politische

200

Gewicht der CSU verringern. Die CSU selber hatte versucht, mit Patenschaften wenigstens im Süden der untergegangenen DDR Schwesterverbände nach ihrem Vorbild zu installieren, doch selbst in den „Freistaaten" Sachsen und Thüringen bildeten sich am Ende Landesverbände der CDU heraus, und die CSU blieb auf Bayern beschränkt.

Von da übte sie ihren Einfluss aus - in Bayern und im vereinten Deutschland. Mit über 50% der Wählerstimmen blieb die CSU auch nach dem Tode ihres großen Vorsitzenden Franz Josef Strauß in Bayern dominant. Die Diadochenkämpfe der Nachfolger konnten ihre Stellung ebenso wenig erschüttern wie die Vorwürfe im Rahmen einer „Amigo"-Affäre. Zwar musste der Hauptkritisierte der „Amigos" und Amtsnachfolger von Strauß, Ministerpräsident Max Streibl wegen allzu üppiger Zuwendungen aus Wirtschaftskreisen demissionieren, dafür aber konnte sich sein Nachfolger Edmund Stoiber umso mehr als Saubermann der Politik vor den Wählern profilieren. Auch dass der Einsetzung Stoibers als „MP" ein inniger Machtkampf zwischen diesem und dem damaligen CSU-Vorsitzenden, Bundesfinanzminister Theo Waigel, vorausgegangen war, schadete der Resonanz der CSU bei der bayerischen Wählerschaft nicht. Waigel unterlag in diesem Kampf, wurde nicht Ministerpräsident in München, blieb bis 1998 in der Bundespolitik und zunächst CSU-Vorsitzender.

Nach dem Ende der Ära Kohl schied Waigel aus der Politik aus, und Stoiber wurde in der Partei auch formell die „Nummer 1".

Die Frage, ob die CSU eine eigenständige Partei oder aber nur ein aufgeputzter Landesverband der Union sei, ist so alt wie die CSU. Trotz des Sezessionsbeschlusses von Wildbad Kreuth im November 1976, bei dem die Fraktionsgemeinschaft mit der CDU gekündigt wurde,[95] blieb das Gleichgewicht zwischen der großen CDU und der kleinen CSU erhalten. Die CSU ging wieder eine Fraktionsgemeinschaft mit der CDU ein, und die Bindungen etwa über die Junge Union blieben bestehen. Zu groß war das Risiko, dass die CDU eine Ausweitung der CSU mit einem „Einmarsch" in Bayern beantworten würde und die regionale Monopolstellung der CSU brechen könnte. Im Rahmen der Union hat die CSU eine Sonderrolle: Über ihr thront kein Bundesparteitag mit bindenden Beschlüssen. Was die CSU bundespolitisch will, bringt sie direkt. Die Landespolitik ist ihr ureigenes Terrain. Die CSU muss trotz allem einen allgemeinen Politikrahmen der Union anerkennen. Als regionales Eigengewicht der großen Union braucht sie die dortige intime Einbindung, denn das gibt ihr Kraft und Anerkennung auch in der Landespolitik. Der Erfolg der CSU wäre gewiss geringer, stünde sie nur als Regionalpartei ohne bundespolitischen Einfluss da. Und in der Bundespolitik ist sie zwar ein gewichtiger Faktor, aber der primäre ist allemal die CDU. Die CSU ist eine Regionalpartei mit besonderen Privilegien innerhalb der Union als Bundespartei.

---

[95] Alf Mintzel, Geschichte der CSU. Ein Überblick, Opladen 1977, S. 406 ff

Der Erfolg ist der CSU keineswegs in den Schoß gefallen. Es hatte heftige Auseinandersetzungen gegeben über den Kurs der Partei als bayernorientierter Gruppierung oder als gegenüber dem Bund und der Union offene Partei mit bayerischem Schwerpunkt. Der Streit in den fünfziger Jahren ging auch um die Frage, ob die Partei interkonfessionell oder katholisch-altbayerisch sein sollte. Die Partei hatte sich der heftigen Konkurrenz der Bayernpartei zu erwehren und ist von einer Koalition aller anderen Parteien gegen sie aus der Landesregierung verdrängt worden, ehe sie sich zu einer modernen Apparat- und Reformpartei mit einer strengen innerparteilichen Hierarchie entwickelte. Mit ihren Landesregierungen und ihren Ministerpräsidenten Hans Ehard, Hanns Seidel, Alfons Goppel und Franz Josef Strauß setzte sie eine umfassende Modernisierung und Industrialisierung Bayerns durch, wobei sie Rücksicht nahm auf die gewachsenen Traditionszonen, die ländliche Struktur und den Bayerischen Föderalismus. Das Modell Bayern wurde erfolgreich, weil sich in diesem Land „saubere" Zukunfts- und Wachstumsindustrien ansiedelten oder expandierten. Von BMW über Siemens bis zu den Flugzeugbauern expandierten in Bayern Wirtschaftsbetriebe, die - wenigstens bis in die achtziger Jahre hinein - die Zukunft geradezu verkörperten und ein Gegenmodell waren zu der in Nordrhein-Westfalen und an der Saar ansässigen und absterbenden Kohleindustrie. Dabei war eine Quelle des Erfolgsmodells CSU zweifellos die Tatsache, dass die CSU-Gruppe im Deutschen Bundestag und mehr noch lange Zeit die Minister der CSU in der Bundesregierung klare Intereressenpolitik für den Wirtschaftsstandort Bayern betrieben. Es ist bezeichnend, dass der Aufstand von Bad Kreuth zu einem Zeitpunkt war, als die Union in der Opposition saß und viele CSU-Abgeordnete in der Gemeinschaft mit der CDU keinen Sinn mehr sahen, weil ihnen einfach die Einflussmöglichkeit über die Bundesregierung abhanden gekommen war. Die Gemeinschaft von CSU und CDU ist zweifellos ein auf Gewinn und beiderseitigen Vorteil angelegter Zusammenschluss. Aus ihrer speziellen Situation heraus ist die CSU daher mindestens ebenso wie die CDU programmiert, so bald wie möglich wieder an die Macht im Bund zu kommen.

Exkurs 12

Die Niederschlagung der Bayernpartei[96]

Die so konservativ und staatstragend daherkommende CSU ist unter den etablierten Parteien der Bundesrepublik zweifellos diejenige mit der bewegtesten Jugendgeschichte. Das kommt daher, dass ihr nach der Aufhebung des Lizenzierungszwanges der Besatzungsmacht mit der „Bayernpartei" (BP) ein scharfer Konkurrent um das Werben der Braut Bayern entstanden war. Im Januar 1946 hatte die Militärregierung die `Christlich Soziale Union in Bayern` als

---

[96] s. auch Alf Mintzel, Geschichte der CSU, a.a.O.

bürgerlich-konservative Partei zugelassen. Da das Land Bayern im „esentlichen in seinen alten Grenzen wiederhergestellt wurde, war hier ein besonderes Regionalbewusstsein wirksam. Daran knüpfte auch die CSU an, allerdings gab es Streit über die richtige Konzeption in diesem Rahmen. Eine erste innerparteiliche Gruppierung orientierte sich an dem christlichen Gewerkschaftler und früheren Reichsminister Adam Stegerwald, dem eine interkonfessionelle Partei mit einer starken Parteiorganisation vorschwebte. Josef Müller versuchte nach dem Tode Stegerwalds, dieses Konzept umzusetzen. Traditioneller und bayerischer orientiert waren die Gruppen um Fritz Schäffer - der auch Finanzminister im Kabinett Adenauer war - und Alois Hundhammer. Schäffer war bis 1933 Vorsitzender der Bayerischen Volkspartei - BVP - gewesen und wollte deren föderalistische Konzeption wieder aufnehmen. Im Verhältnis zu ihm war Hundhammer, später Staatsminister für Kultur, bäuerlich, klerikal und erzkonservativ: Ihm schwebte eine auf Altbayern konzentrierte katholische Partei, losgelöst von der CDU, vor. Diese Exponenten kamen sich im Juli 1946 in die Wolle. In der verfassungsgebenden Landesversammlung, stand die Frage der Etablierung eines Staatspräsidenten von Bayern auf der Tagesordnung. Der Parteivorsitzende Müller verhinderte mit seinen Anhängern diese Institution des radikalen Föderalismus, weil er davon eine Absonderung Bayerns befürchtete. Dieser Entschei-dung in der Landesversammlung folgte eine Kette von bitteren Auseinandersetzung und eine Zerstörung des innerparteilichen Klimas mit dem Ergebnis der Ablösung Müllers 1949.

Die Brisanz des CSU-Konfliktes bestand in der Tatsache, dass sich in der BP mittlerweile eine Alternative für die bayerisch-konzentrierten Kräfte herausgebildet hatte. Die BP war eine Sammlung von Monarchisten, Partikularisten und Föderalisten und versuchte, teilweise mit Erfolg, von der CSU enttäuschte Mitglieder und Funktionäre bei sich aufzunehmen. Für die CSU wurde das ganze noch gefährlicher, als sich die BP etwas mäßigte und zu einer christlich-konservativen föderalistischen Partei wurde. Damit holte sie auch Wähler der CSU zu sich herüber. Als `Bewegung des bayerischen Volkes` lehrte die BP der CSU das Fürchten, erst auf kommunaler Ebene, dann auch in der Landespolitik. Das Ziel der BP war es letzten Endes, die Gründung eines westdeutschen Staates zu verhindern, und dafür wollte man in Bayern die absolute Mehrheit hinter sich bringen. Die Partei ging mit Parolen wie `Bayern muss Bayern bleiben` an die Öffentlichkeit. Mitglieder strömten in die BP, und bei der ersten Bundestagswahl 1949 wählten 20,9 % der Bayern diese Partei. Für die Funktionäre der BP war das zu wenig, aber für die CSU war es zu viel.

Infolge der Konkurrenz schmolzen bei den Landtagswahlen 1950 und 1954 die Wähleranteile der CSU dahin: Hatte die Partei noch 1946 rund 53% der Wählerstimmen gewinnen können, so waren es 1954 die Hälfte davon, 27%. 1954 erreichte die CSU erst wieder 38%. Aber die Gegenspieler von Josef Müller, Schäffer und Hundhammer, lehnten den Aufbau einer modernen Parteiorganisation mit hauptamtlichen Mitarbeitern ab. Ihnen war jede zentrale und straffe

Organisationspolitik suspekt. Den geschäftsführenden Landesverband und die Landesgeschäftstellen diffamierten die Altbayern als „Politikbüro"; sie wetterten gegen die „Parteimaschine" und gegen die „Parteiautokratie". Der alte Parteiapparat brach zusammen, und ab 1948 wandelte sich die CSU zu einer bayerischen Honoratioren- und Heimatpartei. Aber auch die BP, die sich anfänglich als Volksbewegung präsentierte und Heimatabende mit Trachtengruppen und Fahnenweihen sowie monarchistische Kundgebungen organisierte, verlor nach 1950 den organisatorischen Überblick und war schon 1953 nicht mehr in der Lage, einen Generalsekretär zu bestellen. Die Parteiorganisation schrumpfte auf Ober- und Niederbayern sowie auf Schwaben.

Einer der Gründe für die Krise der Bayernpartei war ihre ambivalente Politik im Deutschen Bundestag. Als radikal-föderalistische Sonderpartei mochte sie sich nicht an der Regierung Adenauers beteiligen, als bürgerliche Gruppierung konnte sie schon gar nicht die SPD unterstützen. Bei seiner Wahl zum Kanzler erhielt Adenauer mindestens auch eine Stimme aus der BP-Gruppe, und die bayerischen Föderalisten hätten dem Rheinländer geschlossen ihre Stimme gegeben, falls es im ersten Wahlgang nicht geklappt hätte. So waren sie in der ersten Legislaturperiode zwar im Bundestag, aber dort weder Opposition noch Regierung, weder Fisch noch Fleisch. Die CSU hingegen regierte mit und konnte in Bayern auf ihren Einfluss im westdeutschen Staat verweisen. Anhänger des Unionsgedankens zogen sich aus der BP zurück, gingen zur CSU, so dass in der BP immer mehr die kleineren und mittleren Bauern und Gewerbetreibenden mit stark katholischem Einschlag dominierten; mächtigere Gesellschaftsgruppen wie Großbauern, Grundbesitzer und Industrielle aber engagierten sich bei der CSU. Im Zuge des Aufbaus der Bundesrepublik wurde der Gedanke eines radikalen Föderalismus in Deutschland und Europa immer unpopulärer: Die bei der Bundesregierung wachsende Macht zog an. Hinzu kam, dass die Katholische Kirche der BP nicht den gleichen Segen geben mochte wie der CSU, obwohl das doch für ihre Legitimation so wichtig gewesen wäre. So geriet die BP immer mehr in die Rolle eines Querulanten, und sie scheute sich nicht, der CSU im Bruderzwist `Sozialismus` oder - das war das schlimmste –„Preußentum" vorzuwerfen. Damit waren die in Bayern angesiedelten Flüchtlinge angesprochen, die - zum Leidwesen der BP-Anhänger Ausgleichszahlungen erhielten, und folgerichtig bezeichnete die BP sich als Partei der Einheimischen.

Das Abdriften in die verbale Radikalität und Machtlosigkeit drückten die BP nach unten. Nach der Landtagswahl 1954 versuchte sie trotzig die Kehrtwende: Sie ging in eine merkwürdige Viererkoalition mit der SPD, dem BHE und der FDP. Offensichtlich war es das Hauptziel, den Erzrivalen auf die Oppositionsbänke zu verweisen. Aber das Profil der BP wurde in dieser Koalition völlig unklar. Die bürgerlichen Wähler in Bayern richteten sich auf die Union und ihren bayerischen Filialisten aus. Für die Winkelzüge der Bayernpartei gab es immer weniger Resonanz.

Die CSU aber kam in der Opposition in Bayern wieder in Form. Durch den Verlust des Staatsapparates gezwungen, wandelte sie sich zu einer modernen Mitglieder- und Apparatpartei. 1955 wurde Hanns Seidel zum Parteivorsitzenden gewählt, und gegen den Widerstand alteingesessener Honoratioren wurde die Position eines Generalsekretärs eingeführt. Die Grundlage für den Erfolg der CSU als die bayerische Staats- und Erfolgspartei wurde gelegt. Im politisch-staatlichen Leben Bayerns eroberte die CSU ihre hegemoniale Stellung. Es entstand eine neue moderne Partei, bei der auch die radikal altbayerisch-katholischen Elemente zugunsten der Interkonfessionalität und der Akzeptanz in Landesteilen wie Franken zurückgedrängt wurden. Diese Modernisierung wurde von oben, aus dem Generalsekretariat betrieben.

Die BP blieb auf die Artikulation der Interessen der alteingessenen Landbevölkerung Altbayern beschränkt, und an der Verteidigung solch überkommener Strukturen und Werte scheiterte sie schließlich. 1957, im Triumphjahr der Union war die Bayernpartei nur noch eine Splitterpartei. Die CSU hatte ihre ärgste Rivalin ausgeschaltet.

1958 kam die CSU in Bayern bei den Landtagswahlen wieder auf 46%, und 1974 schaffte sie ihren Höhepunkt mit 62%! 1994, nach der Ära Strauß, holte die CSU immerhin 53% der Wählerstimmen, und auch 1998 konnte sie diese Marke erreichen. Diejenigen, die gesagt hatten, die CSU sei eine Ein-Mann-Partei des Vorsitzenden und Ministerpräsidenten Franz Josef Strauß, hatten ebenso unrecht wie die Propheten des Niedergangs der CSU nach der deutschen Vereinigung. Die SPD in Bayern ist da in einer bedauernswerten Lage. Ihr bestes Ergebnis schaffte sie 1966, am Vorabend der sozial-liberalen Euphorie in der Bundesrepublik. Und Renate Schmidt wertete es schon als Erfolg, dass sie es 1994 als Spitzenkandidatin der SPD in Bayern auf 30% gebracht hatte, immerhin vier Prozent mehr als bei der Wahl zuvor.

Doch auch in Bayern ist die große Zeit der Zukunftstechnologien, des Booms mit High-tech vorbei. Die CSU ist mit der bayerischen Gesellschaft innigst verbunden. Bei allem Wandel und allen Krisen, die auch Bayern erreicht haben – erinnert sei an die hier besonders häufigen BSE-Fälle und an die Kirch-Insolvenz – wird jedoch die CSU die Bastion Bayern noch lange halten. In Bayern selbst könnte die „Hegemonialpartei" – wie Alf Mintzel formuliert – „sich nur selbst gefährden". Ein Ende der Vormachtstellung der CSU in Bayern sei nicht in Sicht.[97]

Die Ausweitung des Modells der CSU auf die Bundesländer im Osten ist misslungen. Die CSU hatte sich einiges davon versprochen, dass sie die nach dem Zusammenbruch im Osten entstandene „Deutsche Soziale Union" (DSU) unterstützte. Diese Partei setzte sich vor allem in ethisch-moralischen Fragen von der eher als zu „links" eingestuften CDU ab. Im Kern ging es

---

[97] Alf Mintzel, Die CSU-Hegemonie in Bayern. Strategie und Erfolg. Gewinner und Verlierer, Passau 1998, S. 257

hier um die Vertretung kirchlich-katholischer Positionen, besonders in der Abtreibungsfrage. Vor allem in Sachsen und Thüringen wurden mit den DSU-Gründungen konservative Positionen repräsentiert. Hier leistete die CSU tätige Hilfe. Direkte CSU-Initiativen außerhalb der weiß-blauen Grenzen dagegen waren der Mutterpartei eher peinlich. Die DSU entwickelte sich zu einer konservativen Partei der kleinen Leute vor allem im Süden der ehemaligen DDR. Doch die Partei blieb schwach; die Unterstützung aus München war auch etwas halbherzig. Immerhin erreichte die DSU bei den letzten und demokratischen Volkskammerwahlen 6,3%, aber die CDU brachte es auf 40,9%. Bei den folgenden Wahlen verlor sich die Resonanz für die DSU, und bei den ersten Wahlen in den fünf neuen Bundesländern kam die DSU nur noch auf 2,4%, obwohl München diesmal kräftig geholfen hatte. Selbst in Thüringen und Sachsen wurde die DSU schnell zur Splitterpartei. Sie verschwand schließlich aus der Parteienlandschaft - und mit ihr die CSU aus Dresden und Erfurt. Wie nach dem Kreuther Lippenspitzen hatte die CSU noch einmal lernen müssen, dass ihre Stärke in Bayern liegt, und zwar dadurch, dass sie nur dort liegt.

Aus ihrer kontinuierlichen Stärke in Bayern schöpft die CSU ihre Kraft in der Bundespolitik, die ihr wiederum für die große Resonanz daheim zugute kommt. Die Basis dafür ist die erfolgreiche Industrialisierung Bayerns, die mit Hilfe der entwickelten „sanfteren" Zukunftstechnologien erfolgte, die Landschaft nicht zerstörte und damit dem Bedürfnis nach kultureller Kontinuität des traditionsreichen Flächenstaates entsprechen konnte. Solange dieser wirtschaftlich-kulturelle Erfolgskurs gehalten werden kann, wird auch die CSU in Bayern dominieren. Es ist auch klar, dass die spezifisch bayerischen Bedingungen anderswo nicht kopiert werden können, so dass das Modell CSU weiterhin auf Bayern beschränkt bleiben dürfte.

Bundespolitisch befindet sich die CSU im Verbund mit der CDU. Der misslungene Putsch von Wildbad Kreuth hat ebenso wie das Scheitern einer Satellitenpartei im Osten gezeigt, dass die CSU aus diesem Verbund gar nicht austreten kann.

b) Die SPD

Einst galt die SPD als das Musterbeispiel einer disziplinierten und gut organisierten Partei. Zu Beginn des 20. Jahrhunderts war sie gerade ihrer entwickelten Organisation wegen Inbegriff und Urtyp einer modernen Partei.[98] Solidarität war für diese Organisation der Arbeiterbewegung kein leeres Schlagwort, sondern Verpflichtung der Genossen im Kampf für die Rechte der Arbeiterschaft. Vor der Machtübernahme 1998 hingegen erscheint die SPD als eine Partei versammelter Partikularinteressen, angeführt von karrieresüchtigen Egoisten. An die Stelle der Oligarchie schien die Anarchie getreten zu sein. Seit 1982 hatte die SPD als Kanzlerkandidaten Johannes Rau, Hans-Jochen Vogel, Björn Engholm, Oskar Lafontaine und Rudolf Scharping verschlissen. Noch jedem wurde von rivalisierenden Genossen Knüppel zwischen die Beine

---

[98] Robert Michels, a.a.O.

geworfen.[99] Seit Herbert Wehner sich öffentlich über den ersten sozialdemokratischen Kanzler der Bundesrepublik, Willy Brandt, lustig gemacht hatte, schien das Solidaritätstabu in der traditionsreichsten und ältesten unter den deutschen Parteien dahin. Der zweite sozialdemokratische Kanzler, Helmut Schmidt, scheiterte schließlich, weil ihm die Partei in zentralen Fragen der Politik, so bei der Nachrüstung öffentlich den Kampf angesagt hatte. Mit der spontanen und in der Form ebenfalls nicht zum Bild der traditionellen SPD passenden Wahl Oskar Lafontaines sollte ab 1995 mit diesen öffentlichen Rivalitäten Schluss sein.

Es kam anders. In Gerhard Schröder, Ministerpräsident von Niedersachsen, erwuchs Lafontaine ein Rivale, der ihn zuerst um die Kanzlerkandidatur und die Kanzlerschaft und anschließend um den Parteivorsitz und die politische Karriere brachte. Schröder missachtete die Solidarität und brachte sich ins Spiel als jemand, der die Parteidisziplin verletzte: Gerade das war es, was die Medien suchten und dem Kandidaten zum Erfolg verhalf. Die SPD als Fußabtreter des Mediators![100]

Kanzler Schröder machte 1998 Lafontaine – den Parteivorsitzenden – zum Bundesfinanzminister. Nach außen war die Rede von einer „Doppelspitze". Doch am 11. März 1999 trat Lafontaine von allen politischen Ämtern zurück und begründete das mit dem „schlechten Mannschaftsstil" des Kabinetts, in dem er den „Teamgeist" vermisse. Von Solidarität innerhalb der Führung konnte offensichtlich nicht die Rede sein.

Als Gerhard Schröder am 12. April 1999 zum SPD-Vorsitzenden gewählt wurde, lagen Parteivorsitz und Kanzlerschaft erstmals seit Willy Brandt in einer Hand. Die Voraussetzung für Geschlossenheit der Partei schien gegeben zu sein: Schröder vereinte alle Macht innerhalb der Sozialdemokratie. Doch wie groß der Widerstand gegen den Kanzler in den eigenen Reihen vor allem wegen zunehmender deutscher Militäreinsätze im Ausland war, zeigte sich, als dieser im November 2000 wegen der Zustimmung des Bundestages zu Militäreinsätzen in Afghanistan die Vertrauensfrage stellen musste.

Nach Oskar Lafontaine musste sich Schröder von weiteren Ministern trennen: Karl-Heinz Funke, Reinhard Klimmt, Rudolf Scharping und Hertha Däubler-Gmelin. Nach der Bundestagswahl 2002 kam es in der SPD zu dem, was der Kanzler selber als „Kakophonie" bezeichnete: ein disziplinloses Erklärungswirrwarr von Spitzenrepräsentanten, das sich auch nach einem „Machtwort" Schröders nicht verflüchtigte.

Auch in der Regierung blieb die SPD eine Ansammlung von Karrieristen und Funktionären der Macht, die ihre Anbindung an eine soziale Bewegung längst verloren hatte. Die klassische Arbeiterschaft gab es nicht mehr, soziale Ziele wie soziale Gerechtigkeit wurden immer unerreichbarer, und so werkelten die sozialdemokratischen Oligarchen strategielos in den Tag.

---

[99] s. Hans Jochen Vogel, a.a.O.
[100] s. Jürgen Hogrefe, a.a.O.

Ab 2003 versuchte Gerhard Schröder zusammen mit dem Fraktionsvorsitzenden Müntefering und dem Generalsekretär Scholz, die SPD als Reformpartei zu positionieren. Verstört nahm insbesondere das sozialdemokratische Publikum zur Kenntnis, wie ihre Partei langgehegte Tabus in der Sozial- und Bildungspolitik umstieß.

In ihrer über hundertjährigen Geschichte hat die SPD zwei Phasen der Verfolgung über sich ergehen lassen müssen, und mindestens zweimal musste sie als ungerecht empfundene Niederlagen einstecken. Die erste Verfolgungsphase war im Kaiserreich, als während der Zeit des „Sozialistengesetzes" die Parteiarbeit verboten wurde. Da die Reichstagsfraktion dank ihrer Immunität vom Verbot nicht betroffen war, verstand es die von der Bewegung gerade zur Organisation werdende Arbeiterschaft doch, einerseits im Ausland und andererseits im Inland verdeckt und heimlich, Verbindungen zu halten, die scheinbar private Bereiche wie den Sport - Arbeitersportvereine - betrafen, und es entstand gerade im Widerstand gegen die Bismarckschen Verfolgungen eine Organisation, die für ihre Mitglieder vom Anfang bis zum Ende da war: Von der sozialdemokratischen Säuglingsfürsorge bis zur Arbeiterbestattung. Nachdem die Sozialistengesetze aufgehoben wurden, wuchs die SPD bis zum Beginn des Weltkrieges zur stärksten Partei im Reich heran. Die Zeit der Verfolgungen und Demütigungen freilich war dadurch nicht vergessen, fügte sich in das Erbe der SPD ein und war eine Legitimation für den Wert der Solidarität unter Genossen.

Mit der Bewilligung der Kriegskredite für das Kaiserreich konnte die Mehrheit der Sozialdemokraten die Loyalität zum Staate unter Beweis stellen und damit zeigen, dass sie keine „vaterlandslosen Gesellen" waren. Der Preis war die Spaltung der Arbeiterbewegung. Von den Mehrheitssozialisten lösten sich schließlich die Kommunisten ab. Diese wiederum wurden in der Weimarer Zeit zu den bittersten Gegnern ihrer „Mutter" und zogen es vor, die „Sozis" als „Sozialfaschisten" zu diffamieren, anstatt mit ihnen zusammen Hitler zu bekämpfen. Erst nach dem Gang durch die im Verhältnis zur Kaiserzeit ungleich brutalere Verfolgung durch die Nazis, - nach Tod, KZ und Emigration - kam der Gedanke der Einheit der Arbeiterklasse wieder auf. Allerdings waren die nunmehrigen Staatskommunisten nach dem zweiten Weltkrieg darauf bedacht, sich die Sozialdemokraten mit Hilfe der sowjetischen Besatzungsmacht untertan zu machen, was in der unter Druck gegründeten Einheitspartei im Osten Deutschlands, der SED, dann auch geschah. Im Widerstand dagegen wurden Sozialdemokraten wieder in diesmal kommunistische Lager oder Gefängnisse gesteckt.

Zunächst, nach dem Zusammenbruch des Kaiserreichs, waren es die Sozialdemokraten, die den Mantel der Geschichte aufnahmen und zusammen mit dem Zentrum und den Freisinnigen die erste parlamentarische Republik in Deutschland, Weimar, schufen. Diesen Staat hatten sie nicht halten können: Groß- und Kleinbürger, Adelskreise und ihre Bundesgenossen, kommunistische und nationalsozialistische Proletarier brachten zusammen die Weimarer Republik zu Fall, und der Kampf gegen Weimar war immer auch ein Kampf gegen die Sozialdemokratie. Die Nationalsozialisten setzten sich durch und begannen ihre Verbrechen. Die Kommunisten wurden als erste ausgeschaltet, und unter den im Reichstag verbliebenen „Altparteien" waren es allein die Sozialdemokraten, die mutig und unerschrocken den Ermächtigungsgesetzen zur Errichtung der Diktatur ihre Zustimmung verweigerten.

So war es eine erneute Enttäuschung und schlimme innere Verletzung als 1949 nicht Kurt Schumacher, der „schwierige Deutsche" und Sozialdemokrat, der im KZ geschundene,[101] zum ersten Kanzler des westdeutschen Teilstaates nach der Befreiung gewählt wurde, sondern der konservative rheinische Katholik Konrad Adenauer. Die SPD musste wieder einmal lernen, dass es in der Politik keine Gerechtigkeit gibt. Ähnlich, nicht ganz so bitter, war die Enttäuschung in den Jahren 1989 und 1990, als bei der deutschen Vereinigung in der untergehenden DDR nicht die SPD die dominierende Partei wurde, sondern die CDU. Helmut Kohl machte das Rennen. Und dabei schien doch in der alten Bundesrepublik nach zwei Legislaturperioden unter Kohl und Genscher der Machtwechsel zugunsten der SPD geradezu in der Luft zu liegen. Ausgerechnet aus der hinzugekommenen DDR, den „neuen Ländern", wo eine egalitäre Gesellschaft sozialistisch erzogener Kleinbürger herangewachsen war, kamen Hilfe und Kompensation für die CDU.

Neben der gut ausgebildeten Organisation gehörte die programmatische Ernsthaftigkeit zum Bild der klassischen SPD. Das Erfurter Programm von 1891, das Görlitzer (1921) und das Heidelberger Programm (1925) waren Grundsatzprogramme, in denen der Versuch einer umfassenden Gesellschaftsanalyse den politischen Forderungen voranzugehen hatte. So gilt Karl Kautsky als Verfasser der Einleitung des Erfurter Programms. Seine Analyse fußt auf Karl Marx; er prognostiziert ein stetig anwachsendes Proletariat, immer erbitterter werdende Klassenkämpfe und schließlich den „Übergang der Produktionsmittel in den Besitz der Gesamtheit", der von der Arbeiterklasse bewirkt werde, die dafür in den „Besitz der politischen Macht" kommen müsse. Der pragmatischere Teil des Programms stammte aus der Feder von Eduard Bernstein und formulierte die Forderungen nach allgemeinen, gleichen und direkten Wahlen sowie nach einem Achtstundentag.[102]

Die Grundsatzprogramme der Partei waren eine ernste Sache und für jeden Genossen verbindlich. In den zwanziger Jahren wäre es undenkbar gewesen, dass ein Repräsentant der Partei - wie Gerhard Schröder in den neunziger Jahren - erklärte, es gäbe keine sozialdemokratische oder konservative Wirtschaftspolitik, sondern nur eine richtige und die wolle er betreiben.

---

[101] Peter Merseburger, Der schwierige Deutsche..., a.a.O.
[102] s. Heinrich Potthof, Die Sozialdemokratie von den Anfängen bis 1945, Bonn-Bad Godesberg 1974

Die SPD hatte sich von dem Typus der Grundsatzprogrammpartei gelöst als sie 1959 ihr Godesberger Programm verabschiedete, das nur noch dem Namen nach ein Grundsatzpapier war. Auf eine Gesellschaftsanalyse hatte man verzichtet, den traditionellen und in Zeiten des Kalten Krieges diskreditierten Bezug zu Karl Marx im nunmehr verkündeten Wertepluralismus relativiert. Auch aus dem Geiste der Bergpredigt heraus, so hieß es, könne man Sozialdemokrat werden. Mit ihrem Programmpluralismus wollte die SPD das Modell der erfolgreichen Volkspartei CDU kopieren und den Ausstieg aus dem 30%-Turm erreichen, in den die Wähler sie bis dahin eingemauert hatten. Hinzu kam, dass der Anteil der Industriearbeiter an der Gesamtbevölkerung im Gegensatz zu früheren Annahmen nicht stieg, die Verelendung nicht zunahm und dass sich eine Mittelschichtengesellschaft herausgebildet hatte, der die gut ausgebildeten und aufstiegsorientierten Mittelständer das dynamische Element der Gesellschaft zu sein schienen. In der Ära der sozial-liberalen Koalition unter Willy Brandt verstand sich die SPD neben der FDP als die Partei dieses „neuen Mittelstandes".

Nach der Wiedervereinigung und der Wiedergründung der SPD im Osten Deutschlands gab sich die Partei ein neues Programm, das „Berliner Programm" von 1998. Maßstab der Politik der SPD, heißt es darin, seien die „Grundwerte des demokratischen Sozialismus": „Die Sozialdemokratie erstrebt eine Gesellschaft, in der jeder Mensch seine Persönlichkeit in Freiheit entfalten und verantwortlich am politischen, wirtschaftlichen und kulturellen Leben mitwirken kann." Man kann sich vorstellen, dass die Union, die Grünen und die FDP ähnliche Formulierungen in ihre Programme aufnehmen könnten.

Die klassische SPD war Organisations-, Programm- und auch Mitgliederpartei. Die Zahl der bei ihr eingeschriebenen Mitglieder war weit größer als bei den anderen politischen Parteien, und die SPD nannte sich stolz „Mitgliederpartei". 1996 dagegen hatte die SPD 792.773 eingeschriebenen Mitglieder und lag damit etwa gleich auf mit der Union. Der Parteivorstand stellte fest, dass man 2000 neue Mitglieder pro Monat werben müsse, damit der Verlust an Abgängen kompensiert werde. Da wolle man sich auf die SPD-Anhänger werbend konzentrieren, denn Umfragen hätten ergeben, 15% von ihnen könnten sich eine Mitgliedschaft in der SPD vorstellen.[103] Allerdings: Im Osten sei diese Bereitschaft zur Bindung an die Partei wesentlich geringer; nur drei Prozent würden hier mit dem Gedanken an eine Mitgliederrolle spielen. Das unterstreicht das Dilemma der SPD, die im Osten nur eine hauchdünne Mitgliederschicht aufzuweisen hat.

1996 vermeldeten die Sozialdemokraten in ihrem „eigenen" Land Brandenburg - wo Manfred Stolpe mit einer absoluten SPD-Mehrheit regierte - knapp 6700 eingeschriebene Sozialdemokraten. In der kreisfreien Stadt Cottbus gab es 225 SPDler (CDU: 351, PDS: 1344); in Frankfurt an der Oder waren es bei der SPD 154 Mitglieder gegenüber 145 bei der CDU und 951 bei der PDS. Dass in Potsdam, der Landeshauptstadt, immerhin 471 Personen zur SPD fanden, zur CDU

---

[103] FAZ, 7.2.1996, S. 6

211 und zur PDS rund 2000 hat zweifellos damit zu tun, dass sich am Sitz der Landesre-gierung mancher SPD-Ministerialer tummelt.[104] 6700 Personen bildeten die Basis für die Politik in einem Bundesland mit größten Finanz- und Wirtschaftsproblemen! Das ist dürftig. Aber manche Parteifunktionäre haben daraus den Schluss abgeleitet, die SPD könne auf eine breite Mitgliederbasis generell verzichten und solle sich nur noch auf die Auswahl der politischen Führungen und die notwendigen Kampagnen konzentrieren. Die Willensbildung finde in der medialen Gesellschaft ohnehin nicht mehr auf Mitgliederversammlungen statt. Es ist jedoch fraglich, ob der Typus der Maschinenpartei amerikanischer Provenienz die Zukunft der SPD sein kann. In der politischen Tradition Deutschlands hat die Willensbildung in den politischen Parteien durchaus eine wichtige Probe- und Katalysatorwirkung für das Gemeinwesen, zu dessen Konsens es beiträgt, dass die diversen Interessen und Ansichten nicht direkt, sondern eben durch die Mitgliederschaften der Parteien gefiltert zusammenkommen.

Ohnehin hatte die SPD in der untergehenden DDR nicht an die alte sozialdemokratische Tradition mit den klassischen Hochburgen Sachsen und Berlin anknüpfen können - und wollen. Die im Oktober 1989 dort unter starkem Einfluss evangelischer Kirchenleute gegründete „Sozialdemokratische Partei" (SDP) verstand sich mehr als Neu-, denn als Wiedergründung. Aber wenig später wurde daraus doch eine ostdeutsche SPD, und im September 1990 kamen die qualitativ und quantitativ so unterschiedlichen Parteien auf einem Parteitag in Berlin zur gesamtdeutschen SPD zusammen. Aus diesem Anlass wurde ein „Manifest zur Wiederherstellung der Einheit der Sozialdemokratischen Partei Deutschlands" verabschiedet.

Nach über hundertfünfundzwanzigjähriger Parteigeschichte befindet sich die SPD vielfach in einem Dilemma:

- Schon bei ihrer Gründung war die SPD aus zwei Gruppierungen – „Flügeln" - hervorgegangen: 1883 hatte Ferdinand Lassalle den „Allgemeinen Deutschen Arbeiterverein" (ADAV) gegründet, und das Ziel war ein Ende der Bevormundung der Arbeiter. Daneben gab es die „Sozialdemokratische Arbeiterpartei" (SDAP), die 1869 von Wilhelm Liebknecht und August Bebel gegründet worden war. Seit der Vereinigung auf dem Gothaer Parteitag 1875 zählten verschiedene politische Strömungen zum Innenleben der SPD. Waren es in früheren Zeiten Marxisten und Revisionisten, die um Programme und Macht rangen, so in der Bundesrepublik „rechte" und „linke" Flügel, die sich bis zum Bundesparteitag und Bundesvorstand hin bekämpften. Ganze Regionalverbände wurden ideologisch zugeordnet. Hessen-Süd war ein klassisch linker Bezirk, Berlin ein mehr rechter. Die Jugendorganisationen, die Jungsozialisten und besonders die Studentenverbände SDS und SHB gehörten zur Linken, während die Gewerkschafter zum rechten Flügel gezählt wurden.

---

[104] Der Tagesspiegel

Parteientheoretiker sehen in innerparteilichen Flügelkämpfen zwar einen Ausdruck von Demokratie, weil durch diese Auseinandersetzungen die Monopolstellung der Oligarchien infrage gestellt wird. Bei der Publizistik jedoch und bei den Wählern wird Auseinandersetzung allzu schnell mit Parteiengezänk und Postengeschacher abgetan und mindert die Wahlchancen. Das ist besonders der Fall, wenn aus den politischen Flügeln starre Fraktionen werden, die sich gegeneinander auch organisatorisch abschotten und nur noch zusammenkommen, um ihre jeweiligen Basisbeschlüsse zu exekutieren. Dahin hat es die SPD in einigen Bezirken, besonders in den Stadtstaaten, gebracht. Wenn nur noch die Beauftragten der „Donnerstagskreise" und der „Kanalarbeiter" zusammentreffen, um Basisbeschlüsse zu exekutieren, Formelkompromisse für Programmtexte und Besetzungslisten von Gremien nach dem Reißverschlussverfahren erarbeiten, ist es um die Substanz der Partei meist geschehen. Mit der traditionellen Streitkultur der SPD hat das nichts mehr zu tun. Das Geiche gilt für Auseinandersetzungen, bei denen man die politische Substanz gar nicht erkennen kann, sondern ausschließlich Gerangel um die Hackordnung. Zweifellos wird der Verlust an innerparteilichen politischen, auch ideologischen, Auseinandersetzungen nicht durch Fraktionierungen und persönlichen Hickhack kompensiert.

- Ein mittlerweile stark beanspruchter Fundus der SPD scheint ihre besondere Nähe zu den Gewerkschaften zu sein. Nach der Bundestagswahl 2002 schien sich Gerhard Schröder gelegentlich dieses Fundus` zu erinnern. Zwar betonen der DGB und seine Einzelgewerkschaften ihre parteipolitische Unabhängigkeit, aber die meisten der führenden Gewerkschaftsfunktionäre gehören der SPD an, und jeder vierte SPD-Anhänger unter der Wählerschaft ist Mitglied einer Gewerkschaft. Die Mehrzahl der SPD-Mitglieder des Deutschen Bundestages waren stets auch Gewerkschaftsmitglieder.

Nur ist die Gewerkschaftsbewegung selber in eine gewisse Legitimationskrise geraten: Die Industriearbeiter werden weniger, die Arbeiterschaft verbürgerlicht, und bei großer Arbeitslosigkeit stehen die Gewerkschaften vor dem Dilemma, ob sie sich für die sozialen Errungenschaften der Beschäftigten einsetzen soll oder für eine Beschäftigungspolitik zu Lasten der tariflichen Besitzstände. Die klassische Gewerkschafterformel „höhere Arbeitnehmereinkommen gleich höhere Binnennachfrage gleich höherer Beschäftigungsgrad" hat ihre Gültigkeit verloren in einer weltweiten Wirtschaftsordnung, bei der die Löhne in Deutschland hiesige Produkte zu teuer werden lassen. Wirtschaftlich ist das Bündnis SPD/Gewerkschaften in eine gewisse Ratlosigkeit gelangt.

Einst hatte gegolten: Die CDU hat die Katholische Kirche, und die SPD hat die Gewerkschaften. Diese festen Beziehungen sind aufgelöst. Sowohl die Katholische Kirche als auch die Gewerkschaften müssen erkennen, dass sie nicht mehr sind, was sie einmal waren. Ihr Einfluss auf die Gesellschaft ist seit den sechziger Jahren stetig gesunken.

- Die alten Werte gelten offensichtlich nicht viel in einer Führungsschicht, die bezogen auf den letzten Übervater der Partei, Willy Brandt, „Enkel" genannt werden. Diese Leute haben mit der einstigen Arbeiterschaft gar nichts gemeinsam, allerhöchstens, dass ihre Väter einmal Arbeiter waren. Die Enkel kommen aus dem neuen Mittelstand, sind erfolgs- und selbstorientiert, Individualisten und erprobte Techniker der innerparteilichen Machtpolitik. So werden sie auch vom Publikum gesehen, und aus der großen Geschichte ihrer Partei können sie dabei kein Kapital schlagen. Sie werden nur noch personalisiert verglichen mit dem Führungspersonal der anderen Parteien und haben es da oft schwer.

- Auf dem eigenen politischen Felde sind der SPD mit den „Grünen" und der PDS Konkurrenten erwachsen, mit denen sie sich um die gleichen Wähler bemühten. Die „Grünen" sind eine Partei, die auch aus der Enttäuschung vieler über die SPD entstanden ist, und mit der PDS holt die SPD die alte Geschichte vom vertrackten Verhältnis zu den Kommunisten ein.

Seit 2002 hat sich ein rot-grünes Lager etabliert, in dem die SPD die Hauptpartei ist und die Grünen wie einst die FDP gegenüber der Union die Rolle des Korrektivs spielen. Die Erfahrung lehrt, dass sich derart konfliktträchtige Konstellationen abnutzen. Die Reibungen zwischen den Partnern bleiben spätestens nach drei Legislaturperioden nicht folgenlos. Am Ende der rot-grünen Ära wird sich die SPD im Parteiensystem neu orientieren müssen. Wie es scheint, wird es ihr bis dahin immerhin gelungen sein, die PDS aufzusaugen.

- Auch inhaltlich ist die SPD eingeklemmt. Viele halten die CDU für die bessere SPD, weil dort sozialdemokratisches Wesen bei den Anhängern der Sozialausschüsse besser aufgehoben sei als bei der SPD. Umgekehrt ist es der SPD nie gelungen, die bürgerlichen Parteien in den Augen der Wähler an Kompetenz etwa in der Wirtschaftspolitik zu übertreffen, obwohl sie doch mit Karl Schiller den nach Ludwig Erhard erfolgreichsten Wirtschaftsminister gestellt hat. Nach 2002 wurde es die dezidierte Aufgabe des „Superministers" Wolfgang Clement, dieses Defizit zu kompensieren.

In einer Untersuchung wurden die Parteitagsdelegierten der SPD nach Sozialisationsphasen gewichtet. 1986 war kein Genosse mehr dabei, der durch die Weimarer Republik geprägt worden war. 1976 waren das immerhin noch 5% der Delegierten. Auch der Anteil derjenigen, die durch das „Dritte Reich" geformt wurden, nahm in diesem Zeitraum, von 29 auf 13% ab, und der durch den Aufbau nach 1945 Geprägten war von 41 auf 36% gesunken. Entsprechend zugenommen hatten die Anteile der Kinder des Bonner Wohlstandes und des Bonner Protestes. Sie zusammen stellten 1986 51% der Parteitagsdelegierten. Nach der Vereinigung kommen die durch die DDR geformten Genossen hinzu, aber die immer größer werdende Gruppe ist die aus der Berliner Republik, wobei die erste Gruppe durch Vereinigungsqualen, Sparzwänge, hohe Arbeitslosigkeit und deutsche Militäreinsätze im Ausland geprägt sein wird. Diese und weitere SPD-

Generationen werden sich wohl kaum in ihrem Handeln an den guten, alten Traditionen der SPD festhalten können, wenn sie gegenüber der Konkurrenz bestehen wollen.

Die SPD führte die erste Bundesregierung der Berliner Republik von der neuen Hauptstadt aus. Offenbar war es ihr dabei nicht gelungen, das vor der Eroberung der Macht in der Partei dominierende Chaos zu beenden. Mehr denn je konnte auch nach der Wahl 2002 der Vorsitzende der Traditionspartei, Gerhard Schröder, dem selbstkritischen Satz aus dem „Berliner Programm" zustimmen:

„Solidarität als die Bereitschaft, über Rechtsverpflichtungen hinaus für andere einzustehen, lässt sich nicht erzwingen."

Oder doch?

Anfang 2003 brachte die von Gerhard Schröder geführte Bundesregierung ein wirtschafts- und sozialpolitisches „Reformpaket" auf den Weg. Mit der Union wurde eine Gesundheitsreform ausgehandelt. Die anderen Projekte - u.a. vorgezogene Steuererleichterungen, eine kleine Steuerreform, Subventionsabbau, Lockerung des Tarifrechtes - kamen in den Vermittlungsausschuss, wo Ende 2003 ein zwischen allen Parteien ausgehandelter Kompromiss dem Bundestag und dem Bundesrat präsentiert wurde. Der Kanzler hatte seine Partei im Angesicht schlechter Umfragewerte und mit der Aussicht des Machtverlustes gezwungen, die Reformen des Sozialstaates tatsächlich umzusetzen und dabei der eigenen Klientel - den Gewerkschaften zumal - auf die Füße zu treten. Ein wahlkampffreies „Zeitfenster" vom Herbst bis Ende 2003 wurde genutzt. Die Union zog mit, wollte nicht als Verweigerer dastehen. Eine Handvoll „linker" SPD-Abgeordneter stemmte sich mit „sozialdemokratischem Herzblut" vor allem gegen die Zumutbarkeit an Langzeitarbeitslose, jede zugewiesene Arbeit übernehmen zu müssen. Doch in der Partei, in der Fraktion und im Parlament wurden diese „üblichen Verdächtigen" überstimmt. Auf ihre Stimmen kam es nicht mehr an. Von der alten Arbeiterpartei SPD, der Partei der Unterprivilegierten, ist nichts übrig geblieben als ein Häuflein „linker" Dissidenten auf verlorenem Posten.

Franz Walter ist zuzustimmen, wenn er schreibt: „Heute haben sich die Sozialdemokraten von ihren Mythen und Heilsversprechen gelöst. Es gibt nicht mehr die umfassende sozialistische Erzählung, die über hundert Jahre das Sozialdemokratische ausgemacht hat, die Kitt und Treibstoff der Partei war, allerdings auch Belastung und Barriere bedeutet. Die modernen Sozialdemokraten können und müssen nun ohne all dies leben. Das kann ihnen nutzen, es kann aber auch ihre Existenz gefährden."[105]

---

[105] Franz Walter, Die SPD. Vom Proletariat zur Neuen Mitte, Berlin 2002, S. 267

Nach dem Abgang von Gerhard Schröder aus dem Amt des Parteivorsitzenden Anfang 2004 hat die Zeit der „modernen Sozialdemokraten" begonnen – mit ungewisser Zukunft.

12. Revue der Parteien 2: FDP, Grüne, PDS, die Rechten

Die Bundestagswahlen 2002 haben die Hierarchie der Parteien aktualisiert: Nach den Großparteien CDU/CSU und SPD bleiben die Kleinparteien FDP und Grüne zwar auch in der ersten Liga, aber auf den hinteren Plätzen. Die PDS ist abgestiegen. Die „Rechten" haben den Aufstieg wieder nicht geschafft.

a) Auf dem Boden der Realität: Die FDP
Den selbst proklamierten Anschluss an die Großen hat die FDP nicht erreicht. Von der gewünschten „gleichen Augenhöhe" kann nicht die Rede sein.
Das Wahlergebnis für die FDP bei den Bundestagswahlen 2002 lautete bei den Zweitstimmen 7,4%. Gegenüber 1998 war das ein Zuwachs von 1,2%. Das schlechteste Ergebnis erzielte die FDP in Bayern mit 4,5%, das beste in Nordrhein-Westfalen und Rheinland Pfalz mit jeweils 9,3%. Der Traum von 18% hatte sich nicht erfüllt. (s. Exkurs 4)
Zweieinhalb Jahre lang hatte man in der FDP geglaubt, dass man sich wie Münchhausen am eigenen Schopf aus dem Sumpf ziehen könne. Angefangen hatte es im Mai 2000. Jürgen W. Möllemann schaffte mit 9,8 % den Wiedereinzug in den Düsseldorfer Landtag. Bald galt als Parteidoktrin, die FDP habe diesen Sieg um ihrer selbst willen geschafft. Möllemanns pfiffiger Wahlkampf habe die Partei nach vorn gebracht. Es hatte - so die offizielle Parteidoktrin - am Spaßwahlkampf der Liberalen zu liegen, dass sie nach einem Tal der Tränen wieder Erfolge bei Landtagswahlen verzeichnen konnten.
Das Tal der Tränen hatte sich für die FDP ab 1993 eröffnet, als Wiedervereinigungs- und Genschereuphorien verflogen waren. In fast allen Landtagswahlen mutierte die FDP zur Splitterpartei. Es ging Schlag auf Schlag: 1993 in Hamburg 4,2% - 1994 Bayern 2,8 %, Brandenburg 2,2%, Mecklenburg-Vorpommern 3,8%, Niedersachsen 4,4%, Saarland 2,1%, Sachsen 1,7%, Sachsen-Anhalt 3,6% und Thüringen 3,2%. Es war die Rettung der FDP, dass sie bei den Bundestagswahlen dieses Jahres 6,9% der Zweitstimmen erhielt. Aber die Landtagswahlergebnisse waren über die Jahre hinweg für die FDP noch 1999 deprimierend: Thüringen und Sachsen 1,1%, Saarland 2,6%, Bremen 2,5%, Brandenburg 1,7%, Berlin 2,2% und Hessen gerade einmal 5,1%. Da erschien es vielen mit den 9,8% in Nordrhein-Westfalen, als habe man das Gelobte Land erreicht.
Möllemann erkannte die Gunst der Stunde und sah sich als Retter der gesamten Partei. Auf dem Bundesparteitag stand er da, sprach nun von gleich 18 Prozent und davon, dass die Partei einen Kanzlerkandidaten brauche.[106] Zuerst war das Parteivolk verstört, und Möllemanns Parteifeinde

---

[106] Fritz Goergen, Projekt 18. Der Erfolg und seine Kinder und ihr Erfolg; in: Frankfurter Allgemeine Zeitung, 12.11.2002, S. 8

im Präsidium waren pikiert. Was sollte der Zauber? Wollte Möllemann mit der Erfindung eines liberalen Kanzlerkandidaten einen Posten für sich reklamieren, nachdem der Parteivorsitz an den jüngeren Konkurrenten Guido Westerwelle gegangen war?

Doch der Duft der Versuchung begann zu wirken. War es nicht kleinmütig, sich gegen „18%" zu stellen? Mancher erinnerte sich an Hans-Dietrich Genscher, der in für die FDP schlimmen Wendezeiten 1982/83 seine Freunde ermuntert hatte: Wenn uns die anderen nicht loben, dann tun wir es selber. Der bei der Wende von Helmut Schmidt zu Helmut Kohl als „Verräter" Gescholtene behielt recht: Wie heute Joschka Fischer war Hans-Dietrich Genscher in seiner Zeit als Außenminister einer der beliebtesten deutschen Politiker.

Und nun „18%". Die Ossis unter den Liberalen fühlten sich als erste vom Münchhausen-Projekt angetan – das war doch wenigstens eine Chance für den Osten, der sich mehr noch als der Westen zur liberalen Wüste zu entwickeln schien. In Schleswig-Holstein spielte darüber hinaus der kongeniale Wolfgang Kubicki die Vorreiterrolle für Möllemann. So sanken die Skeptiker nach und nach hin. Am Ende machte sich die Bundespartei das „Projekt 18" zu eigen.

Es brachen alle Dämme: Nach innen und außen galt die FDP als die Partei dieses Projektes. Die liberale Programmatik der relativ anspruchsvollen „Wiesbadener Grundsätze"[107], die Politik der Partei im Bundestag - alles wurde zweitrangig gegenüber dem Versuch der absoluten Mediatisierung der Partei. Dass „Guido" in den Container bei Big Brother ging, war eine Nachricht und ebenso, dass er eine goldene „18" an der Schuhsohle trug.

Auch die Partei schwenkte ein. Bis in die kleinsten Gliederungen hinein setzte sich das „18er-Fieber" durch. Das Programm der Partei reduzierte sich auf zwei Ziffern.

Die Kampagne schien gut zu laufen. In den ständigen Zuschauerumfragen der Harald-Schmidt-Show landete die FDP immer häufiger über der 30-Prozent-Marke. Auch die richtigen Umfragen - Allensbach voran - sahen die FDP auf gutem Wege hin zur „18". Schließlich setzte Westerwelle im Mai 2002 den vom Konkurrenten für sich gedachten Zauberhut auf und ließ sich vom Bundesparteitag in Mannheim zum „Kanzlerkandidaten" küren.

Von da an ging es bergab. Es war wie bei Hans-Christian Andersen. Der König meinte dazustehen in einem schönen 18er Stoff und mit dem prächtigen Kandidatenhut. Doch die Wirklichkeit kam wie das kleine Kind daher und entlarvte die Illusion. Der König trug gar keine Kleider:

- Zuerst hatten liberale Wahlkämpfer gemeint, als „Partei des ganzen Volkes", die sie nun wären, müsse man auch am rechten Rand fischen. Möllemann tat das am eifrigsten. Doch die Sache ging schief. Zu heftig war der Widerstand, auch innerparteilich.

- Dann kam die Elbe-Flut, und niemand interessierte sich mehr für „18%".

---

[107] Wiesbadener Grundsätze. Für die liberale Bürgergesellschaft, beschlossen auf dem 48. Ordentlichen Bundesparteitag der F.D.P. am 24. Mai 1997 in Wiesbaden

- Schließlich riss mit Gerhard Schröder ein besserer Mediatisierer als alle Akteure der FDP zusammen die Inszenierung an sich und beherrschte mit der Hartz-Kommission und der Bush-Schelte die Szene. So sicherte er sich das Kanzleramt.

Als am 22. September nur 7,4% für die FDP herauskamen – allen vorherigen Bemühungen von Frau Noelle-Neumann zum Trotz – wählte der Parteivorsitzende Guido Westerwelle die Methode: „Haltet den Dieb!" Jürgen W. Möllemann war Schuld! Der hatte in der Tat vor der Wahl noch einmal seine Stimmenangel in trübes Gewässer getaucht und ein rechtspopulistisches Flugblatt in seinem Bundesland verteilt. Damit habe er alles verdorben, lautete die prompte Parole des Bundesvorstandes und stellte nun die Forderung auf, die besser im Sommer gekommen wäre: „Möllemann muss weg". Jetzt, nach der Wahl, kam der Verdacht auf, Möllemann sollte weg, damit Westerwelle bleiben kann. Als stellvertretender Bundesvorsitzender trat der Düsseldorfer tatsächlich ab. Aber um den Landesvorsitz in Düsseldorf wollte er kämpfen.

Da geriet Möllemann das Herz aus dem Rhythmus. Die vom Herzen des auserkorenen Buhmannes gesetzte Pause schien Gelegenheit zu allseitiger Ernüchterung bei den Liberalen zu geben. Hilfreich war, dass Fritz Goergen - der Spiritus Rector für das ganze „Projekt 18" und Berater im Hintergrund - die Partei verlassen hatte. Denjenigen, welche ihm aufgesessen waren, dämmerte, dass sie die Wunschbilder vergessen mussten: Das Bild von der gleichen Augenhöhe mit Union und SPD, das Bild von einer FDP als Partei des ganzen Volkes und das von einem erfolgreichen Wahlkampf ohne Koalitionsaussage.

Doch Möllemann verstellte weiterhin einen klaren Blick. Es kam heraus, dass die Flugblattaktion vor der Wahl mit einer offensichtlich gestückelten und verheimlichten Spende in Höhe von 840.000 Euro finanziert worden war. Woher stammte diese Spende? Möllemann ging es nun richtig an den Kragen. Er schwieg, sagte zuerst die Unwahrheit und gab schließlich bekannt, die Aktion habe er aus seiner Privatschatulle finanziert. Er habe nicht gewollt, dass dies bekannt würde, weil damit vom gewünschten Thema – Kritik an der Politik Israels – abgelenkt würde. Möllemann entwickelte sich immer prächtiger zum Buhmann.

In seinen Interviews im „Stern" und in der „ARD" bestätigte Möllemann, dass er seine Verteilaktion hinter dem Rücken der Parteiführung durchgeführt habe, weil er dort ohnehin keine Mehrheit bekommen hätte. Und er spielte öffentlich mit dem Gedanken einer eigenen Parteigründung, während er zugleich betonte, in der FDP bleiben zu wollen. Zusammen mit einem Finanzbericht der Bundespartei über den Landesverband Nordrhein-Westfalen – der Unregelmäßigkeiten auch in früheren Jahren aufgedeckt hatte -, meinten die Vorstände der Bundes- und Landespartei Ende November schließlich, genügend Fakten gegen Möllemann ins Feld führen zu können, um ein Parteiausschlussverfahren zu begründen. Die Führungsgremien der FDP in Berlin und Düsseldorf hatten sich die Trennung von ihrem Mitglied Jürgen W.

Möllemann – einst Bundesminister und deutscher Vizekanzler, Landes- und stellvertretender Bundesvorsitzender – zum Ziel gesetzt.

Der Ausgang war ungewiss, und alles endete tragisch – menschlich und politisch.

Menschlich:

Am 5. Juli 2003 mittags öffnete sich der Fallschirm, mit dem der bereits aus der Bundestagsfraktion ausgeschlossene Jürgen W. Möllemann zur Erde herabgleiten wollte, nicht. Möllemann schlug auf und starb.

Exkurs 13

Von Übermaß und Augenmaß

Der Sündenbock war tot, doch seine Peiniger nicht erlöst. Im Gegenteil: Durch den Tod von Jürgen W. Möllemann wurde der Blick wieder frei auf die Schuld auch der anderen Mitglieder des FDP-Präsidiums am Ausfall der Partei im Sommer 2002. Der „Strategie 18" hatten sie sich angenommen, wohl wissend, dass sie nur zum Erfolg führen kann mit der Preisgabe des liberalen Denkens immanentem Rationalismus. Aufklärung und Vorurteil vertragen sich nicht, aber mit den Vorurteilen des rechten Randes sollte die Partei des Liberalismus angefüttert werden. Die Krone des „Kanzlerkandidaten", die Möllemann für die Erfüllung seines Geltungswillens hatte haben wollen, setzte sich sein junger Konkurrent auf - sich und seine Partei lächerlich machend. Wie sehr Guido Westerwelle von den Gedanken des großen Mediators aus Münster beseelt war, zeigte sich, als er erst in Israel eine der Grundkoordinaten deutscher Nachkriegspolitik eingebläut bekommen musste.

Nachdem sie aus dem Rausch erwacht waren, die Bundestagswahlen Ernüchterung gebracht hatten, bot sich Möllemann mit seinen Eigenmächtigkeiten als Sündenbock geradezu an. Da aber musste ganze Arbeit geleistet werden: Hinaus aus der Partei und hinaus aus den Parlamenten mit ihm! Was zählte es da, dass er einst für die FDP an der Seite Helmut Kohls als Vizekanzler gesessen hatte, dass er in Fachkreisen nach wie vor als einer der besten deutschen Bildungsminister galt, dass er die FDP im größten Bundesland aus dem politischen Nichts mit Bravour in den Landtag geführt hatte? Verdienste hin, Verdienste her – der Sündenbock musste zur Unperson werden. Ja, sie genossen es noch, in den Medien präsent zu sein als unerbittliche Verfolger des einstigen Kumpanen.

Nun, nachdem der „Quartalsirre" nicht mehr lebte, wurden in der politischen Klasse und in den Gazetten seine Vorteile gepriesen: sein Charisma, sein Witz, seine Energie, sein Organisationstalent. So einer hätte sogar das Zeug zum Kanzler gehabt, hieß es. Nur - so die Trauerredner mit Bezug auf Max Weber - über das nötige Augenmaß hätte der Verstorbene wohl nicht verfügt.

Augenmaß? War es Augenmaß, den Politiker trotz Krankheit bis nach Gran Canaria zu verfolgen, um ihn öffentlich vorführen zu können? Welches Augenmaß liegt bei einem

Fraktionsausschluss für ein Verhalten vor, das vor der Konstituierung der Fraktion selber datierte? Die Fraktionsausschlüsse von Berlin und Düsseldorf jedenfalls haben die Macht der Parteiführungen gegenüber den einzelnen Abgeordneten gestärkt – zum Schaden für das Vertrauen in die parlamentarische Demokratie und zu Lasten der Freiheit der Abgeordneten. War es schließlich Augenmaß der Staatsanwaltschaft, an 25 Orten gegen Möllemann vorzugehen, so als habe man Bin Laden im Visier?

Gewiss, Möllemann selber hatte Politik ebenfalls nicht immer mit Augenmaß, sondern meist im Übermaß betrieben. Eine Fahrt vom Flughafen Tegel in Rathaus Schöneberg zusammen mit einem Parteifreund nutzte er nicht zur Entspannung oder zu einem Plausch über Hertha BSC, sondern zum Abchecken des ortsansässigen politischen Personals: Hat es Senator X im Kreuz, ist Parteifreund Y ein A....? Und wie er seine Parteifeinde belauerte auf Empfängen als sie ihn schon einmal ausbootet hatten in „NRW": Das war nicht der Blick des „Ihr-könnt-mich-mal" sondern einer des „Euch-werd-ichs-zeigen".

Doch was das Augenmaß angeht, war Möllemann nicht anders als viele seiner Kollegen aus allen Parteien: Wenn sie einmal genug genommen haben von der Droge Publizität – die in Wahrheit die Macht ist - kennen sie in ihrer Gier danach kaum noch Grenzen. Seit wir die Bohlens und Effenbergs auch in der Politik haben, steht die Rücksichtslosigkeit im politischen Geschäft in einem reziproken Verhältnis zu einer abnehmenden Lösungskompetenz für die in der Politik anstehenden Probleme.

Die durchgängige Personalisierung und Mediatisierung der Politik geht weiter nach Möllemanns Tod. Sie ist auch weitergegangen, nachdem Uwe Barschel in der Badewanne endete. Nichts ist anders geworden nach dem gewaltsamen Tod der hochbegabten und motivierten Petra Kelly. Und das Ende von Hannelore Kohl wurde allein mit der Krankheit begründet, so als hätte der politische Zustand ihres Gatten dabei keine Rolle gespielt. Es bleibt nur, diejenigen menschlich zu bedauern, die der Droge Politik verfallen sind und auf eine Gelegenheit zu warten, sie davon wieder herunter zu bringen.

Muss das mithin so sein? Da es auch Politiker gibt, die sich ihr Augenmaß behalten haben, müssen vor allem die Parteien bei der Auswahl des politischen Personals sorgfältiger werden. Die zeitliche Begrenzung aller politischen Mandate könnte helfen. Und die vielen Stiftungen, Beratungsinstitute und Politikagenturen sollten einschließlich der Verantwortlichen für die Medien daran arbeiten, dass die politische Klasse unter sich Umgangsformen entwickelt, welche die Würde und Verdienste der Akteure achten. Geschieht das erst in Staatsakten, wird es peinlich.

Die FDP jedoch muss besonders nacharbeiten. Dort ist noch die Rede von der „Partei des ganzen Volkes" – welch linguistischer und politischer Widersinn. Wann wird die Einsicht kommen, dass die FDP zusammen mit den Grünen um die unteren Plätze in der Liga kämpft und dass die Union und die SPD die oberen Plätze halten? Wann wird die Parteiführung begreifen, dass die gewünschte „gleiche Augenhöhe" ebenso wie die zu recht erstrebte Selbständigkeit der Partei nicht von Prozenten, sondern von politischen und intellektuellen Potenzen abhängt? Die Frage, ob dazu die richtigen Personen an den richtigen Stellen sind, lässt sich in der FDP nicht mehr wegtrixen. Nicht mehr nach Jürgen W. Möllemanns Tod.

Politisch:

Die Kampagne für „18%" hatte Möllemanns Eskapaden ermöglicht. Westerwelle und Möllemann waren einen Sommer lang auf dem Wege zur FDP als Partei des ganzen Volkes innige Intim-Freundfeinde gewesen. In ihrem Verständnis vom Projekt 18 wollten sie Protest, Frust und Systemunlust in der Wählerschaft für die FDP mobilisieren. Dazu fischte Möllemann auch in rechten Gewässern, und Westerwelle zögerte zu lange mit klaren Einwänden dagegen. Es wurde offenbar, dass der Parteivorsitzende der FDP ein Fundament deutscher Politik nach 1945 nicht verinnerlicht hatte: die Tabuisierung von Rechtsextremismus. Das war der eigentliche Skandal der Ereignisse des Sommers um die Karsli-Affäre und deren Management durch die FDP.

Was die von „18%" berauschte Parteiführung und weite Teile der Basis verdrängt hatten, war die Tatsache, dass liberale und extremistische Weltsichten grundsätzlich unvereinbar sind. Liberalismus ist Ratio, Aufklärung, politischer Diskurs. Extremismus ist Vorurteil, Verdunkelung und Diffamierung. Die FDP würde aufhören, eine liberale Partei zu sein, ließe sie sich auf den Extremismus ein und sei es in der Illusion, diesen bekehren zu können. Solcher Illusion waren schon die Steigbügelhalter Adolf Hitlers aufgesessen. Extremisten zerstören alles Liberale und bekämpfen alle Liberalen, wenn sie dazu die Möglichkeit haben. Dort, wo sich einige sich „rechtsliberal" nennende Extremisten in Teilen der Parteiorganisation der FDP vorübergehend festgesetzt hatten wie in Berlin,[108] machten sie in den Ortsverbänden von ihren Mehrheiten gnadenlos Gebrauch und setzten als erste jene vor die Tür, die ihnen mit der Absicht der „Integration" die Wege geebnet hatten.

Was die von „18%" berauschte Partei auch verdrängt hatte, waren simple Tatsachen über die FDP: Diese hat als einzige der kleinen Parteien von 1949 überlebt, weil sie ihren Standort im Parteiensystem immer zu einer der beiden Großparteien - meist der Union - definierte. Das hat die Selbstständigkeit der liberalen Partei gelegentlich strapaziert aber im Kern nicht tangiert – zweimal bewirkte sie bundespolitische Wenden: 1969 zur sozial-liberalen Koalition und 1982 zu erneuten Koalition mit der Union. Die Wende 2002 hat nicht stattgefunden, weil die FDP - verblendet wie sie war - gepatzt hatte.

---

[108] Jürgen Dittberner, Neuer Staat mit alten Parteien?, a.a.O., S. 241ff

Die Grünen hingegen haben 2002 einen Koalitionswahlkampf mit der SPD geführt und dabei ihre Position gestärkt. Das müsste der FDP eine Lehre sein: Sie wird nicht - wie sie sich selbst immer noch einredet - überwiegend um ihrer selbst willen gewählt, sondern einer Konstellation wegen. Umgekehrt wird der Union klar sein, dass sie beim nächsten Urnengang den Wechsel wahrscheinlich nur schafft, wenn die FDP klar an ihrer Seite steht.

In absehbarer Zeit wird sich die FDP nicht ins rot-grüne Lager drängen können. Das hängt unter anderem damit zusammen, dass sie vor der Wahl auf ihrem vermeintlich hohen Ross die allergrößte Verachtung für diese Konstellation und vor allem für eine „Ampel" bekundete. In der gegenwärtigen Ära sind die Grünen und die SPD darüber hinaus auf Gedeih und Verderb verkoppelt. Sie haben sich ja schon für die Zeit nach 2006 gegenseitig versprochen.

Die FDP muss sich als Folge des Wahlergebnisses neu definieren. Ihre Chancen liegen an der Seite der Union als liberales Additiv der Option Machtwechsel. Das Wahlsystem bietet über die Zweitstimme dafür das klassische Instrument. Das könnte den Machtwechsel bringen und der Partei zugleich das Überleben sichern. Liberale Seelen sollte das nicht grämen, denn die zweite Wahl ist oft die beste. Die von manchen Parteimanagern der FDP erhoffte „Äquidistanz" zu den anderen Parteien ist ein Hirngespinst.

Mit dem „Projekt 18" wurde verdrängt, dass auch die FDP ein Teil eines Ganzen ist: Ein Element in einem System, das durch Interdependenzen gekennzeichnet ist: Geht es der SPD schlecht, hilft das Union. Mobilisiert die SPD ostdeutsche Empfindlichkeiten, schadet das der PDS. Und solange die Grünen mit der SPD ein Bündnis haben, wird in der allgemeinen Öffentlichkeit der Platz der FDP an der Seite der Union gesehen. Koalitionsaussagen zerstören nicht die Identität einer Partei, sondern sie geben in den Augen vieler Wähler ihrer Wahl einen Sinn.

Münchhausen hat nicht funktioniert - wer hätte das gedacht? Das „Projekt 18" hat nicht nur Möllemann auf rechte Irrwege gebracht, sondern auch andere Parteiführer zu lange schwanken lassen, ob sie in rechten Gewässern fischen sollten. Dieses Projekt gehört in den Mülleimer der Parteigeschichte!

Bemerkenswert ist, wie viele unter den FDP-Mitgliedern nach der Wahl über den bloß gestellten Sündenbock Möllemann - der beileibe kein unschuldiges Opferlamm war - hemmungslos Hohn und Spott verbreiteten. Gestern noch brachten sie ihm Standing Ovations. Als Jürgen W. Möllemann im Mai 2002 auf dem Mannheimer Parteitag trotz einer schon damals annoncierten Krankheit plötzlich erschien und die Partei aufforderte, für den Kanzlerkandidaten Guido Westerwelle in die Schlacht zu ziehen, jubelten sie alle und erhoben sich.[109] „Hosanna" –

---

[109] Jürgen Dittberner, Die FDP vor der Entscheidung: Liberalismus oder Rechtspopulismus. Eine Innenansicht; in: Tobias Kaufmann/Manja Orlowski (Hg.), „Ich würde mich auch wehren...". Antisemitismus und Israel-Kritik – Bestandsaufnahme nach Möllemann, Potsdam 2002, S. 33ff

„kreuziget ihn": Ist das liberaler Stil? Die Partei scheint sich nicht in einem liberalen Vorstellungen entsprechenden geistig-moralischen Gleichgewicht zu befinden.

Wie sehr die FDP durch das „Projekt 18" mental aus dem Tritt geraten war, schildert pikanterweise dessen Erfinder grad wie der Zauberlehrling am Beispiel des Düsseldorfer Parteitages 2001: „Möllemann hatte die Delegierten in einer so unglaublichen Weise besoffen geredet, wie es dem schwer vermittelt werden kann, der nicht dabei war. Und es waren dieselben, die ihm für den Kanzlerkandidaten zujubelten wie gleich darauf Westerwelle gegen den Kanzlerkandidaten. ...Da war nur noch Masse. So wie sie ihm und dann Westerwelle zujubelten, ja zugrölten, so hatten sie dazwischen die hessische FDP-Vorsitzende Ruth Wagner niedergebrüllt. ...In diesem Saal war keine Toleranz mehr."[110]

Nach Möllemann und „18 %" ist die FDP traumatisiert. Innerparteiliche Kritiker werfen der Parteiführung Halbherzigkeit und Klientelpolitik[111] vor. Bei der Wahl des Bundespräsidenten 2004 und bei den Reformdiskussionen in der Republik versuchte die FDP, eine strategische Position zu gewinnen. Doch zwischen den großen Parteien wurde sie oft nicht gebraucht. Ausgerechnet sie als Partei des Liberalismus hatte die Deutungshoheit verloren über von anderen betriebene liberale Reformpolitik.

Die Partei müsste sich auf die geistige Quelle ihrer Existenz besinnen: den Liberalismus. Die liberale Idee des 19. Jahrhunderts ist von Karl Marx als revolutionär bezeichnet worden. Es waren die Ziele des Bürgertums, mit denen es die Macht der Feudal- und Klerikalherren brach: In einem an Recht und Gesetz verpflichteten Nationalstaat wurden den Individuen geistige und ökonomische Freiheiten gegeben, die diese individuell für ihr eigenes Glück nutzten und damit gesellschaftlich den rapiden Wandel der von der zunächst noch national ausgerichteten Industriegesellschaft letztlich hin zum global ausgerichteten Dienstleistungssystem unserer Zeit bewirkten. Die liberalen Ziele des 19. Jahrhunderts sind Wirklichkeit geworden, weit gründlicher als je prophezeit. Deutschland ist wiedervereint, Teil der Europäischen Gemeinschaft und anderer übernationaler Organisationen. Es ist eine Dienstleistungsgesellschaft mit sehr hohen Qualifikationsansprüchen entstanden. In dieser Situation müsste eine liberale Partei prüfen, ob sich aus der liberalen Idee wiederum zeitgemäße Ziele ableiten lassen.

Liberalismus kennt keine letzten Wahrheiten und akzeptiert die Vielfalt von Lebensentwürfen. Nach 1945 konkretisierte sich diese Idee bei der Gründung der FDP in den Zielen der Marktwirtschaft, der nationalen Einheit und der Trennung von Religion und Politik. Für diese Ziele fanden sich genügend große Teile des Bürgertums, um die Existenz einer eigenständigen bürgerlichen Partei neben der Sammlung der Union zu ermöglichen.

Liberale Ziele der Gegenwart könnten sein:

---

[110] Fritz Goergen, a.a.O.
[111] s. FDP. Die unheimliche Freiheit; in: Der Spiegel, Nr. 52/2003, S. 32ff

- Der Kampf gegen den Bürokratismus nicht nur des Staates, sondern auch der längst international operierenden Großorganisationen wie Versicherungen, Banken oder Unternehmungen,

- der Widerstand gegen den die Menschen manipulierenden Gesinnungsdruck der Medien, Agenturen, Populisten, Extremisten und Sekten sowie

- das Engagement für die Freiheit jedweder Minderheiten, ihr Leben zu gestalten, solange die allgemeinen Spielregeln des Gemeinwesens dadurch nicht verletzt werden. Überhaupt sollte die FDP ihrem Anspruch als Freiheitspartei gerecht werden. In einer Zeit, da die Furcht vor Terrorismus zu Einschränkungen der bürgerlichen Freiheiten führen kann, wäre die Existenz eines freiheitlich-liberales Konzeptes gegen den Terrorismus wünschenswert.

Die Achse der FDP muss verschoben werden zurück zu den Grundsätzen des Liberalismus, aus denen eigenständige Lösungsmodelle für die Probleme der gegenwärtigen Gesellschaft abgeleitet werden könnten, um der Freiheit als Grundwert der menschlichen Gesellschaft Geltung zu verschaffen.

b) Noch eine Chance für die Grünen

Im März 1983 wurden die Bundestagsabgeordneten der „Grünen"[112] von der Basis verabschiedet. Mit 5,6 % der Stimmen hatte die neue Partei den Einzug ins Deutsche Parlament geschafft. Angetan mit Blumen und einer übergroßen Weltkugel zog eine bunte Schar von der Bonner Innenstadt zum Bundestag. Die Gewählten gingen hinein, und mit ihren ersten Fraktionssprechern Marieluise Beck-Oberdorf, Petra Kelly sowie Otto Schily sicherten sich die Neuen die Aufmerksamkeit der Medien.

So stark das Medienecho war, so bitter war zunächst die Ablehnung der anderen Parteien. Politisch und sozial wurden die seltsamen Neulinge geschnitten. Diese strickten Pullover im Plenarsaal, bekämpften draußen die Atomindustrie und stritten sich untereinander, bis Tränen flossen.

Sie wollten eine „Anti-Parteien-Partei" sein, rotieren und nicht am Amt kleben. Aber schon Petra Kelly weigerte sich, die Bühne zu verlassen, als ihre Zeit auf der grünen Uhr abgelaufen war. Der Öffentlichkeit bescherten die nun immer stärker werdenden Grünen bis dahin unbekannte politische Phänomene wie „Realos" und „Fundis", „RadikalökologInnen" und „Ökolibertäre". Ein „Feminat" kämpfte gegen alle anderen Partei-„freunde".

Die etablierten Parteien sahen in allem eine vorübergehende Störung, eine „Zeiterscheinung", die bald der Vergangenheit angehören würde. Aber dann bescherten die Grünen den Deutschen in Hessen einen „Turnschuhminister": Der einstige Pflastersteinrebell hatte sich mit legerer Fußbekleidung auf den Marsch durch die Institutionen gemacht. Und die „Anti-Parteien-Partei"

---

[112] s. Joachim Raschke, Die Grünen. Wie sie wurden, was sie sind, Köln 1993

224

setzte sich fest: Bei der Bundestagswahl 1987 brachte sie 8,3 % hinter sich. Man musste mit ihnen rechnen.

„Rot-grün" war immer häufiger im politischen Farbenspektrum zu sehen. In Berlin, damals noch „(West)", präsentierte Walter Momper einen Frauensenat mit Anne Klein, Sybille Volkholz und Michaele Schreyer von der „Alternativen Liste", wie sich hier die Grünen nannten. Dann fetzten sich die Roten und die Grünen im Senat wegen eines Streits der Kita-Erzieherinnen. Momper spielte den Macho und brachte die grünen Damen zur Weißglut.

In der Wiedervereinigungseuphorie ging „Rot-Grün" in der Spree unter. Aber in einem zweiten Versuch in Hessen, in Niedersachen, in Hamburg und sogar in Nordrhein-Westfalen bildeten sich in den neunziger Jahren rot-grüne Koalitionen. Die Fundis waren immer dagegen, die Realos - obwohl in der Partei meist in der Minderheit - dafür und setzten sich durch.

Die Grünen wurden mehr und mehr zur Partei. Wie die Altparteien legten sie sich eine Stiftung zu, das Rotationsprinzip und das einheitliche Facharbeiterniveau beim Politikergehalt wurden fallen gelassen. Manches aus den Gründertagen blieb freilich erhalten wie die Doppelspitzen und die strikte Trennung von Partei- und öffentlichen Ämtern.

Auch die FDP verlor allmählich ihre Scheu vor dem unmittelbaren Konkurrenten. In Bremen wurde eine „Ampel" geschaltet, allerdings ohne bleibenden Eindruck. In Brandenburg startete Manfred Stolpe zusammen mit der FDP und dem ostdeutschen Pendant der Grünen, Bündnis 90. Das funktionierte in den Aufbaujahren des neuen Bundeslandes einigermaßen. Später verstreuten sich die Potsdamer Bündnis-Leute in alle Richtungen: Matthias Platzeck ist heute SPD-Ministerpräsident von Brandenburg, Günter Nooke sitzt - innerparteilich umstritten - für die CDU im Bundestag, und Marianne Birthler hat ihr grünes Parteibuch beiseite gelegt, solange sie die „Gauck"-Behörde leitet.

1998 waren die Grünen im Zentrum des Staates, an dem sie so viel hatten verändern wollen, angelangt: Josef Fischer, einst Pflastersteinrebell, Turnschuhminister und Realo wurde Bundesaußenminister und Vizekanzler. Zwei weitere Grüne rückten in die Bundesregierung unter Gerhard Schröder ein. In den ersten drei Jahren der Regierung zerriss es die Partei in dem Widerstreit zwischen Gesinnungs- und Verantwortungsethik.[113] Aus Gesinnungs- wurden Verantwortungsethiker, aus einer Fundamentalopposition eine Regierungspartei - wieder einmal.

Was wurde den Grünen nicht alles abverlangt: Kompromisse mit der Atomindustrie, Abstriche beim Modell der multikulturellen Gesellschaft und immer wieder Militäreinsätze der Bundeswehr. Mit Ach und Krach sowie Hängen und Würgen opferten die Grünen eine Grundsatzposition nach der anderen dem Machterhalt. Sie hatten sich schneller dem größeren Partner untergeordnet, als sie das der FDP gegenüber der Union jemals vorgeworfen hatten.

---

[113] Max Weber, Soziologie...,a.a.O., S. 167ff

Dann hielt der Kanzler das Stöckchen der Vertrauensfrage hin, und die Grünen sprangen darüber.

„Das ist das Ende von Rot-Grün.", sagten viele. „Die Grünen sind kaputt.", triumphierten die Gegner und: „Sie werden von der Bildfläche verschwinden." Den Grünen wurde für 2002 Sterbeglöcklein geläutet – so wie der FDP schon manches Mal zuvor.

Das war voreilig! Die Grünen beherzigten bei der Kampagne 2002 alle für etablierte Parteien gültige Regeln des modernen Wahlkampfes. Sie holten Ratschläge von Werbefachleuten ein: Professionalisierung. Sie setzten auf die Medien: Mediatisierung. Sie personalisierten, indem sie ihren „(un)heimlichen Vorsitzenden" Joschka Fischer de facto zum Spitzenkandidaten machten: Personalisierung. Den Fehler der FDP – die Selbstüberschätzung – vermieden sie mit ihrer Koalitionsaussage zugunsten der SPD - als deren kleinerer Partner. So überzeugten sie 8,6% der Wähler, zogen gestärkt – auch gegenüber dem größeren Partner - in den Bundestag ein und sicherten den Fortbestand der rot-grünen Bundesregierung.

Eine Voraussetzung für den Erfolg war aber auch der Wandel der Partei in ihrer gesellschaftlichen Ausrichtung. Die Personengruppen und Themen, die von den Grünen in ihrer Frühzeit vertreten wurden, sind mittlerweile vom Rand in die Mitte der Gesellschaft gerückt. Umweltschutz ist ein allgemein anerkanntes Ziel, Homosexuelle sind nicht mehr geächtet und können bekennend höchste Ämter wahrnehmen, und wer Deutschland als „Einwanderungsland" bezeichnet, wird nicht mehr verbal niedergemacht. Randgruppen und -themen von einst sind zentral, und die Grünen haben sich gewandelt von einer Partei der Ränder zu einer Partei der Mitte.

Als Partei der Mitte haben die Grünen ihre Überlebenschance genutzt. Diese wird fortbestehen, wenn sie ihr Profil von dem ihrer ärgsten Konkurrentin - der FDP nach deren Ernüchterung – unterscheiden. Wenn die FDP – grob gesagt – auf Freiheit und Leistung setzt, können sich die Grünen von ihnen absetzen, indem sie sozialen Ausgleich und Nachhaltigkeit auf die Agenda nehmen.

Die Mitte der Gesellschaft ist groß und vielfältig. Traditionelle Wählerschichten und unkonventionelle Gruppen gehören hierzu. Für die Grünen ist in dieser großen Mitte genug Platz zum Überleben.

Noch eine Chance für die Grünen! Ihre wilden Zeiten sind vorbei. Jetzt könnten sie die letzten Requisiten der Anti-Parteien-Partei ablegen: Die Doppelspitzen und die Unvereinbarkeiten. Doch das ist nicht nur Folklore, sondern auch ein wenig politische Substanz. Claudia Roth und Fritz Kuhn hatten ihren Beitrag zum Erfolg ihrer Partei bei der letzten Bundestagswahl über- und die Reste basisdemokratischer Gesinnung in der Partei unterschätzt. Möglicherweise nützt es den Grünen sogar, dass es Roth und Kuhn seinerzeit nicht gelang, die lieb gewordene Macht zu perpetuieren. Die Grünen erfüllten damit den Wunsch vieler Kritiker der Parteien, die Zeiten der

226

Mandate zu beschränken. Und im Nachgang wurde die Unvereinbarkeit schließlich doch aufgehoben. Andererseits zeigt die fortwährende Macht des „(un)heimlichen Vorsitzenden", dass es auf formale Regeln gar nicht immer ankommt. So gesehen sind auch die Grünen eine Partei, die ein Erklärungsdefizit hat, denn es ist höchst ungewiss, ob das, was die Partei vorstellt und sagt, auch ihre tatsächliche Struktur und Politik sind. Im Gründe sind die Grünen ein jedermann unbekanntes Wesen. Was wirklich in ihnen steckt, wird man erst erfahren, wenn Joschka Fischer in dieser Partei keine Politik mehr macht.

c) Die PDS auf der Suche nach einem Platz im deutschen Parteiensystem

Ende 1993, vor der Kaskade von Bundestags- und zahlreichen Landtagswahlen, schien sich in der Brandenburgische Landeshauptstadt Potsdam Ungeheuerliches zu ereignen: Bei den Oberbürgermeisterwahlen lag der Kandidat der PDS[114], Rolf Kutzmutz, im ersten Wahlgang vor dem sozialdemokratischen Amtsinhaber, Horst Gramlich. Gramlich hatte eine unglückliche erste Amtsperiode hinter sich, aber dass Potsdam nun von einem "Kommunisten regiert" werden könnte, regte Gemüter in ganz Deutschland auf. Vor allem Kritiker aus dem Westen fanden es empörend, dass der sympathische Kutzmutz mit SED-Vergangenheit auch eine Mitarbeit bei der Stasi zugegeben hatte. Freilich war seine Stasi-Geschichte weniger brisant als die des Ministerpräsidenten des Landes, Manfred Stolpe. Aus dem Parteihauptquartier der CSU im fernen München war zu hören, man sollte die PDS verbieten, und im nahen ehemaligen West-Berlin polterten mittlerweile entmachtete CDU-Politiker, man habe nicht vierzig Jahre gegen den Kommunismus gestanden, um nun im Zuge der möglichen Vereinigung Berlins mit Brandenburg von einer Landeshauptstadt aus regiert zu werden, an deren Spitze ein Kommunist sitze. Diese Fürsorge um Potsdam hatte sich zweieinhalb Jahre später nach dem Scheitern der Fusion durch die Volksabstimmung als voreilig erwiesen. Noch einmal sieben Jahre später kam die PDS in den Senat der Bundeshauptstadt Berlin.

Aber aus dem Kommunisten im Rathaus von Potsdam wurde nichts. Für den zweiten Wahlgang wurde ein Bündnis für Gramlich und gegen Kutzmutz geschmiedet. CDU, Grüne und FDP warben für den ungeliebten OB, der es dann noch einmal schaffte. Später wurde Gramlich per Volksabstimmung vorzeitig aus dem Amt gewählt und durch Matthias Platzeck ersetzt.

Das Ergebnis der Kommunalwahlen in Brandenburg und die Reaktionen hierauf im Westen hatten gezeigt, dass in Deutschland nach der Vereinigung zwei politische Kulturen entstanden waren. Das schien sich zum Wesen der Berliner Republik zu verfestigen und wäre ein gravierender Unterschied zur Bonner Republik. Das Produktivkapital sitzt im Westen und hat an der Wiedervereinigung verdient. Von West nach Ost wandert dauerhaft kein Kapital, dafür

[114] S. Gero Neugebauer/Richard Stöss, Die PDS. Geschichte, Organisation. Wähler. Konkurrenten, Opladen 1996

wandern qualifizierte Arbeitnehmer von Ost nach West. Mit öffentlichen Transferleistungen auch in Milliardenhöhe ließ sich der Sozial- und Bewusstseinsunterschied nicht wegkaufen. Im Osten hatten die Menschen die deutsche Einheit neben der Befreiung von der Diktatur überwiegend auch als eine Befreiung im regionalen Sinne empfunden. Nicht nur der Kurfürstendamm, auch die Alpen und sogar die Everglades waren erreichbar geworden. Wirtschaftlich und sozialpsychologisch brachte die Einheit aber auch „Befreiungen" von der Lebenssicherheit. Existentielle Besitzstände wie Wohnung und Arbeit gerieten in Gefahr und gingen vielfach verloren.

Wen wundert der aufgekommene Frust? Wen wundert der Zulauf zur PDS, die ein altes "Wir-Gefühl" der DDR ansprach und deren Repräsentanten wenigstens nicht die roten Socken von der Sorte waren, die sich nach der Wende als Oberkapitalisten aufspielten? Wen wunderte das relativ magere Abschneiden der SPD beispielsweise 1993 in Potsdam, wenn sich diese Partei trotz des Stolpe-Untersuchungsausschusses über die IM-Tätigkeit eines PDS-Genossen empört gab, während solche Tätigkeit dem SPD-Genossen verziehen wurde?

Der Erfolg der PDS in Potsdam 1993 war Ausdruck einer nicht erreichten inneren Einheit. Dass die Konkurrenzparteien über dieses Ergebnis unglücklich waren, ist geschenkt. Dass aber im Westen darüber hinaus aufgeschrieen wurde über die Ungerechtigkeiten des Brandenburger Kommunalwahlergebnisses, welches die einstigen Vereinigungsbefürworter in der Minderheit und deren Gegner in der Mehrheit sah, zeugte von Ignoranz und Selbstgerechtigkeit.

Denn das westliche politische System hatte auch in Brandenburg einen großen Erfolg erzielt. All der Frust über die empfundenen Erniedrigungen der Menschen im Osten wurde gebündelt durch eine parlamentarische Partei und in geradezu klassischer Weise in die repräsentative Versammlung der Gebietskörperschaft transmissioniert. Alles ging nach guten demokratischen Regeln vonstatten. Was wollte man eigentlich mehr angesichts einer noch nicht vollendeten deutschen Einheit?

Ohne politische Bildung im westlichen Sinne und trotz der Erfahrungen unter der SED-Diktatur hatten sich die Brandenburger wie die anderen Ostdeutschen in einer moralischen und wirtschaftlichen Krise als passable Demokraten erwiesen. Dass dies von der Politik im Westen nicht gesehen wurde und die Wähler statt dessen Vorwürfe hörten, zeugte von der Ferne dieser Politik von einem Teil ihres Verantwortungsbereiches.

Potsdam war kein Einzelfall. Die Republik musste sich seither an Erfolge der neuen Partei im Osten gewöhnen. Anfang 1996 stellte die PDS etwa 6000 Parlamentarier in den Kommunen sowie landauf, landab in der früheren DDR 180 Bürgermeister. Diese gehörten innerparteilich meist zu den "Realos", also jenen, die alte Ideologien über Bord werfen und pragmatische Politik machen wollten. So wurde der Bürgermeister von Neuruppin im Brandenburgischen mit den Worten zitiert: "Es spielt überhaupt keine Rolle, dass ich in der PDS bin." Und einer der PDS-

Bezirksbürgermeister in Berlin, Uwe Klett im Bezirk Hellersdorf mit vierzig Prozent PDS-Stimmen im Rücken, spottete öffentlich über die "Staatsgläubigkeit" seiner Genossen, forderte gar "Wettbewerb in der Verwaltung". Solchen Politikern freilich standen in der Mitgliederschaft der Partei DDR-Nostalgiker gegenüber, die Arbeitslosigkeit und Umweltzerstörung gleichermaßen als Folge der uneingeschränkten Profitgier der Kapitaleigner sahen.

Bei den Wahlen der Jahre 1994/95 setzte die PDS ungeachtet ihrer inneren Zerstrittenheit ihre Erfolge in den Ländern des deutschen Ostens fort. Aber innerparteilich öffnete sich ab 1991 eine Schere zwischen der Zahl der Mandatsträger und der Mitgliederstärke der PDS. Die Mitgliederzahl sank einerseits von rund 173.000 auf 120.000 im Jahre 1995, aber durch gute Wahlergebnisse, zuletzt in Berlin, verfügte die Partei andererseits über 159 Mandate im Deutschen Bundestag sowie in den Landtagen Ostdeutschlands und der Hauptstadt. 1998 nahm die PDS die Fünfprozentgrenze bei der Bundestagswahl und kehrte mit 5,1% der Wählerstimmen ins Bundesparlament zurück. In Berlin erzielte sie bei den vorgezogenen Abgeordnetenhaus-wahlen im Jahre 2001 22,6 % - im Osten der Stadt sogar 47,6 %. Die Zahl ihrer Mitglieder jedoch war am 31.12.2000 auf 83 475 gesunken. Und bei der Bundestagswahl 2002 verpasste die PDS mit 4,0% der Stimmen den Wiedereinzug ins deutsche Parlament.

Während unter den Aktiven besonders den Medien viele jüngere Mitglieder auffielen – unter anderem die Anführerin der dogmatischen "Kommunistischen Plattform", Sarah Wagenknecht oder die aus der Arbeitsgemeinschaft "Junge GenossInnen" stammende stellvertretende PDS-Vorsitzende Angela Marquardt –, sah es an der Basis grauer aus. 60 Prozent der PDS-Mitglieder hatten 60 und mehr Lebensjahre hinter sich, während der entsprechende Seniorenanteil in der CDU 35 und in der SPD 26 Prozent betrug. Derweil in der Partei über mögliche Koalitionen mit der SPD oder den Grünen noch gestritten wurde und in Sachsen-Anhalt die Duldung einer rot-grünen Landesregierung fast schon Alltagsroutine war, schreckten meist aus der SED hervorgekommene Grauköpfe junge Sympathisanten ab, der Partei beizutreten. Selbst die Aussicht auf eine schnelle Karriere konnte die Abneigung gegen die alten Genossen nicht kompensieren. Die PDS war 1995 beispielsweise in Brandenburg mit 17.950 Mitgliedern die mitgliederstärkste Partei, jedoch nur 2,7% dieser Mitglieder war jünger als 30 Jahre. Der entsprechende Anteil war bei der SPD 7,2% und bei der CDU 5%. Im gleichen Jahr konnte die Landespartei 117 Neuaufnahmen verzeichnen, während es die CDU auf 712 und die SPD auf 253 neue Mitglieder brachte.[115] Diese Entwicklung hat sich im Folgenden fortgesetzt. Im Jahre 2000 war dies die Altersstruktur der Partei:

---

[115] Der Tagesspiegel, 5.3. 1996, S. 12, Jugend zieht eher zu SPD und CDU

Altersstruktur der PDS

Unter 30 Jahre	3 %
30 – 39 Jahre	6 %
20 – 49 Jahre	11 %
50 – 59 Jahre	12 %
über 60 Jahre	68 %.

Die PDS schien von der Mitgliederschaft her auszutrocknen. So schien der Zeitpunkt zu kommen, an dem die im Osten Deutschlands bei den Wählern triumphierende Partei von innen her abbrennt. Eine wider Erwarten doch einsetzende Angleichung der politischen Kultur des Ostens an den Westen würde diesen Prozess geradezu entfachen.

Nach außen ist das Bild der PDS bunt. Es gibt zahlreiche Plattformen und Arbeitskreise zu allen Politikthemen. Doch an der Basis sind es nach wie vor die rüstigen Rentner, alte Kader zumeist, die voller Energie und für die Partei umsonst die Arbeit leisten, womit sie die Erfolge der Partei gerade in den Berliner Bezirken Hellersdorf und Marzahn vorbereiteten. So konnte die PDS bei den Berliner Wahlen 1995, 1999 und besonders 2001 im Osten der Stadt erneut triumphieren. Aber den alten Kämpfern wächst niemand nach, und die Frage ist, ob das Schicksal der Partei davon abhängt, dass diese noch die Kärrnerarbeit leisten können.

Ähnlich wie Manfred Stolpe bei der SPD in Brandenburg, so hat auch Gregor Gysi alle gegen ihn gerichteten Vorwürfe, er sei Mitarbeiter des Staatssicherheitsdienstes gewesen, abgewehrt. Er sprach von einer Kampagne, bei der sich die Gauck-Behörde, die CDU/CSU und die Bürgerrechtler um Bärbel Bohley verbündet hätten. Immerhin wurde die Bürgerrechtlerin und spätere SPD- und dann CDU-Politikerin Angelika Barbe mit den Worten zitiert: „Der muss im Bundestag mit Zwischenrufen fertig gemacht werden."

Solche Versuche, die DDR-Vergangenheit zu bewältigen, nutzten allerdings der PDS mehr als dass sie ihr schadeten: Sie banden in einer Art Allianz des Trotzes Anhänger an die Partei. Die Stasi-Vorwürfe haben Gysi bei seinen Wählern – hierin ähnlich Stolpe – nicht geschadet. Er selber war ein großer politischer Kommunikator und eines der wenigen politischen Talente aus dem Osten Deutschlands. Daher sagte er, man wolle ihm schaden, um die PDS zu schwächen. Doch die dem zugrunde liegende Einschätzung erwies sich als falsch: Nach Gysis Rückzug von der Führung der PDS standen an der Spitze Gabi Zimmer als Partei- und Roland Claus als Fraktionsvorsitzender. Beide waren keine charismatischen Politiker, und prompt verlor die Partei ihre Fraktion im Bundestag – etwa ein Jahr nach dem Triumph bei den Wahlen zum Berliner Abgeordnetenhaus.

Die Hauptursache hierfür dürfte sein, dass Gregor Gysi als Hoffnungsträger im Berliner Senat versagte und nach kurzer Zeit sein Amt als Wirtschaftssenator – und damit endgültig die politische Bühne – verließ.

Dabei hatte die PDS vor der Bundestagswahl gehofft, sich als neue, sozialistische Partei im Parteienspektrum der Bundesrepublik etablieren zu können. Dem standen jedoch zwei Hindernisse entgegen:

1. Die rigorose Ablehnung der SED-Nachfolgepartei durch die anderen Parteien. Für die nach wie vor vom Westen beherrschte politische Klasse der Bundesrepublik war die PDS zunächst schlicht nicht gesellschaftsfähig. Man war dort offensichtlich davon ausgegangen, dass die PDS ohnehin eine vorübergehende Erscheinung sei.

Seit Mitte der neunziger Jahre hat sich diese Haltungen gegenüber der PDS geändert. Die Tolerierung in Magdeburg, die Koalition in Schwerin und vor allem das Zusammengehen der SPD mit der PDS im Berliner Senat schien die SED-Nachfolger so weit gesellschaftsfähig gemacht zu haben, dass es für viele nur noch eine Frage der Zeit schien, wann die PDS auch im Bund mitregiert.

2. Zwar war die Ablehnung durch die politische Klasse gesunken, aber die mangelnde Wählerakzeptanz im Westen Deutschlands war geblieben.

Für die Bürgerschaftswahlen in Bremen im Mai 1995 hatte sich die PDS vorgenommen, den ersten Schritt aus der Ost-Diaspora zu tun, und sie engagierte sich dort erheblich. Dennoch erhielt die Partei an der Weser nur 2,3% der Stimmen. Trotz vereinzelter Erfolge beispielsweise 2001 im Westen Berlins ist die PDS ostdeutsche Regionalpartei geblieben. Es scheint, dass sie sich nie aus dieser Begrenzung befreien kann.

Es ist erstaunlich, dass die Differenzen zwischen den Reformern und den Dogmatikern in der PDS bis zum Geraer Parteitag im Oktober 2002 nach der Wahlniederlage nicht stärker in das Bewusstsein der Öffentlichkeit gerückt waren. Deren Streit war nicht ausgestanden. Die eigentliche Hypothek der PDS waren die verbliebenen alten Genossen, die nach wie vor den „Klassencharakter der BRD" als Ursache allen Übels sehen, den Pluralismus der PDS für falsch hielten und behaupteten, die Leistungen der DDR würden durch den antikommunistischen Zeitgeist im vereinten Deutschland zu Unrecht negiert. Es waren jene Leute, die Rang und Status als Teil der DDR-Elite verloren hatten, darüber verletzt waren und dies kompensierten, indem sie sich aufführten, als verfügten sie allein über die Wahrheit. Als 1995 38 Mitglieder der PDS – „Intellektuelle" aus DDR-Zeiten – ein Papier unter die Parteimitglieder brachten, das sie mit „In großer Sorge" überschrieben, wehte den Lesern der rüde Geist der einst Mächtigen entgegen. Bleiben diese Gruppen, die zusammen mit den verrenteten Sozialarbeitern vor Ort der Partei Kraft geben, so werden sie deren Gegnern immer wieder als Demonstrationsobjekte der Hässlichkeit der Partei dienen. Seit Gera hat sich das zugespitzt.

In den Jahren nach der deutschen Vereinigung war es offizielle Politik der PDS, sich nicht an Regierungen zu beteiligen. Damit hatte sie trotz ihrer inneren Unausgewogenheiten Erfolge. Sie konnte die Gefühlswelt ostdeutscher Wähler ansprechen, die hohe Arbeitslosigkeit beklagen, den

Frieden beschwören und den Sozialabbau verteufeln, ohne sich mit praktischer Politik in Widersprüche verwickeln zu müssen. Sie wurde in der Opposition im Deutschen Bundestag als Schmuddelkind behandelt. Seit den Kooperationen von Magdeburg, Schwerin und Berlin jedoch war bei der PDS kein Einbruch in der Wählergunst zu verzeichnen. Die Ankündigung einiger Sozialdemokraten, die PDS werde durch Koalitionen mit der PDS „entzaubert", schien sich als Ausdruck von Wunschdenken oder glatte Fehleinschätzung zu erweisen. Doch bei der Bundestagswahl 2002 artikulierte die SPD einen latenten Antiamerikanismus im Osten Deutschlands und versetzte die PDS in die Defensive.

Nach der Wiederwahl Gabi Zimmers als Parteivorsitzende schienen die Unterschiede zwischen der dogmatischen Mitgliederschaft und einer reformerischen Parteiführung eingeebnet. Die Partei war erkennbar DDR-nostalgisch geworden und hatte damit ihre gesellschaftliche Zukunft verspielt. Der jähe Abgang Gregor Gysis entfremdete die Partei von großen Teilen ihrer Wähler gerade im Osten Berlins. Die mit der Bundestagswahl zeitgleich abgehaltene Landtagswahl in Mecklenburg-Vorpommern hat die rot-rote Koalition in Schwerin bestätigt. Das war ein Hinweis auf den wahrscheinlichen Platz der PDS im deutschen Parteiensystem: Als gesamtdeutsche Partei hat sie zwar keine Zukunft, aber als ostdeutsche Regionalpartei wird man noch mit ihr rechnen müssen. Auch nachdem sich Lothar Bisky noch einmal in die Pflicht nehmen lassen als Parteivorsitzender, änderte sich an der Gesamtlage der Partei nichts. Die guten Tage der PDS sind vorbei.

Auch im Osten wird der Einfluss der PDS schwinden. Ihr Lavieren zwischen dem Mitregieren im Berliner Senat und in der Schweriner Regierung einerseits und der von der Partei lange Zeit mehrheitlich gewünschten Fundamentalopposition irritierte die Anhängerschaft. Die Überalterung der Mitgliederschaft potenziert sich währenddessen. Schließlich nimmt die Relevanz der politischen Sozialisation in der DDR fortwährend ab.

Somit steht die PDS da als temporäre ostdeutsche Regionalpartei.

d) Was wollen die Rechten?

Bei der Bundestagswahl 2002 haben die Rechten[116] zusammen 1%[117] der Wählerstimmen erhalten. Vordergründig spielen sie nach wie vor keine Rolle im deutschen Parteiensystem.

Versuche der Rechten, sich im Parteiensystem zu etablieren, bleiben der Berliner Republik dennoch nicht erspart. Zwischen fünf und 15 % der Wähler haben ein rechtsextremes Weltbild, sagen die Wahlforscher. Zwar waren die Wahlerfolge der Rechten in der Bundesrepublik im internationalen Vergleich bescheiden: In den Jahren 1990 bis 1993 erzielten sie hier im Schnitt

---

[116] s. Jürgen W. Falter, Wer wählt rechts? Die Wähler und Anhänger rechtsextremistischer Parteien im vereinigten Deutschland, München 1994

[117] Die „Republikaner" kamen auf 0,6 %, die NPD kam auf 0.4%. Die populistische „Schill"-Partei erzielte zudem 0,8%.

2,4 %, dagegen in Belgien 6,6 %, in Dänemark 8,3 %, in Frankreich 12,4 % und in Italien 14,1%.

Mit seiner nationalsozialistischen Hypothek ist Deutschland für die Rechten schwierig. Doch aufgegeben haben sie gerade nach der deutschen Vereinigung nicht. Es werden zwei Wege probiert, sich parlamentarisch zu verankern - der Weg über eine etablierte Partei einer- und der doch noch erhoffte Erfolg einer reinen Rechtspartei andererseits.

Was wollen die Rechten eigentlich? Ihre „Programmatik" lässt sich in sechs Komplexen zusammenfassen. Rechte Parteien und Gruppierungen behaupten:

1. Die Verbrechen der Nationalsozialisten würden benutzt, Deutschland international in Schach zu halten und das deutsche Volk als Paria der Weltgemeinschaft abzustempeln. Dabei würden die Nazi-Verbrechen übertrieben, andere Völker hätten Vergleichbares getan, und nach über 50 Jahren müsse Schluss sein mit der Vergangenheitsbewältigung.

2. Es würde zu viele Ausländer in Deutschland geben, und diese seinen überwiegend Parasiten des Wohlfahrtsstaates. Deutschland könne nicht die Probleme der restlichen Welt lösen. Man habe keine Vorurteile gegen Ausländer, aber diese sollten wie die Deutschen in der jeweiligen Heimat leben und diese lieben. Der Zorn der Rechten geht gegen die Ideologie der „multikulturellen Gesellschaft".

3. Mehr und mehr dringt das Thema einer „europäischen Integration" ins Zentrum der neonationalen Argumentation. Die Ziele von Maastricht und deren angeblich mangelnde Legitimation bei der deutschen Bevölkerung durch die hier unterbliebene Volksabstimmung werden ins Visier genommen. Insbesondere wird die verbreitete Furcht vor der Einführung einer europäischen Währung geschürt. Der „Euro" werde niemals so stabil sein wie die DM. Ein weiteres Argument gegen Europa ist, dass die Entscheidungsprozesse in Brüssel unüberschaubar, bürokratisch und nicht kontrollierbar seien.

4. Klassisches Thema der Rechten ist das Schüren von Furcht vor Kriminalität. Dem Staat wird vorgeworfen, gegenüber der Kriminalität - besonders von Ausländern und „Terroristen" - zu lasch zu sein. Unter dem Einfluss der Grünen, der SPD und den liberalen Flügeln von Union und FDP lasse sich der Staat von der organisierten Kriminalität an der Nase herumführen. Gangsterbanden aus Osteuropa und terroristische Vereinigungen könnten in Deutschland schalten und walten, wie sie wollen, weil der Staat insbesondere der Polizei die rechtlichen Handhaben und technischen Möglichkeiten verweigere, mit Nachdruck gegen sie vorzugehen. Die Furcht vieler Bürger vor Kriminalität und Verbrechen wird verknüpft mit einer grundsätzlichen Kritik am liberalen Rechtsstaat.

5. Ambivalent ist das Verhältnis der Rechten zum Sozialstaat. Den eigenen Anhängern möchte man schon soziale Sicherheit gewähren, nicht aber denen, die man als Feindbild braucht. Da ist

die Rede von Faulenzern, Schmarotzern, Wirtschaftsasylanten, Kriminellen. Denen sollen soziale Leistungen entzogen werden. Eine Perversion des Sozialstaates wird diagnostiziert. Seit längerem gehört die Kritik am übertriebenen Sozialstaat nicht nur zum Repertoire der Rechten, sondern auch der etablierten Parteien. Aber in der drastischen Formulierung angeblich ungerechtfertigter Empfänger von Sozialleistungen sind die Rechten radikaler mit Begriffen wie „Absahner", „arbeitsscheue Elemente" oder „kaltblutige Wirtschaftsflüchtlinge".

6. Ein Modethema ist die Übernahme der Kritik an der „Political Correctness" wie sie in den USA verbreitet ist: Für Deutschland haben die Rechten ein linkes Meinungskartell ausgemacht, das Form und Sprache angepasster Politik in der Bundesrepublik vorschreibe. Der Zwang zu politischer Korrektheit führe zu einer Verschleierung sozialer Missstände, löse Negatives in schwammiges Wohlgefallen auf. Zum Diktat politischer Korrektheit gehöre auch der „Auschwitz-Hammer", der stets zuschlage, wenn jemand in den Verdacht gerate, sich rassistisch, nationalistisch oder judenfeindlich geäußert zu haben, was allerdings Rechten weitaus häufiger passiert als anderen.

Für diese Thesen sind, wie gesagt, bis zu 15 % der Deutschen - manche Untersuchungen sprechen gar von 25 % - empfänglich. Das Potential ist da. Die DVU, die „Republikaner" und die NPD haben darüber hinaus immer wieder Organisationsvermögen an den Tag gelegt. Dennoch ist es den Rechten bisher nicht gelungen, sich im politischen System zu etablieren. Nach dem Nationalsozialismus ist in Deutschland die Hemmschwelle vor extrem nationalen und rechten Politikfeldern groß. Es hat sich bisher auch kein „großer Kommunikator" gefunden, der die Rechten sammeln könnte. Schließlich ist das Innenleben der meisten rechten Gruppierungen von geistiger Armseligkeit und Zerstrittenheit beherrscht, was selbst Sympathisanten fern hält.

Das alles kann sich ändern. Die etablierten Parteien wissen das. Mit dem Antrag gegen die NPD beim Bundesverfassungsgericht sollte die Hemmschwelle gegen rechts aktualisiert werden. Und wie sehr selbst die vermeintliche „Mitte der Gesellschaft" anfällig ist für „rechts", haben u.a. die Möllemann-Affäre, der „deutsche Weg" Gerhard Schröders oder die „Leitkultur"-Debatte gezeigt.

Dem deutschen Parteiensystem wird auch zukünftig das Bemühen immanent sein, das erfolgreiche Aufkommen einer Rechtspartei zu verhindern. Ob das in einer Gesellschaft mit permanent hoher Arbeitslosigkeit auf Dauer gelingt, ist nicht sicher.

13. Freies Mandat und politische Geschlossenheit[118]

In einer Handreichung für modernes Kommunikationsmanagement im Wahlkampf heißt es: „Die Vorbereitung von Wahlkämpfen führt fast zwangsläufig zur Bildung von zu vielen offiziellen und inoffiziellen Kreisen und Arbeitsgruppen, die sich parallel zu den Parteigremien und üblichen Fraktions- und Regierungsrunden bilden. Alsbald entsteht ein unübersichtliches Kompetenzgerangel und Buhlen um das Ohr des Spitzenkandidaten. Führen wollen viele, sich führen lassen dagegen nicht. Ergebnis: zu viele Häuptlinge, zu wenige Indianer – und zu viel Palaver statt Arbeitsaufträge."[119] Das ist ein Dilemma des Geschäftes der Politik: Hier sind Menschen versammelt, die einen Ausleseprozess hinter sich haben, sich weiter durchsetzen wollen, und denen das nur gelingen kann, wenn sie sich einfügen in ein Mannschaftsspiel, bei dem sie Disziplin zu bewahren haben.

Bei der Wahl des Frankfurter Paulskirchenparlamentes 1848 haben Parteien keine Rolle gespielt. Dies war ein „Honoratioren-Parlament", und es herrschte „zunächst ein Chaos von Anschauungen und Interessen".[120] Alle Abgeordnete konnten nicht zu allen Fragen zu Worte kommen. So setzte sich rasch die Erkenntnis durch, dass man sich zu Parteien oder Fraktionen zusammenschließen müsse, wenn Rednerlisten erstellt oder Anträge angemessen behandelt werden sollten. Es entstanden – noch als lockere Zusammenschlüsse - Fraktionen entlang der herrschenden Konfliktlinien „großdeutsch oder kleindeutsch" und „Republik oder Monarchie". Diese Fraktionen nannten sich nach ihren Tagungsorten „Café Milani", „Casino", „Württemberger Hof" oder „Deutscher Hof".[121] Nach der Paulskirchenversammlung gab es in Deutschland kein freies Parlament mehr ohne Fraktionen. Diese konstituierten sich entsprechend den Parteien, welchen die gewählten Abgeordneten zugehörten. Fraktionen jedoch sind Organisationen, und Organisationen haben Hierarchien, in denen die Macht ungleich verteilt ist. Seit Robert Michels ist bekannt, dass sich an der Spitze von Organisationen „Oligarchien" bilden: „Wer Organisation sagt, sagt Tendenz zur Oligarchie."[122] Oligarchien neigen dazu, abzuheben und ihre Interessen mit denen der Organisation gleichzusetzen. Je stärker Fraktionen sich organisieren, desto mehr verfestigen sich ihre Oligarchien – Fraktionsführungen – und bemühen sich, die Individualität der Abgeordneten zu beschneiden. Diese fügen sich meist in solche Strukturen ein, weil sie wissen, dass sie als

[118] Überarbeitung eines Vortrages, gehalten bei der Fraktion der FDP der Schweiz am 31. Januar 2003 in Pfäffikon am Zürichsee, publiziert in: Zeitschrift für Parlamentsfragen 3/2003, S. 550ff
[119] Marco Althaus, Kommunikationsmanagement im Wahlkampf: Spielregeln für Strategie und taktische Disziplin; in: Thomas Berg (Hg.), Moderner Wahlkampf. Blick hinter die Kulissen, Opladen 2002, S. 134
[120] Wolf-Dieter Hauenschild, Wesen und Rechtsnatur der parlamentarischen Fraktionen, Berlin 1968
[121] ebd.
[122] Robert Michels, a.a.O., S. 25

Fraktionslose im Parlament kaum Gehör fänden und weil sie für ihre Wiederwahl das Wohlwollen ihrer Parteien brauchen. So entsteht „Fraktionsdisziplin".

Kritiker sprechen vom „Fraktionszwang". In der Tat kann die Fraktionsführung aufsässige Abgeordnete durch informelle und formelle Sanktionen zur Disziplin zwingen. Ein renitenter Abgeordneter kann geschnitten und im Extremfall gar aus der Fraktion ausgeschlossen werden. Aber man ist aus freien Stücken Abgeordneter. In Parteien und Fraktionen gibt es keine Zwangsmitgliedschaft. Jeder Abgeordnete weiß, dass er sich innerhalb seiner Fraktion in einer Machtstruktur bewegt, die ihm eine Rolle zuweist. Er weiß, dass eine gewisse Disziplin von ihm erwartet wird. Wo der Abgeordnete das Zugemutete allerdings nicht mehr mit seinem Gewissen vereinbaren kann, kann ihn letztlich keine Fraktion „zwingen", gegen sein Gewissen zu handeln. Physische oder in den Privatbereich gehende Sanktionen stehen Fraktionen ebenso wenig zur Verfügung wie die Möglichkeit einer Aberkennung des Mandats. Daher ist die Bezeichnung „Fraktionszwang" eine Dramatisierung der schlichten Tatsache allgegenwärtigen Drucks zur „Fraktionsdisziplin".

Das „Freie Mandat" erscheint manchen Beobachtern angesichts permanenter Fraktionsdisziplin als Illusion oder Verbrämung. Auch diese Kritik übertreibt. Für den Abgeordneten ist das Freie Mandat ein Schutz, dass ihm kein direkter Zwang angetan werden kann. Innerhalb der Fraktion muss ihn seine Freiheit nicht hindern, sich auf das Mannschaftsspiel der Fraktion einzulassen und eine definierte Rolle zu spielen. In gewisser Weise ist das auch die Voraussetzung dafür, dass er selber einmal Mannschaftsführer werden kann, wenn ihn sein Ehrgeiz dazu treibt. Als Außenstehender wird er diese Position nicht erreichen.

Wie der Spitzenkandidat im Wahlkampf verlangt auch der Fraktionsführer Geschlossenheit. Geschlossenheit einer Kampagne, einer Partei, einer Regierung und eben einer Fraktion gilt als Voraussetzung für Erfolg. Meinungsforscher bestätigen das. Die Forderung nach Geschlossenheit zielt auf den Erfolg und ist eine Waffe in der Hand der Oligarchien. Insbesondere wer zu innerorganisatorischen Minderheiten gehört, wird unter dieser Forderung zu leiden haben und als Abgeordneter hierin eine Einschränkung seines Freien Mandats empfinden. Gehen wir also der Frage nach, ob durch das allgemein als notwendig anerkannte Mannschaftsspiel einer Fraktion die Freiheit einzelner Abgeordneter eingeengt werden kann.

Das Grundgesetz der Bundesrepublik Deutschland erwartet, dass sich das Prinzip der Freiheit des Abgeordneten und das aus der Partei kommende der Geschlossenheit einander ergänzen und optimieren: Im Artikel 21 wird der Anspruch der Parteien hervorgehoben: „Die Parteien wirken bei der politischen Willensbildung des Volkes mit." Sie tun das mit Hilfe der von ihnen nominierten und vom Volk gewählten Abgeordneten. Diese allerdings sind nach Artikel 38 „Vertreter des ganzen Volkes, an Aufträge und Weisungen nicht gebunden und nur ihrem Gewissen unterworfen."

Die Verfassung nennt die Regel, aber wie geht das Spiel?

a) Rekrutierung durch die Parteien

Ohne eine Partei Abgeordneter zu werden, ist in Deutschland unmöglich. Jedenfalls gilt das für den Deutschen Bundestag und die Länderparlamente: „Freie" Bewerber haben praktisch keine Chance. Bei den kommunalen Vertretungskörperschaften finden sich häufiger Parteilose, die über Wählergemeinschaften oder Bürgerinitiativen - welche in solchen Fällen anstelle der Parteien den organisatorischen Rahmen stellen - in Gemeinderäte gewählt wurden. Wer Abgeordneter werden will, muss sich mithin der Unterstützung einer Organisation versichern – auf den oberen Ebenen der Politik sind das die politischen Parteien. Einzelbewerber scheitern fast immer - jedenfalls in der Landes- und Bundespolitik.

Besonders die Grünen und die PDS stellen Parteilose als Bewerber auf. Ohne diese Parteien hätten solche Personen keine Chance. Beim Bundestag und den Landtagen haben die Parteien das Monopol der Kandidatennominierung. So sind über 95% der deutschen Abgeordneten im Bund und in den Ländern Mitglieder einer Partei. Die wenigen Parteilosen stehen Parteien nahe. Ausnahmen bilden solche Abgeordnete, die im Laufe einer Wahlperiode ihre Partei verlassen haben oder von ihr ausgeschlossen wurden.

Da der Weg in die Parlamente über die Parteien führt und da die meisten Abgeordneten als Parteimitglieder in die Parlamente kommen, ist es für sie selbstverständlich, dass sie sich entsprechend ihrer Parteimitgliedschaften zu Fraktionen zusammenschließen. Fraktionen sind Arbeitsgremien der Parlamente. In der Öffentlichkeit werden sie als Organe der jeweiligen Parteien gesehen. Die Parteien selber haben dieselbe Sicht.

Die Fraktionen allerdings fühlen sich aufgrund der Freiheit der Mandate gelegentlich unabhängig von den Parteien. 1981 wählte die Mehrheit der FDP-Fraktion im Berliner Abgeordnetenhaus entgegen einem ausdrücklichen Votum des Landesparteitages Richard von Weizsäcker zum Regierenden Bürgermeister.[123] Die Abgeordneten beriefen sich dabei auf den Artikel 38 des Grundgesetzes, der ihnen das Freie Mandat garantiere. Dass Fraktionen solche Konflikte eingehen, ist dann wahrscheinlich, wenn die regionale Ebene der Kandidatenaufstellung eine andere ist als die des Parlaments: Im Berliner Fall stellten die unter der Landesebene agierenden Bezirksorganisationen der FDP die Kandidaten für das Abgeordnetenhaus auf. Die Bundestagsabgeordneten kommen aus den Bundesländern, und das gibt ihnen eine gewisse Unabhängigkeit gegenüber den Parteispitzen des Bundes. Andererseits verlangen auch untere Parteigremien in der Regel Parteidisziplin, so dass sich die Renitenz der Fraktionen ihren Parteivorständen gegenüber in Grenzen hält. Meist gibt es ohnehin eine personelle Verflechtung zwischen den Führungsorganen von Partei und Fraktion.

---

[123] s. Jürgen Dittberner, FDP – Partei der zweiten Wahl..., a.a.O., S. 72ff

b) Vertreter des ganzen Volkes

Abgeordnete werden in Deutschland von den Parteien rekrutiert und als Vertreter eines Bundeslandes („Liste") oder eines Wahlkreises gewählt. In der Genesis ist ihr Mandat parteiisch und regional. Dennoch gelten sie nach der Verfassung als „Vertreter des ganzen Volkes". Daraus abzuleiten, die Abgeordneten hätten sich bei ihrer Mandatsausübung von der parteipolitischen und regionalen Herkunft zu emanzipieren, wäre unrealistisch. Eher schon ist die Gesamtheit aller Abgeordneten eines Parlaments als Repräsentant des ganzen Volkes vorstellbar. Es gibt keinen unumstrittenen Gemeinwillen im Sinne eines allgemeinen Konsens über die öffentlichen Angelegenheiten. Vielmehr sind die Entscheidungen des Parlamentes, die für das ganze Volk verbindlich sind, Ergebnis vielfältiger Interessen-, Lobbyisten- und Parteienstreite, die am Ende per Mehrheit entschieden werden. Dadurch, dass die Abgeordneten ihre Regional-, Partei- und sonstigen Interessen einbringen und diese gegeneinander gewogen werden, kommt die Pluralität der Meinungen im Parlament derjenigen in Gemeinwesen nahe und repräsentiert sie.

Die Abgeordneten inszenieren ein freies Spiel politischer, wirtschaftlicher und regionaler Interessen. Voraussetzung dafür ist die Einsicht in die Begrenztheit der Einzelinteressen und dass keine Person oder Gruppe auftreten kann, die ihre Interessen mit denen der Gesamtheit gleich setzt. Das wäre das Ende des parlamentarischen Spiels der Kräfte. Diese Voraussetzung verpflichtet die Abgeordneten zur Einsicht in die Legitimität der parlamentarischen Gegner. Wird eine Person oder Gruppe so dominant, dass sie anderen mit Erfolg die Legitimation eigener Interessen und Meinungen absprechen kann, wäre das das Ende parlamentarischer Demokratie. In Deutschland ereignete sich derartiges, als der Reichstag am 23.3.1933 das „Gesetz zur Behebung der Not von Volk und Reich" - das Ermächtigungsgesetz - gegen die Stimmen der SPD verabschiedete. Damit war die scheinlegale Grundlage für die Diktatur geschaffen.

Das Prinzip der Konkurrenz von Interessen und Meinungen gilt nicht nur für das gesamte Parlament, sondern auch für seine Fraktionen. In ihnen müssen die Abgeordneten die Möglichkeit haben, ihre Vorstellungen und Auffassungen je nach sozialer, regionaler und politischer Herkunft zu vertreten wie sie das gleiche Recht der Fraktionskollegen akzeptieren müssen. Es ist insofern recht und billig, wenn sich nach erfolgtem Meinungsaustausch und nach der Abstimmung zur Ermittlung der Mehrheit alle Abgeordneten dem Mehrheitsvotum fügen. Problematisch wäre es, stritte die Fraktions- oder gar die Parteiführung einzelnen Abgeordneten schon vorab das Recht auf Meinungsartikulation ab. Dies könnte geschehen mit dem Hinweis auf Parteitagsbeschlüsse, die eine Frage bereits geklärt hätten. Solche Beschlüsse entbinden die Abgeordneten in den Fraktionen nicht von ihrer Erklärungspflicht, und sie sind keine verfassungsrechtliche Basis für Versuche von Partei- oder Fraktionsführungen, die innere

Artikulationsfreiheit einzelner Abgeordneter oder gar einer ganzen Fraktion einzuschränken oder abzuschaffen.

So gesehen sind Abgeordnete, die dem ganzen Volke verpflichtet sind, mehr als Delegierte oder „Parteisoldaten". Ihr Mandat verlagt das neuerliche Überdenken auch altbekannter Parteidoktrinen, wenn das entsprechende Thema im Parlament zur Beratung ansteht. Schließlich ist die Verbindlichkeit eines Parlamentsbeschlusses von höherem Rang als ein Parteitagsbeschluss. Letzterer soll zur politischen Willensbildung im Volke beitragen – der Parlamentsbeschluss hingegen ist der Abschluss der Entscheidungsfindung im Gemeinwesen. Diesen Unterschied muss ein Abgeordneter bei aller Parteilichkeit seiner Herkunft sehen.

c) Fraktionen: Instrumente der Parteien?

Das Verhältnis zwischen Fraktionen und den jeweiligen Parteien ist nicht unkompliziert. Zwar werden die Abgeordneten, die sich zu Fraktionen zusammenschließen, von den Parteien nominiert - und das mit der Absicht, die Politik der jeweiligen Partei umzusetzen. Ihre Legitimation erfahren die Abgeordneten jedoch durch die allgemeinen Wahlen. Dadurch besteht für die Parlamentarier eine über die Herkunftspartei hinausgehende Bezugsgruppe: die Wähler. Deren Erwartungen an die Abgeordneten und ihre Fraktionen werden den Zielen der Partei – die sie ja gewählt haben – zwar nicht grundsätzlich zuwiderlaufen, aber doch ein anderes Profil annehmen. Mögen für die Partei ihre Beschlüsse und deren Umsetzung wichtig sein, so haben die Wähler generellere Interessen – etwa die Vermehrung des Wohlstandes oder den Abbau von Arbeitslosigkeit. Das ist ihnen wichtiger als die Partei mit ihren Beschlüssen. Die Erwartungen der Wähler werden die Abgeordneten in den Fraktionen ernst nehmen, weil sie wiedergewählt werden wollen.

Vor der Wiederwahl steht jedoch die erneute Nominierung durch die Partei. Also muss die Fraktion - müssen die Abgeordneten – gelegentlich lavieren, um mit ihrer Arbeit im Parlament den Wählern und auch der Partei zu gefallen.

Weiterhin kann keine Fraktion im Parlamentsbetrieb nur als Parteivollstrecker auftreten, wenn sie Einfluss haben will. Sie muss Beziehungen zu anderen Fraktionen pflegen, Kompromisse eingehen, das Spiel von Geben und Nehmen beherrschen. Dafür ist eine rein parteipolitische Einstellung nicht praktisch - vielmehr muss mit den anderen Fraktionen eine gewisse Kollegialität erreicht werden, was ein Verständnis deren Perspektiven voraussetzt.

Aus all diesen Gründen entwickeln die Fraktionen nicht nur in den Parlamenten, sondern auch gegenüber den „Mutterparteien" eine gewisse Autonomie. Sie werden selbständige Akteure. Das Bestreben der Parteien – insbesondere ihrer Vorstände – die Fraktionen zu ihren Instrumenten im Parlament zu machen, wird stets vorhanden sein und durch den Ablauf der Wahlperioden jeweils aktualisiert. Aber die Emanzipation der Fraktionen aus dieser Rolle können sie nicht verhindern

–auch deswegen nicht, weil die Mitglieder der Fraktionen im politischen Geschäft sich Fachwissen und Herrschaftstechniken aneignen, die sie auch gegenüber den Parteifunktionären zur Geltung bringen. So werden die Fraktionen innerhalb der Parteien zu eigenen politischen Machtzentren. Oft genug überflügeln sie dabei die eigentlichen Parteivorstände und entwickeln sich zum politischen Zentrum einer Partei.

In der Praxis wird der theoretisch angelegte Dualismus zwischen Partei und Fraktion dadurch gemildert, dass es in den Führungspositionen beider Institutionen zu Personalunionen kommt. Diese Konstellationen haben eine Konzentration der Macht in den Händen der wichtigsten Führer von Partei und Fraktion zur Folge, denen gegenüber Vorstandsmitglieder ohne Mandat oder Abgeordnete ohne Parteiamt machtpolitisch nachgeordnet sind.

Aus ihrer Stellung als Arbeitseinheiten des Parlamentes heraus sind die Fraktionen auch formal gegen eine Instrumentalisierung durch und für die Parteien geschützt. Denn nicht nur die Parteien hegen den Wunsch, Fraktionen zu nutzen - diese selbst befinden sich umgekehrt in der Versuchung, sich durch Einsatz ihrer Ressourcen bei den Parteien zur Geltung zu bringen. Dazu aber sind sie nicht berechtigt, soweit es sich um öffentliche - aus dem Parlament kommende - Ressourcen handelt. Eine neuere Untersuchung zeigt, dass die Fraktionen des Deutschen Bundestages keine „staatsfinanzierte Öffentlichkeitsarbeit" zugunsten der Parteien machen dürfen. Die Regelungen sind klar:

„- Die Fraktionen dürfen die Öffentlichkeit nur über `ihre` Tätigkeit unterrichten. Der informatorische Aspekt (Sachinhalt) muss überwiegen...

- Die Öffentlichkeitsarbeit darf nur Aufgaben betreffen, die den Fraktionen nach dem Grundgesetz, nach dem Abgeordnetengesetz und nach der Geschäftsordnung des Bundestages obliegen.

- Jegliche Öffentlichkeitsarbeit für Parteiaufgaben ist unzulässig. Das Verbot ist nicht auf Wahlkampfzeiten begrenzt. Fraktionen haben sicherzustellen, dass Produkte ihrer staatsfinanzierten Öffentlichkeitsarbeit nicht von Parteien benutzt werden. Mischfinanzierte Öffentlichkeitsarbeit von Fraktionen ist unzulässig."[124]

Gerade das Typische der Parteienwerbung müssen die Fraktionen meiden. Ihre Publikationen dürfen keine „reklamehafte Aufmachung" haben, eine „Herabwürdigung des politischen Gegners" hat zu unterbleiben, „Anzahl der Publikationen" und „Höhe des Mitteleinsatzes" haben Grenzen, es muss einen „aktuellen Anlass" für die Maßnahme geben, und sie darf nicht im „Vorfeld von Wahlen" erfolgen.[125]

---

[124] Werner Braun/Elisabeth Benterbusch, Zulässigkeit und Grenzen der Öffentlichkeitsarbeit von Fraktionen; in: Zeitschrift für Parlamentsfragen 4/2002, S. 662
[125] ebenda, S. 662 f

d) Geschlossenheit als Dogma

In Theorie und Praxis hat sich die Auffassung durchgesetzt, dass Geschlossenheit politischer Einheiten zum Erfolg, Zerstrittenheit zum Misserfolg führe. Dies gilt auch für Parlamentsfraktionen. Eine Fraktion, deren Mitglieder gegensätzlich argumentieren oder gar uneinheitlich abstimmen, gilt als schwach. Eine Fraktion dagegen, deren verschiedene Mitglieder gleiche Positionen vertreten und einheitlich abstimmen, wird für schlagkräftig und stark gehalten. Abweichende Voten einzelner Fraktionsmitglieder werden von der Presse und vom Gegner zwar als Zeichen der geistigen Unabhängigkeit der Betreffenden bejubelt, dabei jedoch als etwas exotisch gesehen. Dauerabweichler gelten ohnehin als Querulanten. Im Grunde erwarten auch die Medien die Geschlossenheit der Fraktionen und verstärken damit den Druck in diese Richtung. Dieser Druck erreicht die Abgeordneten von den Managements der Fraktionsführungen her. Diese bemühen sich im persönlichen Eigeninteresse um Geschlossenheit. Fraktionsvorsitzende mit geschlossen auftretenden Fraktionen gelten als stark. Fraktionsvorsitzende, die uneinheitlich agierenden Fraktionen vorsitzen, werden für schwach gehalten.

Der Druck zur Einheitlichkeit des Verhaltens von Fraktionen ist besonders hoch, wenn die Mehrheitsverhältnisse knapp sind. In Regierungsfraktionen ist er stärker als in Oppositionsfraktionen, denn die Regierungen müssen in wichtigen Abstimmungen die Mehrheiten bringen. Aus diesem Grunde wird häufig eine knappe Regierungsmehrheit im Parlament als disziplinierend angesehen, große Mehrheiten werden als Versuchung zur Abweichung eingeschätzt.

Aus der Sicht der Regierung ist im parlamentarischen System der Wunsch nach Einheitlichkeit verständlich. Die Regierung will ihre Vorlagen durchs Parlament bringen. Aus der Sicht der Opposition ist das für die Regierung umso schwieriger, je deutlicher diese alle ihre Stimmen gegen sie in die Waagschale wirft. So baut sich der Druck nach Geschlossenheit sowohl auf der Seite der Regierungs- als auch auf derjenigen der Oppositionsfraktionen auf.

Der Druck zur Geschlossenheit lässt die parlamentarische Debatte holzschnittartig und facettenarm erscheinen. Die Öffentlichkeit erfährt wenig über den auch in den Fraktionen herrschenden Pluralismus. Der mag in den Vorberatungen zutage treten. Nach der Probeabstimmung und vor dem Gang auf die Bühne des Plenums wird er verstellt. Daraus erwächst ein Strukturproblem des Parlamentarismus. Parlamentsdebatten erscheinen als deklamatorisch, glattgeschliffen und faszinieren das Publikum weniger als Talkshows mit individualistischen Selbstdarstellern.

Selten rücken die Fraktionen vom Prinzip der Geschlossenheit ab. Das ist bei so genannten „Gewissensentscheidungen" der Fall oder dann, wenn die Positionen in den Fraktionen so konträr sind, dass sich ein Konsens auch als Formelkompromiss nicht finden lässt. Eine solche

„Gewissensentscheidung" traf der Deutsche Bundestag bei seinem Abschied aus Bonn: die Entscheidung über die Errichtung eines Holocaustmahnmals in Berlin. Weder die Fraktionen noch die Parteien mochten sich für eines der diskutierten Modelle festlegen. So war es ein Ausweg aus dem Dilemma, die Sache den einzelnen Abgeordneten und ihrem „Gewissen" zu überlassen. Bei der vorausgegangenen Bonn-Berlin-Entscheidung dagegen standen sich Befürworter und Gegner der beiden Städte in fast allen Fraktionen so unversöhnlich gegenüber, dass sich das „freie" Votum weniger aus Gewissensgründen anbot und dazu diente, die Geschlossenheit der Fraktionen im üblichen Tagesgeschäft zu sichern.

Der Druck zur Geschlossenheit passt nicht zum Idealbild der liberalen Honoratiorendemokratie, gehört jedoch zum Alltag der repräsentativen Parteiendemokratie. In ihren Anfängen musste die parlamentarische Demokratie auf die abkömmlichen und konditionierten Honoratioren zurückgreifen - heute sind Abgeordnete Politikfunktionäre, die sich den Regeln der modernen Massendemokratie anpassen müssen.[126]

e) Personalisierung als Pflicht?

Nicht nur im Wahlkampf vollzieht sich Politik über Personalisierungen. Personalisiert werden Programme, Parteien, Kampagnen, Regierungen und eben auch Fraktionen.[127] Das innere Gefüge der Fraktionen wird durch Personalisierung geprägt. Deren Repräsentanten werden unter anderem nach ihrer Wirkung in den Medien ausgesucht. Als solche müssen sie versuchen, Inhalte mit Namen zu verbinden. Sie wachsen dabei manchmal über den üblichen Parlamentsbetrieb hinaus. So verfügen die Grünen im Berliner Abgeordnetenhaus über einen Verkehrpolitiker, dessen Name Cramer für deren Vorstellungen vom Vorrang des Öffentlichen Personennahverkehrs - „ÖPNV" - steht.

Die Fraktion der CDU/CSU im Deutschen Bundestag besetzte ihre Position des stellvertretenden Fraktionsvorsitzenden nach dem Prinzip der Personalisierung: Der Rivale der Fraktionsvorsitzenden Angela Merkel, Friedrich Merz, bekam dieses Amt, damit er in der Wirtschafts- und Sozialpolitik dem „Superminister" Wolfgang Clement mediengerecht entgegentreten kann. Der Zwang zur Personalisierung der Fraktionsarbeit wächst mit dem Rang des Parlaments. In einem Kommunalparlament ist er weniger stark als in einem nationalen Parlament, wo er allerdings prägend ist. Gerade die Tatsache, dass eine machtpolitisch überaus ausgeprägte Politikerin wie Angela Merkel ihren Rivalen, den sie eben aus dem Fraktionsvorsitz verdrängt hatte, zu ihrem Stellvertreter macht, zeigt, wie sehr die üblichen Machtkämpfe zwischen Politikern durch den Zwang zur Personalisierung ergänzt werden.

---

[126] s. Wolf-Dieter Hauenschild, a.a.O.

[127] s. Eva Stern/Jürgen Graner, It`s the Candidate, Stupid? Personalisierung der bundesdeutschen Wahlkämpfe; in: Thomas Berg, a.a.O., S. 145 ff

Diejenigen unter den Abgeordneten, die medial nicht wirken, werden unter diesen Umständen zwar wertvolle Arbeiter in allen Ausschüssen sein können, aber nicht zu Führern der Fraktion aufsteigen, selbst wenn sie das Geschäft des politischen Kampfes ansonsten beherrschen. Es gehört zum Mannschaftsspiel, dass sie sich in nach innen gerichteten Rollen finden und die Außendarstellung den dafür Befähigteren überlassen.

f) Erfolg durch Abweichung (Ströbele)

Jede Regel kennt ihre Ausnahme. Normalerweise endet das Dasein eines Parlamentariers mit der Legislaturperiode, wenn er permanent von der offiziellen Linie der Fraktion abweicht. Der Grünen-Abgeordnete Hans-Christian Ströbele im Deutschen Bundestag war so einer. Er stimmte zum Missvergnügen seiner Fraktionsvorsitzenden und seines „(un)heimlichen Vorsitzenden", Bundesaußenminister Joschka Fischer, gegen sämtliche Auslandseinsätze der deutschen Bundeswehr. Am Ende der Wahlperiode erteilte seine Partei ihm die Quittung: Der Berliner Landesverband der Grünen nominierte Ströbele nicht mehr auf einem der als sicher geltenden Listenplätze für die Bundestagswahl 2002. Doch Ströbele setzte eine andere Regel modernen Parlamentsbetriebes für sich ein, die Regel der Personalisierung. Er war als Mitglied des CDU-Parteispendenuntersuchungsausschusses bundesweit als besonders scharfer Ankläger der CDU und des früheren Kanzlers Helmut Kohl bekannt geworden. Sicher hatte es seiner Popularität genützt, dass der „Altkanzler" Ströbele des öfteren übers Fernsehen giftig angegriffen hatte.

Nach seiner Niederlage für die Berliner Landesliste wurde Ströbele von seiner Basis als Wahlkreiskandidat in Berlin-Friedrichshain/Kreuzberg/Prenzlauer Berg nominiert. Dort führte der überaus bekannte Abgeordnete einen originellen und auf die in diesem Kreis dominierende alternative Szene zugespitzten Wahlkampf (Motto: „Fischer quälen"). Ihm gelang das nicht Vorhersehbare, und er wurde als erster und bisher einziger Kandidat der Grünen direkt in den Bundestag gewählt. Dort sitzt er nun wieder in der Fraktion, hat sogar einen anständigen Platz in der Hierarchie gefunden und wird weiterhin alle Militäreinsätze der Bundeswehr bekämpfen. Innerhalb der Partei verhalf ihm sein Husarenstück zur Anführerrolle gegen die von Joschka Fischer gewollte Wiederwahl der Parteiführung von Claudia Roth und Fritz Kuhn. Auch hierin war er erfolgreich.

Dennoch stellt Ströbele eher die Ausnahme dar: In der einst antiautoritären Partei der Grünen findet er viel Sympathie, und zu seiner medialen Prominenz trugen viele Helfer in den Medien bei.

g) Ausgrenzung nach Abweichung (Hamm-Brücher)

Anders erging es Hildegard Hamm-Brücher bei der FDP. Auch sie hatte große Bekanntheit entwickelt, sogar hohe Staatsämter bekleidet. Sie war als enge Mitarbeiterin des ersten

Vorsitzenden der FDP und ersten deutschen Bundespräsidenten Theodor Heuss in die Politik gekommen. Einen Namen machte sie sich in den sechziger Jahren als fortschrittliche Bildungspolitikerin. In der deutschen Öffentlichkeit galt sie allgemein als „Grande Dame" der FDP. Doch in der FDP-Bundestagsfraktion hatte sie eine Außenseiterposition. Sie stemmte sich öffentlich gegen die Wende von der SPD zur CDU/CSU im Jahre 1982. Danach trat sie immer wieder als Kritikerin des Parlamentsbetriebes auf. Sie beklagte die Einschränkung der Rechte einzelner Abgeordneter durch die Apparate des Bundestages und der Fraktionen. Sie machte sich für eine Parlamentsreform in Richtung mehr Individualität der Abgeordneten stark. Hierfür fand sie Gleichgesinnte, jedoch keine Mehrheiten. 1994 wurde sie von der FDP sogar als ihre Kandidatin für das Amt der Bundespräsidentin nominiert, jedoch zwischen zwei Wahlgängen aus Koalitionsgründen kurzerhand fallen gelassen.

Auch nach ihrem Ausscheiden aus dem Parlament fand Frau Hamm-Brücher in den Medien Gehör. Alle formalen Ehren erhielt sie weiterhin von ihrer Partei. Nur beim eigentlichen politischen Geschäft hörte man nicht auf sie – eigentlich schon seit 1982. Intern galt die „Grande Dame" als Querulantin und Nervensäge – ein nicht ungewöhnliches Schicksal von Abweichlern. So erreichte sie auch nichts gegen die rechtspopulistischen Ausfälle ihrer Partei im Sommer 2002, und als sie am Ende dieses Jahres schließlich ihren Parteiaustritt erklärte, war das Echo der Parteiführung äußerst schwach. Die Organisation war eine Individualistin los, die zwar bundesweit hohes Ansehen genoss, innerparteilich jedoch störte und die Partei- und Fraktionsführungen aufhielt, wenn diese ihre Kreise zogen.

Eine ähnlich markante Individualistin wächst in der Organisation der Liberalen derzeit nicht nach.

h) Doch imperatives Mandat?

In der ersten Amtsperiode seiner Regierung hatte Gerhard Schröder große Mühe, die Abgeordneten der Grünen und der SPD dazu zu bringen, dass sie geschlossen für Militäreinsätze der Bundeswehr im Ausland stimmten. Einige Koalitionsparlamentarier sprachen sich dagegen aus. Die Koalition drohte in dieser Frage die eigene Mehrheit im Bundestag zu verlieren. Am 16. November 2001 stellte der Bundeskanzler die Vertrauensfrage im Deutschen Bundestag, um seine rot-grüne Mehrheit für einen Militäreinsatz zu sichern. Damit hatte er die Mehrheit der Abweichler unter „seinen" Abgeordneten diszipliniert und mit 336 Stimmen im Bundestag bestanden.

Zuvor, am 23. August 2001, hatte der Deutsche Bundestag beschlossen, im Rahmen der Operation „Harvest" deutsches Militär zu ermächtigen, Waffen der albanischen Rebellen in Mazedonien einzusammeln und zu zerstören.[128] Eine Gruppe grüner und SPD-Abgeordneter

---

[128] Wichard Woyke, Bundestagswahl 2002. Wahl. Wähler. Wahlkampf, Opladen 2002, S. 69

wollte nicht zustimmen. Da hatte sich der SPD-Generalsekretär Franz Müntefering eingeschaltet und den "abtrünnigen" SPD-Abgeordneten erklärt, sie wären nicht um ihrer selbst willen in den Bundestag gekommen, sondern auf den Listen der SPD. Und wenn sie jetzt nicht zu ihrer Regierung stehen würden, würde das in der Partei bei der bevorstehenden Kandidatenaufstellung Konsequenzen haben. Mit dieser Intervention, fügte Müntefering noch hinzu, wolle er die Gewissensfreiheit der Abgeordneten keineswegs angreifen.

Die Politologenzunft war Franz Müntefering zu Dank verpflichtet: Mit seinem Hinweis auf einen möglichen Mandatsverlust für die sozialdemokratischen Abweichler in der Mazedonien-Abstimmung hatte er ein dickes Kreuz über das Bild vom freien Abgeordneten gemalt. Der „General" hielt das Freie Mandat für nicht gegeben und forderte von den SPD-Abgeordneten Parteidisziplin. Indem er die Zuständigkeiten des damaligen Fraktionsvorsitzenden Peter Struck okkupierte, plädierte Müntefering praktisch für Fraktionszwang und imperatives Mandat. Dazu fühlte er sich berechtigt, weil seine Partei die Regierung stellte.

Da war er wieder, der Widerspruch zwischen Freiem Mandat und Fraktionszwang. Ist die Feststellung des Grundgesetzes, dass Abgeordnete ihrem Gewissen unterworfen seien, blanke Theorie, weil die Volksvertreter ihre politische Existenz allein ihrer Partei zu verdanken hätten? Müntefering sah es so. Paulchen Müller und Franz Müntefering seien schließlich nicht als politische Alleinunternehmer in den Bundestag gekommen, sondern als Beauftragte ihrer Partei. Da aber diese Partei die Regierung stellte, hätten die Abgeordneten die Pflicht, diese zu stützen – und das hieß: ihr zu folgen.

Für den Generalsekretär der Regierungspartei hätten Abgeordnete nach Probeabstimmungen in den Fraktionen schlicht der Mehrheit zu folgen. Das sichere dem Gesamtunternehmen die Macht, und darauf allein käme es an.

Aus seiner Sicht hatte der Generalsekretär recht. Ohne ihre Partei verlören Abgeordnete das politische Gewicht, würde niemand auf sie hören. Da klingt es konsequent, wenn sie sich den Mehrheiten in der Fraktion fügen. Ansonsten müssen sie mit Sanktionen rechnen. Diese Sichtweise trifft einen Aspekt der Parteiendemokratie. Sie ignoriert allerdings, dass die mit Hilfe der Parteien zu Abgeordneten mutierten Staatsbürger durch ihre Wahl einen über die Partei hinaus weisenden Status erworben haben. Denn so sehr die Vorentscheidungen für die Zusammensetzung der Parlamente bei den Parteien liegen: nicht sie machen Kandidaten zu Abgeordneten. Das tun die Wähler. Die haben mit dem Innenleben der Parteien ihrer Wahl wenig zu tun. Als Mitglieder des Parlamentes werden alle Abgeordnete somit über ihre Parteien hinaus gehoben, wenngleich sie sich fast immer nach ihrer politischen Herkunft zu Fraktionen zusammenschließen. Solange die Abgeordneten ihr zeitlich begrenztes Mandat ausüben, erlaubt es ihre Rolle, sich bei ihren Entscheidungen nicht nur an Partei- oder Regierungsinteressen auszurichten, sondern auch an eigener Bewertung.

Im Falle des Mazedonien-Einsatzes gab es nicht nur SPD- und grüne Abgeordnete, die einen Widerspruch zwischen der jeweiligen Parteilinie und ihrer Einsicht artikulierten. Solche gab es auch bei der Union und bei der FDP. Am Ende befürchteten sie alle, deutsche Soldaten in einen ungenügend formulierten Einsatz zu schicken. Dafür wollten sie Gesundheit oder Leben dieser Soldaten nicht riskieren. So stimmten sie mit „Nein", - einige aus blanker Überzeugung, andere in Erwartung der mehrheitlichen Zustimmung im Parlament und wieder andere mit dem Kalkül, die politischen Führer zu mehr Sorgfalt zu provozieren.

Müntefering hatte daraus einen Unterschied zwischen einem „Nein" aus Gewissensgründen und einem solchen aus politischen Gründen konstruiert. Das erste sei – wenn auch schweren Herzens – akzeptabel, das zweite nicht. Diese Unterscheidung war kurios, denn wer will darüber richten, ob jemand aus „Gewissensgründen" oder „nur" aufgrund politischer Überlegungen gegen einen Militäreinsatz stimmt? Im Zweifel kann sich jeder Abgeordnete auf sein „Gewissen" berufen, denn nach der Verfassung bedeutet es nichts anderes, als dass er an Weisungen und Aufträge nicht gebunden ist.

Zu einem wirksamen Disziplinierungsmittel hatte Bundeskanzler Gerhard Schröder mit der Vertrauensfrage gegriffen. Wäre ihm das Vertrauen versagt worden, hätte der Bundespräsident auf seinen Antrag hin den Bundestag auflösen können. Der Kanzler hätte auch mit Hilfe des Bundespräsidenten den Gesetzgebungsnotstand ausrufen können. Aber auch die Möglichkeit, überhaupt nicht zu reagieren, hätte er gehabt. In jedem Falle ist die Vertrauensabstimmung eine scharfe Waffe gegen Abtrünnige in den eigenen Fraktionen. Diese Waffe kann ein Bundeskanzler nicht häufig einsetzen.[129]

Die Regierung und die Fraktionsführungen müssen überzeugen und nicht anordnen, wenn sie das Heft des Handelns behalten wollen. Wäre das nicht so, brauchte es nicht Hunderte von Abgeordneten, sondern nur die Führungen selber. Dass diese allein bestimmten und ihre Entscheidungen allenfalls „abnicken" ließen, wäre nicht parlamentarische, sondern Volkskammer-Demokratie. Die ist in Deutschland seit über zehn Jahren abgeschafft.

Auch Regierungschefs und Generalsekretäre müssen bedenken, dass sie irren können, ja - dass es sogar möglich ist, dass sie, alle ihre Berater und Mehrheiten falsch liegen und im Extremfall nur ein einziger Abgeordneter eine Situation richtig einschätzt. So gesehen sind „Abweichler" keine Störenfriede, sondern Mahner, es besser zu machen.

Die Annahme, dass die Macher der Politik die Rolle von „Abweichlern" so funktional betrachten, ist indes weltfremd. „Ja"-Sager, Mitläufer und „Parteisoldaten" sind bequemer und schmeicheln dem Ego des Machers. Abweichler stören vordergründig immer.

Abweichler selber hingegen wären auch weltfremd, falls sie glaubten, ihr Handeln bliebe folgenlos. Die Fraktion und die Partei können keinen Abgeordneten zwingen, davor schützt das

---

[129] Diesen Möglichkeiten liegen die Artikel 68 und 81 des Grundgesetztes zugrunde.

Recht. Aber jede Partei und jede Fraktion kann Konsequenzen ziehen. Die Fraktion kann den Unwilligen Pfründe verweigern oder nehmen, sie kann sie sozial schneiden, und die Partei kann sie nicht mehr nominieren. Das tun die Parteiführungen in Deutschland nicht direkt, sondern über die Landesverbände.

Derlei Sanktionen müssen Unbequeme einkalkulieren. Sie können es um so sicherer tun, je mehr sie verinnerlicht haben, dass politische Macht in einer Demokratie ohnehin auf Zeit verliehen ist. Dabei mögen sie sich an dem Gedanken erwärmen, dass es Zeitgrenzen der Macht auch für Parteiführer gibt: Sie fallen manchmal früher und tiefer als vermutet. Häufig hat es dann daran gelegen, dass die Parteiführer zu lange und zu viele „Ja"-Sager um sich gehabt haben.

i) Ausschluss nach Obstruktion (Möllemann)

Eine Fraktion ist ein Zusammenschluss ähnlich Gesonnener, die sich in ihren politischen Grundüberzeugungen von den Konkurrenten abheben.[130] Praktisch schließen sich zu Beginn einer Legislaturperiode die aus der gleichen Partei kommenden Abgeordneten zu einer Fraktion zusammen. Die Fraktion ist bestrebt, alle Abgeordnete ihrer Partei bei sich zu haben, denn je mehr Mitglieder eine Fraktion hat, desto größer sind ihre Ressourcen und desto stärker ist ihr Einfluss. Es mag häufig vorkommen, dass als querulantorisch angesehene Abgeordnete geschnitten oder "gemobbt" werden, dass ihnen Ausschussmitgliedschaften verweigert werden.[131] Selten hingegen ist es, dass ein Abgeordneter von der Fraktion ausgeschlossen wird. So sehr die Fraktionsmehrheit und die Fraktionsführung für die Geschlossenheit einer Fraktion kämpfen werden: Abweichende Meinungsäußerungen und abweichendes Stimmverhalten können keine Ausschlussgründe sein. Wolf-Dieter Hauenschild bezieht sich auf das deutsche Bundesverfassungsgericht und stellt fest, dass erst eine "grobe..., objektive Schädigung der Fraktion" ein Ausschlussgrund sein kann.[132] Auch führt ein Parteiausschluss nicht automatisch zum Fraktionsausschluss. Das Ausschlussverfahren muss rechtsstaatlich sein, dem Betroffenen Gehör gewähren, und der Ausschluss kann nur mit der absoluten Mehrheit der Mitglieder der Fraktion in der Fraktionsversammlung beschlossen werden.

In der deutschen FDP sollte Jürgen W. Möllemann aus den Fraktionen der FDP im Düsseldorfer Landtag und im Deutschen Bundestag ausgeschlossen werden. Die Parteivorstände des Bundes und des Landesverbandes hatten vorab den Ausschluss Möllemanns aus der Partei beantragt. (s. Kapitel 12)

---

[130] Das gilt nicht für die in Deutschland unbekannten "technischen Fraktionen", bei denen sich unabhängige Abgeordnete unterschiedlicher Ausrichtungen zusammenschließen, um in den Genuss der Organisationsvorteile von Fraktionen zu gelangen - wie Rederecht, Ausschussvertretung, Raumnutzung, Finanzierung.
[131] So wurde zum Beispiel der Grünen-Abgeordneten Petra Kelly Anfang der 80er Jahre der Zugang als ordentliches Mitglied zum Ausschuss für auswärtige Angelegenheiten verwehrt, weil sie sich weigerte, entsprechend den Beschlüssen ihrer Partei zu "rotieren" und ihr Mandat an einen Nachrücker weiterzugeben.
[132] Wolf-Dieter Hauenschild, a.a.O., S. 202

Die Ausschlussverfahren in den Fraktionen sind von grundsätzlicher Bedeutung. Denn mindestens in Berlin wird der Politiker nicht wegen seines Verhaltens in der Fraktion oder im Parlament ausgeschlossen, sondern wegen seiner politisch und rechtlich umstrittenen Aktivitäten als Landesvorsitzender der FDP Nordrhein-Westfalen, stellvertretender Bundesvorsitzender und Kandidat für den Deutschen Bundestag. Es war schwer zu begründen, warum Möllemann der FDP-Fraktion im Bundestag erheblichen Schaden zugeführt habe mit Aktivitäten aus der Zeit vor deren Konstituierung. Dennoch wurde in der Bundestagsfraktion beschlossen, Möllemann auszuschließen.

Dem - ohnehin eingeschränkten - Prinzip der Freiheit des Abgeordneten in der repräsentativen Parteiendemokratie würde es jedenfalls diametral widersprechen, erhielten Fraktions- und Parteiführungen verstärkt die Möglichkeit, die Entscheidungen über die Nominierung einzelner Parteimitglieder im nachhinein und nach erfolgter Wahl durch Fraktionsausschluss zu korrigieren.

Die in der Literatur schon „logisch zu Ende gedachte parteienstaatliche Demokratie" würde den Abgeordneten die „letzte Legitimität" nehmen, „eine von den Parteien und Fraktionen abweichende Linie in Fragen von politischer Wichtigkeit zu verfolgen."[133]

j) Was ist das „Gewissen" von Abgeordneten?

Das deutsche Grundgesetz unterwirft die Abgeordneten „nur ihrem Gewissen". In der politischen Praxis ist kaum zu präzisieren, wann das Gewissen den Ausschlag für eine Entscheidung geben kann. Der „Große Brockhaus" von 1983 definiert „Gewissen" als „das innere Bewusstsein vom sittlichen Wert oder Unwert des eigenen Verhaltens". Daraus ist zu schließen, dass bei Parlamentsentscheidungen über praktische Fragen wie zum Beispiel den Prozentsatz einer Steuererhöhung ausschließlich ökonomische und politische Erwägungen eine Rolle spielen. Hier hätte es ein Abgeordneter schwer, sein Abweichen von der Fraktion mit dem Gewissen zu begründen. Bei Entscheidungen über Angelegenheiten von existenzieller Bedeutung wie „Krieg oder Frieden", „Abtreibung", „Gentechnologie" oder „Todesstrafe" hingegen wäre es verständlich, folgten Abgeordnete ihrem Gewissen und nicht Partei- oder Fraktionsbeschlüssen.

Konfliktträchtig wird der Rückzug von Abgeordneten auf ihr Gewissen bei Entscheidungen zwischen diesen praktischen Fragen einerseits und den existenziellen andererseits. Der 2002 wiedergewählten deutschen Bundesregierung wird von der Opposition „Wählerbetrug" vorgeworfen. Sollte eine Partei im Wahlkampf versprochen haben, keine Steuererhöhungen durchzuführen, aber nach der Wahl mit dem Hinweis auf unvorhersehbare wirtschaftliche Entwicklungen Steuererhebungen doch anstreben: Würde dann das Gewissen der Abgeordneten tangiert, weil sie zwar die ökonomische Notwendigkeit der Steuern einsehen könnten, es aber für

---

[133] Dieter Hesselberger, Das Grundgesetz. Kommentar für die politische Bildung, Bonn 2000, S. 235

unsittlich hielten, gegen das Wählerversprechen zu verstoßen? Könnten sie sich weiterhin im Falle einer Verweigerung selbst dann auf ihr Gewissen berufen, wenn der Regierung dadurch die Mehrheit im Parlament verloren ginge? Möglicherweise würden in einem solchen Fall Außenstehende den Abgeordneten die Gewissensentscheidung abnehmen, die eigenen Parteifreunde, Fraktions- und Regierungsmitglieder jedoch nicht.

Die Partei- und Fraktionsführung hätte sogar die Pflicht, die sich auf ihr Gewissen berufenden Abgeordneten zu beeinflussen, dass sie ihre Haltung ändern. Dabei würde sie der „Gewissensfrage" beim „Wählerbetrug" die andere der Verantwortbarkeit des Machtentzugs für das eigene politische Lager entgegenstellen; sie würde mit Positionen und Posten zur Überwindung der Gewissensnot locken, und sie würde mit sozialer Isolation, Macht- und Mandatsverlust am Ende der Legislaturperiode drohen. In der Praxis finden solche „Bearbeitungen" möglicher Abweichler permanent statt, und in der Mehrheit der Fälle erreichen die Partei- und Fraktionsführer ihr Ziel. Wo das nicht gelingt, können die „unbeugsamen" Abgeordneten sich weiterhin auf ihr Gewissen berufen: Ein Teil der Öffentlichkeit wird sie dafür ehrlich loben, die politische Konkurrenz wird ihre Freude über die Schwächung des Gegners weniger ehrlich ebenfalls in solches Lob für die „Unbeugsamen" kleiden, aber die eigene Partei wird ihnen das nicht verzeihen und danach trachten, ihren politischen Einfluss zu schwächen oder zu beenden.

k) Macht auf Zeit als Konfliktentspannung

Nicht nur die Macht der Regierenden ist in der Demokratie zeitlich begrenzt, sondern auch diejenige ihrer bestellten Kontrolleure im Parlament. Das Prinzip der Diskontinuität unterwirft die Parlamentarier einem anderen Zeitrhythmus als den für die Regierenden geltenden. Denn die Regierungsmitglieder können im Laufe der Legislaturperiode abgelöst werden, aber auch über die Legislaturperiode hinaus im Amte bleiben. Fraktionen jedoch haben - wie Schulklassen - ein Anfang und ein Ende. Sie werden von ihren Mitgliedern zu Beginn der Amtszeit eines Parlamentes gegründet und gehen spätestens dann zu Ende, wenn die Amtszeit vorbei ist. Diese klaren Zeitgrenzen entspannen den Widerspruch zwischen Freiem Mandat und Geschlossenheit ein wenig. Die Geschlossenheit der Fraktion ist leichter herzustellen, weil die Mitglieder der Fraktion um die zeitliche Begrenzung der Unternehmung wissen: Es wird eine neue Wahl kommen, und neue Möglichkeiten werden sich bieten. Was sich gegenwärtig im Parlament tut, gilt vorübergehend und nicht für Dauer. Da ist es leichter, zurückzustecken. Umgekehrt wird es viele Situationen geben, in denen Fraktionsführungen die Unannehmlichkeiten der Freien Mandate „ihrer" Abgeordneten dulden, weil sie von deren Vergänglichkeit wissen. In besonders hartnäckigen Fällen des Abweichens erlaubt es die Zeit den Fraktionsführungen zu resignieren. Sie hoffen, die Zeit werde das Problem lösen.

l) Die Lösung: Mannschaftsspiel?

Freies Mandat und politische Geschlossenheit lassen sich in der Sprache der Soziologie als konkurrierende Erwartungen an die Träger parlamentarischer Rollen bezeichnen. Dass die Abgeordneten ihre Mandate in Freiheit wahrnehmen, erwarten Teile der Wählerschaft und der Öffentlichkeit sowie persönliche Bezugsgruppen der Abgeordneten. Die Erwartung nach der Geschlossenheit geht von der Partei aus. Wird das Mandat „frei" wahrgenommen, so winken dem Abgeordneten einige positive Sanktionen, die eher als „weich" zu bezeichnen sind: Lob und Anerkennung bei Wählern und Teilen der Öffentlichkeit. Dem können weiche bis harte negative Sanktionen der Fraktion gegenüber stehen: von der sozialen Isolierung bis zum Extrem des Ausschlusses. Wer der Erwartung nach Geschlossenheit nachkommt, hat kaum negative Sanktionen zu befürchten, dafür aber vielfältig positive von der sozialen Anerkennung in der Fraktionsgemeinschaft bis zur Ausstattung mit begehrenswerten Positionen und Pfründen. Das Prinzip der Geschlossenheit ist also das stärkere. Das Freie Mandat setzt dem jedoch Grenzen. Im Grundsatz ist Gerhard Leibholz zuzustimmen, „dass das Bekenntnis zu den Grundsätzen liberal-repräsentativen Parlamentarismus... heute allein die Bedeutung haben kann, gewisse äußerste Konsequenzen des Parteienstaates abzuwehren." [134] Doch darf das Ganze nicht so gesehen werden, als wären Freies Mandat und Geschlossenheit sich ausschließende Gegensätze wie Feuer und Wasser.

Da Parteilose kaum eine Chance haben, in die Parlamente zu kommen, ist die Parteizugehörigkeit den Abgeordneten nichts Fremdes, Oktroyiertes. Sie haben sich freiwillig zum Beitritt in die jeweilige Partei entschieden und sich auch schon den dort geltenden Rollenerwartungen gefügt – sonst hätte die Partei sie gar nicht nominiert. So kommen die Abgeordneten normalerweise mit dem Verständnis in die Parlamente, Repräsentanten ihrer Parteien zu sein. Sehr bald werden sie lernen, dass sie mit einem Mandat über die Partei hinausgehende Perspektiven berücksichtigen müssen. Das aber geht allen Abgeordneten so – Hinterbänklern wie Fraktionsführern. So erscheint das Freie Mandat gegenüber der von der Fraktion und der Partei gewünschten Geschlossenheit wie ein Additiv, in dessen Genuss jene Parteifunktionäre kommen, denen für eine begrenzte Zeit ein parlamentarisches Mandat übertragen wurde. Damit lässt sich umgehen.

In der Praxis lassen sich Freies Mandat und Geschlossenheit verbinden durch das Mannschaftsspiel, zu dem eine Fraktion finden muss. Zwar ist jede Fraktion hierarchisch gegliedert mit dem Fraktionsvorstand an der Spitze, den Ausschuss- und Arbeitskreisvorsitzenden in der Mitte und den „einfachen" Abgeordneten an der Basis. Doch die Fraktion handelt im Geschehen des Parlamentes, der allgemeinen Öffentlichkeit. Da muss sie

---

[134] Gerhard Leibholz, Strukturprobleme der modernen Demokratie, 3. Auflage, Karlsruhe 1967, S. 117

Position beziehen im Plenum, im Ausschuss, in der Versammlung, in der Pressekonferenz. Sie muss das tun bei den verschienendsten Themen, und so braucht sie lokal und inhaltlich wechselnde Besetzungen. Fraktionsarbeit ist Teamarbeit oder Mannschaftsspiel. Da gibt es vielfältige Möglichkeiten, die eigene politische Freiheit auszuspielen, zumal die vom Parlament zu behandelnden Themen immer weiter ausgefächert werden.

In Grundsatz- und prägenden Machtfragen wird es in Fraktionen dennoch stets zu Konflikten kommen zwischen Mehrheiten und Führungen auf der einen und Minderheiten auf der anderen Seite. Das ist Politik. Politik braucht Kampf. Dazu gehört, dass Sanktionen verhängt werden, sich Machtgruppen bilden, intrigiert und finassiert wird. Hauenschild bemerkt hierzu: „Wer den Status des Abgeordneten erstrebt (hat), kann sich den Kämpfen und Auseinandersetzungen nicht entziehen, die mit diesem Amt notwenig verbunden sind. Es ist dem Abgeordneten zuzumuten, dass er bei seiner Meinung bleibt, notfalls auch für den Preis, dass er nicht wieder aufgestellt wird."[135]

Das Freie Mandat ist eine gute Rüstung auch für den innerfraktionellen Kampf der Abgeordneten. Sie schützt vor vorzeitigem parlamentarischem Tod aber nicht vor Niederlagen. Und am Ende einer festen Zeit wird die Rüstung wieder eingezogen. Ob es für die nächste Runde wieder die Chance gibt, eine solche Rüstung zu erhalten, darüber entscheidet die Partei.

Doch eine demokratische Partei ist kein monolithischer Block – auch wenn ihre Werbeberater es gerne so hätten. Und über die Aufstellung von Kandidaten entscheiden unterschiedliche Gremien der Partei. Diese können unterschiedliche Auffassungen haben vom Profil eines Kandidaten, und so kann es geschehen, dass – wie im Jahr 2002 in Berlin–Friedrichshain/Kreuzberg/Prenzlauer Berg - wieder einer ins Parlament geschickt wird, der seine Rüstung des Freien Mandats schon in der letzten Wahlperiode gerne gegen die mehrheitlich erwünschte Geschlossenheit eingesetzt hat.

Der Kampf geht weiter.

Ende 2003 wurde ein weiteres Problem des deutschen Parlamentarismus offenbar: Es gab einige Bundestagsabgeordnete, die neben ihrem Mandat einer Beschäftigung nachgehen, die man nicht als normale Arbeit bezeichnen kann. Sie sind leitend tätig in Firmen, betreiben die Politikberatung. Solche Abgeordnete versilbern ihre Mandate, die ihnen doch nur auf Zeit geliehen wurden.

---

[135] Wolf-Dieter Hauenschild, a.a.O., S. 204

Exkurs 14

Transparenz und Kontrolle

Immer `mal wieder kommt die Frage auf: Wie viele zusätzliche Jobs darf ein dem ganzen Volke verpflichteter Abgeordneter neben seinem Amt haben? Und welche Jobs passen zum Mandat, welche hingegen nicht?

Die Bundestagsabgeordneten sind - weil es das Bundesverfassungsgericht wollte - so gut bezahlt, dass sie die Kosten des alltäglichen Lebens mühelos aufbringen können. Die Diäten liegen derzeit bei 7900 Euro, dazu gibt es eine steuerfreie Kostenpauschale von 3417 Euro. Mit diesem Geld soll jeder Abgeordnete nicht schlicht „versorgt" werden, sondern er soll seinem hohen Amt als Mitglied des wichtigsten Verfassungsorgans Bundestag gemäß „ausgestattet" sein. Das heißt, den Beamten, die er zu kontrollieren hat, soll er im Status gleichwertig gegenübertreten. Die personellen und materiellen Ressourcen für sein Amt soll er aufbringen können. Dafür können die Wähler verlangen, dass er seiner politischen Auffassung folgend und sachkundig entscheidet, dabei innerlich frei und seinem Gewissen verpflichtet bleibt. Gegenleistungen sind sowohl das solide Einkommen als auch die Befriedigung der Abgeordneten an der Teilhabe an der Macht oder wenigstens an der Nähe zu ihr.

So wie die Stellung der Bundestagsabgeordneten geregelt wurde, ist in der Bundesrepublik möglich, was zu Beginn des vorigen Jahrhunderts vom Altmeister der Sozialwissenschaften, Max Weber, noch als nicht vereinbar beschrieben wurde: Dass Politiker nicht nur „für" die Politik, sondern auch „von" der Politik leben können. Auch derjenige, der nicht vermögend ist und keine „auskömmliche private Lebensstellung" hat, soll „für" die Politik leben können, weil er auf jeden Fall „von" ihr leben kann.

Nun gibt es Abgeordnete, die neben ihrem auskömmlichen Mandat einem Beruf nachgehen, - wenn auch nur teilweise, denn die Wahrnehmung eines Mandats verschlingt viel Zeit. Das ist zu begrüßen, wenn ein Abgeordneter dadurch zweierlei erreicht: Dass er zum einen durch seinen außerpolitischen Beruf Kontakte zum „wirklichen Leben" außerhalb des „Raumschiffs Politik" wahrt oder dass er sich zum andern wie durch ein Trockentraining fit hält für eine Aufgabe außerhalb der Politik. Denn in einer richtigen Demokratie gehört es dazu, dass Abgeordnete nach einer Zeit ihre Mandate verlieren: Politik braucht den Wechsel, und ehemalige Abgeordnete brauchen einen ordentlichen Beruf.

Soweit, so gut.

Es gibt jedoch Abgeordnete, die ihr Mandat als Angebot für neuerdings als „Beratung" bezeichneten „innerparlamentarischen Lobbyismus" – ein sprachlicher Widersinn drückt eine politische Perversität aus - feilbieten. Das ist nicht in Ordnung. Denn erstens kommt bei solchen Politikern der Appetit beim Essen: Sie begeben sich in immer mehr Beraterzusammenhänge, weil sie dadurch nach Einkommen und Prestige in höhere Ligen aufsteigen. Dort zu sein, macht wiederum süchtig nach noch mehr. Um diese Sucht zu befriedigen, brauchen die Abgeordneten das Mandat: immer wieder. Das Prinzip des Mandats auf Zeit wird infrage gestellt. Und zweitens wird das Mandat Mittel zu einem persönlichen Zweck: Die Abgeordneten machen sich zum innerparlamentarischen Agenten für Sachen, zu denen sie sich von gut zahlenden Auftraggebern vertraglich verpflichtet haben. Dabei geht es immer um „Sachen", bei denen das Parlament Relevantes entscheiden kann – sonst hätte das Ganze keinen Sinn. Können jedoch solche Abgeordnete nur ihrem Gewissen verpflichtet für das ganze Volk arbeiten? Das ist zweifelhaft. Was ist zu tun? Helfen können Transparenz und Kontrolle.

Transparenz: Mittlerweile sind die Bundestagsabgeordneten verpflichtet, Angaben über außerparlamentarische Einbindungen zu publizieren. Das ist gut, denn so kommt es gelegentlich heraus, wenn die Metamorphose eines Mandats in eine Beratungsagentur zu krass ist. Doch wer versteht schon die codierten Angaben mancher Abgeordneter über ihre sonstigen Verpflichtungen? Die Öffentlichkeit müsste konkret erfahren, in wessen Auftrag jemand in welcher Sache berät. Das würde sicher die Zahl der Aufträge verringern, was kein Schaden für das politische System wäre.

Kontrolle: Die nächste Wahl naht. Die Parteien tragen die Verantwortung für ihre Kandidaten. Sie müssen Sensibilität dafür entwickeln, dass Mandate - jedenfalls im Bundestag - materiell und politisch selbsttragend sind. „MdB" zu sein ist ein Wert an sich. Da bedarf es keiner Draufsattlungen. Gerade die ohnehin wenig angesehenen Parteien müssen darauf achten, dass Mandate nicht zum Humus werden, auf dem mächtige Interessenten ihre Blüten treiben lassen.

14. Vom Irrweg des innerparteilichen Plebiszits[136]

In der repräsentativen Demokratie wird Abgeordneten Macht auf Zeit verliehen. Während dieser Zeit - „Legislaturperioden" - entscheiden diese in den Parlamenten und die von ihnen gewählten Regierungen über die Geschicke des Gemeinwesens. Die Regierungen werden von den politischen Mehrheiten in den Parlamenten bestimmt, und die Minderheiten - die „Opposition" - müssen auf ihre Chance für den nächsten Legislaturperioden hoffen. Dazu entscheidet das Volk in regelmäßigen Abständen neu, wer fürderhin und wiederum befristet in seinem Auftrag Macht ausüben soll.

In der plebiszitären oder „direkten" Demokratie entscheidet das Volk selber über öffentliche Angelegenheiten. Doch ist es bei einem 80-Millionen-Volk wie in Deutschland gar nicht möglich, dass sämtliche Angelegenheiten des alltäglichen Regierungsgeschäftes per allgemeinem „Volksentscheid" geregelt werden. Deswegen gibt es auch in plebiszitär konstruierten politischen Systemen wie etwa in der Schweiz die repräsentativen Institutionen Parlament und Regierung zur Erledigung des politischen Alltagsgeschäftes. Sie werden jedoch ergänzt, kontrolliert und angetrieben durch plebiszitäre Instrumente, die nicht den Aufwand des Volksentscheids erfordern - aber auch nicht abschließend verbindlich sind: „Volksbefragung" und „Volksbegehren". Durch Volksbegehren werden die repräsentativen Institutionen gezwungen, bestimmte Themen zu behandeln. Dem Begehren müssen sie formal, aber nicht inhaltlich folgen. Auch die Volksbefragung belässt die letzte Entscheidung den Institutionen, jedoch ist das eine Formalie: Inhaltlich werden sie dem Votum des Volkes folgen.

In der repräsentativen Demokratie kann es unter den Mandatsträgern einen ausführlichen politischen und sachlichen Diskurs unter Abwägung aller Aspekte der anstehenden Frage geben. Im plebiszitären Verfahren geht es um die Abstimmung über klar definierte Alternativen - häufig genug um „Ja" oder „Nein". Der Kompromiss ist nicht das Wesen des Plebiszits.

Repräsentative und plebiszitäre Demokratie schließen sich nicht gegenseitig aus. Sie können zusammen praktiziert werden. Jedes politische System entscheidet für sich, welche Mischung es wählt. Dabei ist eine rein repräsentative Demokratie ohne jegliche plebiszitäre Elemente eher vorstellbar als eine rein plebiszitäre. Auch die direkte Demokratie bedarf der Organisation: Ein Volksbegehren in Gang zu bringen, erfordert den Einsatz von Ressourcen, Planung und Kooperation - ist also auf der Ebene der Nationalstaaten nur von Großorganisationen wie Verbänden, Gewerkschaften oder Parteien zu leisten.

So unterschiedlich die Positionen im Streit um repräsentative oder direkte Demokratie in Deutschland sind: Für die Ebene der Länder oder des Bundes wünschen alle Kontrahenten eine

---

[136] Veränderte Fassung eines Beitrages gleichen Titels in der Zeitschrift für Parlamentsfragen; Jg. 29, H. 2/98, S. 352

Kombination beider Prinzipien. Vor allem sollen plebiszitäre Möglichkeiten den etablierten Funktionären und Institutionen Dampf machen - sie sollen Trägheit verhindern und Verkrustungen aufbrechen. Auf der kommunal- und der Landesebene gibt es in Deutschland bereits plebiszitäre Möglichkeiten, auf der Bundesebene jedoch nicht.

Plebiszite werden jedoch nicht nur für die Bundes-, Landes- und Kommunalpolitik empfohlen - sie werden auch zunehmend für das Innenleben der Parteien gefordert. Von ihren Befürwortern wird die direkte Demokratie in den Parteien als ein Mittel gegen die Oligarchisierung und für die Stärkung der Rechte der Mitglieder gesehen. Dabei ist sie oft genug eine Methode, innerparteiliche Ausweglosigkeit bei den Vorständen zu überwinden oder aber in einem Bündnis zwischen Basis und Parteiführung die Schicht der kleinen und mittleren Funktionäre auszuspielen.

So auch bei den Grünen: Nach der Bundestagswahl 2002 wollten diese sich von ihrem vorletzten Überbleibsel aus der Zeit der Anti-Parteien-Partei befreien: Von der Unvereinbarkeit zwischen Vorstandsarbeit und parlamentarischem Mandat.[137] Doch ein Bundesparteitag in Bremen erbrachte nicht die erforderliche Mehrheit. Das jedoch wurde nicht akzeptiert, und so entstand das Projekt, die Vereinbarkeit durch eine Urabstimmung bei den Mitgliedern der grünen Partei feststellen zu lassen. Die direkte Demokratie sollte dazu dienen, einerseits eine Blockade „mittlerer Funktionäre" zu überwinden und andererseits es zwei Angehörigen der Parteiführung zu ermöglichen, Vorstands- und neu erworbene Abgeordnetenposten fortzuführen.

Während führende Industriefunktionäre sich in der deutschen Politik eine Konzentration der Macht an der Spitze wünschen, mehren sich vor allem unter Journalisten, Politikern und Wissenschaftlern die Stimmen im Lande, die nach direkter Beteiligung der Bürger an den Entscheidungen rufen. Die einen wollen den „Standort Deutschland" durch Machtkonzentration „fit machen" für den globalen Wettbewerb, und die anderen wollen das repräsentative politische System mit dem Ziel größerer Durchlässigkeit öffnen für plebiszitäre Möglichkeiten: So soll aus einer „Zuschauer-" eine „Teilnehmerdemokratie" werden. Gemeinsam ist beiden Denkrichtungen, dass ihnen die praktizierte Parteiendemokratie nicht zusagt und dass sie auch den sich im Bundesrat institutionalisierten Föderalismus skeptisch betrachten.

Der durch den Parlamentarischen Rat im Grundgesetz gefundene Konsens für einen repräsentativen Parteienstaat auf föderaler Basis gilt nicht mehr. Nach der Katastrophe des Nationalsozialismus hatte man 1949 gemeint, aus Strukturfehlern der Weimarer Republik und deren Ausnutzung durch die Nazis Schlussfolgerungen ziehen zu müssen. Die in Weimar weitgehend abgelehnten Parteien erhielten Verfassungsrang, nach 1933 zur Machtfestigung durchgeführte akklamative Volksabstimmungen sollten durch ein strikt repräsentatives

---

[137] Als "letztes" Überbleibsel wird hier die Doppelspitze bei den Vorständen von Fraktion und Partei verstanden.

Regierungssystem nicht mehr möglich sein, und die föderale Vielfalt des Staatswesens war als Gegenmodell zum zentralistischen „Führerstaat" zu verstehen. Doch das Trauma des Nationalsozialismus war Ende der neunziger Jahre verblasst, auch wenn in Gedenkveranstaltungen ein anderer Eindruck aufkam.[138] Man mag es bedauern: Maßstab für die Beurteilung der politischen Wirklichkeit ist nicht mehr das Vorgestern, sondern für die einen das Gestern und für andere das Heute. „Vorgestern", das ist der Nationalsozialismus mit seiner Vorgeschichte. „Gestern" steht für die westdeutsche Bundesrepublik einer- und die DDR andererseits. Das „Heute" schließlich ist das vereinte Deutschland, die „Berliner Republik".

Die effektivistischen Forderungen nach Straffung des Entscheidungssystems zugunsten seiner globalen Wettbewerbsfähigkeit leiten sich aus dem Heute her. Für die zunehmende Popularität der plebiszitären Demokratie hingegen sind die Erfahrungen mit der Parteiendemokratie in der Bundesrepublik auf der einen Seite und das in der Wende Ostdeutschlands Erlebte ausschlaggebend. Viele Westdeutsche haben das Parteiensystem vor allem in den fünfziger und noch in den sechziger Jahren als erfolgreich - Wohlstand und Sicherheit stiftend - erlebt. Zugleich haben sie eine sich verfestigende Herrschaft der Parteiführer feststellen müssen, bei der sich ein über Parteigrenzen hinausgehendes geschlossenes Funktionärssystem wie ein Deckel auf den Topf der Gesellschaft gelegt hatte. Als Korrektiv entstanden Bürgerinitiativen, auf deren Basis die Partei der „Grünen" zunächst als Bewegung, dann als etablierte Organisation dem überkommenen Parteiensystem hinzugetreten ist. Um die Macht der Funktionärsoligarchie einzudämmen und zu kontrollieren, wird seitdem die Aufnahme des Plebiszits in die Verfassung gefordert.

Die neu in die Politik geschleuderten Ostdeutschen ihrerseits haben die Auflösung der festgefahrenen SED-Gerontokratie durch das unstrukturierte Wirken von Komitees, Demonstrationen und „Runden Tischen" immer unter Berufung auf das „Volk" erfahren. Sie sind nun auch reserviert gegenüber den formal-repräsentativen Strukturen des mittlerweile für sie ebenso gültigen ehemals westdeutschen politischen Systems. Mit Volksabstimmungen und -entscheidungen, meinen sie, könne ein Teil der Revolutionskultur der untergegangenen DDR erhalten werden.

Noch die alte Regierungsmehrheit im Deutschen Bundestag aus CDU/CSU und FDP hat die plebiszitären Initiativen abgeblockt. Die Mehrheit ließ es bei der alten Sicht der Dinge, dass das deutsche Unglück nach 1933 auch mit zuviel an Plebiszitärem zu tun gehabt hätte. Eine Neubewertung der Historie, in deren Verlauf immerhin der Reichstag sich selber - allerdings unter Terror - als oberstes Repräsentativorgan durch das Ermächtigungsgesetz abgeschafft hatte, wurde nicht diskutiert. Offensichtlich waren den Unions- und FDP-Abgeordneten die sich aus der globalen Öffnung der Wirtschaft herleitenden Probleme des vereinten Deutschlands schon

---

[138] Vgl. Jürgen Dittberner, Von den Mühen des Gedenkens; in: DurchSicht. Forum für Museumspädagogik in Berlin und Brandenburg, 7, II/1997, S. 14ff

wichtiger als alle deutschen Geschichtsphilosophien. Die vielfach auch von Wirtschaftsfreunden als handlungsunfähig beklagte Parteien- und Koalitionspolitik wollten sie nicht abschaffen. Und ein Zurückschneiden oder gar eine Liquidation des Föderalismus ist - wie alle Erfahrungen zeigen - politisch einfach nicht durchzusetzen.[139] Die Bundestagsmehrheit wollte lieber beim Bewährten bleiben und der schon schwerfällig genug gewordenen Politik nicht noch weitere - diesmal plebiszitäre - Gewichte anhängen. Folgerungen aus dem Gestern wurden nicht gezogen, und die einst moralisch verstandene Negation des Vorgestern wurde zum Alibi für ökonomische Effektivität säkularisiert. Das Heute sollte in den Augen der Deregulierer wenigstens nicht noch unübersichtlicher werden.

Aber der Drang zum Plebiszit besteht fort. Die Liste der Bundesländer, die seit 1990 - zumindest auf kommunaler Ebene - Bürgerbegehren und Bürgerentscheide ermöglichten, ist lang.[140] In Bayern wurde eine allfällige Reform der zweiten Kammer auf Druck aus dem Volke heraus in Gang gesetzt. In Berlin hatte Richard von Weizsäcker bereits 1981 mit einer von ihm und der „Alternativen Liste" zugleich betriebenen Unterschriftensammlung das Abgeordnetenhaus zur vorzeitigen Selbstauflösung veranlasst. Brandenburg hat das Plebiszit in seine Verfassung eingefügt. Ein Volksbegehren gegen den Havelausbau ist gescheitert, ein weiteres gegen den „Transrapid" zwischen Berlin und Hamburg erübrigte sich: Die Bundesbahn verabschiedete sich von diesem Projekt. Dass das Plebiszit, gar ein Volksentscheid, ein schwieriges Instrument ist, hat die Abstimmung gegen die Fusion von Berlin und Brandenburg gezeigt. So sehr sie sich für ein „Ja" eingesetzt hatten: Eberhard Diepgen und Manfred Stolpe brachten die Bürger auch mit Hochglanzwerbung nicht in ausreichender Zahl auf ihre Seite: Ein wichtiges Ziel beider war gescheitert, weil sie das plebiszitäre Politikinstrument nicht hatten handhaben können. Doch auch die Saarfrage war ja 1955 schon durch Volkes Votum anders entschieden worden als der damalige Kanzler Konrad Adenauer es gewollt hatte.

Dass aber neben den Grünen die traditionellen Parteien selber - jedenfalls die SPD und die FDP - sich für ihr Innenleben mittlerweile dem Plebiszit geöffnet hatten, ist der problematischste Aspekt der Entwicklung. Für diese Entwicklung gibt es mehrere Gründe. So glauben die Parteien, für die Wähler durch die Spektakel der Befragungen attraktiver zu sein als mit althergebrachten Parteitags- oder Vorstandsbeschlüssen. Weiterhin hoffen Vorstände, sich mit der Mitgliederbefragung aus der Klemme zu befreien, wenn sie entscheidungsunfähig oder dazu unwillig sind: Auf diesem Wege wurde Rudolf Scharping erst Parteivorsitzender und dann Kanzlerkandidat. Oder die Vorstände hebeln mit einer Mitgliederbefragung unliebsame

---

[139] Vgl. Christian Stolorz, Bedrückende Entwicklungsperspektiven des Föderalismus im vereinigten Deutschland; in: ZParl 28. Jg. (1997), S. 311ff

[140] Vgl. Hiltrud Naßmacher, Keine Erneuerung der Demokratie „von unten". Zur Bedeutung direktdemokratischer Beteiligungsverfahren; in: ZParl. 28. Jg. (1997), S. 447

Parteibeschlüsse aus. Das war bei der Befragung der FDP-Mitglieder über den „großen Lauschangriff" der Fall.

Welche Folgen Mitgliederbegehren und Mitgliederentscheide für die innerparteiliche Demokratie und den Zustand des politischen Systems überhaupt haben, wird nicht nur in der Praxis, sondern auch in der Politikwissenschaft strittig diskutiert. Symptomatisch dafür sind die Auseinandersetzungen zwischen Stefan Schieren einerseits und Philip Zeschmann sowie Bernd Becker andererseits in dieser Zeitschrift.[141] Während Becker und Zeschmann „verstärkte Partizipationsmöglichkeiten" (Becker, S. 717) für die Parteimitglieder erkennen, diagnostiziert Schieren eine „Aushöhlung der Kompetenzen und Funktionen der Parteigremien" (S. 225). In der Tat ist es schwer nachvollziehbar, wie plebiszitäre Elemente zum Innenleben von Parteien, diesen idealtypischen Institutionen des repräsentativen Systems, passen sollen. Möglichkeiten zur Partizipation für die Parteimitglieder sind in diesen Institutionen reichlich gegeben. Dass sie überwiegend nicht wahrgenommen werden, hat mit mangelnder Abkömmlichkeit, persönlichen Zeitbudgets, wenig ausgeprägtem Durchsetzungswillen, auch mit der Unattraktivität von traditionellen Parteisitzungen und anderem zu tun, jedenfalls nicht mit Strukturdefiziten des innerparteilichen Repräsentativsystems.

Dass die politischen Parteien etwas für ihre Attraktivität bei den Bürgern tun müssen, ist allerdings evident. Die Mitgliederzahlen fallen, und von den höchstens 4 % der Bürger, die in politischen Parteien organisiert sind, entfalten rund 90 % eher laue oder gar keine Aktivitäten! Die Mehrheit der Mitglieder will gar nicht erfahren, was der lokale Abgeordnete zur Wirtschaftslage zu sagen hat, wenn am Abend zuvor Clement und Merz darüber ausführlich im Fernsehen debattiert haben. Und überhaupt: Wer setzt sich noch abends freiwillig in verräucherte Hinterstübchen - zum Spott der Mitmenschen - und verzichtet auf das spannende Europapokalspiel auf der Mattscheibe? Doch das innerparteiliche Plebiszit ändert hieran nichts, und es ist ein Trugschluss, hierin ein geeignetes Mittel zu sehen, die Attraktivität der Parteien zu steigern.

Selbst wenn das Grundgesetz für Plebiszite geöffnet worden wäre, so wäre doch der Platz der Parteien auf der repräsentativen und parlamentarischen Seite. Die Parteien sind originär dazu da, für die zeitlich befristeten Legislaturperioden das handelnde Personal anzubieten. Die Parteien sollen Politikkonzepte entwickeln, die sie nach öffentlicher Diskussion und allgemein zugänglichem Diskurs zur Wahl stellen, damit sie in Konkurrenz zu anderen Konzepten der

---

[141] Stefan Schieren, Parteiinterne Mitgliederbefragungen: Ausstieg aus der Professionalität? Die Beispiele der SPD auf der Bundesebene und in Bremen sowie der Bundes-F.D.P.; in; ZParl. 27. Jg. (1996), S. 214 ff

Philip Zeschmann, Mitgliederbefragungen, Mitgliederbegehren und Mitgliederentscheide: Mittel gegen Politiker- und Parteienverdrossenheit? Zugleich eine Replik auf einen Beitrag von Stefan Schieren in der Zeitschrift für Parlamentsfragen; in: ZParl. 28. Jg. (1997), S. 698 ff

Bernd Becker, Wozu denn überhaupt Parteimitglieder? Zum Für und Wider verstärkter parteiinterner Partizipationsmöglichkeiten. Eine Antwort auf den Beitrag von Stefan Schieren im Heft 2/1966 der ZParl; in: Zparl 27. Jg. (1996), S. 712 ff

Konkurrenten erörtert und eventuell zur Grundlage politischer Entscheidungen werden können. Zusammen mit den Parlamenten sind die Parteien diejenigen Institutionen, welche die repräsentativ-demokratische Organisation des Gemeinwesens tragen. So wie sie im Staate wirken, so kann es auch nur in ihrem Innern sein. In den Artikel 20 und 21 des Grundgesetzes ist das nachzulesen. Das Parteiengesetz hat dieses Verständnis aufgenommen und schreibt für die innere Ordnung ein von unten nach oben aufgebautes Delegierten- und Vorstandssystem vor. Urwahl, Mitgliederbegehren und Mitgliederentscheid sind zwar nicht „verboten", passen aber logisch und systematisch nicht zu Organisationen, deren Aufgabe es ist, die repräsentative Herrschaft auf Zeit im Staate zu formieren.

Faktisch ist das Plebiszit in den politischen Parteien ein Unding: Jeder weiß, dass die Parteimitgliederschaft kein typischer Ausschnitt der Bevölkerung ist. Die rund vier Prozent organisierten Parteimitglieder in Deutschland rekrutieren sich aus den höheren Mittelschichten und sind für die Gesamtbevölkerung im Sinne der Statistik keineswegs repräsentativ. Was würde es also bedeuten, wenn sich von den rund 47.000 Mitgliedern der Grünen 25.000 an einer Abstimmung über die Wehrpflicht beteiligten, und 15.000 von denen wären dagegen? Niemand wüsste, nach welchen Kriterien die einzelnen Mitglieder sich entschieden haben, und diese selbst würden auch keinerlei Konsequenzen aus dem Abstimmungsverhalten ziehen müssen. Die Entscheidung wäre urwüchsig da: Parteitag, Fraktion und selbst das Parlament müssten sie als Tatsache hinnehmen, ohne sie eigentlich diskutiert zu haben. Das unrepräsentative und verantwortungsfreie Votum von 15.000 Bürgern hätte den Angehörigen dieser repräsentativen Gremien jeweils ein Stück ihres Mandats genommen.

Bei der innerparteilich-repräsentativen Willens- und Entscheidungsfindung dagegen wird die mangelhafte Verankerung der Parteien im Volke teilweise kompensiert durch die Dynamik der politischen Debatte, des problemorientierten Diskurses. Im System der Flügel- und Lagerbildung finden sich in den Bundestagsparteien auch Fürsprecher von Interessen, deren Träger gar nicht bei ihnen organisiert sind. Diese Argumente müssen besprochen und debattiert werden. Sie werden in den Kreis-, Landes- und Bundesparteitagen, in diversen Ausschüssen und Vorständen vorgetragen und bewertet. Beim Mitgliederentscheid werden solche Positionen nicht debattiert, sondern es wird quantifiziert. Selbst wenn - wie bei der FDP geschehen - die Parteigliederungen zu den Abstimmungen voranlaufenden Diskussionen aufgefordert werden, fühlen sich die meisten Mitglieder davon gar nicht angesprochen. Die Willensbildung verkommt zur Auszählerei atomistischer Individualentscheidungen.

Die bisher erfolgten innerparteilichen Mitgliederentscheide und -befragungen zeigen die Problematik dieses Instrumentes:

- Als sich die Führung der SPD nach dem plötzlichen Wegfall ihres Spitzenmannes Björn Engholm nach einem neuen Vorsitzenden umsah, konnte - oder wollte - sie sich nicht für eine

Person entscheiden. Man meinte, aus der Not eine Tugend machen zu können und veranstaltete über drei Bewerber eine Mitgliederbefragung. Die Öffentlichkeit fand das interessant, die Medien berichteten darüber. Rudolf Scharping wurde Vorsitzender und am 22. Juni 1994 auch Kanzlerkandidat. Artig vollzogen die Satzungsgremien das Votum, an dem sich 56,7% der Mitglieder beteiligt hatten. Von denen wiederum hatten 40,3 % für Scharping gestimmt. Doch der Vorsitzende und Kanzlerkandidat schaffte es nicht, Kanzler zu werden. Auch als Vorsitzender gefiel er der Partei nun nicht mehr und wie durch einen Handstreich ersetzte 1995 ein Bundesparteitag in Mannheim den Mitgliedergekürten kurzerhand durch Oskar Lafontaine. Davon, zwischen den nunmehr aufgetretenen Kanzlerkandidaten-Kandidaten Lafontaine und Schröder per abermaligem Mitgliederentscheid zu wählen, war fortan nicht mehr die Rede. Das war nun wieder Sache der „Gremien", die sich ihrerseits am Ergebnis der Landtagswahlen in Niedersachsen von 1998 orientierten. Anstelle der Urwahl trat nun die Vorwahl. Diese gewann Schröder, und der wurde schließlich tatsächlich Kanzler.

- In der FDP hielt sich trotz des Drängens des großen Koalitionspartners lange Zeit die Haltung, es sei liberale Politik, das Recht auf Unverletzlichkeit der Wohnung auch gegen Bedürfnisse von Strafverfolgungsbehörden zu verteidigen. So fasste der Bundesparteitag, das „oberste Organ" der Partei, gleich zweimal den Beschluss, dass es mit der FDP keinen „großen Lauschangriff" geben könne. Auch die Justizministerin der FDP, Sabine Leutheusser-Schnarrenberger, hatte diese Auffassung. Die Parteiführung jedoch geriet unter Druck. Die CDU machte ihr klar, dass der Lauschangriff auch mit der SPD beschlossen werden könne. Und wieder schien mit dem Mitgliederentscheid aus der Not eine Tugend zu werden. Die Abstimmung unter den Mitgliedern hob die Sperren der Parteitage auf. Die Bundesministerin trat zurück. Dass die „eigenen Parteifreunde" den Abgang von Frau Leutheusser-Schnarrenberger „besorgten", dürfte allerdings kein Kunstfehler der FDP-Führung gewesen sein - wie Schieren vermutet[142] -, sondern ein durchaus einkalkulierter Nebeneffekt der gesamten Operation. Die Koalition war für die FDP gerettet, eine sperrige Ministerin war aus dem Amt, und das Gesetz konnte erarbeitet werden. Eine inhaltlich und moralisch lange und ernsthaft entwickelte politische Position der repräsentativen Parteiorganisation war durch eine quantitative Aktion einer zufälligen Minderheit der FDP-Mitglieder fortgespült geworden: Von den 43,09 % der FDP-Mitglieder, die sich an der Abstimmung beteiligt hatten, hatten 63,6 % für den „großen Lauschangriff" gestimmt.

Die FDP meint überdies, sich mit der Möglichkeit des Mitgliederentscheides als „Reformpartei" präsentieren zu können. Aber die Mitgliederverbände wollten das schwierige Instrument des Plebiszits nicht der Parteiführung allein überlassen, sondern selber damit hantieren. Die Büchse der Pandora wurde geöffnet. Nunmehr können auch Landesverbände Mitgliederentscheidungen

---

[142] Stefan Schieren, a.a.O., S.221

herbeiführen. Wäre die FDP über 1998 hinaus Regierungspartei geblieben, so hätte sie eine Quelle der Überraschungen und Unberechenbarkeiten sein können. Mitgliederentscheide über x-beliebige Themen wie die Legalisierung mehr oder weniger weicher Drogen, die Einführung von Schulgeld oder die Direktwahl des Bundespräsidenten hätte dann der Regierung nicht wie einst beim „großen Lauschangriff" aus der Patsche geholfen, sondern ihr manch nebensächliche Diskussion aufgezwungen. Doch dieses Szenario haben die Wähler verhindert.

Die geringen Mitgliederzahlen der Parteien und die jeweilige Nichtbeteiligung großer Teile der Mitgliederschaften an Befragungen und Entscheiden bergen eine weitere Gefahr: Interessierte und Interessenten können organisiert und in großer Zahl einer Partei beitreten - nur, um ein bestimmtes Ergebnis bei der Mitgliederbefragung zu erzielen. Zehn- oder zwanzigtausend Neumitglieder können eine Sache für sich entscheiden. Für den Beamtenbund tut sich hierdurch manche Versuchung auf, ebenso beispielsweise für Zahnärzte- oder Apothekervereinigungen. Die Parteien geraten in die Gefahr, leicht manipulierbare Organisationen zu werden und sich zu Einfallstoren für Partialintereressen in die allgemeine Politik zu entwickeln. Durch die Mitgliederbefragungen und -Entscheide wird aus einer qualitativen Willensbildung eine rein quantitative.

Das innerparteiliche Plebiszit passt nicht zum politischen System der Bundesrepublik. Quantitativ und sozialstrukturell begrenzt es die Entscheidungsalternativen auf das unrepräsentative Spektrum der Parteimitgliederschaften. Es ist gefährlich, weil es Manipulationen erleichtert. Es mindert die Verlässlichkeit und fördert die Unberechenbarkeit der Parteien. Und es erhöht die Attraktivität der Parteien keinesfalls. Innerhalb der Parteien selber haben offensichtlich viele diese Mängel des innerparteilichen Plebiszits erkannt. Aber das Instrument hat weiterhin Anhänger und wird immer `mal wieder praktiziert. Es wäre gut, wenn es von möglichst vielen Beobachtern als scheindemokratischer Aktionismus erkannt würde. Wo der politische Diskurs mit der Macht der Zahlen verdrängt wird, können unliebsame Situationen entstehen.

Außerhalb der Parteien, in den Kommunen, den Ländern und vielleicht sogar im Bund können Volksbegehren nützlich sein zur Mobilisierung derjenigen, die Macht auf Zeit übertragen bekommen haben. Hierzu sollte die Suche nach geeigneten Modellen und Vorbildern fortgesetzt werden, solange es darum geht, den eigentlichen Souverän, das Volk als Ganzes zur Korrektur und Mahnung der Funktionäre anzurufen. Platz für den politischen Diskurs muss freilich auch hierbei bleiben. Die Mitgliederschaften der politischen Parteien dagegen sind nicht das Volk, und sie kennen auch zu selten das „normale Volk".

Ein Verbesserung der Attraktivität allerdings ist für die etablierten Parteien, wenn sie langfristig überleben wollen, schon wichtig. Aber dazu müssen sie andere Wege gehen als über das innerparteiliche Plebiszit. Sie können zum Beispiel den Bürgern helfen bei ihren Problemen, die diese mit der Arbeit, der Wohnung oder der Krankenkasse haben. Derart tätige „Sozialarbeit" ihrer Funktionäre machte die PDS in ihren Ost-Berliner Hochburgen eine Zeit lang unschlagbar. Wer sich für die Außenpolitik interessiert, findet indes seine Informationen auch außerhalb der Parteien. Die „Partei der Nichtwähler" müsste ernst genommen werden, beispielsweise dadurch, dass ihre Anteile an den Wahlergebnissen abgezogen werden von der Zahl der zu vergebenen Parlamentsmandate. Das würde die etablierten Parteien anreizen, ernsthaft etwas dafür zu tun, dass die Zahl der Nichtwähler fällt. Die Einführung von „Primaries" bei den Kandidatenaufstellungen mit dem Hinzuziehen nicht eingeschriebener Sympathisanten schließlich könnte die Parteien attraktiver machen.

Doch das alles ist ein weites Feld,[143] zu dem der Irrweg des innerparteilichen Plebiszits jedenfalls nicht hingeht. Dieser führt nicht zu mehr Demokratie, sondern zu einem noch größeren Chaos in der Politik als derzeit ohnehin vielfach beklagt wird.

---

[143] Vgl. Jürgen Dittberner, Neuer Staat mit alten Parteien? Die deutschen Parteien nach der Wiedervereinigung, Opladen/Wiesbaden 1997

15. Therapien für die politischen Parteien

Die Mängel der politischen Parteien in Deutschland sind offensichtlich:

1. Der Glaube an ihre Problemlösungskompetenz schwindet.
2. Die Mitgliederbasis ist schwach und nimmt ab.
3. Bei der Wählerschaft ist die Parteiidentifikation rückläufig.
4. Innerorganisatorisch setzt sich eine Funktionärsherrschaft durch, bei der das Interesse am Machterhalt zum Maßstab der Politik wird.
5. Die politischen Parteien werden immer häufiger in Finanzskandale und „Filzaffären" verstrickt.

Seit längerer Zeit ist von einer „Legitimationskrise"[144] der politischen Parteien die Rede. Gleichzeitig wird deren „elektorale Stabilität" konstatiert:[145] die fortwährende Bestätigung der Herrschaft dieser Parteien durch die allgemeinen Wahlen auf den verschiedenen Ebenen des Gemeinwesens. Zwar ist die Wahl einer Partei für einen zunehmenden Anteil der Bürger kein Bekenntnis, sondern eine notgedrungene Auswahl, aber den Parteien genügt das als Grundlage für ihre Macht. So entsteht der Widerspruch, dass die politischen Parteien in Deutschland bei der Bevölkerung wenig populär sind, zugleich aber von dieser regelmäßig bestätigt werden.

Wie lange sich mit diesem Widerspruch leben lässt, ist ungewiss. Die Mittel einer Therapie der Parteien sind in der politischen und wissenschaftlichen Diskussion wohlfeil, werden aber in der Praxis zögerlich angewandt. Das kommt daher, dass die Parteien und vor allem ihre führenden Oligarchien ihre Macht einschränken müssten. Das tun sie wie alle Oligarchien der Welt nicht freiwillig. 1990, im Zuge der Wiedervereinigung, schienen vielen Akteuren und Beobachtern Reformen möglich. Aus der Protestbewegung der DDR hatten sich „Runde Tische" und direkte Demokratie als Alternativen oder Ergänzungen zur althergebrachten westdeutschen Parteiendemokratie angeboten. Doch deren Macht und Verharrungsvermögen selbst im Umbruch waren zu groß als dass sich Grundlegendes geändert hätte. Somit ist eine Sichtung von Therapiemitteln und der Versuch einer Gewichtung dieser Mittel aktuell, denn die Gefahr ist nicht gebannt, dass die Legitimationskrise die elektorale Stabilität der Parteien doch noch zerstört.

Als Mittel der Therapie für die politischen Parteien bieten sich an:

1. Reformen des Wahlrechts können den Willen der Wähler stärker zur Geltung bringen.

In einigen Regionen bereits Praxis sind die Methoden des Kumulierens und Panaschierens, mit denen die Wähler die Listen der Parteien durch Veränderung der Reihenfolge der Kandidaten, durch Stimmenhäufung bei einzelnen Bewerbern oder das Streichen bestimmter Vorschläge

---

[144] Jürgen Dittberner / Rolf Ebbighausen, Parteiensystem in der Legitimationskrise. Studien und Materialien zur Soziologie der Parteien in der Bundesrepublik Deutschland, Opladen 1973
[145] Jürgen Dittberner, Entwicklungstendenzen des Parteiensystems in der Bundesrepublik; in: ebenda, S. 469

verändern können. Da diese Methoden das Vorschlagsrecht der Parteifunktionäre für allgemeine Wahlen relativieren, haben sie sich in Deutschland noch nicht flächendeckend durchgesetzt. Da wo sie angewandt werden, haben sie das Vertrauen in die Parteien nicht grundlegend gestärkt, weil sie allein nicht genügend Wirkung entfalten können.

Nach 1945 wurde in Deutschland die 5-%-Sperrgrenze eingeführt, um eine Zersplitterung der Parlamente wie beim Weimarer Reichstag zu verhindern. Seit einiger Zeit wird argumentiert, mittlerweile wären die Wähler so reif, dass eine Sperrgrenze ihren Sinn verloren habe. Immerhin haben diese Diskussionen an manchen Orten den Fall der Sperrgrenze auf kommunaler Ebene bewirkt. In den Ländern und im Bund jedoch gelten die Grenzen weiterhin. Die etablierten Parteien werden dadurch vor aufkeimender Konkurrenz geschützt und halten deswegen an der Sperrgrenze fest.[146] Das Argument, die Sperrgrenzen erleichterten Regierungsbildungen und bewirkten politische Stabilität, ist allerdings plausibel.

2. Vielfältig sind die Vorschläge zur Implementierung direkter Demokratie.[147]

Mittels der direkten Demokratie mit ihren Stufen Befragung, Begehren, Entscheid soll der Wille der Wähler ohne die Filter der politischen Parteien unmittelbar zum Ausdruck gebracht werden. Das Grundgesetz schreibt dagegen eine reine repräsentative Demokratie vor. Nach dem Hineinschlittern aus der Weimarer Demokratie in die nationalsozialistische Diktatur und deren scheinbare Massenlegitimation herrschte bei den Verfassungsgebern Misstrauen gegen jegliche Formen des Plebiszits. Dieses Misstrauen ist mittlerweile geschwunden. Auf kommunaler und auf Länderebene ist direkte Demokratie Praxis, auf der Ebene des Bundes jedoch nicht. In den Gemeinden und Ländern kommt es immer wieder zu Volksbegehren, über deren Petitum im Erfolgsfalle die Gemeindevertretungen oder Landesparlamente abzustimmen haben. Volksentscheidungen werden vorwiegend auf kommunaler Ebene praktiziert. Darüber hinaus werden in vielen Bundesländern, jedoch nicht in allen, die Bürgermeister oder Oberbürgermeister direkt gewählt. Im Bund gibt es eine Diskussion, ob die Bevölkerung über die Neustrukturierung der Europäischen Gemeinschaft und deren Erweiterung – besonders bezogen auf die Türkei – befragt werden sollte.

Die Formen der „außerparteilichen" direkten Demokratie lassen sich zur Therapie der politischen Parteien sinnvoll einsetzen. Sie reduzieren die von den Parteien angestrebte Machtfülle und verhindern deren Monopol der politischen Willensbildung.

Das innerparteiliche Plebiszit jedoch vermag die Parteiendemokratie nicht zu erweitern. (S. Kapitel 14)

3. Durch Vorwahlen ließe sich der Einfluss der Parteifunktionäre auf den Ausgang allgemeiner Wahlen reduzieren.

---

[146] Dass die Sperrgrenze aber kein sicherer Schutz gegen aufkommende Konkurrenz ist, hat der Einzug der Grünen in das etablierte Parteiensystem ab 1982 gezeigt.

In den USA werden Wahlen als Prozesse gesehen. Diese Prozesse beginnen spätestens mit den Vorwahlen, den „Primaries". Die Wähler können sich für die Vorwahlen beispielsweise in Listen der Parteien ihrer Wahl eintragen und dann die Auswahl des politischen Führungspersonals mitbestimmen. Dieses Modell könnte in Deutschland vom Grunde her übernommen werden. Wenigstens in Vorwahlzeiten könnten die Parteien so ihre Basis verbreitern. Diejenigen Sympathisanten, die es wollen, könnten sich bei „ihren Parteien" als Vorwähler einschreiben lassen, um schon in der ersten Phase am Prozess der Bundestagswahlen mitzuwirken.[148]

Es ist zu erwarten, dass die Politik manchem unbefangenen Bürger näher käme, wenn dieser sich frühzeitig an der Auswahl der Kandidaten für eine Bundestagswahl beteiligen könnte. Interessanter wäre es allemal, wenn die Entscheidungen über Herrn Huber oder Frau Meyer nicht im Hinterstübchen fielen, sondern offen unter Beteiligung jener, die sich als Wahlberechtigte in Listen der SPD, der CDU oder einer anderen Partei eintragen lassen. Dabei wäre nicht auszuschließen, dass am Ende andere Leute im Parlament säßen als die ungeliebten Funktionärstypen - farbigere Charaktere womöglich.

Elemente von Vorwahlen gibt es auch in Deutschland. So machte die SPD im Vorfeld der Bundestagswahlen 1998 die Entscheidung, wer von den Konkurrenten Gerhard Schröder und Oskar Lafontaine Kanzlerkandidat werden sollte, von dem Ausgang der den Bundestagswahlen vorausgegangenen Landtagswahlen in Niedersachsen abhängig. Die Wähler in Niedersachsen nahmen der Partei eine Entscheidung ab, und die „elektorale Eignung" des Kandidaten Gerhard Schröder wurde dort belegt. Im allgemeinen jedoch sind die Parteien nicht gewillt, sich auf Vorwahlen als durchgängigem Prinzip einzulassen. Sie würden sich damit des faktischen Monopols der Kandidatenaufstellung begeben und ihren Einfluss auf die Fraktionen verringern. Genau aber wäre wichtig für die Freiheit der Abgeordneten. Gerade diese Wirkungen aber könnten zu einer Belebung des politischen Systems beitragen, so dass der Druck zur Einführung von Vorwahlen außerhalb der Parteien aufgebaut werden müsste, wenn es dazu kommen sollte. Die Medien und die Wissenschaft könnten das tun. Dafür, so scheint es, muss die richtige Zeit noch kommen.

4. Die „Partei der Nichtwähler" sollte bei der Vergabe der Mandate in den Parlamenten berücksichtigt werden.

Anfang des Jahres 2000 haben nur 56,7% der Wahlberechtigten Nordrhein-Westfalens bei den dortigen Landtagswahlen ihren Stimmzettel abgegeben. 43,3% der Staatsbürger an Rhein und Ruhr verzichteten auf ihr Wahlrecht. Sie bildeten eine unsichtbare „Partei der Nichtwähler". Und diese Partei war stärker als jede andere, die nun in den Düsseldorfer Landtag einzog.

---

[147] s. Theo Schiller / Volker Mittendorf (Hg.), Direkte Demokratie. Forschung und Perspektiven, Wiesbaden 2002
[148] s. hierzu Sven T. Siefken, Vorwahlen in Deutschland? Folgen der Kandidatenauswahl nach U.S.-Vorbild; in: Zeitschrift für Parlamentsfragen 3/2002

In Zahlen ausgedrückt: Wäre die „Partei der Nichtwähler" im Landtag - gewissermaßen als „Monsterpartei" - vertreten, so verfügte sie dort über 100 von 231 Sitzen. Die SPD erhielte 58 Mandate, die CDU 50, die FDP 14 und die Grünen 10. Aber natürlich ist es unsinnig und wohl auch unmöglich, Nichtwähler im Parlament zu repräsentieren. So wurden die 56,7% aktiver Wähler gleich 100 % gesetzt, die SPD erhielt 102 statt 58 Mandate, die CDU 88 statt 50, die FDP 24 statt 14, schließlich die Grünen 17 statt 10. Die Repräsentation der Nichtwähler wurde von den gewählten politischen Parteien usurpiert.

So war das immer, ob in der Landes-, der Kommunal- oder der Bundespolitik. So ist es überwiegend auch im Ausland. „Wenn Bürger auf ihre Staatsbürgerschaftsrechte verzichten, so nehmen diese eben andere für sie wahr. Das ist nur recht und billig," lautet die Begründung für dieses Verfahren.

Und doch lässt sich auch anders argumentieren.

Vorab jedoch eines: Dass es Nichtwähler gibt, muss kein Schaden für die Demokratie sein.[149] Dem Recht zum Reden entspricht das Recht zum Schweigen. Und Wahlverzicht kann Ausdruck der Zufriedenheit mit den politischen Zuständen oder auch das Gegenteil davon sein. Tatsächlich setzt sich die „Partei der Nichtwähler" aus den verschiedensten „Flügeln" zusammen. Neben den Zufriedenen gibt es Unzufriedene, Unentschlossene, eigentliche Anhänger einer richtigen Partei mit Denkzetteln in der Hand, Freizeitfetischisten sowie wegen Krankheit oder Lebensuntüchtigkeit oder sonst wie Wahlunfähige. Die Stimmen all derer übernehmen Repräsentanten von den Listen der gewählten politischen Parteien.

Das ist für diese sehr bequem. Sie können sich dicke machen in den Parlamenten mit der Repräsentation derjenigen, die nicht gewählt haben. Am Wahlabend wird noch bedauert, dass die Wahlbeteiligung gering gewesen sei. Anschließend werden die zusätzlichen Mandate eingeheimst. Warum sollen sich die Parteien Mühe geben, etwas für eine höhere Wahlbeteiligung zu tun? Sie erhalten auch so ihre Beute.

Damit entfernen sie sich jedoch ein Stück zumindest von denjenigen Bürgern, die auf ihr Wahlrecht verzichtet haben. Diesen Nichtwählern sind die Parteien zumindest gleichgültig.

Warum wurden in Düsseldorf alle 231 Landtagsmandate vergeben und nicht 132, wie es nach dem Wahlergebnis gerechtfertigt wäre? Aus der Sicht der Parteiorganisationen ist die Sache klar: Mehr Mandate bedeuten mehr Pfründe und mehr Geld. Für die Effektivität des Parlamentes hingegen muss die volle Ausschöpfung der Mandatszahlen kein Vorteil sein: Es lässt sich gut vorstellen, dass Nordrhein-Westfalen von einem Parlament mit 132 Abgeordneten ebenso gut regiert wird wie von einem mit 231. Zöge man in Deutschland von den möglichen Mandatszahlen die Anteile der jeweiligen Nichtwähler ab, so käme man auf angemessene Größen der Parlamente und würde für den Steuerzahler Geld einsparen.

---

[149] s. Thomas Kleinhenz, Die Nichtwähler. Ursachen der sinkenden Wahlbeteiligung in Deutschland, Opladen 1995

Mit einer an den Nichtwählern orientierten Brutto-Netto-Regelung bei den Parlamentssitzen würde obendrein erreicht, dass die Nichtwähler wenigstens eines bewirken: Zwar könnten sie nicht den Gang der politischen Ereignisse beeinflussen - darauf haben sie ja verzichtet - aber die Trägheit der politischen Parteien könnten sie mindern. Diät statt Diäten bekäme den Parteien nicht schlecht. Das würde sie fit machen, mehr zu unternehmen um möglichst nahe dran zu sein an allen Gruppen der Bevölkerung und auch den Schwierigen noch auf der Spur zu bleiben.

5. Die Politiker sollten nicht mehr Geld bekommen

Vielfach wird behauptet, der vermeintlich glattgeschliffene Funktionärscharakter der Politiker-kaste rühre daher, dass diese unterbezahlt sei. Das ist falsch und kann nur mit Polemik behandelt werden:

Wahrscheinlich sind diese „Skandale" schon vergessen: Ein grüner Bundestagsabgeordneter hatte übersehen, dass es eine Steuerpflicht gibt. Ein brandenburgischer Landesminister wollte sich während seines vorherigen Jobs als Staatssekretär mit Immobilien ein Zubrot verdienen. Ein anderer Staatssekretär war in ein Ministeramt gewechselt, nicht ohne sich auf dem unsicheren neuen Stuhl seiner staatlichen Versorgung zu versichern. Und ein Bundesverteidigungsminister sollte ein Honorar für ein Buch kassiert haben, das er noch gar nicht geschrieben hatte.

Wer das beobachtet, muss den Eindruck haben, den Politikern unseres Landes ginge es finanziell schlecht. Es sieht so aus, als bekämen sie zu wenig, als würde ihnen vom Finanzamt und den eignen Parteien zu viel abgenommen und als seien sie nicht genügend abgesichert.

In der Tat: Im Vergleich zu mächtigen Wirtschaftsbossen sind die Politiker arm dran. Sie kassieren keine Millionengehälter, dürfen sich nicht einmal ein paar Kugelschreiber schenken lassen. Ihre Geburtstagempfänge finanzieren sie neuerdings aus der Privatschatulle. Privilegien beim Erwerb und Verkauf von Aktien ihrer „Firma" genießen sie auch nicht. Selbst der Trainer von Hertha BSC verdient mehr als der Regierende Bürgermeister. Jeder Senator Berlins würde beim Gehalt gerne mit den Berufskickern der „alten Dame" tauschen.

Andererseits: In Berlin leben etwa 13 Prozent der Menschen in Armut. Die Hälfte der alleinerziehenden Mütter sind auf staatliche Unterstützungen angewiesen. Familien mit drei und mehr Kindern können ihren Standard nicht halten. 435000 Berliner haben im Monat weniger als 546 Euro.

Da beklagen Unternehmensberater, die Politiker seien „tendenziell unterbezahlt". Ein normaler Bundestagsabgeordneter hätte mit 7900 Euro Gehalt und 3417 Euro steuerfreier Kostenpauschale zu wenig. Mit diesem Einkommen sei er anfällig für Bestechungen, und minderwertig müsse er sich fühlen, weil kein anständiger Manager sein mies bezahltes Amt je haben wolle.

Daraus lässt sich schließen, dass manche Unternehmensberater meinen, Politiker wären höchstens zweite Wahl. Denn die wirklich fähigen Leute gingen in die Wirtschaft - allerdings können sie dort Insolvenzen immer häufiger nicht vermeiden. Andere Talente werden

Fußballtrainer, Fernsehmoderatoren, Showmaster, PR-Berater oder Chefredakteure und entgehen dem Los, etwa als Landesminister nur 9762 Euro Grundgehalt zu bekommen. So gesehen sind die Politiker eigentlich nicht einmal zweite, sondern dritte Wahl.

Wer das so sieht, für den ist unsere Gesellschaft eine Ständehierarchie: Zuerst kommen die Bank- und Industriemanager; an zweiter Stelle die Trainer, „Stars" unter Sportlern oder Schauspielern, bestallte Journalisten, Professoren 1. Klasse und Lobbyisten; an dritter Stelle frühestens die Politiker, Ärzte, Rechtsanwälte mit Klienten und die echten Selbständigen; den vierten Stand bildet das große Heer der von 5000 bis 3000 Euro zu taxierenden Arbeiter, Angestellten, Beamten und Professoren 2. Klasse. Schließlich existieren am Ende der Pyramide als wachsender fünfter Stand die Armen im Sozialstaat, zu denen sich zunehmend arbeitslose Anwälte und Journalisten gesellen. Als Unternehmensberater sieht man offenbar in den Bestverdienenden die Qualifiziertesten und in den Armen die Nichtskönner. Der soziale Rang wird mit der Qualifikation der Menschen gleichgesetzt. Der Maßstab ist das Einkommen.

Welch materialistisches, die soziale Ungleichheit rechtfertigendes Weltbild! Mögen Manager verstärkt Milliardenverluste produzieren, mögen sie noch so viele Kleinaktionäre ausnehmen und noch so viele Menschen als Arbeitslose vom Wirtschaftsleben ausschließen: Der Glaube, dass diese Leute die Elite der Gesellschaft sind, wird nicht angetastet, weil dieser Glaube auch die Rechtfertigung des Preises von PR-, Politik- und Unternehmensberatern ist. Während die einen dafür plädieren, den Politikern mehr Geld zu geben, damit auch Spitzenmanager etwa von Holtzmann, Herlitz oder Telekom in der Politik ihre Spiele treiben können - während Millionen mit weniger als 546 Euro über die Runden kommen müssen - schlagen andere vor, die Offenlegungspflicht bei Einkommen von Politikern zu verschärfen. Ja, gibt es denn noch immer nicht den „gläsernen Abgeordneten", für den sich unter anderem das Bundesverfassungsgericht seit Jahr und Tag einsetzt? Offenbar nicht, denn Oppositionspolitiker im Deutschen Bundestag lehnen solche Verschärfungen rundweg ab. Es muss mehr Abgeordnete geben als bekannt, denen ihre monatlichen 7900 Euro ebenso viele Sorgen machen wie den armen Armen ihre höchstens 546 Euro. Diese Abgeordneten würden es bestimmt begrüßen, folgte man den Unternehmensberatern und rückte die Einkommenslage der Schröders und Stoibers derjenigen der Wirtschaftsbosse näher.

Dadurch bekämen wir kaum andere oder bessere Politiker. Die bestehende politische Klasse würde das zusätzliche Geld mitnehmen, aber deswegen ihre Plätze nicht räumen. Sie würde weder bessere noch schlechtere Politik machen. Die Manager würden bleiben, wo sie sind. Warum sollten sie sich auf den Präsentierteller begeben, sich den Medien zum Fraß anbieten und sich gleichzeitig etwa im Ortsverband Hannover den Genossen Hinz und Kunz zu Rede und Antwort stellen? Die Politiker bekämen mehr, die Manager deswegen nicht weniger.

Der Vorschlag, die Politiker mit Gehältern wie Manager auszustatten, beruht auf dem Irrglauben, dass wer viel hat, nicht mehr korrumpierbar sei. Die Erfahrung lehrt jedoch: In allen Gehaltsklassen gibt es Bestechliche und Unbestechliche. Das ist eine Frage des Charakters, nicht des Geldes.

Gemessen an Industriemanagern haben Politiker in der Tat wenig. Aber gemessen an den vielen Armen mit höchstens 546 Euro haben sie viel. Da muss nichts hinzukommen. Sie können damit auskommen. Es wäre auch für ihr Amt nicht gut. Denn Politiker haben die Aufgabe, Strategien zu entwickeln, welche die Gesellschaft zusammen halten. Wenn die Politiker nicht zu denen gehören, die üppig kassieren, können sie ihre Fürsorge eher dem anderen Ende der Pyramide zuwenden. Sonst müssten sie sich um den Abbau eigener Privilegien kümmern.

Was, schließlich, ist mit der Rekrutierung der Besten für die Politik? Zur Politik gehört Leidenschaft, und die politische Klasse rekrutiert sich aus Menschen, die zunächst diese Leidenschaft antreibt. Sind sie etabliert, wollen sie ihre Existenz sichern. Diese Chancen bietet ihnen die Politik mittlerweile, ebenso wie anderen Menschen der öffentliche Dienst oder wieder anderen die Selbständigkeit. Offensichtlich weicht die Wirklichkeit des Homo Politikus von dem rein pekuniären Weltbild mancher Unternehmensberater darin ab, dass für den Politiker nicht das Geld, sondern der Kampf in der Politik Antrieb seines Tuns ist. Und das sollte so bleiben.

6. Die Kandidaten müssen nicht „Spitze" sein.

Der Zwang zur Personalisierung beherrscht die politischen Parteien. Es ist jedoch fraglich, ob mit den ausgesuchten Personen jeweils tatsächlich eine Wählermobilisierung gelingt.

Dazu folgende Betrachtung:

In Berlin wurde 2001 vorzeitig das Abgeordnetenhaus aufgelöst. Die Empörung über den Skandal der Verschuldung der Landesbank machte sich in der Forderung nach Neuwahlen Luft. Über den Termin der Neuwahlen war noch nichts bekannt, da hatten sich alle Parteien schon für „Spitzenkandidaten" entschieden. Es gab keinen einzigen wirklich aufgestellten Kandidaten für das Abgeordnetenhaus, da geisterten schon fünf Spitzenkandidaten durch die Medienlandschaft: Klaus Wowereit, der neue Regierende mit dem Segen aus dem Kanzleramt, hatte den Kultspruch kreiert „und das ist gut so". Frank Steffel, das Kennedy-Bild der Berliner CDU, sah seine Stadt bereits in einer kommunistischen Reihe hinter Peking und Havanna. Gregor Gysi, das scheinbar blitzgescheite Showtalent von der PDS, zog einen tiefen mentalen Graben zwischen sich und den dogmatischen Traditionsgarden seiner Partei. Frau Sybill Klotz von den Grünen war die Unschuld aus dem Osten mit verjährter Systemnähe. Günter Rexrodt wurde von seinem Chef Guido Westerwelle auserkoren, um den Münchhausen der FDP zu spielen und diese am Zopf seiner Bekanntheit als Ex-Minister Helmut Kohls wieder an die Oberfläche zu ziehen.

Die Rollen waren besetzt, das Stück konnte beginnen. „Wowi", Gysi und die anderen waren die Protagonisten einer Wanderbühne, die die Studios der Fernseh- und Rundfunkstationen

272

abklapperte, die Redaktionen der Buchstaben- und Bildzeitungen bedrängte, unterm Volk Handzettel verteilte. Diese Wanderbühne würde am Wahltag ihre letzte Vorstellung haben. Die Veranstalter hofften, dass sich das Publikum für die Darsteller und weniger für die Texte des Stückes interessiere. Das Publikum schien mitzuspielen: Zwar hörte man in den Talkshows die Worte „Bankenkrise", „Berliner Filz", „Pleite" und „PDS". Aber gepackt wurden die Menschen von der Art und Weise wie die Steffels und Klotzens sich beim Gebrauch dieser Begriffe gegenseitig ins Wort fielen, wie sie aneinander vorbei redeten, wie sie Simultansprechen für Diskussion ausgaben.

Es war geschafft: Größenwahn, Unfähigkeit und Selbstbedienung der Berliner Politik über die Jahre hinweg waren verdrängt, die Personalisierung und Problemverschiebung hatte funktioniert. Wen interessierten noch die Verstrickungen eben Abgewählter in den früheren „Antesskandal"[150], wen die Steuergelder fressende Hybris der Olympiabewerbung, das Finassieren und Verschleiern politischer Handlungsunfähigkeit vergangener Tage? Auch an die Wertberichtigungen in Milliardenhöhe bei der Landesbank, die in den Tagträumen der gesamten Berliner Politik die Milchkuh der Stadt hätte sein sollen, hatte man sich gewöhnt. Vor allem, wie man Derartiges zukünftig vermeiden könne, wusste keiner.

Diese Themen waren spröde - viel interessanter war die Frage, warum Steffel sich ganz „amerikanisch" mit seiner Ehefrau im Fernsehen präsentierte - gerade, nachdem Wowereit sich als Homosexueller geoutet hatte.

Es war das alte Lied: Die Politik als solche ist nicht durchschaubar - auch im Stadtstaat nicht. Sie kann in Sekundenstatements nicht vermittelt werden. Sie will auch nicht in ihrer ganzen erbärmlichen Alltäglich- und Ratlosigkeit präsentiert werden. Deswegen haben Parteimanager und Werbestrategen die Personalisierung erfunden. Bei den Bundestagswahlen wird - wie das Wort sagt - eigentlich der Bundestag gewählt. Aber für die großen Parteien ist vor allem eines spannend: Wer wird Kanzlerkandidat? Ganz Kecke meinten vorübergehend, auch die Kleinen müssten auf den Kanzler setzen, dann würden sie durch Eigensuggestion groß. Vor der Bundestagswahl 1961 schon reiste Klaus Schütz für die SPD in die USA und studierte die Kampagne von John F. Kennedy. Das Resultat war die in der deutschen Verfassung nicht bekannte Figur des „Kanzlerkandidaten". Der junge Regierende Bürgermeister von Berlin, Willy Brandt, forderte den „Alten" aus Rhöndorf, Konrad Adenauer, heraus.

Für die Berliner Neuwahl waren die Spitzenrollen schnell besetzt. Wer auf den Listen die weiteren Kandidaten sein würden, schien nicht wichtig. Welches Engagement die Darsteller eingehen würden, wenn das Stück „Berliner Wahlen" abgesetzt sein würde, wollte auch keiner wissen. Gysi als Senator für Wirtschaft unter Wowereit - das glaubte niemand so richtig. Und wie würde sich eigentlich Rexrodt machen in einer Ampel: sein Chef Wowereit, seine Kollegin

---

[150] Der CDU-Stadtrat Antes gab einem Bauskandal seinen Namen.

Frau Klotz? Selbst ob einer der beiden, Wowereit oder Steffel, nach der Wahl Regierender wird, war nicht sicher. Die Spitzenkandidaten waren eben nicht für eine vielleicht mühsame Wirklichkeit da, sondern für eine spritzige Show engagiert. Diese Show hieß Wahlkampf.

Mittlerweile sind die Darsteller von einst in andere Rollen geschlüpft: Klaus Wowereit ist tatsächlich Regierender Bürgermeister und als solcher der deutschen Öffentlichkeit aufgefallen, als er das Abstimmungsverhalten des Landes Brandenburg im Bundesrat falsch gedeutet hatte. Gregor Gysi war tatsächlich kurzzeitig Senator, hat plötzlich aber in Panik die Bühne verlassen, Sybill Klotz und Günter Rexrodt versicherten sich in einem „Koalitionsverhandlungen" genannten Nachspiel zum Wahlkampf öffentlich ihrer gegenseitigen Abneigung.

Die Show des Wahlkampfes ist vergessen. Und ob es den politischen Parteien in Berlin je gelingen wird, ihr Land zu sanieren, steht in den Sternen. Das Publikum hat wieder einmal seine Machtlosigkeit erfahren.

Was jedoch wäre die Show ohne Spitzendarsteller? Man hätte Tausenden von Bibliothekaren, Erzieherinnen, Verwaltungsangestellten, Polizeibediensteten, Bankangestellten und vielen anderen sagen müssen, dass sie demnächst gefeuert werden, weil die Stadt nicht weiter über ihre Verhältnisse leben will. Es hätte zugegeben werden müssen, dass drei Opernhäuser, zwei Zoologische Gärten und drei Universitäten so nicht am Leben gehalten werden können. Es hätte der Leerstand in der Stadt im Wohn- und Gewerbebereich präzisiert werden müssen. Der geplante Großflughafen hätte auf den Prüfstand gehört. Hätten diese eher spröden Themen im Mittelpunkt des Wahlkampfes gestanden und hätten die Parteien dabei ehrlich argumentiert, wäre dem Volke zwar der Spaß verdorben worden – es hätte aber womöglich anders gewählt.

Also, Kandidaten an die Front - Spitzenkandidaten gar und wenn bei ihnen nur das Aussehen, der Kult, das Showtalent oder die Bekanntheit Spitze sind? Die Werbeprofis sagen deutlich, was zu tun ist: „Personalisierung", „Mediatisierung" und „Professionalisierung". Versammlungen, Hausbesuche und Referate dagegen sind Opas Wahlkampf und kalter Kaffee - einfach unprofessionell, spotten die Werbemanager.

Womöglich jedoch wären die Parteien mit Opas Wahlkampf näher an der Spitze der Probleme als mit ihren Schauspielern an der Spitze, deren Aufgabe es ist, von der oft grauen Wirklichkeit abzulenken.

7. Die öffentlichen Zuschüsse für die politischen Parteien werden abgebaut.

Seit Bestehen der Bundesrepublik vermochten es die Parteien, die Zuschüsse aus öffentlichen Kassen zu vermehren.[151] Dies geschah im Wechselspiel mit dem Bundesverfassungsgericht, das den Zugriff der Parteien auf öffentliche Kassen einerseits regulieren und eindämmen,

---

[151] Thomas Drysch, Parteienfinanzierung. Österreich, Schweiz, Bundesrepublik Deutschland, Opladen 1998 sowie Rolf Ebbighausen u.a., a.a.O

andererseits nicht gänzlich abschaffen will, um die Parteien gegen die Abhängigkeit von Spenden zu immunisieren. Das Ergebnis ist auf lange Sicht nicht eine Eindämmung des Finanzbedarfs der Parteien gewesen, sondern deren Ausweitung: Den Werbeberatern ergeben, leisten sich die Parteien immer teurere Wahlkämpfe, bei denen sie bestrebt sind, mit fernsehgerechten Inszenierungen präsent zu sein. Die stetig wachsende Geldnot der Parteien führt auch auf dem mittlerweile hohen Niveau der staatlichen Parteienfinanzierung zu stets neuen Finanzskandalen. Werden solche Skandale bekannt, werden sie in der Regel von der Konkurrenz publizistisch ausgeschlachtet. Der Schaden für die „schuldige" Partei ist jedoch zeitlich begrenzt, wie das Hoch der Union nach ihren Spendenskandalen im Bund und in Hessen zeigt. Aber es sinkt das Ansehen des Parteiensystems insgesamt.

Daher ist es an der Zeit, nicht fortwährend die Einkommenslage der Parteien zu regulieren, sondern diese zu veranlassen, ihre Ausgabenpolitik zu ändern. Es kann von den Parteien erwartet werden, dass sie ihre Wahlkämpfe bescheidener durchführen. Die Zuschüsse zu Fraktionen, Stiftungen und anderen parteinahen Einrichtungen können reduziert werden, ohne dass deren Arbeitsfähigkeit darunter leiden muss.

Am Ende könnten die Parteien sich einigen oder durch öffentlichen Druck gezwungen werden, tatsächlich zu „Opas Wahlkampf" zurückzukehren. Die Mitglieder könnten Plakate fertigen und kleben, Hausbesuche machen, Straßendiskussionen suchen. Ließen alle Parteien sich darauf ein oder würden sie alle dazu gezwungen, gäbe es keine Wettbewerbsverzerrungen. Das Publikum würde aufhorchen: Abgestumpft durch die Methoden der kommerziellen Medienwerbung würde ihm die Laienwerbung auffallen. Es könnte das Gefühl entwickeln, die Parteienvertreter suchten das Gespräch mit ihnen wirklich aus Interesse. Die Parteien würden sich dem Volke annähern.

Auch innerparteilich würden mit Opas Wahlkampf die Verhältnisse geändert. Für die Partei-führungen würden die Mitglieder wieder wichtiger werden. Sie könnten nicht mehr über deren Köpfe hinweg Kampagnen veranstalten. Das innerparteiliche Gespräch käme in Gang. Damit wäre eine Aufwertung der Rollen der Parteimitglieder verbunden, was wiederum wegen der gesteigerten Attraktivität Mitgliederzulauf bringen könnte.

Die Parteien könnten sich auf den Weg machen zu wirklichen Organisationen des ganzen Volkes. Obwohl sie alle mit ihren ursprünglichen Mythen -„Christlich", „Sozial", „Liberal" und auch „Grün" - praktisch kaum mehr zu tun haben, tragen sie diese doch noch immer als Monstranzen vor sich her. Den Glauben daran hat das Publikum indes verloren. Die Parteien müssen sich selber realistisch sehen, damit sie den Willen zu Reformen auch bei sich selber entwickeln können. Aus dem jeder Organisation immanenten Selbsterhaltungstrieb heraus werden sie nach und nach auch darauf kommen.

Am Ende des Tunnels ist Licht zu sehen. Doch der Tunnel ist jedoch lang.

Literatur

Ulrich von Alemann, Parteien, Reinbek bei Hamburg 1995

Hannah Ahrendt, Eichmann in Jerusalem. Ein Bericht über die Banalität des Bösen, München 1965

Hans Herbert von Arnim, Der Staat als Beute. Wie Politiker in eigener Sache Gesetze machen, München 1993

Arnulf Baring, Machtwechsel. Die Ära Brandt-Scheel, Stuttgart 1982

Thomas Berg (Hg.), Moderner Wahlkampf. Blick hinter die Kulissen, Opladen 2002

Frank Bösch, Macht und Machtverlust. Die Geschichte der CDU, Stuttgart/München 2002

Ralf Dahrendorf, Die Chancen der Krise. Über die Zukunft des Liberalismus, Stuttgart 1983

Jürgen Dittberner, FDP – Partei der zweiten Wahl. Ein Beitrag zur Geschichte der liberalen Partei und ihrer Funktionen im Parteiensystem der Bundesrepublik, Opladen 1987

Jürgen Dittberner, Neuer Staat mit alten Parteien?, Die deutschen Parteien nach der Wiedervereinigung, Opladen/Wiesbaden 1997

Jürgen Dittberner / Rolf Ebbighausen, Parteiensystem in der Legitimationskrise. Studien und Materialien zur Soziologie der Parteien in der Bundesrepublik Deutschland, Opladen 1973

Thomas Drysch, Parteienfinanzierung. Österreich, Schweiz, Bundesrepublik Deutschland, Opladen 1998

Rolf Ebbighausen u.a., Die Kosten der Parteiendemokratie. Studien und Materialien zu einer Bilanz staatlicher Parteienfinanzierung in der Bundesrepublik Deutschland, Opladen 1996

Hans Ott Eglau, Edzard Reuter, Düsseldorf/Wien/New York/Moskau 1991

Jürgen W. Falter, Wer wählt rechts? Die Wähler und Anhänger rechtsextremistischer Parteien im vereinigten Deutschland, München 1994

Oscar W. Gabriel / Oskar Niedermayer / Richard Stöss (Hg.), Parteiendemokratie in Deutschland, Opladen 1997

Matthias Geis / Bernd Ulrich, Der Unvollendete. Das Leben des Joschka Fischer, Berlin 2002

Wolf-Dieter Hauenschild, Wesen und Rechtsnatur der parlamentarischen Fraktionen, Berlin 1968

Volker Hentschel, Ludwig Erhard. Ein Politikerleben. München und Landsberg am Lech 1996

Dieter Hesselberger, Das Grundgesetz. Kommentar für die politische Bildung, Bonn 2000

Jürgen Hogrefe, Gerhard Schröder. Ein Portrait, Berlin 2002

Hilde Kammer / Elisabet Bartsch, Nationalsozialismus. Begriffe aus der Zeit der Gewaltherrschaft 1933 - 1945, Reinbek bei Hamburg

Tobias Kaufmann / Manja Orlowski (Hg.), „Ich würde mich auch wehren...". Antisemitismus und Israel-Kritik – Bestandsaufnahme nach Möllemann, Potsdam 2002

Udo Kempf / Hans –Georg Merz,(Hg.), Kanzler und Minister 1949-1998. Biografisches Lexikon der deutschen Bundesregierungen, Wiesbaden 2001

John Maynard Keynes, The General Theory of Employment, Interest and Money, London 1961

Hubert Kleinert, Aufstieg und Fall der Grünen. Analyse einer alternativen Partei, Bonn 1992

Thomas Kleinhenz, Die Nichtwähler. Ursachen der sinkenden Wahlbeteiligung in Deutschland, Opladen 1995

Konrad -Adenauer-Stiftung (Hg.), Kleine Geschichte der CDU, Stuttgart 1995

Willi Küpper / Günther Ortmann (Hg.), Mikropolitik. Rationalität, Macht und Spiele in Organisationen, 2. Auflage, Opladen 1988

Eugen Kogon, Der SS-Staat. Das System der deutschen Konzentrationslager, 25. Auflage, München 1975

Gerald Kretschmer, Fraktionen. Parteien im Parlament, Heidelberg 1984

Willi Küpper / Günter Ortmann (Hg.), Mikropolitik, Rationalität, Macht und Spiele in Organisationen, Opladen 1998

Jochen von Lang, Die Gestapo. Instrument des Terrors, Hamburg 1990

Peter Lösche / Franz Walter, Die FDP. Richtungsstreit und Zukunftszweifel, Darmstadt 1996

Gerhard Leibholz, Strukturprobleme der modernen Demokratie, 3. Auflage, Karlsruhe 1967

Matthias Machnig / Hans-Peter Bartels (Hg.), Der rasende Tanker. Analysen und Konzepte der sozialdemokratischen Organisation, Göttingen 2001

Peter Merseburger, Willy Brandt 1913 – 1993. Visionär und Realist, Stuttgart/München 2002

Peter Merseburger, Der schwierige Deutsche. Kurt Schumacher. Eine Biographie, Stuttgart 1995

Karl-Heinz Metzger / Monica Schmidt / Herbert Wehe / Martina Wiemers, Kommunalverwaltung unterm Hakenkreuz, Berlin-Wilmersdorf 1933, Berlin 1992

Robert Michels, Zur Soziologie des Parteiwesens in der modernen Demokratie. Untersuchungen über die oligarchischen Tendenzen des Gruppenlebens, Neudruck der zweiten Auflage, Stuttgart 1925

Susanne Miller / Heinrich Potthoff, Kleine Geschichte der SPD. Darstellung und Dokumentation 1848 – 1990, Bonn 1991

Alf Mintzel, Geschichte der CSU. Ein Überblick, Opladen 1977

Alf Mintzel, Die CSU-Hegemonie in Bayern. Strategie und Erfolg. Gewinner und Verlierer., Passau 1998

Alf Mintzel / Heinrich Obereuter (Hg.), Parteien in der Bundesrepublik Deutschland, Opladen 1992

Gero Neugebauer / Richard Stöss, Die PDS. Geschichte, Organisation. Wähler. Konkurrenten, Opladen 1996

Karlheinz Niclauß, Das Parteiensystem der Bundesrepublik Deutschland. Eine Einführung, Paderborn/München/Wien/Zürich 1995

Günter Olzog / Hans-J. Liese, Die politischen Parteien in Deutschland. Geschichte. Programmatik. Organisation. Personen. Finanzierung. 24. überarbeitete Auflage, München / Landsberg a.L. 1966

Heinrich Pleticha (Hg.), Deutsche Geschichte in 12 Bänden, Bd. 9, Von der Restauration zur Reichsgründung 1915 – 1871, Gütersloh 1983

Heinrich Potthof, Die Sozialdemokratie von den Anfängen bis 1945, Bonn-Bad Godesberg 1974

Joachim Raschke, Die Grünen. Wie sie wurden, was sie sind, Köln 1993

Manfred Rowold, Im Schatten der Macht. Zur Oppositionsrolle der nicht-etablierten Parteien in der Bundesrepublik, Düsseldorf 1974

Erwin K. Scheuch und Ute Scheuch, Cliquen, Klüngel und Karrieren. Über den Verfall der politischen Parteien, Reinbek bei Hamburg 1993

Theo Schiller / Volker Mittendorf (Hg.), Direkte Demokratie. Forschung und Perspektiven, Wiesbaden 2002

Carl Schmitt, Die geistesgeschichtliche Lange des heutigen Parlamentarismus, München 1923

Carl Schmitt, Verfassungslehre, Berlin 1928

Joseph A. Schumpeter, Kapitalismus, Sozialismus und Demokratie, Einleitung von Edgar Salin, zweite Auflage, Bern 1950

Rolf Schroers, Der Partisan. Mensch im Widerstand, Münster 1989

Hans-Peter Schwarz, Adenauer, Bd. 1 Der Aufstieg 1876 – 1952, Stuttgart 1968 und Bd. 2 Der Staatsmann: 1952 – 1967, Stuttgart 1991

Michael Schwelien, Joschka Fischer. Eine Karriere, Hamburg 2000

Dietrich Staritz, Das Parteiensystem der Bundesrepublik. 2. Auflage, Opladen 1980

Dietrich Thränhardt, Geschichte der Bundesrepublik Deutschland. Erweiterte Neuausgabe, Frankfurt am Main 1996

Günter Verheugen, Der Ausverkauf. Macht und Verfall der FDP, Hamburg 1984

Franz Walter, Die SPD. Vom Proletariat zur Neuen Mitte, Berlin 2002

Hans-Jochen Vogel, Nachsichten. Meine Bonner und Berliner Jahre, München 1996

Max Weber, Soziologie. Weltgeschichtliche Analysen. Politik, Stuttgart 1964

Max Weber, Politik als Beruf, Stuttgart 1992

Max Weber, Wirtschaft und Gesellschaft. Grundriss der verstehenden Soziologie. Studienausgabe in 2 Halbbänden, Köln / Berlin 1964

Udo Wengst, Thomas Dehler 1897 – 1967. Eine politische Biographie, München 1997

Wichard Woyke, Bundestagswahl 2002. Wahl. Wähler. Wahlkampf, Opladen 2002

Der Autor

Prof. Dr. Jürgen Dittberner wurde 1939 in Berlin geboren. Er ist verheiratet und hat zwei erwachsene Kinder. Dittberner war Assistenzprofessor am Institut für Sozialwissenschaftliche Forschung der Freien Universität Berlin und Professor an der Fachhochschule für Verwaltung und Rechtspflege Berlin, dort zuletzt - 1986 – Rektor. Von 1986 bis 1992 war er Staatssekretär zuerst beim Senat von Berlin und dann bei der Landesregierung Brandenburgs, dort im Ministerium für Wissenschaft, Forschung und Kultur. 1993 bis 1997 leitete er die „Stiftung Brandenburgische Gedenkstätten" als Gründungsdirektor. Seit 1993 ist er Professor für Politikwissenschaft an der Universität Potsdam.

Dittberner ist aktives Mitglied der FDP. Er ist Fraktionsvorsitzender in der Bezirksverordnetenversammlung von Charlottenburg-Wilmersdorf in Berlin, war 11 Jahre Mitglied des Berliner Abgeordnetenhauses, mehrfach stellvertretender Landesvorsitzender der FDP Berlin und langjähriger Bezirksvorsitzender.